ŒUVRES COMPLÈTES DE J. MICHELET

HISTOIRE DE FRANCE

ÉDITION DÉFINITIVE, REVUE ET CORRIGÉE

TOME ONZIÈME

RICHELIEU — LA FRONDE

PARIS
ERNEST FLAMMARION, ÉDITEUR
26, RUE RACINE, PRÈS L'ODÉON

Tous droits réservés.

HISTOIRE

DE FRANCE

XI

IMPRIMERIE E. FLAMMARION, 26, RUE RACINE, PARIS.

ŒUVRES COMPLÈTES DE J. MICHELET

HISTOIRE DE FRANCE

ÉDITION DÉFINITIVE, REVUE ET CORRIGÉE

TOME ONZIÈME

RICHELIEU — LA FRONDE

PARIS
ERNEST FLAMMARION, ÉDITEUR
26, RUE RACINE, PRÈS L'ODÉON

Tous droits réservés.

HISTOIRE
DE FRANCE

CHAPITRE PREMIER

Louis XIII. — Régence. — Ravaillac et la d'Escoman. (1610-1614.)

La terrible instabilité du gouvernement monarchique éclate à la mort d'Henri IV. Ce qui succède, c'est l'envers de ce qu'il a voulu : la France retournée comme un gant.

Au dehors, tout ce grand système d'alliances, cette toile longuement ourdie, emporté d'un seul coup. Le double mariage espagnol (vraie cause de la mort d'Henri IV) va se faire. La Guerre de Trente-Ans redevient possible, et la France espagnolisée gravite en moins d'un siècle aux grandes guerres du grand roi, à la Révocation de l'Édit de Nantes, à l'expulsion de six cent mille hommes, à la sublime banqueroute de deux milliards cinq cents millions.

Le trésor que Sully avait amassé, défendu, est

gaspillé en un moment. Le domaine qu'il dégageait, est rengagé, les propriétés de l'État vendues. Tous les établissements de ce règne abandonnés, les bâtiments interrompus, les canaux délaissés. Les manufactures de soieries, de glaces, la Savonnerie, les Gobelins, fermés et les ouvriers renvoyés. Le Louvre, qui allait s'encanailler en logeant les grands inventeurs, le Louvre reste aux courtisans. Adieu le Musée des Métiers et le Jardin des Plantes ; ces folies du roi, mille autres, dorment aux cartons de Sully.

Des Tuileries, de l'Arsenal, on arrache ses arbres chéris, les mûriers d'Henri IV. On eût volontiers jeté bas ses monuments. Mais on eut peur du peuple. Par un revirement inattendu, le peuple s'aperçut qu'il aimait Henri IV. La légende commence le jour de la mort ; elle ira grandissant par la comparaison de ce qui est et de ce qui fut.

Ce qui domina dans Paris, au moment, ce fut une terreur extraordinaire. On se crut perdu. Les femmes s'arrachaient les cheveux, moins de deuil encore que de peur. Il en fut de même partout. L'horreur de la Ligue revint à l'esprit, et on en frissonna. De là, un calme surprenant, je dirai effrayant. Car cette grande sagesse tenait à une chose, c'est que la France, n'ayant plus ni idée, ni passion, ni intérêt moral, ne se sentait plus vivre. Elle était toute dans le roi, dans un homme qu'on avait tué. Et il en restait quoi ? un marmot de huit ans, qui, le 15, remit le royaume à sa mère, et qui, le 29, eut le fouet. (L'Estoile, p. 599).

La royauté, nulle en 89, à la mort d'Henri III, devant

la vie forte et furieuse qu'avait alors la France, est tout ce qui reste à la mort d'Henri IV. On se demande ce qu'est cet enfant, au physique, au moral. Heureusement, son médecin nous éclaire parfaitement : ne le quittant ni nuit ni jour, il a écrit (en six énormes volumes in-folio) le journal de ses fonctions, tout le menu de ses dîners, et chaque soir les résultats de sa digestion. Si le moral procède du physique, on peut étudier là-dessus[1].

La sagesse accomplie du peuple, son calme et son indifférence, l'aplatissement des factions, des anciennes fureurs, étonna bien l'Espagne. On avait cru tout au moins qu'il y aurait un petit massacre des huguenots, et ils furent avertis de fuir. Il se trouva un jésuite qui osa dire en chaire cette parole meurtrière : « Nous n'en aurions pas pour un déjeuner. » Mais rien ne bougea. Au contraire, à Paris et partout, les catholiques disaient qu'ils protégeraient les huguenots.

Le roi fut tué à quatre heures. Jusqu'à neuf, on fit dire partout qu'il n'était que blessé. Mais, à six heures et demie, on avait proclamé l'étrangère (qui parlait encore italien), l'Autrichienne, petite-nièce de Charles-Quint et cousine de Philippe II. Et l'ennemi gouvernait au Louvre.

Les princes étaient absents. Et on eût peu gagné à leur présence. Soissons était un sot; et son neveu Condé, que Soissons et tous les Bourbons disaient adultérin et fils d'un page gascon, avait l'esprit brouillon de la Garonne, la faim d'argent d'un cadet de

---

1. Voy. la note, p. 589.

Gascogne, très longtemps au pain sec. Il eût sucé la France à mort.

D'Épernon, qui avait rapporté le roi au Louvre, prit sa place en quelque sorte, s'y logea militairement, et donna tous les ordres, comme colonel général de l'infanterie. Les gouverneurs de province étaient à Paris, et tous très maniables; la mort du roi les faisait rois. D'Épernon prit avec lui l'ombre de la Ligue, M. de Guise, le fils du Balafré, et l'homme le plus riche de France, du reste homme de peu, petit galant camus. Guise saluait de toutes ses forces, mais personne n'y prenait garde, et les femmes haussaient les épaules. D'Épernon, piaffant à cheval, rajeuni de dix ans, occupe par les gardes le Pont-Neuf et tous les abords du Palais de Justice. Il entre au Parlement avec Guise. Mais celui-ci se tint modestement debout. D'Épernon s'assied, prend séance, et, furieux sans cause, se met à menacer les magistrats. Quoique Condé y eût quelques amis, ces hommes de justice, très agréablement flattés qu'on leur demandât la régence, et d'ailleurs serfs des précédents, n'avaient garde de s'élever contre la reine. L'heureuse régence de Catherine de Médicis frayait la voie à Marie de Médicis. Une étrangère? d'accord, mais c'est l'essence même du droit monarchique. Le roi étant l'État, le salut corporel du roi est toute l'affaire. Or la mère et nourrice est la meilleure gardienne de cet enfant qui contient tout.

A ces gens tout gagnés, le furieux, frappant sur son épée (son secrétaire l'assure lui-même), dit : « Elle est au fourreau... Mais si la reine n'est déclarée régente à l'instant, il y aura carnage ce soir... » Cette éloquence éblouit le Parlement, qui déclara sur l'heure, envoya à la reine. La chose alla si vite que les gardes non avertis arrêtèrent honteusement ces envoyés au passage, constatant la captivité du corps qui donnait la régence.

L'enfant royal ayant fort bien dîné le jour de la mort de son père, le lendemain matin, s'étant levé gaiement, ayant bien déjeuné et bu un bon coup de vin blanc, alors (dit son médecin), *intrepidus*, il monta une jolie petite haquenée blanche, alla au Parlement, et donna à sa mère l'autorité que le Parlement lui avait déjà donnée la veille. Il ordonna, de sa petite voix, que sa mère serait *régente pour avoir soin de son éducation*; en d'autres termes, il commanda qu'elle lui commandât, l'éduquât, le châtiât. Le 29, il disait : « Du moins, ne frappez pas trop fort. »

Une chose, très indécente, dans la séance royale, et qui fit voir où on était tombé, c'est qu'après les premières harangues Concini, qui était là avec son plumet et son importance, oubliant les horions dont il avait la marque, se met à dire d'une voix claire : « La reine doit maintenant descendre. » A quoi le premier président, octogénaire, Harlay, de sa voix creuse et du fond de son deuil, lui dit : « Ce n'est à vous de parler ici. » Chacun fut accablé en voyant à qui une femme étrangère et la moquerie de la fortune venaient de jeter la France.

Le peuple, dans les rues, criait en pleurant : « Vive

le roi ! » Ce qui eût fait pleurer bien plus, ce fut de voir au Louvre Sully, qui, le 14, s'était tenu clos à l'Arsenal, mais qui, le 15, fut traîné à la cour par le duc de Guise, pour faire la révérence aux assassins du roi. Chose lamentable ! pour sauver sa fortune, il lui fallut embrasser d'Épernon.

Celui-ci fut miraculeux de sang-froid, d'impudence. Il avait empêché qu'on ne tuât Ravaillac. Ce qui lui fit beaucoup d'honneur, et fort peu de danger ; car ce terrible fou n'avait pas eu d'incitation directe ; avec un homme si bien né pour la chose et si naïvement meurtrier, il suffisait de l'entourer de personnes bien pensantes, intelligentes, et de sermons indirectement provocants.

On l'avait traîné au Louvre et mis d'abord à l'hôtel de Retz, qui était contigu. Là, qui voulait venait le voir et lui parler. Cotton vint entre autres, et lui dit : « Mon ami, prenez bien garde de faire inquiéter les gens de bien. » Ravaillac en rit, s'en moqua. Il était d'un calme extraordinaire, comme un homme qui a peu à craindre et se sent bien appuyé.

Il semblerait pourtant que d'Épernon s'inquiétât et eût peur qu'il ne jasât trop, et il le mit chez lui, à l'hôtel d'Épernon. C'est de là qu'on le tira, le 17, pour le mener à la Conciergerie. (L'Estoile, éd. Michaud, II, 593).

Dès le 17, on put voir que personne n'avait envie de s'exposer pour Henri IV, et qu'il n'y aurait pas de justice. Le comte de Soissons, qui avait dit, juré qu'il le vengerait, arriva à Paris, accompagné de beaucoup de gentilshommes. Mais, quand il vit d'Épernon si fort au Louvre, quand il eut parlé à la reine, qui lui ferma la bouche en lui donnant la Normandie, il avoua en sortant que c'était une grande princesse, et d'Épernon fut son meilleur ami.

Le Parlement fut plus embarrassé. Le peuple était furieux, insensé de fureur, à mesure qu'il se rassurait. On le voyait devant la Conciergerie, où était Ravaillac, qui jetait des pierres au prisonnier à travers un mur épais de dix pieds. On examina d'abord à quelle torture il serait mis, et l'on écarta la plus dure. On ne chercha nul éclaircissement ni à Angoulême, où on pouvait prendre les prêtres qui l'avaient armé de la vraie croix, ni à Paris, où on avait sous la main le soldat qui, d'avance, avait tout dit, jusqu'à la couleur de l'habit de Ravaillac. Le vieux Harlay eut l'idée de faire venir les parents de l'assassin, et il ne le fit pas, soit que le Parlement y fût contraire ou que lui-même ait pensé qu'un trop grand éclat amènerait la guerre civile.

Les Jésuites, appelés par le bonhomme Harlay, se tirèrent d'affaire lestement, disant qu'ils ne se souvenaient de rien, et que de pauvres religieux comme eux ne se mêlaient pas des grandes affaires. Leur unique affaire, c'était leur maison; le jour même de la mort du roi, ils y mirent cinquante ouvriers pour l'agrandir et l'embellir, comme on le voit aujourd'hui (collège Charlemagne), avec un galant petit dôme; et, pour l'église, la façade à la mode, à trois étages de colonnes, avec consoles et pots de fleurs.

Ils ne tinrent pas quitte Henri IV. On lui tira son cœur, dont les Jésuites s'emparèrent. Dans je ne sais combien de carrosses, ils s'en allèrent le portant à La Flèche, peu rassurés pourtant et craignant que le peuple ne leur fît un mauvais parti. Pour cette cérémonie, ils prirent l'heure insolite de cinq heures du matin, et tous leurs bons amis de la noblesse montèrent à cheval pour les rassurer.

Cependant Ravaillac ne dénonçait personne. Il voulait mourir seul, et avait dit d'abord qu'il ne regrettait rien, ayant réussi. Plus tard, il parut ébranlé et avoua que c'était un mauvais acte; mais que cependant il l'avait fait pour Dieu, et qu'il espérait dans sa grande miséricorde. Il montra une extrême douceur, quand le Jésuite auquel il s'était adressé lui dit avec injures qu'il ne l'avait jamais vu. Au nom de sa mère, il pleura. Il dit qu'il avait fait la dépense de trois voyages pour avertir le roi, et que, s'il avait pu lui parler, il eût échappé à la tentation.

On lui dit qu'on lui refuserait la communion, et il répondit : « J'ai agi d'un mouvement humain et contre Dieu. Je n'ai pu résister (l'homme ne peut s'empêcher du mal), mais Dieu me pardonnera, et il me fera participer aux communions que les religieux, religieuses et tous bons catholiques font par toute la terre. »

Ce qui lui fut terrible, ce fut qu'on lui montra que ce petit reliquaire dont les prêtres l'avaient armé à Angoulême, en lui disant qu'il contenait un fragment de la vraie Croix, ne contenait rien du tout, et qu'ils s'étaient moqués de lui. Il dit vivement : « L'imposture retombera sur les imposteurs. » (De Thou.)

Il nia toujours que personne lui eût conseillé le meurtre. Mais pour les excitations indirectes, que devait-on croire? Il n'indiqua que les sermons. Du reste, l'extrait du procès-verbal qu'on a publié porte : « Ce qui se passa à la question *est sous le secret* de la Cour. »

La chose ainsi limitée, circonscrite, resserrée sur une même tête, le Parlement combina un supplice pour satisfaire le peuple et soûler sa vengeance. Pour le crime de lèse-majesté au premier chef on avait un supplice horrible, l'écartèlement, précédé et assaisonné du tenaillement. On s'en fût tenu là. Mais M. de La Guesle, procureur du roi, un magistrat bavard et insupportable érudit, tint à orner ce jugement des petits agréments qu'il avait lus dans les vieux livres, ajoutant aux tenailles le plomb fondu, l'huile et la poix bouillantes, et un ingénieux mélange de cire et de soufre. Le tout voté d'enthousiasme.

Si on eût laissé faire la foule, l'homme aurait été mis en pièces à la porte de la prison. Ce fut une scène horrible, plus cuisante pour Ravaillac que le fer et le feu. Il s'éleva une si épouvantable tempête de malédictions, que le pauvre misérable, qui avait cru le peuple pour lui, tombant dans cette mer de rage, s'abandonna entièrement. Il vit à quel point on l'avait trompé. Sur l'échafaud encore, il se tourna lamentablement vers le peuple, demandant en grâce qu'on donnât à l'âme du patient qui allait tant souffrir la consolation d'une prière, un *Salve Regina*. Mais la Grève tout entière hurla : « Judas à la damnation ! »

Les princes et tout ce qu'il y avait de grands personnages avaient des fenêtres et se montraient fort curieux. Ils n'étaient pas rassurés, l'usage exigeant qu'entre les tortures on lui demandât des révélations.

À l'un des entr'actes, ce front effroyable, qui n'était plus qu'une plaie, mais gardait une âme, déclara qu'il parlerait. Le greffier, qui était là, fut bien obligé d'écrire.

Quand on se remit de nouveau à écarteler Ravaillac, la chose allant lentement, un gentilhomme, envoyé sans doute pour abréger, offrit un cheval vigoureux qui, d'un élan, emporta une cuisse. Dès lors, le tronc tiraillé, promené de tous côtés, allait battant contre les pieux. Cependant il vivait encore. Le bourreau voulait l'achever, mais il n'y eut pas moyen : les laquais sautèrent la barrière, et, comme ils portaient l'épée, ils plongèrent cent fois ces nobles épées dans ce tronc défiguré. La canaille prit les lambeaux ; le bourreau resta, n'ayant plus en main que la chemise. On brûla la viande à tous les carrefours. La reine put voir du Louvre les Suisses qui, sous son balcon, en rôtissaient une pièce.

Le procès, que devint-il ? Je l'avais cherché en vain aux registres du Parlement. La place y est vide. Une note des papiers Fontanieu (Bibl.), qu'a copiée M. Capefigue, nous apprend que le rapporteur le mit dans une cassette et le cacha chez lui dans l'épaisseur d'un mur ; que la feuille écrite sur l'échafaud fut gardée par la famille Joly de Fleury, qui la laissa voir à quelques savants, et que, quoiqu'elle fût peu lisible, on y distinguait le nom du duc d'Épernon et même celui de la reine.

Les voilà tous bien rassurés. Ravaillac en cendres vole dans l'air, et pas un atome n'en reste. La curée peut commencer :

1° L'Espagne eut le pouvoir. L'ambassadeur d'Espagne avec le nonce, Concini et d'Épernon, forment le conseil secret qui dicte à la reine ce qu'elle dira aux ministres; on garde les vieux ministres d'Henri IV; Villeroy, Jeannin, Sillery.

2° Le trésor de la Bastille est partagé entre la bande. Guise eut deux cent mille écus; Condé, deux cent mille livres de rentes, etc., etc.

3° Le mariage qu'avait le plus craint Henri IV, celui de Guise avec la grande héritière de France, mademoiselle de Montpensier, s'accomplit. Henriette d'Entragues cria, réclama; mais la reine, devenue sa meilleure amie, lui fit entendre raison.

4° Concini en prit de l'émulation. Il voulut donner sa fille au fils du premier prince du sang. Pourquoi pas? Visiblement, il succédait à Henri IV. Outre le marquisat d'Ancre, il s'était fait donner les places du Nord, les villes de la Somme, Péronne, Amiens, et il voulait au Midi avoir Bourg en Bresse, la barrière contre la Savoie. Ainsi le royaume n'avait rien perdu; sous l'épée de Concini, au défaut de celle du roi, il pouvait dormir en paix.

Concini ne couchait pas, il est vrai, dans le lit du

roi, mais il occupait un hôtel qui, par un pont jeté sur les fossés du palais, l'y faisait entrer à toute heure de nuit; les Parisiens, sans ambages, l'appelaient le *pont d'amour*. La reine avait eu la faiblesse d'accorder ce grand mariage qui eût proclamé sa honte et la royauté de Concini. Mais elle ne tint pas parole, soit qu'alors le beau Bellegarde eût fait du tort à Concini, soit qu'elle eût quelques remords et fût plus froide pour lui, ne lui pardonnant pas sans doute de l'avoir trop bien instruite du crime qu'on allait faire pour elle.

L'argent s'en allait si vite que, pour ralentir un peu la débâcle, Villeroy lui-même proposa de rappeler le grand *refuseur*, Sully. A peine y fut-il que personne ne le supporta, moins la reine que tout autre. Elle voulait tirer de la caisse un million anti-daté, comme dépensé par Henri IV. Cette fraude était habituelle. Et le chancelier employa cinq années durant le sceau du feu roi pour fausser les dates. Sully refusa le million et se retira chez lui, ne voulant couvrir les voleurs.

Pour endormir l'opinion, on avait laissé Rohan, gendre de Sully, mener au Rhin quelques troupes. On avait confirmé l'Édit de Nantes, diminué la gabelle, et retiré quelques édits. Ainsi le gouvernement, de trois manières à la fois, fondait, s'évanouissait, recevant moins et donnant plus; enfin, gaspillant sa réserve. On licencia les troupes, à la grande joie de l'Espagne.

Tout le monde restait armé, excepté l'État. L'insolence des jeunes nobles était incroyable. Ils bâtonnaient les magistrats. La nuit, ils couraient à grand bruit, réveillaient toute la ville. Les plus grands ennemis d'Henri IV le regrettaient. Henriette, elle-même, disait de ces coureurs de nuit : « Oh! si notre petit homme pouvait revenir! comme il empoignerait le fouet pour chasser ces petits galants et tous les marchands du Temple! »

La reine, poussée à bout, surmenée par Concini, qui n'avait ni sens ni mesure, fut maintes fois vue se retirant dans une embrasure de fenêtre, et le mouchoir à la main. Elle pleurait, en pensant à l'*autre*, si bon, qui la supportait tant!

Le mouvement emportait tout. L'Université et le Parlement avaient accusé les Jésuites; d'Épernon les appuya, allant à tous leurs sermons, et finit par dire : « Qui les attaque m'attaque. » Le Parlement se rejeta sur un livre du cardinal Bellarmin, qui faisait des rois les sujets de Rome. Le président dit que cela revenait à canoniser Ravaillac. Mais le roi fit défense expresse à son Parlement de soutenir les droits de la royauté et la sûreté des rois.

L'homme populaire du moment, c'était ce Condé (vrai ou faux). Popularité bien injuste. En caressant le Parlement et les huguenots, il n'en était pas moins le partisan avoué des Jésuites, le serviteur de l'Espagne dans l'affaire des deux mariages. On crut, fort à la légère, que Condé ou Soissons, son oncle, abandonnerait d'Épernon, et on laissa échapper contre celui-ci la voix du cachot, celle de cette dame d'Escoman qui s'était montrée si hardie à vouloir sauver Henri IV. Notre chroniqueur L'Estoile est ici grand historien. On voit bien qu'il va mourir, et qu'il a plus que jamais le respect de la vérité.

« Comme un de mes amis disait au président de Harlay que cette femme parlait sans preuves, ce bonhomme levant les yeux et les deux bras au ciel : « Il n'y en a que trop, dit-il, il n'y en a que trop! Et « plût à Dieu que nous n'en vissions point tant! »

D'Épernon alla le voir et lui demander nouvelles du procès : « Je ne suis pas votre rapporteur; je suis votre juge. » Il insista effrontément *comme ami :* « Je n'ai point d'ami. »

D'Épernon ne cachait point qu'il voulait la *mort* de la d'Escoman.

Ce méchant homme avait pour maîtresse la plus méchante femme de France, une bourgeoise fort laide, d'un bec infernal, la Du Tillet. C'est celle que Tallemant admire, et dont il ramasse l'ordure. On jeta cette femme à la d'Escoman, pour la dévorer de paroles. Moyen d'amuser le public, deux filles qui se chantent pouille, se jettent au nez leurs scandales, se gourment, se roulent. La d'Escoman, galante ou non, mais si dévouée, si courageuse, n'en reste pas moins à jamais un martyr de l'humanité.

D'Épernon se serait défait de Harlay, de manière ou d'autre. Mais il avait quatre-vingts ans. On lui fit entendre qu'il devrait se retirer, vendre sa charge, ce qui serait un beau denier pour sa famille. Ce qui le décida aussi, c'est qu'il réfléchit que si on poussait la chose, si on déshonorait la reine, toute autorité périssait. Le 5 mars 1612, Harlay étant encore là, un étrange arrêt fut porté, qui *ne déchargeait personne*, mais qui, *vu la qualité des accusés*, ajournait tout, élargissait quelques subalternes, et ne retenait en prison que la d'Escoman, dont l'accusation subsistait, et qui, à ce titre, eût dû être d'abord élargie.

Harlay avait cru avoir pour successeur son ami De Thou, l'illustre historien. Mais la reine s'écria : « *Non faro maj.* » Harlay fut obligé de vendre à une âme damnée des Jésuites.

Paris jugea ce jugement. L'Estoile dit tristement de la dame d'Escoman : « A se bander contre les grands *pour le bien public*, on ne gagne que coups de bâton. »

Ce gouvernement ne descendait pas, il se précipitait, tombait comme une pierre au fond d'un puits. Il était grand temps qu'il eût l'appui de l'Espagne. Le 30 avril 1612, Villeroy signa le double mariage et le traité de secours ; l'Espagnol y promettait d'entrer au besoin avec une armée pour appuyer la reine. Le trône, isolé de tous, n'avait d'amis que l'ennemi.

Concini avait irrité à la fois les princes, les grands, les ministres même. Un homme fort intrigant, ancien agent de Biron, le vieux De Luz, lui conseillait d'ôter la Bourgogne à Bellegarde. Les Guises, amis de Bellegarde et de d'Épernon, assassinèrent ce De Luz aux portes du Louvre. La reine se sentit insultée, eut l'idée de faire tuer les Guises et d'Épernon. Pour oser une telle chose, il fallait l'appui de Condé, et, pour l'obtenir, Concini voulait qu'on lui donnât le château de Bordeaux. Cela tourna la girouette. Elle s'emporta contre Condé, se donna toute aux Guises, leur fit don de cent mille écus, et le chevalier de Guise, qui avait tué De Luz, et tué encore son fils, eut de cette femme insensée la lieutenance de Provence. Bellegarde, première origine du débat, se fit donner les places des deux assassinés.

Concini, jaloux de Bellegarde, complotait (contre la reine!) avec Condé et Bouillon. Elle le calma en lui donnant le bâton de maréchal, qu'il avait si bien gagné.

La reine s'avilissant ainsi, les princes, Condé et Vendôme, espéraient en profiter. Ils prennent les armes. La reine jette tout à leurs pieds, promet tout. Ils se croient maîtres, mais personne ne les soutient. La reine n'a qu'à montrer son petit roi à cheval. Le peuple se rallie à l'innocence de l'enfant. Elle se sent usée cependant, et se retire derrière son fils, en le déclarant majeur.

Elle frémissait sous cet abri. Celui qu'elle craignait le plus, ce n'était aucun des vivants. Pour qui aurait été le peuple? pour le signore Concini ou pour le prétendu Condé?

Le vrai vivant, c'était le mort. Henri IV risquait de ressusciter. Par la voix de la d'Escoman il réclamait, accusait du fond de la Conciergerie.

Et, à côté de cette femme, un témoin terrible arrivait, un homme assassiné, Lagarde, assassiné par d'Épernon pour avoir averti le roi et d'avance nommé Ravaillac. Lagarde venait montrer ses plaies devant la France, mandée aux États généraux.

CHAPITRE II

États généraux. (1614.)

Le contraste était beau en 1614 entre la cour et la France. Si la seconde était desséchée jusqu'aux os, l'autre, au contraire, splendide, éclipsait les jours d'Henri IV, humiliait l'Espagne, notre amie, à qui nous demandions l'infante.

Le grand cœur de la reine éclatait aux tournois de la place Royale, où tous, pour dépasser les folies espagnoles, se ruinaient en chevaux, en costumes. Cette mascarade coûta plus qu'une campagne. Bassompierre, héros de la fête, n'y suffit qu'avec un cadeau de la reine, un office de haute magistrature, qu'elle lui donna à vendre.

Mareuil reproche à Henri IV d'avoir été économe en amour. A tort, certainement. Mais c'est qu'apparemment il le compare à sa femme, qui fut si généreuse. Elle n'était pas à elle-même; son amour était une guerre où Concini ne la ménageait pas, et, à chaque traité, elle payait les frais de la guerre, en femme de quarante ans.

Lui-même, de fat à fat, raconte à Bassompierre tout ce qu'il a tiré de la grosse dame. Les vastes terres d'Ancre et de Lésigny, deux hôtels dans Paris, le bâton de maréchal de France, la charge d'intendant de la maison de la reine, les gouvernements d'Amiens, Péronne, etc. Un argent fabuleux, cinq cent mille écus à Florence et à Rome, six cent mille placés chez un financier, et un million ailleurs. Il était en mesure d'acheter pour sa vie la souveraineté de Ferrare. J'oubliais le meilleur, la boutique que tenait la Léonora, son trafic de places, d'offices, d'ordonnances même !

La reine lâchant tout, qui se fût fait scrupule de demander, d'exiger et de prendre ? Mais, quoi qu'on tirât d'elle, on ne lui en savait nul gré. Chacun volait fièrement, et restait mécontent. Qu'avaient eu les Condé ? Rien que cinq millions. Aussi leur mécontentement était au comble. Et les Guises ? Rien que six millions, sans parler des gouvernements, des places, du mariage énorme de Montpensier. Les princes, Nevers, Vendôme et Longueville, les seigneurs, Épernon, Bouillon, n'ayant guère eu chacun qu'un petit million, voulaient extorquer davantage, grondaient et menaçaient. Toute la noblesse se faisait pensionner, et n'en criait pas moins. Cependant le fameux trésor de la Bastille avait tari. La France tarissait. L'argent d'alors valait, comme métal, trois fois plus qu'aujourd'hui, dix fois plus comme moyen d'acheter les denrées. Il fallait le tirer d'un peuple trois fois moins nombreux, autant qu'on peut conjecturer, et peut-être vingt fois plus pauvre.

Ce peuple, si on l'eût protégé, serait encore, à force de travail, parvenu à payer. Mais, lorsque tous les gens d'épée pillaient noblement le pays, il était difficile de lever pour eux en argent ce qu'ils avaient déjà pris ou détruit en denrées. Ces pensions qu'ils exigeaient, d'où les eût-on tirées? De la terre dévastée par eux, des récoltes foulées, mangées par leurs chevaux?

Malheur aux gens du roi qui se fussent permis de rappeler son autorité! Un trésorier de France fut assez fou pour vouloir empêcher les taxes de guerre que le duc de Nevers levait en Champagne contre le roi. Il fut enlevé, mené chez le duc, condamné à mort par ses juges.

Le duc ne daigna le faire pendre; il l'habilla en fou, avec le bonnet à grelots et la marotte en main, vous le mit sur un âne, et le promena partout, pour qu'on vît bien le cas qu'il faisait du roi de France.

Ces princes, qui avaient exigé les États, dès qu'ils furent accordés, n'en voulaient plus. Quand le bailli du roi en Nivernais hasarda de faire crier la convocation, la duchesse fit arrêter ses crieurs. Les nobles trouvèrent au-dessous d'eux d'aller aux élections, et n'y figurèrent que par leurs valets. En réalité, ces États ne leur semblaient qu'un trouble-fête, qui pouvait éplucher de trop près la liste des pensions.

Le Tiers n'élut, n'envoya que des juges, avec des

avocats et des officiers de finances. Gens fort capables d'examiner de près. Quand ils se trouvèrent réunis, tous en robe noire et en bonnet carré, ils avaient l'air d'un tribunal pour juger les nobles et la cour.

La passion ne leur manquait pas pour tenter de sévères réformes. L'hérédité des charges les constituait depuis dix ans en une sorte de noblesse haïe et insultée de l'autre. Noblesse, il est vrai, achetée et sortie de l'argent, mais qui, dans ces familles, était relevée par des habitudes graves, et encore plus par leur nouvelle indépendance. Ils n'avaient plus à solliciter les grands à chaque vacance. Ils ne sentaient plus trembler la balance dans leurs mains. La justice, devenue un fief patrimonial, marchait forte devant le fief, et la robe égalait l'épée.

Ce qui malheureusement leur faisait tort, c'était bien moins l'achat des charges, bien moins le droit annuel qu'ils acquittaient pour les perpétuer dans leurs familles, que les émoluments variables qu'ils tiraient de la justice. Payés par les plaideurs, et sur chaque procès prélevant des *épices*, ce misérable casuel les abaissait, les empêchait de prendre une grande attitude, ni de fortes racines dans la nation. Que dis-je? quoique très vaniteux, à les prendre en eux-mêmes et dans le secret de leur cœur, ils n'étaient pas bien fermes. Ces profits variables, trop généralement arbitraires, contestés des plaideurs, leur abaissaient le cœur. Leurs charges étant toute leur fortune, ils s'en croyaient comptables à leur famille. Ils craignaient fort qu'on n'y touchât. Ils étaient, avant tout, pères et propriétaires. Le nom le plus illustre, le vieux Harlay, par faiblesse pour les siens, venait de donner un triste exemple ; il avait vendu (ce qui jusque-là ne se faisait pas encore) une charge de premier président.

Nos évêques, valets ou parents des maîtresses, de Gabrielle, d'Henriette, fils de Zamet et de La Varenne, etc., n'en méprisaient pas moins les magistrats, les appelant « une espèce mécanique et *épicière* ». Plusieurs, comme Sourdis, nommé par Gabrielle archevêque de Bordeaux et cardinal, cumulaient l'insolence de la pourpre et de la noblesse, piaffaient en matamores, marchaient sur les pieds à tout le monde. Ce Sourdis alla un jour, avec ses estafiers, briser la porte des prisons de Bordeaux, en tirer des hommes qui étaient là sous arrêt du Parlement, sous la main de la Loi.

Callot a immortalisé les nobles gueux de cour, ces capitans râpés, traînant leur inutile épée autour du Louvre, mendiant une aumône ou flairant un repas aux cuisines de monseigneur d'Ancre. Celui-ci leur crachait dessus, et les appelait *faquins à mille francs pièce*. C'était le taux d'un gentilhomme.

Gibier de recors et d'huissiers, ils n'en étaient pas moins hardis contre les juges, vaillants à bon marché contre les hommes de plume, parfois de main légère et prompte aux voies de fait. Si l'on voulait poursuivre, point de témoins. Peu de gens se souciaient de se mettre sur les bras tous ces ferrailleurs qui se soutenaient entre eux.

A ces insultes accidentelles joignez-en une permanente. Les nobles de robe étaient soumis à la gabelle du sel. Les nobles d'épée s'en moquaient. Les gabeleux, qui fouillaient les maisons pour constater le sel acheté illicitement, n'eussent pas osé entrer chez eux. Ils fouillaient chez les juges. En septembre 1613, la Cour des Aides avait eu la hardiesse d'ordonner qu'on irait *partout*, et que *tous* payeraient, en proportion du nombre des personnes. Essai audacieux qui n'allait pas moins qu'à l'*égalité en matière d'impôts*. La chose fut écrite, non faite, resta sur le papier.

Voilà donc deux noblesses qui arrivent, deux armées, front à front. Toutes deux se caractérisent, la noblesse par sa pétulance (au point que le vieux maréchal de La Châtre ne put la supporter et se retira). Le Tiers marqua par son humilité; quoiqu'il eût le cœur bien-gros, il alla faire compliment aux nobles et au clergé. A l'ouverture, il parla à genoux.

Ce n'était point du tout le Tiers-état du seizième siècle, comme il avait paru si fièrement à Poissy, mêlé d'esprits divers et de classes diverses, vrai représentant de la France. En 1614, ce n'était qu'une classe, tous juges et gens de loi. Et cependant plus de jurisconsultes. Des praticiens, point d'administrateurs, si du moins l'on en juge par l'informe chaos qu'offrent les cahiers des États. Il est visible qu'à juger des procès, ces gens-là ne sont pas devenus de grands politiques. Cependant il y avait quelques hommes de talent, le lieutenant civil De Mesmes, éloquent, vif, hardi; le prévôt des marchands, Miron, frère du Miron célèbre qui changea tant Paris sous Henri IV. Dans les magistrats de province, quelques-uns brillèrent. Nommons par gratitude l'estimable chroniqueur des États, Florimond Rapine, avocat du roi au présidial de Saint-Pierre. Nommons surtout et désignons à la reconnaissance du pays le héros de l'assemblée, Savaron, président au présidial de Clermont. Jeune, il avait porté les armes; magistrat plus tard, érudit, il se bornait à la petite gloire d'éditer son compatriote, le vieux Sidoine Apollinaire. La grandeur de la situation, l'amour de la justice et le sentiment des misères du peuple tirèrent de sa poitrine des paroles inouïes, qui alors purent tomber par terre, mais pour revenir foudroyantes par Sieyès et par Mirabeau.

Les voleurs avaient peur. Tout en faisant les fiers, au nom du roi qu'ils avaient dans les mains, ils avaient vu l'agitation, la fureur de Paris au procès de Ravaillac, et savaient par où on pouvait les prendre. Celui qui eût eu le courage de relever la chemise sanglante d'Henri IV l'eût trouvée chaude encore, à brûler le Louvre.

On ne pouvait faire une réforme, mais bien une révolution. C'était au Tiers-état à y regarder et savoir ce qu'il voulait. Il était tout de magistrats, lié avec le Parlement. La révolution se fût faite par la voie judiciaire.

Le grand secret n'était pas un secret. Le vieux Harlay, qui avait tout étouffé quand la régence donnait encore espoir, était retiré, mais non mort. Le rapporteur de Ravaillac existait, et ses dépositions, *reçues sous le secret de la cour*, n'avaient pas encore été détruites. Elles existaient dans la cassette murée à l'angle des rues Saint-Honoré et des Bons-Enfants, avec la feuille dictée par Ravaillac sur l'échafaud, entre les tenailles et le plomb fondu, et l'on pouvait y lire les noms d'Épernon et de la reine.

Le témoin Dujardin-Lagarde, assassiné par Épernon, Lagarde vivait pourtant; il était à Paris, et demandait réparation. Pour réparation, il eut la Bastille.

La dame d'Escoman, ajournée, non vraiment jugée, était à la Conciergerie, toujours dans la main du Parlement, qui, par elle, avait une hypothèque terrible sur le Louvre. Si, par Lagarde, on mettait Épernon à jour, derrière lui, par la d'Escoman on allait à la reine. Le duc en trois jours eût été en Grève, et elle fût partie pour Florence.

Le jugement d'Épernon, qui eût frappé les grands d'une impuissance constatée, aurait sauvé cent millions d'hommes qui sont morts de misère par la perpétuité du régime quasi-féodal que la monarchie n'a nullement fini, mais continué par la noblesse jusqu'en 89.

Pour cela, il fallait tenir Paris et savoir s'en servir. Il fallait que le Tiers-état, au lieu de venir avec toutes les petites jalousies de la province, se jetât de cœur dans la grande ville, où est la chaude vie de la France, qui n'est que la France même, incessamment filtrée par un brûlant organe. Paris n'avait jamais été tant ligueur qu'on croyait. Et d'ailleurs il ne l'était plus. Au contraire, il saluait de ses vœux la guerre d'Henri IV, qu'il croyait une « guerre contre le pape ». Paris protégea Charenton.

La cour étourdiment avait assigné au Tiers de siéger à l'Hôtel-de-Ville. Il y aurait trôné et serait devenu un centre. Par sotte jalousie de Paris, il aima mieux être rayon, un rayon pâle dans la gloire de la noblesse et du clergé. Il alla se loger sous les pieds de ses ennemis. Tandis que les deux ordres privilégiés siégeaient pompeusement dans les salles hautes et décorées du couvent des Grands-Augustins, le pauvre Tiers vint se cacher au réfectoire humide des moines, dans un rez-de-chaussée sale et noir, où personne n'allait le chercher. Paris n'eût su où le trouver.

Ils se laissèrent donner pour président un homme mixte ni chair, ni poisson, le prévôt Miron, que la cour appuyait comme propre à donner des paroles, en éludant les actes. On put le juger dès l'entrée. Quand ce malheureux trésorier, pilorié, promené sur un âne par le duc de Nevers, apporta sa requête, l'affaire ne fut pas mise en délibération, sous ce prétexte étrange *que l'heure était sonnée* (d'aller dîner). L'homme, il est vrai, s'était présenté seul, les autres trésoriers n'ayant osé le soutenir, « l'ayant désavoué de *l'injure* qu'il avait faite au duc », en faisant son devoir, et suivant les ordres du roi !

Je ne vois pas non plus dans le gros livre de Rapine que le président ait saisi l'assemblée de la réclamation de Lagarde. Pas un mot d'une affaire si grave, que Lagarde lui-même dit avoir présentée aux États.

Ce livre de Rapine est bien étrange, quelquefois hardi dans la forme, mais très timide au fond. Les choses capitales sont cachées dans des parenthèses. On apprend en passant, et par occasion, en une ligne, que « tous les cahiers des députés demandoient la *suppression des pensions* ». C'était la guerre à la noblesse que le Tiers apportait. Rien n'indique qu'il ait suivi ce mandat des provinces. Il procéda obliquement, demandant : 1° surséance, pendant la durée des États, aux levées d'argent extraordinaires; 2° suppression des trésoriers qui payaient les pensions. La reine se récria sur ce dernier article, disant que les offices des trésoriers étaient à elle, un don qu'elle avait reçu de la galanterie du feu roi. Le Tiers-état, non moins galant, maintint ces trésoriers des pensions. Cela devait faire croire qu'il respecterait les pensions elles-mêmes.

Cependant ce seul mot de *pensions* avait fait frémir la noblesse. Ce même jour, 13 novembre, un homme à elle, un député du sauvage Forez, sans consulter ses collègues de même province, vint, comme de sa tête, avec les semblants de sa liberté montagnarde, proposer d'abolir le droit annuel qui assurait aux magistrats l'hérédité des charges.

Guerre pour guerre. Si le Tiers touchait aux pensions des nobles, les nobles leur jetaient cette pierre, les menaçaient dans leurs fortunes.

Mais tout cela était trop lent. Le duc d'Épernon, qui sans doute craignait que, dans cette dispute entre les ordres, l'aigreur ne donnât du courage, et qu'on ne mît sur le tapis l'affaire de Lagarde et de Ravaillac pour l'envoyer au Parlement, d'Épernon résolut de frapper un coup de terreur sur celui-ci, qui effrayât le Tiers, bridât les langues sur ce sujet sacré. Probablement il était averti de ce qu'on voulait faire par l'espion et le traître qu'on avait mis pour successeur de Harlay, le président Verdun, l'âme damnée de la reine, de d'Épernon et des Jésuites.

Le coup fut monté ainsi. Un soldat du duc défia un homme et le tua, fut emprisonné par le bailli de Saint-Germain. D'Épernon, comme colonel général de l'infanterie, réclame le prisonnier, prend des gardes au Louvre et force la prison (14 décembre).

Le 15, la noblesse, exaltée, enhardie par l'outrage fait aux lois et aux magistrats, déclare au Tiers qu'elle demandera au roi qu'il ne lève plus le droit annuel, c'est-à-dire *ne garantisse plus l'hérédité des charges achetées*. Ces charges, non garanties, tombaient dès lors au dixième de leur valeur. Les magistrats, qui y avaient mis tout leur patrimoine, étaient ruinés.

Cette menace, apportée au Tiers, eut un effet inattendu. On vit alors une chose qu'on ne voit guère qu'en France, où les hommes, mis en demeure, s'élèvent parfois tout à coup au-dessus d'eux-mêmes. Un noble éclair passa sur l'assemblée. Ces magistrats accueillirent avec enthousiasme la proposition qui les ruinait. Plusieurs s'écrièrent qu'il fallait abolir cette honteuse vénalité des charges, fermer la porte aux richesses ignorantes, et ne l'ouvrir qu'à la vertu.

La proposition fut formulée par le lieutenant général du bailliage de Saintes, président du gouvernement de Guyenne. Cette province si misérable, rasée, exterminée par l'atrocité des impôts, et qui n'avait plus que des larmes, avait ému son cœur, et elle lui inspira de grandes paroles, dignes de la Nuit du 4 août.

Ce magistrat demande trois choses : 1° qu'on ne paye plus le droit qui garantissait l'hérédité des charges; 2° que la taille soit réduite à celle d'Henri III; 3° que le roi, s'il se trouve trop appauvri par les demandes, sursoie au payement des pensions.

L'enthousiasme alla montant. Et la majorité adopta le sacrifice complet, proposé par M. De Mesmes, l'*abolition expresse de la vénalité des charges*.

Deux députés, au moment même, s'échappèrent et coururent aux Chambres du clergé et de la noblesse, qui, surpris de cette vigueur, essayèrent de gagner du temps, admirant, exaltant un si beau sacrifice, mais demandant *qu'on l'ajournât avec l'affaire des pensions*, qu'on n'occupât le roi que de l'affaire du sel et de la suspension du droit annuel. On ne fut pas pris à ce piège, et on leur envoya l'homme le plus ferme de l'assemblée, Savaron, président de Clermont, qui leur dit : « Laissons là le droit annuel; allons à la racine du mal. La noblesse dit que la vénalité lui ferme l'entrée aux charges... Que la vénalité périsse!

« Les pensions en sont à ce point que le peuple, désespéré, pourra bien faire comme ses aïeux les

Francs, qui brisèrent le joug des Romains... Dieu veuille que je sois faux prophète!... Mais, enfin, c'est ce brisement qui a fondé la monarchie... »

Ceci à l'adresse des nobles. Et l'hypocrisie du clergé, sa secrète entente avec la noblesse, il la nota d'un mot : « Tous vos discours sucrés ne réussiront pas à nous faire avaler la chose... Vous craignez pour le roi s'il perd un million et demi que lui rapporte le droit des magistrats. Et vous ne craignez pas de lui laisser la charge des pensions, qui est de cinq millions ! »

Et au roi : « Sire, soyez le roi-très-chrétien... Ce ne sont pas des insectes, des vermisseaux, qui réclament votre justice et votre miséricorde. C'est votre pauvre peuple, ce sont des créatures raisonnables ; ce sont les enfants dont vous êtes le père et le tuteur... Prêtez-leur votre main pour les relever de l'oppression !... Que diriez-vous, Sire, si vous aviez vu en Guyenne et en Auvergne les hommes paître l'herbe à la manière des bêtes?... Cela est tellement véritable que je confisque à Votre Majesté mon bien et mes offices, si je suis convaincu de mensonge ! »

Cette voix, sortie du cœur du peuple, donnait courage au Parlement. Dès le premier discours, qui fut du 15, il avait procédé contre le duc d'Épernon. Celui-ci joua le tout pour le tout. Le 19, le Parlement, à sa sortie, trouva le duc avec ses bandes qui remplissaient la Grand'-Salle et la longue galerie des Merciers, fort obscure en cette saison. Ces *bravi*, qui, sans nul scrupule, eussent fait un carnage de toute la justice de France, commencèrent par des cris, des risées, des menaces. Puis ils passèrent aux gestes, et l'on ne sait si réellement il y eut des coups. Ce qui est sûr, c'est qu'ils ruaient des éperons à travers les robes, les accrochaient et les tiraient pour faire tomber les magistrats. Ceux-ci retournèrent sur leurs pas, s'enfermèrent dans leurs salles. Le duc resta maître du champ de bataille. La justice, créée pour donner la chasse aux brigands, fut chassée par eux cette fois; les voleurs enfermèrent leurs juges.

Que fit le Parlement le lendemain? Rien du tout. Et rien encore pendant cinq jours. Ce corps certainement était neutralisé par la trahison de son président.

La noblesse ne douta pas que le Tiers ne fût effrayé de l'aventure du Parlement. Le 20, par le clergé et directement par un de ses membres, elle demanda, exigea que Savaron lui fît excuse. A quoi il répondit fièrement : « J'ai porté les armes cinq ans, et j'ai moyen de répondre à tout le monde en l'une et l'autre profession. »

Mais les nobles n'eussent daigné croiser l'épée avec un homme de robe longue. Un d'eux, Clermont d'Entragues, dit que Savaron devait être fouetté par les pages, berné par les laquais.

Le clergé, *au nom de la paix*, voulait que le Tiers avalât ceci, et fît excuse à la noblesse de l'injure qu'il n'avait pas faite. De Mesmes fut envoyé effectivement aux nobles, mais ce fut pour poser la question sur un terrain plus haut : « Les trois ordres sont trois frères, enfants de la France. Au clergé, la bénédiction de

Jacob et le droit d'aînesse. A la noblesse, les fiefs et dignités. Au Tiers-état, la justice. Le Tiers, dernier des frères, reconnaît son aîné au-dessus de lui. Mais la noblesse doit voir un frère en lui. Elle donne la paix à la France, nous aux particuliers...

« Au reste, n'a-t-on pas vu souvent dans les familles que les aînés ravalaient les maisons, que les cadets les relevaient? »

Ce fut un coup de poignard pour la noblesse. Pour la première fois, l'égalité timide avait réclamé ce nom de frères, de cadets, de frères inférieurs, mais déjà en rappelant que les aînés pouvaient déchoir, les cadets sauver la famille...

« Des fils de savetiers nous appeler frères? » Ce fut le cri des nobles. Ils crièrent en tumulte jusqu'à neuf heures du soir. Et alors, quoiqu'il fût si tard, ils allèrent demander vengeance au roi. Ils trouvèrent porte close, les ponts levés, le roi couché.

Ce même jour 24 décembre, le Parlement, enfin réveillé, s'était souvenu de l'injure du 19, et s'était mis à procéder. Le Tiers déclara, le 27, que De Mesmes avait bien parlé, et qu'on l'avouait de tout.

Au point où étaient les choses, Condé avait la partie belle. Cette popularité qu'il cherchait jusque-là par de mauvais moyens, il pouvait la gagner par le salut de la France. S'il eût été le 27 aux États et au Parlement, il eût entraîné tout. Il n'osa et resta chez lui.

La reine ne perdit plus de temps pour faire jouer la grande machine, le roi, — pour comprimer par lui le Tiers, le Parlement, sauver d'Épernon, relever la noblesse.

Jour mémorable. Le roi fut posé, ce jour-là, roi des nobles contre le peuple.

C'est le sens de tout ce qui suit pour deux cents ans. Nous attendons 89.

Le 28, ce petit garçon de treize ans et demi, en son Louvre, répétant sa leçon apprise, ordonne au Tiers-état *de faire excuse à la noblesse.*

Et il ordonne au Parlement *de cesser les poursuites contre son cousin le duc d'Épernon.*

Le prince de Condé, lâchement, fit semblant de croire que le Tiers avait l'intention de s'excuser et lui conseilla de le faire.

Le Parlement, battu, bloqué chez lui par d'Épernon, ne fut pas quitte pour cela. Il lui fallut endurer sa présence. Cet homme qui portait le meurtre au front et le sang d'Henri IV, au lieu de figurer sur la sellette, comme il devait, vint trôner comme duc et pair. Ceux qu'il avait bafoués et outragés le soir, il les brava de jour. Il n'excusa, n'expliqua, ne regretta rien. La tête haute, en quelques mots brefs, il assura la cour de sa protection.

Le Tiers fut traité de même. Le petit roi ne daigna lire ses trois propositions et les renvoya à ses gens. Il n'avait qu'un mot, et sa mère un mot : « Faites au plus tôt votre cahier. » C'est-à-dire : Partez au plus vite.

On avait été jusqu'à écrire d'avance les excuses que devait faire le Tiers. Celui-ci, exaspéré, n'en tint compte, dit qu'il ne s'expliquerait pas devant la noblesse, mais devant le roi. Il prit même un rôle agressif. Il menaça d'*écrire aux provinces* si on ne donnait prompte réponse à ses propositions. Enfin, il demanda *qu'on lui communiquât l'état des finances.*

Cette demande, si simple et si prévue, jeta un trouble extrême à la cour et aux Chambres du clergé et de la noblesse. On put juger alors de la parfaite entente, de l'union de tous les voleurs. Le clergé envoya au Tiers-état le doucereux évêque de Belley, Camus, l'auteur fadasse de tant de plats romans de bergeries dévotes, mêlés de l'*Astrée* de d'Urfé et de la *Philothée* mignarde de saint François de Sales. « Les finances, dit-il, sont l'Arche sainte de l'ancienne Loi... Gardons-nous d'y toucher... » — A quoi un membre du Tiers dit vivement : « Mais nous sommes sous la Loi nouvelle, qui veut le jour et la lumière. »

Le ministre Jeannin, très fidèle à l'ancienne Loi, voulut bien apporter cette Arche, mais non l'ouvrir. On communiqua quelques chiffres incomplets, inexacts et faux. Et encore on défendit de les copier. Le Tiers enfin fut obligé de dire qu'une telle communication lui était superflue, qu'il n'en prendrait pas connaissance.

Jeannin, pour rester au pouvoir, avait pris la tâche honteuse de mentir pour la cour et de couvrir ses vols. Il dit effrontément que le trésor des quarante millions de la Bastille n'était que de cinq; il supposa que la dépense avait augmenté de neuf millions, et la recette diminué de huit! Chiffre impossible et ridicule; car, alors, on n'eût pas vécu. Enfin, pour embrouiller complètement, et dérouter tout examen, à l'article des levées d'argent, il additionne pêle-mêle la recette avec la dépense!

Malgré les défenses expresses, le Tiers copia ce chaos, et l'envoya dans les provinces.

Cependant on cherchait, on trouvait contre lui, on lui jetait aux jambes des barres pour l'arrêter et des pierres pour le faire tomber.

Les magistrats qui composaient le Tiers sortaient en grande partie de familles de finances. La noblesse crut les embarrasser en proposant une chambre de justice qui examinerait et poursuivrait les finances (5 décembre).

Les nobles, débiteurs de ceux-ci, se fussent acquittés à bon compte, en les payant d'une corde. Le Tiers se montra ferme encore; malgré ses rapports de famille, il déclara trouver très bon qu'on recherchât les financiers.

La seconde pierre qu'on lui jeta fut une réforme de la justice, dont on le menaça, et la troisième (lancée par le clergé), une réduction des conseillers d'État. Le Tiers, en vrai Romain, vota cette réduction, qui fermait aux magistrats leur plus belle perspective.

La seule vengeance qu'il prit, ce fut d'écrire en tête de son cahier, comme premier article et *loi fondamentale*, la défense du roi contre le clergé, la condamnation des doctrines qui avaient armé Ravaillac, l'indépendance du pouvoir civil, l'injonction à tous ceux qui auraient des offices ou des bénéfices de signer cette doctrine, enfin la proscription des souteneurs de l'autorité étrangère.

Les historiens, qui ne voient là qu'une bassesse, une flatterie, n'ont aucun sentiment de la situation ni du moment. Le sang du roi fumait encore.

Ces souteneurs du pape, qui étaient-ils? Les bons amis de Ravaillac, ceux qui l'avaient poussé, regardé faire, et qui profitaient de son crime. Qui? d'Épernon et Concini, les Jésuites, les mauvais Français, nos Espagnols de France et les excréments de la Ligue.

L'article les marquait tous. On ne pouvait pas encore les mettre en Grève; on les piloriait dans la Loi.

Quand Samson mit le feu à la queue des trois cents renards, qui s'en allèrent criant, brûlant les blés des Philistins, ces animaux ne firent pas plus de bruit que les défenseurs des Jésuites et les prélats ultramontains.

Ils vinrent, l'un après l'autre, déclamer, pleurer et crier au sein du Tiers sur le malheureux sort de la Religion. Ils y jetèrent l'incident pathétique des catholiques cruellement persécutés, disaient-ils, en Béarn par les huguenots. Le président Miron, prenant rôle dans la comédie, appuya cette lamentation de ses sanglots et de ses larmes.

Le Tiers n'en fut pas dupe. Peu favorable aux protestants, il tint ferme contre les Jésuites. Contre la cour, c'était la même chose. On put le voir à la peur de celle-ci, qui se fit tout à coup bienveillante pour les magistrats, leur fit dire que les charges non seulement passeraient aux fils, mais aux héritiers quelconques et aux veuves.

Ce miel intempestif, donné si lâchement et par peur, n'adoucit rien. Les magistrats en sentirent mieux leur force, et le Parlement, adoptant l'article, en fit un arrêt et lui donna la force judiciaire (31 décembre).

Il ne restait qu'à mettre les noms dans cet arrêt pour en faire la condamnation des grands coupables qui bravaient la justice.

Leur arme, leur ressource suprême, comme dans la première dispute, ce fut encore le roi. Avec le petit mannequin, ils pouvaient assommer la raison et la loi. Cette fois encore, le Tiers, le Parlement, furent accablés par le roi même, qui évoqua l'article à lui, et leur interdit de défendre sa royauté, sa vie! prenant parti pour ceux qui tuaient les rois, pour les assassins de son père!

C'étaient eux justement qui le liaient; il n'était pas libre. La complicité de la cour et de la reine même dans la mort d'Henri IV enhardissait tellement le parti jésuite, que le cardinal Du Perron, son organe, dit au roi en personne que, s'il ne cassait l'arrêt du Parlement, le clergé en concile *excommunierait ceux qui refusent au pape le droit de déposer les rois*.

Cent vingt membres du Tiers protestèrent pour que l'article restât écrit au cahier, malgré l'ordre du roi. Ils protestèrent de vive voix, mais tous ne signèrent pas la protestation. Ce qui permit au président Miron de nier la majorité. En vain Savaron monta sur un banc. On étouffa sa voix. Le président cria que le roi le voulait ainsi, et l'avait dit lui-même, de sa bouche et sans interprète. On prit un moyen terme. On effaça sans effacer, en écrivant l'article pour dire qu'on ne l'écrirait pas.

Tout le débat finit sur ce premier article, qui fut en même temps le dernier. La comédie honteuse finit comme ces arlequinades où le *Deus ex machina* qui fait le dénouement est tout simplement le bâton.

Un sieur De Bonneval, membre de la noblesse, sans cause ni prétexte, bâtonne un magistrat du Tiers. Et, d'autre part, Condé, furieux contre la reine qui lui fait intimer de ne point faire visite au Tiers, fait bâtonner par un des siens un gentilhomme de la reine. De là, entre la reine et lui, une basse et grossière dispute. « Je n'ai pas peur de vous, disait Condé. Que me ferez-vous ? » Le roi les sépara. La reine avait mandé pour la défendre toutes les bandes de M. de Guise.

Condé alla au Parlement, et dit froidement qu'il avouait son gentilhomme d'avoir assommé l'homme de la reine, que ce n'était que représailles. « MM. de Guise, dit-il, ont bien assassiné De Luz. Et le maréchal d'Ancre a bien fait assassiner Rubempré. M. d'Épernon a bien... » Condé acheva-t-il ? dit-il que d'Épernon avait assassiné Lagarde, le dénonciateur de Ravaillac ? Nous savons seulement qu'il nomma d'Épernon. Cela suffit : la reine, tout à coup souple comme un gant, fit tout ce que voulait Condé. Il eut pour son homme des lettres d'abolition, et l'homme de la reine garda ses coups de bâton. Le Tiers, plus ferme, fit condamner, au moins par contumace, le député de la noblesse qui avait bâtonné un de ses membres, et il fut exécuté en effigie.

Voilà un pas de fait. Concini, Guise et d'Épernon, ont été nommés *assassins*. Le peuple ajoutait *d'Henri IV*. Que serait-il arrivé si le Parlement n'avait fait la sourde oreille? S'il eût relevé la chose, il eût eu Paris pour auxiliaire, et son glaive innocent, dont riaient les bandits, aurait eu le fil et la pointe. La cour, devant un tel procès, eût été trop heureuse de recevoir les conditions du Tiers.

Une politique nouvelle eût commencé, anti-cléricale, anti-espagnole. Le cahier du Tiers l'indiquait.

Le président y avait glissé une demande des mariages d'*Espagne*. On effaça le mot *Espagne*.

Le cahier contenait une révolution contre le clergé. Il demandait:

1° Qu'il y eût une justice sérieuse pour les prêtres, qu'ils fussent jugés, non par les leurs, intéressés à les blanchir toujours, mais par les juges laïques;

2° Que la justice d'Église fût gratuite, qu'elle parlât français, qu'elle n'arrêtât personne sans l'intervention de la justice laïque;

3° Que le curé ne fît plus payer pour les baptêmes, mariages et sépultures, et qu'il en remît les registres au greffe;

4° Que les villes reprissent l'administration des hôpitaux, et que leurs administrateurs reçussent les aumônes dues par les évêchés et couvents; que tout ecclésiastique qui aurait plus de six cents livres par an en payât un quart pour les pauvres ; que chaque monastère nourrît un soldat invalide ; les autres invalides nourris aux Hôtels-Dieu, partie aux frais des hôpitaux et partie aux frais du clergé ;

5° Que le clergé n'acquît plus d'immeubles (sauf un cas), et ne reprît point par rachats forcés ses anciens immeubles aliénés qui avaient passé de main en main.

Ces articles terribles qui perçaient le cœur du clergé lui firent craindre extrêmement que le Parlement ne lançât le grand procès qui eût donné la force au Tiers. Il se serra tremblant sous la cour et sous la noblesse. Les trois puissances furent d'accord pour mettre le Tiers à la porte, finir brusquement les États. Le roi exigea le cahier et fit la clôture le 23 février. Et quand, le lendemain, le Tiers crut pouvoir revenir pour achever les affaires, comme il l'avait demandé, il trouva porte close, et déjà les bancs enlevés, les tapisseries détachées. Le chroniqueur Rapine, dans sa douleur naïve, s'écrie qu'en effet les voleurs avaient sujet de craindre « une assemblée nouvelle, où peut-être Dieu et notre mère, notre douce Patrie, l'innocence de notre roi, auroient suscité quelqu'un pour nous tirer de ce sommeil qui nous assoupit quatre mois.

« Et que deviendrons-nous ? Nous venons tous les jours battre le pavé de ce cloître, pour savoir ce qu'on veut faire de nous. L'un plaint l'État, l'autre s'en prend au chancelier. Tel frappe sa poitrine, accuse sa lâcheté ; un autre abhorre Paris, et désire revoir sa maison, sa famille, oublier la liberté mourante...

« Et pourtant, après tout, dit-il, en se relevant avec force, sommes-nous autres que ceux qui entrèrent hier à la salle des Augustins? »

Ce mot-là a attendu deux cents ans sa réponse. « Nous sommes, » a dit Sieyès, ce que nous étions hier. » — « Et nous jurons de l'être. » C'est le serment du Jeu de Paume.

CHAPITRE III

Prison de Condé. — Mort de Concini. (1615-1617.)

Plus d'assemblées pendant deux siècles. Mais celles du clergé continueront, poursuivant un but fixe, la *proscription progressive des protestants*, dont il fait au roi l'expresse condition de ses secours d'argent, et l'*extermination des libres penseurs*, sous le nom d'athées.

Le Tiers restait cependant à Paris, et il y fut tout un mois, du 24 février au 24 mars. Tout dissous qu'il était, sa présence eût donné une grande force au Parlement. Il semble que l'un et l'autre se soient attendus. Ils ne firent rien du tout. Et ce fut seulement le 28, lorsque le Tiers était parti, que le Parlement prit la parole, et par arrêt invita les princes et les pairs à venir siéger. Arrêt opposé du Conseil. Le Parlement tient bon, et, le 22 mai, vient lire ses remontrances au Louvre. C'étaient celles des États, sur la ruine des finances. Mais, de plus, le Parlement, entrant dans la politique même, priait le roi de revenir *aux alliances de son père;* donc, de ne point s'allier à l'Espagne. Il censurait l'audace insolente du clergé et des amis du pape. Il demandait qu'on fît rendre gorge « à des gens sans mérite qui avaient reçu des dons immenses », et qu'on ne confiât plus les grandes charges aux étrangers, qu'on ne peuplât plus le royaume de moines italiens, espagnols, qu'on fît recherche des juifs, magiciens et empoisonneurs, qui, depuis peu d'années, se coulaient aux maisons des grands. C'était désigner Concini et sa femme, qui s'entouraient de ces gens. Et, si cette désignation semblait obscure, le Parlement aurait nommé.

Les ministres furent atterrés; mais Guise et d'Épernon offrirent leur épée à la reine. Il eût fallu, pour soutenir le Parlement, que Condé fût ici, mais il était parti avec les princes, aimant mieux faire la guerre de loin. Il s'adressa à la fois au pape et aux huguenots, et, en réponse aux prières de la reine, qui l'invitait à aller avec le roi au-devant de l'infante, il lança un manifeste où il nommait Concini comme capital auteur des maux publics.

On n'a pas répondu au Tiers, dit-il. On a fait rayer de ses cahiers l'article qui défendait la vie des rois, *rayer celui qui demandait la recherche du parricide commis sur le feu roi.* On a voulu tuer Condé et les princes. On précipite les mariages d'Espagne, ce qui fait croire aux huguenots qu'on veut les exterminer. Le clergé, malgré le roi, a juré le concile de Trente (la royauté du pape). Le roi est prié de ne pas partir sans répondre aux États et sans chasser les Italiens.

Concini, mort de peur, aurait voulu céder. D'Épernon ne le permit pas ; il fit entendre à la reine qu'il fallait faire sur l'heure le mariage d'Espagne, et s'assurer par là du secours de l'étranger. Du moment qu'on tenait le roi, on tenait tout. En le mariant, on le précipitait vers l'Espagne et vers Rome, et l'on tranchait tout l'avenir.

Les princes, trop faibles, n'empêchèrent rien. Condé, tout à la fois ami des Jésuites et des huguenots, n'eut aucune force populaire. L'assistance que ces derniers lui prêtèrent ne fit que les compromettre. La reine, malgré tout, mena le roi à la frontière.

L'infante Anne d'Autriche entra en France pour épouser Louis XIII; Élisabeth de France passa en Espagne pour épouser Philippe IV (9 novembre 1615).

Dès lors, la reine avait vaincu. Condé négocia, s'arrangea pour un million et demi, et la position de chef du conseil. Il traita pour lui seul, sans dire un mot des autres.

Le peuple, qui avait cru que son retour entraînait le départ du favori, et qui le vit plus puissant que jamais créer un nouveau ministère, entra en grande fureur. Elle éclata. Concini avait fait bâtonner par deux valets un certain cordonnier nommé Picard, qui, sergent de la garde bourgeoise, avait refusé de le laisser entrer à la porte Bucy sans passeport. La foule saisit les deux valets et les pendit à la porte du cordonnier. Picard devint le héros du peuple.

Condé, rentrant, fut reçu en triomphe (juillet 1616).

Il n'y fut pas longtemps sans dire à son nouvel ami, Concini, qu'il ne pouvait le protéger contre la haine universelle. Lui parti, Condé restait maître, et il ne manquait pas de gens autour de lui pour lui dire que, Louis XIII étant bâtard adultérin, il était le seul héritier légitime du trône. Il semblait avoir tout pour lui, la noblesse, Paris, le Parlement. Il se trouva pourtant quelqu'un au Louvre (était-ce le nouveau ministre Barbin, ou la créature de Barbin, le jeune Richelieu?) qui osa croire qu'ayant le roi on pouvait braver tout, même arrêter Condé. Cela s'exécuta, sans coup férir. Le faux lion, pris comme un agneau, descendit à cette bassesse d'offrir de dénoncer les siens (1er sept. 1616).

Paris remua peu. Seulement la population pilla l'hôtel de Concini; mais, quand on vit le roi, la reine, aller au Parlement, avec les amis même de Condé, quand on sut qu'il voulait s'emparer du trône, on rentra dans l'indifférence. Le jeune Richelieu, l'auteur probable de ce conseil hardi, quoique évêque, eut un ministère.

Une nouvelle prise d'armes des princes menaçait Concini. Et l'on parlait de plus d'une étrange ligue où Sully, Lesdiguières, se seraient armés avec d'Épernon.

Le Louvre était-il sûr? Avant même l'arrestation de Condé, Concini et la reine avaient cru entrevoir que l'enfant-roi leur échappait. Il était triste et sombre. La reine, deux ou trois fois, lui offrit de lui remettre le pouvoir. Timide au dernier point, il la pria de le garder.

Le changement du roi tenait à l'action secrète d'un certain Luynes, qu'on avait mis auprès lui pour la volerie des faucons. Il avait des goûts fort sauvages, de combats d'animaux, d'escrime et de chasse, de petits métiers mécaniques. Nulle attention aux femmes, si bien que, trois ans durant, ayant à côté de lui sa petite reine, fort jolie alors, il ne songea pas seulement qu'il fût marié. Ce solitaire n'avait besoin que d'un camarade.

Luynes était Provençal, d'origine allemande, d'humeur douce, de parole aimable. Son grand-oncle était un Albert, joueur de luth allemand, musicien de François Ier, dont il obtint pour son frère, qui était prêtre, un canonicat de Marseille. Le chanoine eut deux bâtards ; l'un fut un très bon médecin, attaché à la mère d'Henri IV, et qui lui prêta dans ses malheurs tout ce qu'il avait, douze mille écus. L'autre suivit les armes, fut archer du roi, et se battit devant Charles IX et toute la cour en champ clos à Vincennes ; il tua son adversaire. Montmorency se l'attacha, et le fit gouverneur de Beaucaire.

Ce gouverneur en considération des douze mille écus qu'Henri IV ne rendit jamais, obtint de faire entrer son fils comme page d'écurie chez le roi. L'enfant, qui est notre Luynes, était si joli qu'on le fit page de la chambre. Il arrivait sous d'excellents auspices, avec cette charmante figure et la réputation d'une famille admirable en fidélité.

Luynes et ses frères, fort agréables aussi, n'imitèrent point la cour, qui ne voyait que le présent, suivait Concini, oubliait le roi. Ils visèrent à l'avenir, et ils s'attachèrent à l'enfant. Luynes se tint si bas, si doux, parut si médiocre que la reine n'en prit aucune défiance.

Ce ne fut qu'au voyage de Bayonne qu'on vit combien il tenait le roi. Celui-ci, qui ne parlait guère, ne commandait jamais, dit qu'il voulait que ce fût Luynes qui allât complimenter l'infante. Haute mission pour un homme qui n'avait près du roi d'autre charge « que de lui siffler la linotte ». Concini fut jaloux. Trop tard. Luynes, qui se sentit en péril, acheta la capitainerie du Louvre, afin de demeurer jour et nuit près du roi.

Il y avait dans le Louvre un autre ennemi de Concini, un homme qui n'avait jamais voulu le saluer, le jeune Vitry, capitaine des gardes. Vitry le père, fort ami de Sully, fut le seul, au jour de la mort du roi, qui n'adora pas le soleil levant. Quand il mourut lui-même et que son fils eut sa charge, Concini dit : « *Per Dio!* il ne me plaît guère que ce Vitry soit maître du Louvre. Cet homme-là peut faire un mauvais coup ! »

Le jeune roi, par Luynes ou Vitry, dut savoir de bonne heure les tristes mystères de la mort de son père. Si la reine avait laissé tuer son mari, elle pouvait fort bien encore, obsédée des mêmes gens, les laisser détrôner son fils. Il était fort jaloux de son frère, Monsieur, bien plus aimable, né dans une heure plus gaie, à la première aurore de Concini, et qui avait toutes les grâces féminines d'un jeune Italien.

Ce frère, aimé de la mère et de tous, avait le mérite, d'ailleurs, d'être fort jeune, et, s'il eût été roi, une seconde régence eût commencé. Tout cela n'était pas absurde. Et, quand on voyait, dans la chambre la plus voisine de la reine, à peine séparée par un mur, sa sorcière Léonora entourée de médecins juifs, de magiciens, troublée de plus en plus, et comme agitée des furies, n'y avait-il rien à craindre? Le roi ayant été malade juste au moment où il avait sa petite femme, on le crut, il se crut lui-même peut-être ensorcelé. Il commençait à se dire comme Henri IV : « Ces gens ont besoin de ma mort. »

Luynes, qui avait trente ans, avec ses frères, hommes d'épée, n'était pas seulement un camarade complaisant pour cet enfant seul et inquiet; c'était comme un garde du corps qui le rassurait. Mais Luynes même était fort timide, dit Richelieu. Il pensa que le roi, si jeune, ne le défendrait pas, et il voulait traiter. Il fit demander à Concini de lui donner une de ses nièces en mariage. Concini l'aurait accordée, pour se remettre bien avec le roi et pour en obtenir, à son prochain veuvage, une fille naturelle d'Henri IV. Il agissait déjà comme si sa femme Léonora était morte. Elle n'était pas si folle qu'elle ne devinât tout cela. Elle y mit son *veto* et empêcha tout rapprochement avec Luynes.

Celui-ci, rebuté, visa moins haut; il s'adressa aux ministres de Concini. Il demanda la nièce de l'un d'eux pour son frère, et Richelieu conseillait fort ce mariage. Mais on refusa encore. Et Luynes, ayant tout épuisé, et bien sûr qu'on voulait le perdre, agit pour perdre Concini.

La reine avait fait une chose ou coupable ou bien imprudente. Elle avait envoyé les gardes du roi à l'armée, et lui avait donné ses propres gardes. Luynes montra au roi qu'il se trouvait prisonnier de sa mère.

Mais que faire? L'enfant royal n'avait personne à lui. Deux gentilshommes d'assez mauvais renom, qui soignaient ses oiseaux, un commis, un soldat, un jardinier, ajoutez-y Travail ou le Père Hilaire, le Huguenot capucin (Voy. plus haut), voilà les conjurés illustres avec qui le roi de France conspira pour sa liberté. Il n'y avait pas dans tout cela un homme d'exécution. Le jeune Montpouillan, camarade du roi, disait qu'il poignarderait bien Concini, mais dans le cabinet du roi. C'était mettre celui-ci en péril. On s'adressa à Vitry, capitaine des gardes, *pour l'arrêter*, ou *le tuer*, s'il faisait résistance.

On avait bien *arrêté* le prince de Condé, dit Richelieu; on aurait pu en faire autant pour Concini. Étrange oubli des circonstances : le roi n'avait *personne*, et son homme, Vitry, capitaine des gardes, n'avait point les gardes avec lui. Concini, au contraire, ne marchait qu'entouré d'une trentaine de gentilshommes. A grand'peine Vitry en réunit quinze, les cacha, les arma de pistolets sous leurs habits.

Il le prit au moment où il venait le matin faire sa visite ordinaire à la reine. Il était sur le pont du Louvre avec cette grosse escorte. Vitry était si effaré, qu'il le passa, sans le voir, l'ayant devant les yeux.

Averti, il retourne : « Je vous arrête!... — *A mi!* (A moi!) » — Il n'avait pas fini que trois coups, quatre coups de pistolet partaient, lui brûlaient la cervelle... « C'est par ordre du roi », dit Vitry. Un seul des gens de Concini avait mis l'épée à la main (24 avril 1617).

Le Corse Ornano prit le roi, le souleva dans ses bras, le montra aux fenêtres. Le peuple ne comprenait pas. On avait dit d'abord que Concini avait blessé le roi. Mais quand on sut, au contraire, que c'était lui qui était tué, il y eut une explosion de joie dans toute la ville.

La reine mère était très effrayée. Son seul cri fut : « *Poveretta di me!* » Cependant qu'avait-elle à craindre ? Quelque antipathie qu'eût son fils pour elle, il ne pouvait songer à la mettre en jugement. On se contenta de lui ôter ses gardes. On mura, moins une seule, les portes de son appartement.

Elle ne montra nulle pitié pour Concini ou sa veuve. Quelqu'un disant : « Madame, Votre Majesté peut seule lui apprendre la mort de son mari. — Ah! j'ai bien autre chose à faire!... Si on ne peut la lui dire, qu'on la lui chante... qu'on lui crie aux oreilles : L'*Hanno ammazzato.* »

Mot terrible, c'était celui même que Concini avait dit à la reine, au jour de la mort d'Henri IV, en lui apprenant la nouvelle qu'elle ne connaissait que trop bien!

Léonora tremblante lui demanda asile. Elle refusa. Alors cette femme, chez qui la reine tenait les diamants de la couronne (comme ressource en cas de malheur), se déshabilla et se mit au lit, en cachant ces diamants sous elle. On la tira du lit; on fouilla tout, on mit la chambre au pillage, on la mena à la Conciergerie. Paris était en fête. La foule cherchait et déterrait le cadavre de son mari, qu'on brûla solennellement devant la statue d'Henri IV, en signe d'expiation. On dit qu'un forcené lui mordit dans le cœur, et en dévora un morceau.

La vie de la reine mère ne tenait qu'à un fil. Parmi les meurtriers, plusieurs l'auraient voulu tuer, pensant qu'elle pourrait bien se relever plus tard et venger son amant. Mais Luynes n'eût osé ni conseiller un tel acte à l'enfant royal ni le faire faire sans ordre. Il la sauva en l'entourant des gardes du roi. Le capucin Travail, le Père Hilaire, qui jadis avait intrigué contre le mariage de Marie de Médicis, et qui fut acteur et exécuteur dans le meurtre de son favori, croyait que rien n'était fait si elle ne périssait. Il s'adressa à un homme qui était à elle et entrait chez elle à volonté, son écuyer Bressieux, l'engageant à la tuer. L'écuyer refusait : « N'importe, dit Travail; je ferai en sorte que le roi aille à Vincennes, et alors *je la ferai déchirer par le peuple.* » (*Revue rétrospective*, II, 305.)

De Luynes, qui avait promis au capucin l'archevêché de Bourges s'il aidait à tuer Concini, et qui, la chose faite, ne voulait pas tenir parole, profita des mots sanguinaires que ce bavard avait jetés par folie et bravade, le fit juger et rompre vif.

Le roi avait fait dire au Parlement qu'il avait ordonné d'arrêter Concini, qui, ayant fait résistance, avait été tué. Il ne parlait de sa mère qu'avec respect, disant « qu'il avait supplié sa dame et mère de trouver bon qu'il prît le gouvernail de l'État ». Le Parlement vint le féliciter.

Le procès si facile qu'on pouvait faire à Concini et à sa femme (spécialement pour certaines intelligences avec l'ennemi, que la reine avait pardonnées), ce procès fut habilement étouffé, détourné. On en fit un procès de sorcellerie. C'était l'usage, au reste, de ce siècle. Les tyrannies libidineuses des prêtres dans les couvents de femmes, quand par hasard elles éclatent, tournent en sorcellerie, et le Diable est chargé de tout.

Léonora elle-même se croyait le Diable au corps, et elle s'était fait exorciser par des prêtres qu'elle fit venir d'Italie, dans l'église des Augustins. Comme elle souffrait cruellement de la tête, Montalte, son médecin juif, fit tuer un coq, et le lui appliqua tout chaud, ce qu'on interpréta comme un sacrifice à l'Enfer. On trouva aussi chez elle une pièce astrologique, la nativité de la reine et de ses enfants. Il n'est nullement improbable qu'elle ait cherché, quand son crédit fut ébranlé, à retenir la reine par la sorcellerie. C'était la folie générale du temps. Luynes y croyait aussi. Il avait fait venir, dit Richelieu, deux magiciens piémontais pour lui trouver des poudres à mettre dans les habits du roi et des herbes dans ses souliers.

Quoi qu'il en fût de la sorcellerie de Léonora, tout cela ne valait pas la mort. Et ses vols même, ses ventes effrontées de places et d'ordonnances, n'auraient mérité que le fouet.

La tradition de la cour, très favorable à ces gens-là, comme ennemis d'Henri IV, n'a pas manqué d'inventer, de prêter à Léonora des paroles fières, insolemment hardies, par exemple : « Mon charme fut celui de l'esprit sur la bêtise. » Elle fut décapitée en Grève, et puis brûlée.

La reine se retira quelque temps à Blois.

D'Épernon, dont Luynes avait peur, ne fut pas inquiété. Seulement on garda contre lui le témoin Dujardin-Lagarde, à qui on donna pension, en le priant toutefois de tenir prison, le roi n'étant pas sûr autrement de le sauver des assassins. Il y écrivit, et fit imprimer, publier son factum. (1619, *Archives curieuses*, XV, 145.)

L'infortunée dame d'Escoman semblait devoir enfin triompher dans de telles circonstances. Mais Luynes ménageait trop la reine; il craignait son retour. Il lui accorda en 1619 une faveur signalée : c'était que la sentence de 1613, qui arrêtait tout, « *vu la qualité des accusés!* » fût réformée, au profit de la reine, l'accusation déclarée calomnieuse, la reine et d'Épernon innocentés, et la d'Escoman condamnée.

Le Parlement se prêta à cette volonté de la cour, se payant de l'idée du repos public, voulant relever l'autorité, réhabiliter la reine exilée, qu'on chansonnait par tout Paris. La d'Escoman fut condamnée à finir ses jours entre quatre murs, au pain et à l'eau.

Il y avait un égout dans Paris, les *Filles repenties*, où l'on entassait les coquines ramassées dans les mauvais lieux, lesquelles y continuaient leur métier avec des prêtres. (L'Estoile, 1610, édit. Michaud, p. 561.) C'est là qu'on mit la pauvre d'Escoman. On lui bâtit dans la cour du couvent une loge murée, sauf un petit trou grillé. Elle gisait là par terre et dans l'ordure, grelottante, affamée, pleurant pour le rebut des chiens.

Ce fut la récompense de la personne humaine et intrépide qui s'était dévouée pour sauver Henri IV, et qui seule en France demanda justice de sa mort.

CHAPITRE IV

Des mœurs. — Stérilité physique, morale et littéraire.

Je ne pouvais interrompre le fil de l'histoire politique tant qu'Henri IV n'était pas vraiment fini et clos dans le tombeau. Maintenant qu'il a sur la tête la pesante pierre des mariages espagnols, il ne bougera plus. La France est liée à la politique catholique. Elle fera la guerre à l'Espagne, mais pour lui succéder en marchant dans le même esprit.

C'est le moment de regarder les grands faits moraux de l'époque, plus importants qu'aucun fait politique.

Ils sont tous en trois mots : *sorcellerie*, *couvents*, *casuistique*. Et ces trois n'en font qu'un ; ils signifient : *stérilité*.

On a surfait énormément ce temps. Cette vaine agitation de cour, d'intrigues, de duels, ces *raffinés* du point d'honneur, ces fondations de couvents, tout cela, regardé à la loupe, a paru important. Des esprits fins, ingénieux et d'agréable érudition, des

Ranke, des Cousin, des Sainte-Beuve, ont mis en relief les moindres curiosités de la vie religieuse d'alors, les disputes d'ordres et de cloîtres, les conversions célèbres, et il n'est pas une ligne, une parole des belles pénitentes d'alors qui n'ait été notée et célébrée.

J'aime le microscope, et je m'en sers. Nous lui devons une grande partie des progrès récents des sciences naturelles. En histoire, il a ses dangers. C'est de faire croire que des mousses et des moisissures sont de hautes forêts, de voir le moindre insecte et l'imperceptible infusoire à la grosseur des Alpes. Tous les petits personnages de ce pauvre temps-là se sont amplifiés dans nos micrographes historiques. Les Borromée et les Possevin sont de grands hommes, l'oratorien Bérulle est un grand homme, et le gentil saint François de Sales, puis tout à l'heure Jansénius et Saint-Cyran. Gens de mérite certainement, mais étrangement grandis par les coteries de leur temps et l'exagération du nôtre.

Eh bien, qu'ils soient grands hommes. Mais alors retirons ce titre à Shakespeare et à Cervantès (qui meurent ensemble alors, 23 avril 1616). Fermons le seizième siècle, et laissons là sa forte et âpre histoire, celle de d'Aubigné, pour l'honnête platitude de Matthieu. Nous avions un poète de verve étincelante (par qui Rabelais tourne à Molière), le puissant Mathurin Régnier; étouffons-le, et, à la place, intronisons sur le Parnasse le vide incarné : c'est Malherbe.

Sobre, sage écrivain, où vous ne risquez pas de trouver une idée. Du rythme, et rien dedans. C'est la muse au pain sec. Si la littérature représente la société, je reconnais dans ce poète le grand homme d'un temps de jeûne, où les bergers se mirent à brouter avec les moutons.

J'ai médit du pédant Ronsard, capitan, matamore, monté sur son cothurne grec. Je ne m'en dédis pas. Mais qui méconnaîtrait le grand effort qu'il y eut en cette mauvaise école? Quelle chaude passion dans le maître! quelle flamme aux *Amours* de Ronsard! Tout au moins le tempérament, la pointe et l'aiguillon du mâle.

L'étincelle s'en trouve aux lettres d'Henri IV, si vives et si charmantes. Mais tout est fini dans Malherbe. La brutalité sotte avec laquelle il triomphe d'une femme, qui, dit-il, l'a comblé, montre assez qu'il n'aima jamais. (Ode de 1596.)

Cette défaillance en amour, en poésie, tient à une chose, l'aplatissement moral, l'avènement de la prose, du *positif* et de l'argent. Du moment qu'on perdit l'idéal de liberté qui avait apparu au seizième siècle, du moment où les sages, un Du Plessis-Mornay, découragèrent les hautes pensées, chacun, protestants, catholiques, se rangea et se fit petit; chacun commença à s'occuper de ses petites affaires. Le charme d'Henri IV, sa séduction, sa corruption, n'y firent pas peu. Il avait trop souffert, il ne voulait que le repos, le plaisir. Il n'estimait personne, croyait fort peu aux hommes, plus à l'argent. On a vu qu'à la fin il se méfiait de Sully. D'Aubigné raconte un fait triste. Le roi, rêvassant toujours son épouvantail, la république calviniste, voulait décidément le mettre à la Bastille. Le huguenot, qui le connaissait, pour avoir enfin son repos, lui demande pour la première fois récompense de ses longs services, de l'argent, une pension. Dès lors, le roi est sûr de lui ; il le fait venir, il l'embrasse ; les voilà bons amis. Le même soir, d'Aubigné soupait avec deux dames de noble cœur. Tout à coup l'une d'elles, sans parler, se mit à pleurer et versa d'abondantes larmes. Avec trop de raison ! Le jour où d'Aubigné avait été forcé de prendre pension et de demander de l'argent, le grand seizième siècle était fini, et l'autre était inauguré.

On a vu un homme héroïque, le président Harlay, à son âge de quatre-vingts ans, faire une triste affaire d'argent. On verra les Arnauld, famille d'Auvergnats très honnêtes, de huguenots convertis, la vraie fleur de la robe, employer pourtant des moyens équivoques pour mettre deux abbayes dans leur famille.

Malgré l'effort sincère de dévotion qui les trompait eux-mêmes, c'est, en réalité, un temps très pauvre, de grande sécheresse, où toutes choses ont baissé, les moyens, le cœur et l'espoir, « un temps serré, transi et morfondu ».

Cela ne se voit bien qu'en entrant dans une maison. Voyons celle du greffier L'Estoile, honorable bourgeois de Paris. Il n'aime guère les protestants, et, d'autre part, il n'est guère catholique. Il croit que Rome, c'est Sodome, et toutefois il veut se tenir *à ce tronc pourri* de la papauté. Malade, il fait venir un moine, mais pour disputer avec lui.

Sa fortune a baissé, son âme aussi. En 1606 il achetait, et en 1610 il vend. Son cabinet, ses livres, ses médailles, ses chères petites curiosités, il faut qu'il s'en sépare. Cela ne suffit pas; il lui faut emprunter. Vieux tout à coup, il tousse, il ressent l'âge qu'il avait oublié; il entend même un peu le léger bruit qui se fait à la porte... peu de chose, la mort qui frappe à petits coups. Mais il a des enfants, et il s'aperçoit qu'il est pauvre. Il a pour ses enfants de pauvres ambitions; l'un, il veut le *fourrer* dans la ferme des sels (une caverne de voleurs, dit-il); l'autre pourrait être page, et où? dans la maison de Guise! On voit que le cœur s'apetisse... Nous cinglons à pleines voiles dans les temps de la platitude.

Voilà ce que c'est que d'avoir été imprévoyant, généreux, charitable, comme l'a été L'Estoile. Voilà ce que c'est que d'avoir des enfants. Un suffirait, ou deux, et c'est beaucoup. Songez d'ailleurs que la bonne bourgeoisie qui achète souvent une terre noble ou une charge qui ennoblit à grand intérêt à faire un aîné ou un fils unique qui ait tout et fasse un gros mariage.

On touche là aux pensées secrètes qui vont déterminer les mœurs du siècle.

Pendant que la terre devient stérile et que la subsistance va toujours tarissant, *l'homme aussi veut être stérile.*

Et je ne parle pas seulement du paysan affamé et

écrasé d'impôts, mais du noble qui n'en paye pas, du bourgeois qui, comme magistrat, en est exempt, ou, comme *élu*, syndic, etc., répartit l'impôt sur les autres de façon à ne rien payer.

Il est bien juste que l'on vienne au secours de tous ces pauvres riches, des gens aisés, exempts de charges. Leur second fils sera d'Église, riche de bénéfices, léger d'enfants (du moins connus). Les filles mourront *en religion*. L'œuvre monumentale du siècle, c'est de bâtir partout ces vastes abris mortuaires où l'ennui les tuera sans bruit.

Cependant, dit le père, il est bien dur d'avoir des filles qu'il faut doter pour les couvents. Pourquoi engendrer des enfants, s'il faut ainsi les faire mourir? Réflexion judicieuse que l'on soumet à son père spirituel. C'est à celui-ci de chercher, d'imaginer. On ne le lâchera pas. Demain, après-demain, toujours, on lui demandera d'inventer quelque moyen subtil de faire que la stérilité volontaire ne soit plus péché. C'est l'origine principale de la casuistique.

On ne veut pas pécher. Ou, s'il y a péché, on veut qu'il soit au confesseur, qui doit, non pas l'absoudre, mais le légitimer d'avance. Qu'il y prenne garde. S'il veut que son confessionnal ne soit pas déserté, reste à la mode, il faut qu'il trouve des recettes pour qu'on fraude le mariage en conscience.

Sinon, qu'arriverait-il? j'ose à peine le dire. Mais je crois qu'on fuirait l'église. Car ces gens-ci, au fond, sont moins dévots qu'ils ne le croient eux-mêmes.

Dans certaines contrées, le noble commençait déjà à fréquenter l'église du Diable, l'assemblée du sabbat, l'orgie stérile où le peuple des campagnes était guidé par les sorcières dans les arts de l'avortement.

C'est là, en réalité, la cause principale qui étend si prodigieusement l'action des sorcières en ce siècle. Les vivres ont enchéri horriblement, et la rente pèse infiniment plus qu'aux temps féodaux. On ne peut plus nourrir d'enfants.

Le roman d'Henri IV, de Sully, d'Olivier de Serres, ne s'est pas vérifié. C'était le *bon seigneur* vivant sur ses terres, et traitant paternellement son paysan, par intérêt bien entendu. Ils avaient supposé que le loup se ferait berger. Mais le contraire arrive. Ce seigneur ne veut plus vivre qu'à la cour; il traîne là, à mendier une pension, pendant que sa terre dépérit et que ses gens jeûnent, maigrissent. Le paysan se donne au Diable.

Et la paysanne encore plus. Écrasée de grossesses, d'enfants qui ne naissent que pour mourir, elle portait, plus que l'homme encore, le grand poids de la misère. J'ai dit au quinzième siècle le triste cri qui lui échappait dans l'amour : « Le fruit en soit au Diable! » Et que lui servait, en effet, de faire des morts? ou, s'ils vivaient, d'élever pour le seigneur un misérable, un maladif, qui maudirait la vie et mourrait de faim quarante ans?

Lorsque la femme disait cela vers 1500, on vivait pour deux sous par jour. Combien plus le dira-t-elle en 1600, où on ne vit plus avec vingt sous! La mort devient un vœu dans cette misère. Mais il vaut mieux encore ne pas naître; c'est par tendresse pour l'enfant qu'on ne veut plus qu'il vienne au monde. La stérilité, qu'on pourrait appeler une mort préventive avant la naissance, est toute la pensée de ce temps.

Cela rend au Diable, vieilli, affaibli, discuté, une force immense d'expansion. Il est, avec les casuistes et les couvents, et en concurrence avec eux, le maître de la stérilité. Ce ne sont plus de sauvages bergers, de misérables serfs, qui viennent à lui timidement. C'est une foule mêlée, même des nobles et des belles dames (aux Pyrénées surtout) qui figurent à ses assemblées. L'évêque du sabbat est un seigneur avec qui le Diable, qui sait son monde, ouvre la danse. Prêtres et femmes de prêtres n'y manquent pas, et toute classe enfin y est représentée. Une de ces réunions, près Bayonne, compta douze mille âmes. Dès lors, plus de mystères. Tout le peuple était au sabbat.

CHAPITRE V

Du sabbat au Moyen-âge et du sabbat au dix-septième siècle.
L'alcool et le tabac.

Je ne puis dire avec précision ce que fut le sabbat abâtardi du dix-septième siècle sans poser d'abord, dans son caractère original, le sabbat du Moyen-âge, tel que je le vois en France. On sentira alors l'opposition, et on pourra mesurer le changement.

J'ai dit ailleurs (*Renaissance*) ce que fut la sorcière, une création du désespoir. L'assemblée des sorcières, le sabbat, est la suite ou la *reprise de l'orgie païenne* par un peuple qui a désespéré du christianisme. C'est une *révolte nocturne de serfs* contre le Dieu du prêtre et du seigneur.

Le Diable avait eu toujours une grande attraction, comme dieu des morts, qui pouvait rendre à l'homme tout ce qu'il regrettait. De là l'évocation magique, l'appel aux morts (qu'on voit déjà dans la Bible). Le noir esprit apparaissait ici comme un consolateur qui, tout au moins pour un moment, pouvait rendre la félicité. La mère revoyait, entendait le fils qu'elle avait tant pleuré. La fiancée perdue sortait de son cercueil pour dire : « Je t'aime encore », et pour être heureuse une nuit.

Roi de la mort, Satan devint roi de la liberté sous la grande Terreur ecclésiastique, quand tout flamboya de bûchers, quand un ciel de plomb s'abaissa sur les populations tremblantes, et que le monde se sentit abandonné de Dieu.

Je veux dire du Dieu de l'Église. Les dieux de la forêt, de la lande ou de la fontaine, reprenaient force. Contraint, le jour, d'adorer ce qu'on détestait, ou de répéter du latin, la nuit on rentrait dans la vie. Le cœur serré et l'esprit contracté se détendaient vers la nature. Mais ces âmes de serfs, déformées de leurs chaînes, même alors restaient fort bizarres. La nature leur semblait charmée. « Pourquoi, dit-on à un berger, ton grand amour de la prairie ? — Le Diable prit la figure d'un veau quand il voulut plaire à ma mère. » Une femme possédée retournait toutes les pierres : « Ces pauvres pierres, dit-elle, furent si longtemps sur un côté, qu'elles prient de les tourner sur l'autre. »

Cette femme donne aux pierres la vraie pensée de l'homme. Comme Ézéchiel, qui coucha des années sur le même côté, le peuple, rendu de lassitude, ne voulait que se retourner. La règle du sabbat, c'est que tout serait fait à rebours, à l'envers.

Mais décrivons d'abord la scène.

On s'assemblait de préférence autour d'une pierre druidique, sur quelque grande lande. Une musique étrange, « surtout de certaines clochettes, y chatouillait » les nerfs, peut-être à la manière des vibrations pénétrantes de l'harmonica. Nombre de torches résineuses qui couraient çà et là jetaient une lumière jaune, en opposition aux brasiers de flamme rouge. Ajoutez une lumière bleue qui ne semblait pas de ce monde. Ces sons et ces lueurs troublaient l'esprit, transfiguraient la mouvante réalité, les ombres qui allaient et venaient, les démons dans leurs peaux de bouc. « Les hommes y devenaient des bêtes et les bêtes y parlaient. »

Une colonne de vapeur fantastique divisait la scène, et faisait un demi-rideau. « Derrière trônait le Diable, en figure ténébreuse qui ne veut être vue clairement. » Ce qu'on y distinguait le mieux, c'étaient les attributs virils du dieu Priape, dont il avait les cornes et le velu, étant couvert d'une peau de bouc noir. Il faisait grand'peur aux nouveaux venus, aux enfants qu'on amenait. A cela près, le Diable (en France) est plus burlesque que terrible. Parfois espiègle, on le voyait sauter du fond d'une grande cruche. Aux deux cornes du Priape antique dont son chef était décoré, on en ajoutait volontiers une troisième, qui était une lanterne pâle. Et, pour que ce seigneur des serfs ne cédât en rien aux autres seigneurs, pour qu'il fût aussi un *monsieur*, ses cornes honorablement étaient surmontées d'un chapeau.

L'esprit des vieux noëls et la gaieté rustique étaient dans tout cela. Ce peuple, dans un court moment de liberté, jouait ses tyrans, se jouait lui-même. Le sabbat était une farce violente, en quatre ou cinq actes, où il se régalait de la contrefaçon hardie de son cruel tyran, l'Église, et de son vampire féodal.

Tout était-il critique? y avait-il un culte positif? et le Diable, en effet, était-il vraiment dieu, père et roi de cette foule? Je ne vois pas cela clairement. Quoi qu'en disent les juges, sa primatie est bien plus apparente que réelle. Il semble moins une divinité vivante qu'un symbole émancipateur. Un mannequin, un arbre, un tronc sans branche, faisait souvent ce rôle, et il suffisait d'un Satan de bois.

On avait si cruellement abusé de l'idée de *paternité* et de divinité, que le serf n'avait nulle tendance à la reproduire au sabbat. La *fraternité* seule y dominait visiblement. Une fraternité, il est vrai, barbare et sensuelle, un grossier communisme.

Ce communisme, du reste, n'était guère plus au sabbat qu'ailleurs ; il était partout. Les serviteurs même du château vivaient pêle-mêle entassés dans les galetas. Les *communs* succédèrent, où tout était mêlé encore. Le logis à part ne commence que fort tard, et par la *mansarde*, c'est-à-dire sous Louis XIV.

Pour les serfs ruraux, l'intérêt du maître n'était pas de les isoler par familles, mais de les tenir réunis en une *villa* ou vaste métairie où un seul toit abritait, avec les bêtes, une tribu de même sang, un cousinage ou parentage d'une centaine de personnes. Quoique parents, le maître les considérait comme simples associés, et pouvait à chaque décès reprendre les profits de tous. De famille ou mariage qui eût autorisé l'hérédité, il ne daignait s'en informer. La famille pour lui, c'était cette masse de gens qui mangeaient « à un pain et à un pot », qui « levaient et couchaient ensemble ».

L'Église cependant exigeait le mariage. Mais c'était une dérision. Pendant que le prêtre faisait sonner haut le sacrement, multipliait les empêchements et les difficultés de parenté, il absolvait, faisait communier le baron, dont le premier droit était le mépris du sacrement. Je parle du Droit du seigneur (si impudemment nié de nos jours). L'exigeait-il lui-même ? Qu'importe ? Forcée de monter au château pour offrir le denier ou le plat de noces (Voy. Grimm et toutes les *Coutumes*), la mariée, dédaignée du seigneur, était le jouet des pages.

Faut-il s'étonner, après cela, de cette dérision universelle du mariage, qui est le fond de nos vieilles mœurs ? L'Église n'en tenait compte, ne le faisant pas respecter. La noblesse n'avait d'autre roman que l'adultère, ni les bourgeois d'autre sujet de fabliau. Le serf n'y songeait même pas, mais il tenait beaucoup à la famille, à cette grande famille ou cousinage où tout était à peu près commun. Il n'était jaloux que de l'étranger.

Le sabbat du Moyen-âge, réunion peu nombreuse, n'était souvent que l'assemblée d'un *parentage*. On ne se fiait guère aux voisins, et on ne les eût pas admis à la complicité de ces orgies de révolte. Cela aide à comprendre l'extrême liberté qui y régnait. Tout semblait permis en famille.

Premier acte. Dérision du mariage et contrefaçon du Droit du seigneur, tout à fait semblable, du reste, au début des orgies de Bacchus et de Priape. La nouvelle mariée s'offrait au Diable, qui l'épousait pour l'assemblée. On la faisait reine du sabbat.

Autre comédie. Les enfants, les simples, qu'on amenait pour la première fois, et qui étaient fort effrayés, rendaient hommage au seigneur Diable. Mais tout, au sabbat, devait se faire à rebours, à l'envers. Donc on les contraignait à faire hommage la tête en bas, les pieds en l'air et en tournant le dos.

L'osclage, le baiser du vassal au seigneur, ou du novice au supérieur, qui symbolisait l'offrande de la personne, devait se faire aussi à rebours, au dos du Diable, lequel, en retour, étonnait parfois le tremblant récipiendaire en lui soufflant l'esprit par une dérision indécente dont on riait beaucoup. Puis il lui remettait une gaule pour bâton pastoral, et lui disait : « Pais mes ouailles. » Et l'ouaille était un crapaud proprement habillé de vert.

Deuxième acte. Tout ceci n'était que pour rire. Mais voici le solide. Ce peuple famélique, jeûnant presque toujours, chose rare, ce jour-là, il mangeait. Ceci n'était pas le moindre des miracles du Diable. Il n'y avait aucun couteau sur table, de peur que le repas ne fût ensanglanté. Avant les danses, on avait soin de renvoyer les enfants, en leur enjoignant d'aller paître les crapauds au ruisseau voisin.

Ces danses, vives, violentes, étaient le prélude de la fameuse ronde du sabbat, qui, de tous ces couples, emportés dans un tourbillon, faisait un élément, une force aveugle. Ils tournaient dos à dos, les bras en arrière, sans se voir, ne regardant que la nuit, la fumée, le brouillard de la prairie fuyante. Bientôt personne ne connaissait plus son voisin, ni soi-même. Par moments, les dos se touchaient, se heurtaient de façon rustique. On ne se sentait que dans l'ensemble, et comme membre du grand corps, confus, haletant, qui tourbillonnait.

Troisième acte. Cette unité brutale, confuse et de vertige, en préparait une autre. La société communiait.

Et de quoi? Non pas de Dieu, mais d'elle-même. Elle se mangeait, et était son hostie. C'est la donnée de toutes les sociétés secrètes du Moyen-âge, fondées sur la fraternité, en haine de la paternité.

Mais comment se *mangeait-elle?* Les juges font semblant de croire que c'était au sens propre. Il est trop évident que des réunions si fréquentes, qui se renouvelèrent pendant des siècles, ne mangeaient pas de chair humaine.

La chair dont on communiait était (*fictivement*) celle d'un enfant de la société et de son dernier mort.

La cérémonie, du reste, était gaie et combinée pour faire rire la foule, pour venger le peuple du prodigieux ennui des offices dont on l'assommait. C'était la messe à l'envers, la messe noire. Le célébrant, à l'élévation, se tenait la tête en bas, les pieds en l'air, avec une hostie de dérision, une rave noire, qu'il mangeait lui-même.

Il y avait là beaucoup de jongleries. Des diables

agiles sautaient à travers les flammes, montrant aux nouveaux venus stupéfiés comment il fallait mépriser les feux d'enfer.

Les sorcières de profession effrayaient les simples. Elles baptisaient un crapaud, l'habillaient comme un enfant, et, après cette espèce d'adoption, ces tendres mères simulaient l'infanticide, en attaquant, démembrant l'animal avec les dents. Elles lui coupaient la tête avec un couteau, en roulant les yeux effroyablement, défiant le ciel, et lui disant : « Ah ! Philippe, si je te tenais !... »

Quatrième acte. Dieu ne répondant pas au défi par la foudre, on le croyait vaincu, anéanti. Toutes les lois que l'Église imposait en son nom semblaient avoir péri, spécialement celles qui troublaient le plus la famille rustique, les empêchements canoniques de mariages entre parents. Le paysan n'aime que les siens, point du tout l'étrangère. Sous ce rapport, il garde l'esprit des tribus primitives. Il préfère sa parente, et, s'il y a quelque bien, il désire qu'il reste en famille. Dès l'enfance, la petite femme qu'il a en vue, c'est la compagne des premiers jeux, la cousine, la nièce, parfois la jeune tante. L'Église, qui interdisait la cousine au sixième degré, était directement hostile aux attractions naturelles. Dans la liberté du sabbat, on y revenait violemment, avec fureur. Le cousinage équivalait au mariage, et la petite société, dans un mélange aveugle, cherchait sa communion dernière, son rêve absolu d'unité.

Est-il vrai que le frère s'unît même à la sœur,

comme en Égypte, à Sparte et à Athènes ? Il est difficile de savoir si le fait est réel, ou une de ces fables répétées tant de fois pour donner l'horreur des sociétés secrètes.

Cinquième acte. Au départ de la foule, la clôture du sabbat se faisait par la mort du Diable. Lui aussi, il devait périr. Habilement il s'escamotait, laissait tomber au feu sa peau de bouc, et semblait s'évanouir aux flammes.

La foule s'écoulait, les lumières s'éteignaient. Sur la lande redevenue solitaire, tout semblant détruit, et Satan et Dieu, la sorcière restait victorieuse, et seule se faisait son sabbat réservé.

Seule ? Elle l'était toujours, sans époux, sans famille. Objet d'horreur pour tous, et faisant peur à tous, même aux affiliés du sabbat, qui eût voulu en approcher ? Et elle-même à qui se fût-elle confiée ? A qui eût-elle voulu transmettre ses dangereux secrets ? Son fils, enfant sans père, était le seul à qui elle se livrât. Contre la haine universelle du monde et cet accablement de malédictions monstrueuses, elle opposait un monstrueux amour. C'était celui du mage d'Orient ; il ne se renouvelait qu'en épousant sa mère. De même, disait-on, pour perpétuer la sorcière, il fallait ce mystère impie. A ce moment douteux où pâlissent les dernières étoiles, la mère et son jeune hibou, élixir de malice, accomplissaient leur triste fête. La lune fuyait ou se cachait.

Ces sauvages horreurs, si elles furent réelles, semblaient avoir disparu au seizième siècle. Je vois, au dix-septième, des familles régulières de sorciers, pères, mères, fils, filles. Ils rentrent dans la classe des hommes. Le Diable n'y perd rien. Et l'impiété peut-être augmente. Si le fils n'est plus un monstre d'amour, il l'est souvent de haine, d'horrible ingratitude et de perfidie. Il n'est pas rare, dans les procès, de voir l'enfant, gagné, corrompu par les juges, leur servir d'instrument contre les siens, et parfois faire brûler sa mère.

Au sabbat, comme ailleurs, l'intérêt domine tout. C'est l'avènement de l'argent. Satan ne se contente plus de sa rude pierre druidique, il prend un trône doré. Les sorcières, sous leurs haillons, apportent au banquet de la vaisselle d'argent. Il n'est pas jusqu'aux crapauds qui ne deviennent élégants ; j'en vois qui, comme de petits seigneurs, sont vêtus de velours vert.

Le sabbat, pour les sorcières, devenait vraiment une *affaire*. Elles faisaient payer un droit de présence ; elles tiraient amende des absents. Elles vendaient leurs drogues ce qu'elles voulaient à tous ceux qui avaient peur d'elles.

Ce que la cérémonie avait perdu en terreur, en attrait d'imagination, elle le regagnait en plaisanterie. Le burlesque dominait. Au début du premier acte, la personne qui ouvrait le sabbat subissait une ablution très froide, saisissante, qui devait faire faire mainte amusante grimace. C'était un divertissement dans le genre de Pourceaugnac. On ne peut en douter, d'après la description de l'instrument du supplice, « qui est long d'environ deux pieds, en partie de métal, puis tortillé et sinueux ». L'emploi d'une telle machine est un trait tout moderne. Du reste, ce divertissement était grossier, indécent, mais non impudique. Les enfants y assistaient et n'étaient renvoyés qu'aux danses.

Un point plus grave, c'est le quatrième acte. Les femmes disent unanimement que l'amour des démons leur était pénible, désagréable et douloureux, et qu'elles n'y étaient que victimes. La question capitale de savoir si l'amour diabolique est fécond avait fort occupé le Moyen-âge. Peu d'auteurs croient à la fécondité. Nos Français, spécialement Boguet au Jura, Lancre au pays basque, qui ont la plus vaste expérience dans ces contrées où tous allaient au sabbat, affirment que l'amour y était stérile, et « que jamais femme n'en revint enceinte ».

Cela jette un jour triste sur le sabbat de ce temps. Froide, égoïste orgie! L'amour non partagé!... Cela seul aurait dû, ce semble, convertir toutes les femmes, les éloigner. Et, au contraire, elles s'y précipitent toutes.

Pourquoi? il faut le dire, dans ces grandes misères, hélas! c'est que l'on y mangeait. Les veuves, chargées d'enfants, trouvaient, en les offrant au Diable, un patron large et généreux qui régalait les pauvres avec l'argent des riches.

Les filles y cherchaient les danses. Elles étaient folles surtout des danses moresques, dramatiques, amoureuses.

Si la foi au Diable était faible, si l'imagination tarissait, on y suppléait par d'autres moyens. La pharmacie venait au secours. De tout temps, les sorcières avaient employé les breuvages du trouble et de la folie, les sucs de la belladone, et peut-être du datura, rapporté de l'Asie Mineure. Le roi du vertige, l'herbe terrible dont le Vieux de la Montagne tirait le haschisch de ses Hassassins, ce fameux Pantagruélion de Rabelais, ou, pour dire simplement, le chanvre, fut certainement de bonne heure un puissant agent du sabbat.

A l'époque où nous sommes, l'appât du gain avait conduit les apothicaires à préparer toutes ces drogues. Nous l'apprenons par Leloyer. Ce bon homme est terrifié de voir que l'on vend maintenant le Diable en bouteilles : « Et plût au ciel, dit-il, qu'il ne fût pas si commun dans le commerce ! »

Mot instructif et triste. A partir de cette époque, on recourut de plus en plus à cette brutalité de prendre l'illusion en breuvages, la rêverie en fumigation. Deux nouveaux démons étaient nés : l'alcool et le tabac.

L'alcool arabe, l'eau-de-vie distillée chez nous au treizième siècle, et qui, au seizième, est encore un remède assez cher pour les malades, va se répandre, offrir à tous les tentations de la fausse énergie, la surexcitation barbare, un court moment de furie, la flamme suivie du froid mortel, du vide, de l'aplatissement.

D'autre part, les narcotiques, le pétun ou nicotiane

(on l'appelle maintenant le tabac), substitue à la pensée soucieuse l'indifférente rêverie, fait oublier les maux, mais oublier les remèdes. Il fait onduler la vie, comme la fumée légère dont la spirale monte et s'évanouit au hasard. Vaine vapeur où se fond l'homme insouciant de lui-même, des autres, de toute affection.

Deux ennemis de l'amour, deux démons de la solitude, antipathiques aux rapprochements sociaux, funestes à la génération. L'homme qui fume n'a que faire de la femme ; son amour, c'est cette fumée où le meilleur de lui s'en va. Veuf dans le mariage même, qu'il le fuie, il fera mieux.

Cet isolement fatal commence précisément avec le dix-septième siècle, à l'apparition du tabac. Nos marins de Bayonne et de Saint-Jean-de-Luz, qui l'apportaient à bon marché, se mirent à fumer sans mesure, trois et quatre fois par jour. Leur insouciance naturelle en fut étrangement augmentée. Ils restaient à part des femmes, et elles s'éloignaient encore plus. Dès le début de cette drogue, on put prévoir son effet. Elle a supprimé le baiser.

Les jolies femmes de Bayonne, fières, hardies, cyniques, déclaraient au juge Lancre que cette infâme habitude des hommes leur faisait quitter la famille et les rejetait vers le sabbat, disant en femmes de marins : « Mieux vaut le derrière du Diable que la bouche de nos maris. »

Ceci en 1610. Date fatale qui ouvre les routes où l'homme et la femme iront divergents.

Si celle-ci est solitaire, dépourvue du soutien de l'homme, je crains pour elle un amant. C'est ce consolateur sauvage, ce mari de feu et de glace, le démon des spiritueux. C'est lui qui, de plus en plus, sera le vrai roi du sabbat.

Cela rendra, dans quelque temps, le sabbat même inutile. La sorcière, en son grenier, seule avec le diable liquide qui la brûle et qui la trouble, se fera la folle orgie, toutes les hontes du sabbat.

Les femmes, dans tout le Nord, ont cédé aux spiritueux. Et les hommes partout au tabac. Deux déserts et deux solitudes. Des nations, des races entières, se sont déjà affaissées, perdues dans ce gouffre muet, dont le fond est l'indifférence au plaisir générateur et l'anéantissement de l'amour.

En vain les femmes de nos jours se sont tristement soumises pour ramener l'homme à elles. Elles ont subi le tabac et enduré le fumeur, qui leur est antipathique. Lâche faiblesse et inutile. Ne voient-elles donc pas que cet homme, si parfaitement satisfait de son insipide plaisir, ne peut, ne veut guère? Le Turc a fermé son harem. Laissez que celui-ci de même s'en aille par le sentier où nos aînés d'Orient nous ont précédés dans la mort.

CHAPITRE VI

Géographie de la sorcellerie, par nations et provinces.
Les sorcières basques.

Nous sommes loin du quinzième siècle; on ne voit plus au dix-septième le cas terrible avoué au livre du *Marteau des sorcières*, quand le juge, tenant la sorcière liée à ses pieds, se sentait pris par son regard, ensorcelé au tribunal, défaillait sur son siège. Nos juges maintenant, il est vrai, sont d'une autre classe, non plus moines, mais juristes. Le Diable est né juriste, et ceux-ci le combattent avec ses propres armes, de procureur à procureur.

Le brouillard uniforme qui couvrait ces procès et les rendait presque semblables, tant que le juge fut un moine (un homme sans patrie), s'éclaircit quelque peu avec les juges laïques, et l'on commence à entrevoir les différences nationales, provinciales, qu'offrait la sorcellerie.

Il y eut peu de sorciers en Italie, beaucoup d'astrologues et de magiciens. On ne s'arrêtait pas à ce semblant du culte diabolique. On était tout d'abord athée.

En Allemagne, au contraire (Voy. *Mythologie*, de Grimm), la sorcellerie reste chargée d'un vaste et sombre paganisme. Par l'amour de la nature propre à l'âme allemande, déguisant en fées ou démons les antiques dieux de la contrée, elle leur garde un amour fidèle.

L'Espagne, en cela et en tout, offre un étrange combat. Les Juifs, les Maures s'y mêlaient de magie et avaient leurs pratiques propres. Le centre et la capitale de la magie européenne, en 1596 (Voy. Lancre, *Inconstance*, 781), aurait été Tolède. C'était une grande école de magiciens, sous les yeux de l'Inquisition.

Magie blanche, si on veut les croire, innocente, comme celle du célèbre médecin Torralba (1500), guidé par un esprit tout bienfaisant, le blanc, blond, rose Zoquiel, qui sauva la vie à un pape (Llorente, II, 62). L'Inquisition lui fit son procès trente années et eut à peine la force de le condamner. L'école de Tolède avait un chapitre de treize docteurs et soixante-treize élèves. Ils obtenaient, disent-ils, puissance sur le Diable par les œuvres de Dieu, jeûnes, pèlerinages, offrandes à Notre-Dame.

Mais, à côté de cette magie bâtarde qui mariait l'enfer et le ciel, se propageait dans les campagnes la magie diabolique ou sorcellerie. L'Espagne devient alors une solitude, et, à mesure que le désert gagne par l'épuisement de la terre, par l'émigration, par la ruineuse liberté des troupeaux, le peuple se réduit au berger. Si ce pâtre ne chausse la sandale et ne se fait moine mendiant, il n'en reste pas moins sans femme ni famille. La femme, en ce pays, naît veuve et de bonne heure sorcière (on en voit de vingt ans). Sur la lande sauvage, la *lane du bouc*, comme ils disent, la sorcière, le berger se retrouvent. Voilà le sabbat.

Mais la grande puissance d'imagination pour cela et pour tout se trouve aux montagnes, à la côte, au pays même de l'excentricité, chez les Basques de Navarre et Biscaye. Ces fous hardis, amoureux des tempêtes, du même élan qui les poussait aux mers du nouveau monde, se plongent dans le monde outre-tombe et découvrent des terres nouvelles au royaume du Diable. Leur supériorité est si bien reconnue que, des deux côtés des monts, ils font des conquêtes. La sorcellerie basque envahit la Castille, et, tandis qu'elle pousse ses colonies en Aragon jusqu'aux portes de Saragosse, d'autre part, à travers les Landes, elle va faire le sabbat de Bordeaux, au nez du Parlement, dans le palais Gallien.

Dans nos autres provinces, la sorcellerie semble indigène, un triste fruit du sol. Elle devient une maladie contagieuse dans les pays misérables surtout où les hommes n'attendent plus de secours du ciel. En Lorraine, par exemple, deux démons sévissaient : une cruelle féodalité militaire, et, par-dessus, un passage continuel de soldats, de bandits et d'aventuriers. On ne priait plus que le Diable. Les sorciers entraînaient le peuple. Maints villages, effrayés, entre deux terreurs, celle des sorciers et celle des juges, avaient envie de laisser là leurs terres et de s'enfuir, si l'on en croit Remy, le juge de Nancy. Dans son livre dédié au cardinal de Lorraine (1596), il assure avoir brûlé en seize années huit cents sorcières. « Ma justice est si bonne, dit-il, que, l'an dernier, il y en a eu seize qui se sont tuées pour ne pas passer par mes mains. »

Les prêtres étaient humiliés. Auraient-ils pu faire mieux que ce laïque? Aussi les moines seigneurs de Saint-Claude, contre leurs sujets, adonnés à la sorcellerie, prirent pour juge un laïque, l'honnête Boguet. Dans ce triste Jura, pays pauvre de maigres pâturages et de sapins, le serf sans espoir se donnait au Diable. Tous adoraient le chat noir.

Le livre de Boguet (1602) eut une autorité immense. Messieurs des Parlements étudièrent comme un manuel ce livre d'or du petit juge de Saint-Claude. Boguet, en réalité, est un vrai légiste, scrupuleux même à sa manière. Il blâme la perfidie dont on usait dans ces procès; il ne veut pas que l'avocat trahisse son client ni que le juge promette grâce à l'accusé pour le faire mourir. Il blâme les épreuves si peu sûres auxquelles on soumettait encore les sorcières. La torture, dit-il, est superflue; elles n'y cèdent jamais. Enfin il a l'humanité de les faire étrangler avant qu'on les jette au feu, sauf toutefois les loups-garous, « qu'il faut avoir bien soin de brûler vifs ». Il ne croit pas que Satan veuille faire pacte avec les enfants : « Satan est fin ; il sait trop bien qu'au-dessous de quatorze ans ce marché avec un mineur pourrait être cassé pour défaut d'âge et de discrétion. » Voilà donc les enfants sauvés ? Point du tout, il se contredit; ailleurs, il croit qu'on ne purgera cette lèpre qu'en brûlant tout, jusqu'aux berceaux. Il en fût venu là s'il eût vécu. Il fit du pays un désert. Il n'y eut jamais un juge plus consciencieusement exterminateur.

Tous les juges maintenant écrivent, et l'on peut croire que déjà ils éprouvent le besoin de s'expliquer devant le public. Ils sont, en effet, en présence de deux sortes d'adversaires : les prêtres et les médecins.

Ceux-ci disent, comme Agrippa, Wier, comme le ministre Lavatier, que, si ces misérables sorcières sont le jouet du Diable, il faut s'en prendre au Diable plus qu'à elles, et ne pas les brûler. Quelques médecins de Paris, sous Henri IV, poussent l'incrédulité (Voy. plus haut) jusqu'à prétendre que les possédées sont des fourbes, ou des folles poussées par des fourbes.

Les prêtres disent qu'eux seuls ont droit de procéder contre le Diable, dont ils sont les ennemis naturels et la partie contraire. A quoi les légistes répondent : « Ne soyez pas juges et partie. » En réalité, la connivence du prêtre avec les filles possédées, surprise fréquemment, brise son tribunal et rend victorieuse la juridiction des laïques, gens mariés, qui risquent moins d'être ensorcelés par les femmes.

Nos légistes d'Angers, le célèbre Bodin (1578), le savant Leloyer (1605), sont tout entiers dans cette polémique. Ils ne se fient pas aux prêtres pour lutter contre l'immense sorcellerie de l'Ouest, qui en semble le pays classique. N'est-ce pas là, aux portes du Poitou et de la Bretagne, que Gilles de Retz (Barbe-Bleue) fit ses horribles sacrifices?

Les mendiants incendiaires, les bergers équivoques, les sorcières obstinées, c'était tout un peuple aux Marches du Maine et d'Anjou, au Marais, au Bocage. La diablerie y sévissait avec l'âpreté vendéenne.

Mais c'est au Parlement de Bordeaux qu'est poussé le cri de victoire de la juridiction laïque dans le livre de Lancre : *Inconstance des démons* (1610 et 1613). L'auteur, homme d'esprit, conseiller de ce Parlement, raconte en triomphateur sa bataille contre le Diable au pays basque, où, en moins de trois mois, il a expédié je ne sais combien de sorcières, et, ce qui est plus fort, trois prêtres. Il regarde en pitié l'Inquisition d'Espagne, qui, près de là, à Logroño (frontière de Navarre et Castille), a traîné deux ans un procès et fini maigrement par un petit auto-da-fé en relâchant tout un peuple de femmes.

Cette vigoureuse expédition de prêtres indique assez que M. de Lancre est un esprit indépendant. Il l'est en politique. Dans son livre *Du Prince* (1617), il déclare sans ambages que « la Loi est au-dessus du roi ».

Jamais les Basques ne furent mieux caractérisés que dans le livre l'*Inconstance*. Chez nous, comme en Espagne, leurs privilèges les mettaient quasi en république. Les nôtres ne devaient au roi que de le servir en armes; au premier coup de tambour, ils devaient armer deux mille hommes, sous leurs capitaines basques. Le clergé ne pesait guère; il poursuivait peu les sorciers, l'étant lui-même. Le prêtre dansait, portait l'épée, menait sa maîtresse au sabbat. Cette maîtresse était sa sacristine ou *bénédicte*, qui arrangeait l'église. Le curé ne se brouillait avec personne, disait à Dieu sa messe blanche le jour, la nuit au Diable la messe noire, et parfois dans la même église. (Lancre.)

Les Basques de Bayonne et de Saint-Jean-de-Luz, têtes hasardeuses et excentriques, d'une fabuleuse audace, qui s'en allaient en barque aux mers les plus sauvages harponner la baleine, faisaient nombre de veuves. Ils se jetèrent en masse dans les colonies d'Henri IV, l'empire du Canada, laissant leurs femmes à Dieu ou au Diable. Quant aux enfants, ces marins, fort honnêtes et probes, y auraient songé davantage, s'ils en eussent été sûrs. Mais, au retour de leurs absence, ils calculaient, comptaient les mois, et ne trouvaient jamais leur compte.

Les femmes, très jolies, très hardies, imaginatives, passaient le jour, assises aux cimetières sur les tombes, à jaser du sabbat, en attendant qu'elles y allassent le soir. C'était leur rage et leur furie.

Nature les fait sorcières : ce sont les filles de la mer et de l'illusion. Elles nagent comme des poissons, jouent dans les flots. Leur maître naturel est le Prince de l'air, roi des vents et des rêves, celui qui gonflait la sibylle et lui soufflait l'avenir.

Leur juge qui les brûle est pourtant charmé d'elles : « Quand on les voit, dit-il, passer, les cheveux au vent et sur les épaules, elles vont, dans cette belle chevelure, si parées et si bien armées que, le soleil y passant comme à travers une nuée, l'éclat en est violent et forme d'ardents éclairs... De là, la fascination de leurs yeux, dangereux en amour, autant qu'en sortilège. » .

Ce Bordelais, aimable magistrat, le premier type de ces juges mondains qui ont égayé la robe au dix-septième siècle, joue du luth dans les entr'actes, et fait même danser les sorcières avant de les faire brûler. Il écrit bien; il est beaucoup plus clair que tous les autres. Et cependant on démêle chez lui une cause nouvelle d'obscurité, inhérente à l'époque. C'est que, dans un si grand nombre de sorcières, que le juge ne peut brûler toutes, la plupart sentent finement qu'il sera indulgent pour celles qui entreront le mieux dans sa pensée et dans sa passion. Quelle passion? D'abord, une passion populaire, l'amour du merveilleux horrible, le plaisir d'avoir peur, et aussi, s'il faut le dire, l'amusement des choses indécentes. Ajoutez une affaire de vanité : plus ces femmes habiles montrent le Diable terrible et furieux, plus le juge est flatté de dompter un tel adversaire. Il se drape dans sa victoire, trône dans sa sottise, triomphe de ce fou bavardage.

La plus belle pièce, en ce genre, est le procès-verbal espagnol de l'auto-da-fé de Logroño (9 novembre 1610), qu'on lit dans Llorente. Lancre, qui le cite avec jalousie et voudrait le déprécier, avoue le charme infini de la fête, la splendeur du spectacle, l'effet profond de la musique. Sur un échafaud étaient les brûlées, en petit nombre, et, sur un autre, la foule des relâchées. L'héroïne repentante, dont on lut la confession, a tout osé. Rien de plus fou. Au sabbat, on mange des enfants en hachis, et, pour second plat, des corps de sorciers déterrés. Les crapauds dansent, parlent, se plaignent amoureusement de leurs maîtresses, les font gronder par le Diable. Celui-ci reconduit poliment les sorcières, en les éclairant avec le bras d'un enfant mort sans baptême, etc.

La sorcellerie, chez nos Basques, avait l'aspect moins fantastique. Il semble que le sabbat n'y fût qu'une grande fête où tous, les nobles même, allaient pour l'amusement. Au premier rang y figuraient des personnes voilées, masquées, que quelques-uns croyaient des princes. « On n'y voyait autrefois, dit Lancre, que des idiots des Landes. Aujourd'hui on y voit des gens de qualité. » Satan, pour fêter ces notabilités locales, créait parfois en ce cas un *évêque du sabbat*. C'est le titre que reçut de lui le jeune seigneur Lancinena, avec qui le Diable en personne voulut bien ouvrir la danse.

Si bien appuyées, les sorcières régnaient. Elles exerçaient sur le pays une terreur d'imagination incroyable. Nombre de personnes se croyaient leurs victimes, et réellement devenaient gravement malades. Beaucoup étaient frappés d'épilepsie et aboyaient comme des chiens. La seule petite ville d'Acqs comptait jusqu'à quarante de ces malheureux aboyeurs. Une dépendance effrayante les liait à la sorcière, si bien qu'une dame appelée comme témoin, aux approches de la sorcière qu'elle ne voyait même pas, se mit à aboyer furieusement, et sans pouvoir s'arrêter.

Ceux à qui l'on attribuait une si terrible puissance étaient maîtres. Personne n'eût osé leur fermer sa porte. Un magistrat même, l'assesseur criminel de Bayonne, laissa faire le sabbat chez lui. Le seigneur de Saint-Pé, Urtubi, fut obligé de faire la fête dans son château. Mais sa tête en fut ébranlée au point qu'il s'imagina qu'une sorcière lui suçait le sang. La peur lui donnant du courage, avec un autre seigneur, il se rendit à Bordeaux, s'adressa au Parlement, qui obtint du roi que deux de ses membres, MM. d'Espagnet et Lancre, seraient commis pour juger les sorciers du pays basque. Commission absolue, sans appel, qui procéda avec une vigueur inouïe, jugea en quatre mois, soixante ou quatre-vingts sorcières, et en examina cinq cents, également marquées du signe du Diable, mais qui ne figurèrent au procès que comme témoins (mai-août 1609).

Ce n'était pas une chose sans péril pour deux hommes et quelques soldats d'aller procéder ainsi au milieu d'une population violente, de tête fort exaltée, d'une foule de femmes de marins, hardies et sauvages. L'autre danger, c'étaient les prêtres, dont plusieurs étaient sorciers, et que les commissaires laïques devaient juger, malgré la vive opposition du clergé.

Quand les juges arrivèrent, beaucoup de gens se sauvèrent aux montagnes. D'autres hardiment restèrent, disant que c'étaient les juges qui seraient brûlés. Les sorcières s'effrayaient si peu qu'à l'audience elles s'endormaient du sommeil sabbatique, et assuraient au réveil avoir joui, au tribunal même, des béatitudes de Satan. Plusieurs disent : « Nous ne souffrons que de ne pouvoir lui témoigner que nous brûlons de souffrir pour lui. »

Celles que l'on interrogeait disaient ne pouvoir parler. Satan obstruait leur gosier, et leur montait à la gorge.

Le plus jeune des commissaires, Lancre, qui écrit cette histoire, était un homme du monde. Les sorcières entrevirent qu'avec un pareil homme il y avait des moyens de salut. La ligue fut rompue. Une mendiante de dix-sept ans, la Murgui (Margarita), qui avait trouvé lucratif de se faire sorcière, et qui, presque enfant, menait et offrait des enfants au Diable, se mit avec sa compagne (une Lisalda de même âge) à dénoncer toutes les autres. Elle dit tout, décrivit tout, avec la vivacité, la violence, l'emphase espagnole, avec cent détails impudiques, vrais ou faux. Elle effraya, amusa, empauma les juges, les mena comme des idiots. Ils confièrent à cette fille corrompue, légère, enragée, la charge terrible de chercher sur le corps des filles et garçons l'endroit où Satan aurait mis sa marque. Cet endroit se reconnaissait à ce qu'il était insensible, et qu'on pouvait impunément y enfoncer des aiguilles. Un chirurgien martyrisait les vieilles, elle les jeunes, qu'on appelait comme témoins, mais qui, si elle les disait marquées, pouvaient être accusées. Chose odieuse que cette fille effrontée, devenue maîtresse absolue du sort de ces infortunés, allât leur enfonçant l'aiguille, et pût à volonté désigner ces corps sanglants à la mort.

Elle avait pris un tel empire sur Lancre, qu'elle lui fait croire que, pendant qu'il dort à Saint-Pé, dans son hôtel, entouré de ses serviteurs et de son escorte, le Diable est entré le soir dans sa chambre, qu'il y a dit la messe noire, que les sorcières ont été jusque sous ses rideaux pour l'empoisonner, mais qu'elles l'ont trouvé bien gardé de Dieu. La messe noire a été servie par madame de Lancinena, à qui Satan a fait l'amour dans la chambre même du juge. On entrevoit le but probable de ce misérable conte : la mendiante en veut à la dame, qui était jolie, et qui eût pu, sans cette calomnie, prendre aussi quelque ascendant sur le galant commissaire.

Lancre et ses confrères, effrayés, avancèrent, n'osant reculer. Ils firent planter leurs potences royales sur les places même où Satan avait tenu le sabbat. Cela effraya, on les sentit forts et armés du bras du roi. Les dénonciations plurent comme grêle. Toutes les femmes, à la queue, vinrent s'accuser l'une l'autre. Puis on fit venir les enfants, pour leur faire dénoncer les mères. Lancre juge, dans sa gravité, qu'un enfant de huit ans est bon, suffisant et respectable.

M. d'Espagnet ne pouvait donner qu'un moment à cette affaire, devant se rendre bientôt aux États de Béarn. Lancre, poussé à son insu par la violence des jeunes révélatrices qui seraient restées en péril si elles n'eussent fait brûler les vieilles, mena le procès au galop, bride abattue. Un nombre suffisant de sorcières furent adjugées au bûcher. Se voyant perdues, elles avaient fini par parler aussi, dénoncer. Quand on mena les premières au feu, il y eut une scène horrible. Le bourreau, l'huissier, les sergents, se crurent à leur dernier jour. La foule s'attacha aux charrettes, pour forcer ces malheureuses de rétracter leurs accusations. Des hommes leur mirent le poignard à la gorge; elles faillirent périr sous les ongles de leurs compagnes furieuses.

La justice s'en tira pourtant à son honneur. Et alors les commissaires passèrent au plus difficile, au jugement de huit prêtres qu'ils avaient en main. Les révélations des filles avaient mis ceux-ci à jour. Lancre parle de leurs mœurs comme un homme qui sait tout d'original. Il leur reproche non seulement leurs galants exercices aux nuits du sabbat, mais surtout leurs sacristines, bénédictes ou marguillières. Il répète même des contes : que les prêtres ont envoyé les maris à Terre-Neuve, et rapporté du Japon les diables qui leur livrent les femmes.

Le clergé était fort ému. L'évêque de Bayonne aurait voulu résister. Ne l'osant, il s'absenta, et désigna son vicaire général pour assister au jugement. Heureusement le Diable secourut les accusés mieux que l'évêque. Comme il ouvre toutes les portes, il se trouva, un matin, que cinq des huit échappèrent. Les commissaires, sans perdre de temps, brûlèrent les trois qui restaient.

Cela vers août 1609. Les inquisiteurs espagnols qui faisaient à Logroño leurs procès n'arrivèrent à l'auto-da-fé qu'au 8 novembre 1610. Ils avaient eu bien plus d'embarras que les nôtres, vu le nombre immense, épouvantable, des accusés. Comment brûler tout un peuple? Ils consultèrent le pape et les plus grands docteurs d'Espagne. La reculade fut décidée. Il fut entendu qu'on ne brûlerait que les obstinés, ceux qui persisteraient à nier, et que ceux qui avoueraient seraient relâchés. C'est la méthode qui déjà sauvait tous les prêtres dans les procès de libertinage. On se contentait de leur aveu et d'une petite pénitence. (Voy. Llorente.)

L'Inquisition, exterminatrice pour les hérétiques, cruelle pour les Maures et les Juifs, l'était bien moins pour les sorciers. Ceux-ci, bergers en grand nombre, n'étaient nullement en lutte avec l'Église. Les jouissances fort basses, parfois bestiales, des gardeurs de chèvres, inquiétaient peu les ennemis de la liberté de penser.

Le livre de Lancre a été écrit surtout en vue de montrer combien la justice de France, laïque et parlementaire, est meilleure que la justice des prêtres. Il est écrit légèrement et au courant de la plume, fort gai. On y sent la joie d'un homme qui s'est tiré à son honneur d'un grand danger. Joie gasconne et vaniteuse. Il raconte orgueilleusement qu'au sabbat qui suivit la première exécution des sorcières, leurs enfants vinrent en faire des plaintes à Satan. Il répondit que leurs mères n'étaient pas brûlées, mais vivantes, heureuses. Du fond de la nuée, les enfants crurent en effet entendre les voix des mères, qui se disaient en pleine béatitude. Cependant Satan avait peur. Il s'absenta quatre sabbats, se substituant un diablotin de nulle importance. Il ne reparut qu'au 22 juillet. Lorsque les sorciers lui demandèrent la cause de son absence, il dit : « J'ai été plaider votre cause contre Janicot (Petit-Jean, il nomme ainsi Jésus). J'ai gagné l'affaire. Et celles qui sont encore en prison ne seront pas brûlées. »

Le grand menteur fut démenti. Et le magistrat vainqueur assure qu'à la dernière qu'on brûla on vit une nuée de crapauds sortir de sa tête. Le peuple se rua sur elle à coups de pierres, si bien qu'elle fut plus lapidée que brûlée. Mais, avec tout cet assaut, ils ne vinrent pas à bout d'un crapaud noir qui échappa aux flammes, aux bâtons, aux pierres, et se sauva, comme un démon qu'il était, en lieu où on ne sut jamais le trouver.

CHAPITRE VII

Les couvents. — La sorcellerie dans les couvents.
Le Prince des magiciens.

Le Parlement de Provence n'eut rien à envier aux succès du Parlement de Bordeaux. La juridiction laïque saisit de nouveau l'occasion d'un procès de sorcellerie pour se faire la réformatrice des mœurs ecclésiastiques. Elle jeta un regard sévère dans le monde fermé des couvents. Rare occasion. Il y fallut un concours singulier de circonstances, des jalousies furieuses, des vengeances de prêtre à prêtre. Sans ces passions indiscrètes, que nous verrons plus tard encore éclater de moments en moments, nous n'aurions nulle connaissance de la destinée réelle de ce grand peuple de femmes qui meurent dans ces tristes maisons, pas un mot de ce qui se passe derrière ces grilles et ces grands murs que le confesseur franchit seul.

Le prêtre basque que Lancre montre si léger, si mondain, allant, l'épée au côté, danser la nuit au sabbat, où il conduit sa sacristine, n'était pas un exemple à craindre. Ce n'était pas celui-là que l'Inquisition d'Espagne prenait tant de peine à couvrir, et pour qui ce corps si sévère se montrait si indulgent. On entrevoit fort bien chez Lancre, au milieu de ses réticences, qu'il y a encore *autre chose*. Et les États généraux de 1614, quand ils disent qu'il ne faut pas que le prêtre juge le prêtre, pensent aussi à *autre chose*. C'est précisément ce mystère qui se trouva déchiré par le Parlement de Provence. Le directeur de religieuses, maître d'elles et disposant de leur corps et de leur âme, les ensorcelant : voilà ce qui apparut au procès de Gauffridi, plus tard aux affaires terribles de Loudun et de Louviers, dans celles que Llorente, que Ricci et autres nous ont fait connaître.

La tactique fut la même pour atténuer le scandale, désorienter le public, l'occuper de la forme en cachant le fond. Au procès d'un prêtre sorcier, on mit en saillie le sorcier, et l'on escamota le prêtre, de manière à tout rejeter sur les arts magiques et faire oublier la fascination naturelle d'un homme maître d'un troupeau de femmes qui lui sont abandonnées.

Il n'y avait aucun moyen d'étouffer la première affaire. Elle avait éclaté en pleine Provence, dans ce pays de lumière où le soleil perce tout à jour. Le théâtre principal fut non seulement Aix et Marseille, mais le lieu célèbre de la Sainte-Baume, pèlerinage fréquenté où une foule de curieux vinrent de toute la France assister au duel à mort de deux religieuses possédées et de leurs démons. Les Dominicains, qui entamèrent la chose comme inquisiteurs, s'y compromirent fort par l'éclat qu'ils lui donnèrent et par leur partialité pour telle de ces religieuses. Quelque soin que le Parlement mit ensuite à brusquer la conclusion, ces moines eurent grand besoin de s'expliquer et de s'excuser. De là le livre important du moine Michaëlis, mêlé de vérités, de fables, où il érige Gauffridi, le prêtre qu'il fit brûler, en *Prince des magiciens*, non seulement de France, mais d'Espagne, d'Allemagne, d'Angleterre et de Turquie, de toute la terre habitée.

Gauffridi semble avoir été un homme agréable et de mérite. Né aux montagnes de Provence, il avait beaucoup voyagé dans les Pays-Bas et dans l'Orient. Il avait la meilleure réputation à Marseille, où il était prêtre à l'église des Acoules. Son évêque en faisait cas, et les dames les plus dévotes le préféraient comme confesseur. Il avait, dit-on, un don singulier pour se faire aimer de toutes. Néanmoins il aurait gardé une bonne réputation si une dame noble de Provence, aveugle et passionnée, n'eût poussé l'infatuation jusqu'à lui confier (peut-être pour son éducation religieuse) une charmante enfant de douze ans, Madeleine de La Palud, blonde et d'un caractère doux. Gauffridi y perdit l'esprit, et ne respecta pas l'âge ni la sainte ignorance, l'abandon de son élève.

Elle grandit cependant, et la jeune demoiselle noble s'aperçut de son malheur, de cet amour inférieur et sans espoir de mariage. Gauffridi, pour la retenir, dit qu'il pouvait l'épouser devant le Diable, s'il ne le pouvait devant Dieu. Il caressa son orgueil en lui disant qu'il était le *Prince des magiciens*, et qu'elle en deviendrait la reine. Il lui mit au doigt un anneau d'argent, marqué de caractères magiques. La mena-t-il au sabbat ou lui fit-il croire qu'elle y avait été, en la troublant par des breuvages, des fascinations magnétiques? Ce qui est sûr, c'est que l'enfant, tiraillée entre deux croyances, pleine d'agitation et de peur, fut dès lors par moments folle, et certains accès la jetaient dans l'épilepsie. Sa peur était d'être enlevée vivante par le Diable. Elle n'osa plus rester dans la maison de son père, et se réfugia au couvent des Ursulines de Marseille.

C'était le plus calme des ordres et le moins déraisonnable. Elles n'étaient pas oisives, s'occupant un peu à élever des petites filles. La réaction catholique, qui avait commencé avec une haute ambition espagnole d'extase, impossible alors, qui avait follement bâti force couvents de Carmélites, Feuillantines et Capucines, s'était vue bientôt au bout de ses forces. Les filles qu'on murait là si durement pour s'en délivrer mouraient tout de suite, et, par ces morts si promptes, accusaient horriblement l'inhumanité des familles. Ce qui les tuait, ce n'étaient pas les mortifications, mais l'ennui et le désespoir. Après le premier moment de ferveur, la terrible maladie des cloîtres (décrite dès le cinquième siècle par Cassien), l'ennui pesant, l'ennui mélancolique des *après-midi*, l'ennui tendre qui égare en d'indéfinissables langueurs, les minait rapidement. D'autres étaient comme furieuses ; le sang trop fort les étouffait.

Une religieuse pour mourir décemment sans laisser trop de remords à ses proches, doit y mettre environ dix ans (c'est la vie moyenne des cloîtres). Il fallut donc en rabattre, et des hommes de bon sens et d'expérience sentirent que, pour les prolonger, il fallait les occuper quelque peu, ne pas les tenir trop seules. Saint François de Sales fonda les Visitandines, qui devaient, deux à deux, visiter les malades. César de Bus et Romillion, qui avaient créé les Prêtres de la Doctrine (en rapport avec l'Oratoire), fondèrent ce qu'on eût pu appeler les Filles de la Doctrine, les Ursulines, religieuses enseignantes, que ces prêtres dirigeaient. Le tout sous la haute inspection des évêques, et peu, très peu monastique ; elles n'étaient pas cloîtrées encore. Les Visitandines sortaient ; les Ursulines recevaient (au moins les parents des élèves). Les unes et les autres étaient en rapport avec le monde, sous des directeurs estimés. L'écueil de tout cela, c'était la médiocrité. Quoique les Oratoriens et Doctrinaires aient eu des gens de grand mérite, l'esprit général de l'ordre était systématiquement moyen, modéré, attentif à ne pas prendre un vol trop haut. Le fondateur des Ursulines, Romillion, était un homme d'âge, un protestant converti, qui avait tout traversé et était revenu de tout. Il croyait ses jeunes Provençales déjà aussi sages, et comptait tenir ses petites ouailles dans les maigres pâturages d'une religion oratorienne, monotone et raisonnable.

C'est par là que l'ennui rentrait. Un matin, tout échappa.

Le montagnard provençal, le voyageur, le mystique, l'homme de trouble et de passion, Gauffridi, qui venait là comme directeur de Madeleine, eut une bien autre action. Elles sentirent une puissance, et, sans doute par les échappées de la jeune folle amoureuse, elles surent que ce n'était rien moins qu'une puissance diabolique. Toutes sont saisies de peur, et plus d'une aussi d'amour. Les imaginations s'exaltent ; les têtes tournent. En voilà cinq ou six qui pleurent, qui crient et qui hurlent, qui se sentent saisies du démon.

Si les Ursulines eussent été cloîtrées, murées, Gauffridi, leur seul directeur, eût pu les mettre d'accord de manière ou d'autre. Il aurait pu arriver, comme en un cloître du Quesnoy en 1490, que le Diable, qui prend volontiers la figure de celui qu'on aime, se fût constitué, sous la figure de Gauffridi, l'amant commun des religieuses. Ou bien, comme dans ces cloîtres espagnols dont parle Llorente, il leur eût persuadé que le prêtre sacre de prêtrise celles à qui il fait l'amour, et que le péché avec lui est une sanctification. Opinion répandue en France, et à Paris même, où ces maîtresses de prêtres étaient dites « les consacrées ». (L'Estoile, édit. Mich., 561.)

Gauffridi, maître de toutes, s'en tint-il à Madeleine ? Ne passa-t-il pas de l'amour au libertinage ? On ne sait. L'arrêt indique une religieuse qu'on ne montra pas au procès, mais qui reparaît à la fin, comme s'étant donnée au Diable et à lui.

Les Ursulines étaient une maison toute à jour, où chacun venait, voyait. Elles étaient sous la garde de leurs Doctrinaires, honnêtes, et d'ailleurs jaloux. Le fondateur même était là, indigné et désespéré. Quel malheur pour l'ordre naissant, qui, à ce moment même, prospérait, s'étendait partout en France! Sa prétention était la sagesse, le bon sens, le calme. Et tout à coup il délire! Romillion eût voulu étouffer la chose. Il fit secrètement exorciser ces filles par un de ses prêtres. Mais les diables ne tenaient compte d'exorcistes doctrinaires. Celui de la petite blonde, diable noble, qui était Belzébuth, démon de l'orgueil, ne daigna desserrer les dents.

Il y avait, parmi ces possédées, une fille, particulièrement adoptée de Romillion, fille de vingt à vingt-cinq ans, fort cultivée et nourrie dans la controverse, née protestante, mais qui, n'ayant père ni mère, était tombée aux mains du Père, comme elle, protestant converti. Son nom de Louise Capeau semble roturier. C'était, comme il parut trop, une fille d'un prodigieux esprit, d'une passion enragée. Ajoutez-y une épouvantable force. Elle soutint trois mois, outre son orage infernal, une lutte désespérée qui eût tué l'homme le plus fort en huit jours.

Elle dit qu'elle avait trois diables : Verrine, bon diable catholique, léger, un des démons de l'air; Léviathan, mauvais diable, raisonneur et protestant; enfin un autre qu'elle avoue être celui de l'impureté. Mais elle en oublie un, le démon de la jalousie.

Elle haïssait cruellement la petite, la blonde, la

préférée, l'orgueilleuse demoiselle noble. Celle-ci, dans ses accès, avait dit qu'elle avait été au sabbat, et qu'elle y avait été reine, et qu'on l'y avait adorée, et qu'elle s'y était livrée, mais au Prince... — Quel prince ? — Louis Gauffridi, le *Prince des magiciens.*

Cette Louise, à qui une telle révélation avait enfoncé un poignard, était trop furieuse pour en douter. Folle, elle crut la folle, afin de la perdre. Son démon fut soutenu de tous les démons des jalouses. Toutes crièrent que Gauffridi était bien le roi des sorciers. Le bruit se répandit partout qu'on avait fait une grande capture, un prêtre, roi des magiciens, le Prince de la magie pour tous les pays. Tel fut l'affreux diadème de fer et de feu que ces démons femelles lui enfoncèrent au front.

Tout le monde perdit la tête, et le vieux Romillion même. Soit haine de Gauffridi, soit peur de l'Inquisition, il sortit l'affaire des mains de l'évêque, et mena ses deux possédées, Louise et Madeleine, au couvent de la Sainte-Baume, dont le prieur dominicain était le Père Michaëlis, propre inquisiteur du pape en terre papale d'Avignon et qui prétendait l'être pour toute la Provence. Il s'agissait uniquement d'exorcismes. Mais, comme les deux filles devaient accuser Gauffridi, celui-ci allait par le fait tomber aux mains de l'Inquisition.

Michaëlis devait prêcher l'Avent à Aix, devant le Parlement. Il sentit combien cette affaire dramatique le relèverait. Il la saisit avec l'empressement de nos avocats de cours d'assises quand il leur vient un meurtre dramatique ou quelque cas curieux de conversation criminelle.

Le beau, dans ce genre d'affaires, c'était de mener le drame pendant l'Avent, Noël et le Carême, et de ne brûler qu'à la Semaine sainte, la veille du grand moment de Pâques. Michaëlis se réserva pour le dernier acte, et confia le gros de la besogne à un dominicain flamand qu'il avait, le docteur Dompt, qui venait de Louvain, qui avait déjà exorcisé, était ferré en ces sottises.

Ce que le flamand d'ailleurs avait à faire de mieux, c'était de ne rien faire. On lui donnait en Louise un auxiliaire terrible, trois fois plus zélé que l'Inquisition, d'une inextinguible fureur, d'une brûlante éloquence, bizarre, baroque parfois, mais à faire frémir, une vraie torche infernale.

La chose fut réduite à un duel entre les deux diables, entre Louise et Madeleine, par-devant le peuple.

Des simples qui venaient là en pèlerinage de la Sainte-Baume, un bon orfèvre par exemple et un drapier, gens de Troyes en Champagne, étaient ravis de voir le démon de Louise battre si cruellement les démons et fustiger les magiciens. Ils en pleuraient de joie, et s'en allaient en remerciant Dieu.

Spectacle bien terrible cependant (même dans la lourde rédaction des procès-verbaux du flamand) de voir ce combat inégal : cette fille, plus âgée et si forte, robuste Provençale, vraie race des cailloux de la Crau, chaque jour lapider, assommer, écraser cette victime, jeune et presque enfant, déjà suppliciée par son mal, perdue d'amour et de honte, dans les crises de l'épilepsie...

Le volume du flamand, avec l'addition de Michaëlis, en tout quatre cents pages, est un court extrait des invectives, injures et menaces que cette fille vomit cinq mois, et de ses sermons aussi, car elle prêchait sur toutes choses, sur les sacrements, sur la venue prochaine de l'Antéchrist, sur la fragilité des femmes, etc., etc. De là, au nom de ses diables, elle revenait à la fureur, et deux fois par jour reprenait l'exécution de la petite, sans respirer, sans suspendre une minute l'affreux torrent, à moins que l'autre, éperdue, « un pied en enfer », dit-elle elle-même, ne tombât en convulsion, et ne frappât les dalles de ses genoux, de son corps, de sa tête, évanouie.

Louise est bien au quart folle, il faut l'avouer; nulle fourberie n'eût suffi à tenir cette longue gageure. Mais sa jalousie lui donne, sur chaque endroit où elle peut crever le cœur à la patiente et y faire entrer l'aiguille, une horrible lucidité.

C'est le renversement de toute chose. Cette Louise, possédée du diable, communie tant qu'elle veut. Elle gourmande les personnes de la plus haute autorité. La vénérable Catherine de France, la première des Ursulines, vient voir cette merveille, l'interroge et tout d'abord la surprend en flagrant délit d'erreur, de sottise. L'autre, impudente, en est quitte pour dire, au nom de son diable : « Le diable est le père du mensonge. »

Un minime, homme de sens, qui est là, relève ce mot, et lui dit : « Alors, tu mens. » Et aux exorcistes : « Que ne faites-vous taire cette femme? » Il leur cite l'histoire de Marthe, la fausse possédée de Paris. Pour réponse, on la fait communier devant lui. Le Diable communiant, le Diable recevant le corps de Dieu !... Le pauvre homme est stupéfait... Il s'humilie devant l'Inquisition. Il a trop forte partie, ne dit plus un mot.

Un des moyens de Louise, c'est de terrifier l'assistance, disant : « Je vois des magiciens... » Chacun tremble pour soi-même.

Victorieuse de la Sainte-Baume, elle frappe jusqu'à Marseille. Son exorciste flamand, réduit à l'étrange rôle de secrétaire et confident du Diable, écrit sous sa dictée cinq lettres :

Aux Capucins de Marseille pour qu'ils somment Gauffridi de se convertir; — aux mêmes Capucins pour qu'ils arrêtent Gauffridi, le garrottent avec une étole et le tiennent prisonnier dans telle maison qu'elle indique; — plusieurs lettres aux modérés, à Catherine de France, aux Prêtres de la Doctrine, qui eux-mêmes se déclaraient contre elle. — Enfin, cette femme effrénée, débordée, insulte sa propre supérieure : « Vous m'avez dit au départ d'être humble et obéissante... Je vous rends votre conseil. »

Verrine, le diable de Louise, démon de l'air et du vent, lui soufflait des paroles folles, légères et d'orgueil insensé, blessant amis et ennemis, l'Inquisition même. Un jour, elle se mit à rire de Michaëlis, qui se morfondait à Aix à prêcher dans le désert, tandis que tout le monde venait l'écouter à la Sainte-Baume. « Tu prêches, ô Michaëlis ! tu dis vrai, mais avances peu... Et Louise, sans étudier, a atteint, compris le sommaire de la perfection. »

Cette joie sauvage lui venait surtout d'avoir brisé Madeleine. Un mot y avait fait plus que cent sermons. Mot barbare : « Tu seras brûlée » (17 décembre). La petite fille, éperdue, dit dès lors tout ce qu'elle voulait et la soutint bassement.

Elle s'humilia devant tous, demanda pardon à sa mère, à son supérieur Romillion, à l'assistance, à Louise. Si nous en croyons celle-ci, la peureuse la prit à part, la pria d'avoir pitié d'elle, de ne pas trop la châtier.

L'autre, tendre comme un roc, clémente comme un écueil, sentit qu'elle était à elle, pour en faire ce qu'elle voudrait. Elle la prit, l'enveloppa, l'étourdit et lui ôta le peu qui lui restait d'âme. Second ensorcellement, mais à l'envers de Gauffridi, une *possession* par la terreur. La créature anéantie marchant sous la verge et le fouet, on la poussa jour par jour dans cette voie d'exquise douleur d'accuser, d'assassiner celui qu'elle aimait encore.

Si Madeleine avait résisté, Gauffridi eût échappé. Tout le monde était contre Louise.

Michaëlis même, à Aix, éclipsé par elle dans ses prédications, traité d'elle si légèrement, eût tout arrêté plutôt que d'en laisser l'honneur à cette fille.

Marseille défendait Gauffridi, étant effrayée de voir l'Inquisition d'Avignon pousser jusqu'à elle, et chez elle prendre un Marseillais.

L'évêque surtout et le chapitre défendaient leur prêtre. Ils soutenaient qu'il n'y avait rien en tout cela qu'une jalousie de confesseurs, la haine ordinaire des moines contre les prêtres séculiers.

Les Doctrinaires auraient voulu tout finir. Ils étaient désolés du bruit. Plusieurs en eurent tant de chagrin qu'ils étaient près de tout laisser et de quitter leur maison.

Les dames étaient indignées, surtout madame Libertat, la dame du chef des royalistes, qui avait rendu Marseille au roi. Toutes pleuraient pour Gauffridi et disaient que le démon seul pouvait attaquer cet agneau de Dieu.

Les Capucins, à qui Louise si impérieusement ordonnait de le prendre au corps, étaient (comme tous les ordres de Saint-François) ennemis des Dominicains. Ils furent jaloux du relief que ceux-ci tiraient de leur possédée. La vie errante d'ailleurs qui mettait les Capucins en rapport continuel avec les femmes, leur faisait souvent des affaires de mœurs. Ils n'aimaient pas qu'on se mît à regarder de si près la vie des ecclésiastiques. Ils prirent parti pour Gauffridi. Les possédés n'étaient pas chose si rare qu'on ne pût s'en procurer; ils en eurent un à point nommé. Son diable, sous l'influence du cordon de saint François, dit tout le contraire du diable de saint Dominique. Il dit, et ils écrivirent en son nom « que Gauffridi n'était nullement magicien, qu'on ne pouvait l'arrêter ».

On ne s'attendait pas à cela, à la Sainte-Baume. Louise parut interdite. Elle trouva à dire seulement qu'apparemment les Capucins n'avaient pas fait jurer à leur diable de dire vrai. Pauvre réponse, qui fut pourtant appuyée par la tremblante Madeleine.

Comme un chien qu'on a battu et qui craint de l'être encore, elle était capable de tout, même de mordre et de déchirer. C'est par elle qu'en cette crise Louise horriblement mordit.

Elle-même dit seulement que l'évêque, sans le savoir, offensait Dieu. Elle cria « contre les sorciers de Marseille », sans nommer personne. Mais le mot cruel et fatal, elle le fit dire par Madeleine. Une femme qui depuis deux ans avait perdu son enfant fut désignée par celle-ci comme l'ayant étranglé. La femme, craignant les tortures, s'enfuit ou se tint cachée. Son mari, son père, en larmes, vinrent à la Sainte-Baume, sans doute pour fléchir les inquisiteurs. Mais Madeleine n'eût jamais osé se dédire; elle répéta l'accusation.

Qui était en sûreté? Personne. Du moment que le Diable était pris pour vengeur de Dieu, du moment qu'on écrivait sous sa dictée les noms de ceux qui pouvaient passer par les flammes, chacun eut de nuit et de jour le cauchemar affreux du bûcher.

Marseille, contre une telle audace de l'Inquisition papale, eût dû s'appuyer du Parlement d'Aix. Malheureusement elle savait qu'elle n'était pas aimée à Aix. Celle-ci, la petite ville officielle de magistrature et de noblesse, a toujours été jalouse de l'opulente splendeur de Marseille, cette reine du Midi. Ce fut tout au contraire l'adversaire de Marseille, l'inquisiteur papal, qui, pour prévenir l'appel de Gauffridi au Parlement, y eut recours le premier. C'était un corps très fanatique dont les grosses têtes étaient des nobles enrichis dans l'autre siècle au massacre des Vaudois. Comme juges laïques, d'ailleurs, ils furent ravis de voir un inquisiteur du pape créer un tel précédent, avouer que, dans l'affaire d'un prêtre, dans une affaire de sortilège, l'Inquisition ne pouvait procéder que pour l'instruction préparatoire. C'était comme une démission que donnaient les inquisiteurs de toutes leurs vieilles prétentions. Un côté flatteur aussi où mordirent ceux d'Aix, comme avaient fait ceux de Bordeaux, c'était qu'eux laïques, ils fussent érigés par l'Église elle-même en censeurs et réformateurs des mœurs ecclésiastiques.

Dans cette affaire, où tout devait être étrange et miraculeux, ce ne fut pas la moindre merveille de voir un démon si furieux devenir tout à coup flatteur pour le Parlement, politique et diplomate. Louise charma les gens du roi par un éloge du feu roi. Henri IV (qui l'aurait cru ?) fut canonisé par le Diable. Un matin, sans à-propos, il éclata en éloges « de ce pieux et saint roi qui venait de monter au ciel ».

Un tel accord des deux anciens ennemis, le Parlement et l'Inquisition, celle-ci désormais sûre du bras séculier, des soldats et du bourreau, une commission parlementaire envoyée à la Sainte-Baume pour examiner les possédées, écouter leurs dépositions, leurs accusations et dresser des listes, c'était chose vraiment effrayante. Louise, sans ménagement, désigna les Capucins, défenseurs de Gauffridi, et annonça « qu'ils seraient punis *temporellement* » dans leur corps et dans leur chair.

Les pauvres Pères furent brisés. Leur diable ne souffla plus mot. Ils allèrent trouver l'évêque, et lui dirent qu'en effet on ne pouvait guère refuser de représenter Gauffridi à la Sainte-Baume, et de faire acte d'obéissance; mais qu'après cela l'évêque et le chapitre le réclameraient, le replaceraient sous la protection de la justice épiscopale.

On avait calculé aussi sans doute que la vue de cet homme aimé allait fort troubler les deux filles, que la terrible Louise elle-même serait ébranlée des réclamations de son cœur.

Ce cœur, en effet, s'éveilla à l'approche du coupable; la furieuse semble avoir eu un moment d'attendrissement. Je ne connais rien de plus brûlant que sa prière pour que Dieu sauve celui qu'elle a poussé à la mort : « Grand Dieu, je vous offre tous les sacrifices qui ont été offerts depuis l'origine du monde et le seront jusqu'à la fin... le tout pour Louis!... Je vous offre tous les pleurs des saints, toutes les extases des anges... le tout pour Louis! Je voudrais qu'il y eût plus d'âmes encore pour que l'oblation fût plus grande... le tout pour Louis! *Pater de cœlis Deus, miserere Ludovici ! Fili redemptor mundi Deus, miserere Ludovici !...* », etc.

Vaine pitié ! funeste d'ailleurs !... Ce qu'elle eût voulu, c'était que l'accusé *ne s'endurcît pas*, qu'il s'avouât coupable. Auquel cas il était sûr d'être brûlé, dans notre jurisprudence.

Elle-même, du reste, était finie, elle ne pouvait plus rien. L'inquisiteur Michaëlis, humilié de n'avoir vaincu que par elle, irrité contre son exorciste flamand, qui s'était tellement subordonné à elle et avait laissé voir à tous les secrets ressorts de la tragédie, Michaëlis venait justement pour briser Louise, sauver Madeleine et la lui substituer, s'il se pouvait, dans ce drame populaire. Ceci n'était pas maladroit et témoigne d'une certaine entente de la scène. L'hiver et l'Avent avaient été remplis par la terrible sibylle, la bacchante furieuse. Dans une saison plus douce, dans un printemps de Provence, au Carême, aurait figuré un personnage plus touchant, un démon tout féminin dans une enfant malade et dans une blonde timide. La petite demoiselle appartenant à une famille distinguée, la noblesse s'y intéressait, et le Parlement de Provence.

Michaëlis, loin d'écouter son flamand, l'homme de Louise, lorsqu'il voulut entrer au petit conseil des parlementaires, lui ferma la porte. Un Capucin, venu aussi, au premier mot de Louise, cria : « Silence, diable maudit ! »

Gauffridi cependant était arrivé à la Sainte-Baume, où il faisait triste figure. Homme d'esprit, mais faible et coupable, il ne pressentait que trop la fin d'une pareille tragédie populaire, et, dans sa cruelle catastrophe, il se voyait abandonné, trahi de l'enfant qu'il aimait. Il s'abandonna lui-même, et, quand on le mit en face de Louise, elle apparut comme un juge, un de ces vieux juges d'Église, cruels et subtils scolastiques. Elle lui posa les questions de doctrine, et à tout il répondait *oui*, lui accordant même les choses les plus contestables, par exemple, « que le Diable peut être cru en justice sur sa parole et son serment ! »

Cela ne dura que huit jours (du 1er au 8 janvier). Le clergé de Marseille le réclama. Ses amis, les Capucins, dirent avoir visité sa chambre et n'avoir rien trouvé de magique. Quatre chanoines de Marseille vinrent d'autorité le prendre et le ramenèrent chez lui.

Gauffridi était bien bas. Mais ses adversaires n'étaient pas bien haut. Même les deux inquisiteurs, Michaëlis et le flamand, étaient honteusement en discorde. La partialité du second pour Louise, du premier pour Madeleine, dépassa les paroles mêmes, et l'on en vint aux voies de fait. Ce chaos d'accusations, de sermons, de révélations, que le Diable avait dicté par la bouche de Louise, le flamand, qui l'avait écrit, soutenait que tout cela était parole de Dieu, et craignait qu'on y touchât. Il avouait une grande défiance de son chef Michaëlis, craignant que, dans l'intérêt de Madeleine, il n'altérât ces papiers de manière à perdre Louise. Il les défendit tant qu'il put, s'enferma dans sa chambre, et soutint un siège. Michaëlis, qui avait les parlementaires pour lui, ne put prendre le manuscrit qu'au nom du roi et en enfonçant la porte.

Louise, qui n'avait peur de rien, voulait au roi opposer le pape. Le flamand porta appel contre son chef Michaëlis à Avignon, au légat. Mais la prudente cour papale fut effrayée du scandale de voir un inquisiteur accuser un inquisiteur. Elle n'appuya pas le flamand, qui n'eut plus qu'à se soumettre. Michaëlis, pour le faire taire, lui restitua les papiers.

Ceux de Michaëlis, qui forment un second procès-verbal assez plat et nullement comparable à l'autre, ne sont remplis que de Madeleine. On lui fait de la musique pour essayer de la calmer. On note très soigneusement si elle mange ou ne mange pas. On s'occupe trop d'elle en vérité, et souvent de façon peu édifiante. On lui adresse des questions étranges sur le magicien, sur les places de son corps qui pouvaient avoir la marque du Diable. Elle-même fut examinée. Quoiqu'elle dût l'être à Aix par les médecins et chirurgiens du Parlement (p. 70), Michaëlis, par excès de zèle, la visita à la Sainte-Baume, et il spécifie ses observations (p. 69). Point de matrone appelée. Les juges, laïques et moines, ici réconciliés et n'ayant pas à craindre leur surveillance mutuelle, se passèrent apparemment ce mépris des formalités.

Ils avaient un juge en Louise. Cette fille hardie stigmatisa ces indécences au fer chaud : « Ceux qu'engloutit le déluge n'avaient pas tant fait que ceux-ci!... Sodome, rien de pareil n'a jamais été dit de toi!... »

Elle dit aussi : « Madeleine est livrée à l'impureté ! » C'était, en effet, le plus triste. La pauvre folle, par une joie aveugle de vivre, de n'être pas brûlée, ou par un sentiment confus que c'était elle maintenant qui avait action sur les juges, chanta, dansa par moments avec une liberté honteuse, impudique et provocante. Le prêtre de la Doctrine, le vieux Romillion, en rougit pour son Ursuline. Choqué de voir ces hommes admirer ses longs cheveux, il dit qu'il fallait les couper, lui ôter cette vanité.

Elle était obéissante et douce dans ses bons moments. Et on aurait bien voulu en faire une Louise. Mais ses diables étaient vaniteux, amoureux, non éloquents et furieux, comme ceux de l'autre. Quand on voulut les faire prêcher, ils ne dirent que des pauvretés. Michaëlis fut obligé de jouer la pièce tout seul. Comme inquisiteur en chef, tenant à dépasser de loin son subordonné flamand, il assura avoir déjà tiré de ce petit corps une armée de six mille six cent soixante diables ; il n'en restait qu'une centaine. Pour mieux convaincre le public, il lui fit rejeter le charme ou sortilège qu'elle avait avalé, disait-il, il le lui tira de la bouche dans une matière gluante. Qui eût refusé de se rendre à cela ? L'assistance demeura stupéfaite et convaincue.

Madeleine était en bonne voie de salut. L'obstacle était elle-même. Elle disait à chaque instant des choses imprudentes qui pouvaient irriter la jalousie

de ses juges et leur faire perdre patience. Elle avouait que tout objet lui représentait Gauffridi, qu'elle le voyait toujours. Elle ne cachait pas ses songes érotiques. « Cette nuit, disait-elle, j'étais au sabbat. Les magiciens adoraient ma statue toute dorée. Chacun d'eux, pour l'honorer, lui offrait du sang, qu'ils tiraient de leurs mains avec des lancettes. *Lui*, il était là, à genoux, la corde au cou, me priant de revenir à lui et de ne pas le trahir... Je résistais... Alors il dit : « Y a-t-il quelqu'un ici qui veuille
« mourir pour elle ? — Moi », dit un jeune homme,
« et le magicien l'immola. »

Dans un autre moment, elle le voyait qui lui demandait seulement un seul de ses beaux cheveux blonds. « Et comme je refusais, il dit : « La moitié
« au moins d'un cheveu. »

Elle assurait cependant qu'elle résistait toujours. Mais un jour, la porte se trouvant ouverte, voilà notre convertie qui courait à toutes jambes pour rejoindre Gauffridi.

On la reprit, au moins le corps. Mais l'âme ? Michaëlis ne savait comment la reprendre. Il avisa heureusement son anneau magique. Il le tira, le coupa, le détruisit, le brûla. Supposant aussi que l'obstination de cette personne si douce venait des sorciers invisibles qui s'introduisaient dans la chambre, il y mit un homme d'armes, bien solide, avec une épée, qui frappait de tous les côtés, et taillait les invisibles en pièces.

Mais la meilleure médecine pour convertir Madeleine, c'était la mort de Gauffridi. Le 5 février, l'inquisiteur alla prêcher le Carême à Aix, vit les juges et les anima. Le Parlement, docile à son impulsion, envoya prendre à Marseille l'imprudent, qui, se voyant si bien appuyé de l'évêque, du chapitre, des Capucins, de tout le monde, avait cru qu'on n'oserait.

Madeleine d'un côté, Gauffridi de l'autre, arrivèrent à Aix. Elle était si agitée qu'on fut contraint de la lier. Son trouble était épouvantable, et l'on n'était plus sûr de rien. On avisa un moyen bien hardi avec cette enfant si malade, une de ces peurs qui jettent une femme dans les convulsions et parfois donnent la mort. Un vicaire général de l'archevêché dit qu'il y avait en ce palais un noir et étroit charnier, ce qu'on appelle en Espagne un *pourrissoir* (comme on en voit à l'Escurial). Anciennement on y avait mis se consommer d'anciens ossements de morts inconnus. Dans cet antre sépulcral, on introduisit la fille tremblante. On l'exorcisa en lui appliquant au visage ces froids ossements. Elle ne mourut pas d'horreur, mais elle fut dès lors à discrétion, et l'on eut ce qu'on voulait, la mort de la conscience, l'extermination de ce qui restait de sens moral et de volonté.

Elle devint un instrument souple, à faire tout ce qu'on voulait, flatteuse, cherchant à deviner ce qui plairait à ses maîtres. On lui montra des huguenots, et elle les injuria. On la mit devant Gauffridi, et elle lui dit par cœur les griefs d'accusation, mieux que n'eussent fait les gens du roi. Cela ne l'empêchait pas de japper en furieuse quand on la menait à l'église, d'ameuter le public contre Gauffridi en faisant blasphémer son diable au nom du magicien. Belzébuth disait par sa bouche : « Je renonce à Dieu au nom de Gauffridi, je renonce au Fils de Dieu », etc. Et au moment de l'élévation : « Retombe sur moi le sang du Juste, de la part de Gauffridi! »

Horrible communauté. Ce diable à deux damnait l'un par les paroles de l'autre; tout ce qu'il disait par Madeleine, on l'imputait à Gauffridi. Et la foule épouvantée avait hâte de voir brûler le blasphémateur muet dont l'impiété rugissait par la voix de cette fille.

Les exorcistes lui firent cette cruelle question, à laquelle ils eussent eux-mêmes pu répondre bien mieux qu'elle : « Pourquoi, Belzébuth, parles-tu si mal de ton grand ami ? » — Elle répondit ces mots affreux : « S'il y a des traîtres entre les hommes, pourquoi pas entre les démons? Quand je me sens avec Gauffridi, je suis à lui pour faire tout ce qu'il voudra. Et quand vous me contraignez, je le trahis et je m'en moque! »

Elle ne soutint pas pourtant cette exécrable risée. Quoique le démon de la peur et de la servilité semblât l'avoir tout envahie, il y eut place encore pour le désespoir. Elle ne pouvait prendre le moindre aliment. Et ces gens qui depuis cinq mois l'exterminaient d'exorcismes et prétendaient l'avoir allégée de six mille ou sept mille diables, sont obligés de convenir qu'elle ne voulait plus que mourir et cherchait avidement tous les moyens de suicide. Le courage seul lui manquait. Une fois, elle se piqua avec une lancette, mais elle n'eut pas la force d'appuyer. Une fois, elle saisit un couteau, et, quand on le lui ôta, elle tâcha de s'étrangler. Elle s'enfonçait des aiguilles, enfin essaya follement de se faire entrer dans la tête une longue épingle par l'oreille.

Que devenait Gauffridi? L'inquisiteur, si long sur les deux filles, n'en dit presque rien. Il passe comme sur le feu. Le peu qu'il dit est bien étrange. Il conte qu'on lui banda les yeux, pendant qu'avec des aiguilles on cherchait sur tout son corps la place insensible qui devait être la marque du Diable. Quand on lui ôta le bandeau, il apprit avec étonnement et horreur que, par trois fois, on avait enfoncé l'aiguille sans qu'il la sentît : donc il était trois fois marqué du signe d'enfer. Et l'inquisiteur ajouta : « Si nous étions en Avignon, cet homme serait brûlé demain. »

Gauffridi se sentit perdu, et ne se défendit plus. Il regarda seulement si quelques ennemis des Dominicains ne pourraient lui sauver la vie. Il dit vouloir se confesser aux Oratoriens. Mais ce nouvel ordre, qu'on aurait pu appeler le juste-milieu du catholicisme, était trop froid et trop sage pour prendre en main une telle affaire, si avancée d'ailleurs et désespérée.

Alors il se retourna vers les moines mendiants, se confessa aux Capucins, avoua tout et plus que la vérité, pour acheter la vie par la honte. En Espagne, il aurait été *relaxé* certainement, sauf une petite pénitence dans quelque couvent. Mais nos Parlements étaient plus sévères; ils tenaient à constater la pureté supérieure de la juridiction laïque. Les Capucins, eux-mêmes, peu rassurés sur l'article des mœurs, n'étaient pas gens à attirer la foudre sur eux. Ils enveloppaient Gauffridi, le gardaient, le consolaient jour et nuit, mais seulement pour qu'il s'avouât magicien, et que, la magie restant le grand chef d'accusation, on pût laisser au second plan la séduction d'un directeur, qui compromettait le clergé.

Donc, ses amis les Capucins, par obsession, caresses et tendresses, tirent de lui l'aveu mortel, qui, disaient-ils, sauvait son âme, mais qui bien certainement livrait son corps au bûcher.

L'homme étant perdu, fini, on en finit avec les filles, qu'on ne devait pas brûler. Ce fut une facétie. Dans une grande assemblée du clergé et du Parlement, on fit venir Madeleine, et, parlant à elle, on somma son diable, Belzébuth, de vider les lieux, sinon de donner ses oppositions. Il n'eut garde de le faire, et partit honteusement.

Puis on fit venir Louise, avec son diable Verrine. Mais, avant de chasser un esprit si ami de l'Église, les moines régalèrent les parlementaires, novices en ces choses, du savoir-faire de ce diable, en lui faisant exécuter une curieuse pantomime. « Comment font les Séraphins, les Chérubins, les Trônes, devant Dieu ? — Chose difficile, dit Louise, ils n'ont pas de corps. » Mais, comme on répéta l'ordre, elle fit effort pour obéir, imitant le vol des uns, le brûlant désir des autres, et enfin l'adoration, en se courbant devant les juges, prosternée et la tête en bas. On vit cette fameuse Louise, si fière et si indomptée, s'humilier, baiser le pavé, et, les bras étendus, s'y appliquer de tout son long.

Singulière exhibition, frivole, indécente, par laquelle on lui fit expier son terrible succès populaire. Elle gagna encore l'assemblée par un cruel coup de poignard qu'elle frappa sur Gauffridi, qui était là garrotté : « Maintenant, lui dit-on, où est Belzébuth, le diable sorti de Madeleine ? — Je le vois distinctement à l'oreille de Gauffridi. »

Est-ce assez de honte et d'horreurs ? Resterait à savoir ce que cet infortuné dit à la question. On lui donna l'ordinaire et l'extraordinaire. Tout ce qu'il y dut révéler éclairerait sans nul doute la curieuse histoire des couvents de femmes. Les parlementaires recueillaient avidement ces choses-là, comme armes qui pouvaient servir, mais ils les tenaient « sous le secret de la cour ».

L'inquisiteur Michaëlis, fort attaqué dans le public pour tant d'animosité qui ressemblait fort à la jalousie, fut appelé par son ordre, qui s'assemblait à Paris, et ne vit pas le supplice de Gauffridi, brûlé vif à Aix quatre jours après (30 avril 1611).

La réputation des Dominicains, entamée par ce procès, ne fut pas fort relevée par une autre affaire de *possession* qu'ils arrangèrent à Beauvais (novembre) de manière à se donner tous les honneurs de la guerre, et qu'ils imprimèrent à Paris. Comme on avait reproché surtout au diable de Louise de ne pas parler latin, la nouvelle possédée, Denise Lacaille, en jargonnait quelques mots. Ils en firent grand bruit, la montrèrent souvent en procession, la promenèrent même de Beauvais à Notre-Dame-de-Liesse. Mais l'affaire resta assez froide. Ce pèlerinage picard n'eut pas l'effet dramatique, les terreurs de la Sainte-Baume. Cette Lacaille, avec son latin, n'eut pas la brûlante éloquence de la Provençale, ni sa fougue, ni sa fureur. Le tout n'aboutit à rien qu'à amuser les huguenots.

Qu'advint-il des deux rivales, de Madeleine et de Louise? La première, du moins son ombre, fut tenue en terre papale, de peur qu'on ne la fît parler sur cette funèbre affaire. On ne la montrait en public que comme exemple de pénitence. On la menait couper avec de pauvres femmes du bois qu'on vendait pour aumônes. Ses parents, humiliés d'elle, l'avaient répudiée et abandonnée.

Pour Louise, elle avait dit pendant le procès : « Je ne m'en glorifierai pas... Le procès fini, j'en mourrai! » Mais cela n'arriva point. Elle ne mourut pas; elle tua encore. Le diable meurtrier qui était en elle était plus furieux que jamais. Elle se mit à déclarer aux inquisiteurs par noms, prénoms et surnoms, tous ceux qu'elle imaginait affiliés à la magie, entre autres une pauvre fille, nommée Honorée, « aveugle des deux yeux », qui fut brûlée vive.

« Prions Dieu, dit en finissant le bon Père Michaëlis, que le tout soit à sa gloire et à celle de son Église. »

CHAPITRE VIII

Luynes et le Père Arnoux. — Persécution des protestants. (1618-1620.)

N'avons-nous pas outre mesure appuyé sur une anecdote, sur un fait individuel? Nous ne le croyons nullement. Nous regardons ce procès comme jetant une grande lumière sur un fait collectif immense, sur l'existence intérieure des ordres religieux tellement multipliés à cette époque. Ce qui se passa dans un ordre modéré et raisonnable, soumis à la discipline oratorienne et doctrinaire, aidera à faire comprendre le drame que recélaient les autres, et qui, pendant tout le siècle, par de tragiques lueurs, continue de se révéler.

L'attention très méritée qu'on a donnée de nos jours à Port-Royal, portée exclusivement sur cette rare exception, a fait oublier un peu trop la généralité des faits. Malgré l'effort incroyable avec lequel les divers partis religieux ont travaillé à étouffer ce qui transpirait de la vie des cloîtres, elle s'est montrée suffisamment, et l'on peut fort bien y suivre l'histoire de la direction.

On vit aussi dans cette affaire la puissance terrible de publicité dont disposaient les ordres religieux. Les révélations de l'Ursuline Louise, acceptées des Dominicains, se répandirent avec l'autorité d'un livre de prophéties. Même de très libres esprits, non influencés par les moines, Jansénius et Saint-Cyran, longtemps après, admettaient que Gauffridi avait été le *Prince des magiciens*, et, d'après Louise, en auguraient la prochaine venue de l'Antéchrist.

Maintenant il faut savoir qu'en un siècle (à peu près de 1620 à 1720) les couvents, ces puissantes machines d'intrigue, multiplièrent à l'infini. Précisons les chiffres, au moins pour deux ordres nouveaux.

Les Ursulines formèrent *trois cent cinquante* congrégations enseignantes, divisées chacune en plusieurs maisons d'éducation ou pensionnats (peut-être *mille maisons* en tout).

Les Visitandines, en trente années seulement, avaient déjà *cent couvents*. J'ignore le nombre ultérieur. Mais l'on sait qu'à la fin du siècle *une seule branche* des Visitandines, celle du Sacré-Cœur, *fonda en vingt années plus de quatre cents couvents*.

Ursulines et Visitandines, dirigées d'abord par les prêtres doctrinaires et par les évêques, le furent bientôt par les Jésuites, et devinrent, sous leur main habile, un vaste clavier qu'on put faire résonner d'ensemble quand on voulut obtenir de grands effets d'opinion.

L'influence de la presse, ses voix divergentes, son froid papier, où la foule épelle le noir sur du blanc, tout cela en vérité est faible à côté des vives paroles, des chaudes, tendres et caressantes insistances de toutes ces religieuses sur les dames, et même les hommes, qui fréquentaient leurs parloirs. Ces dames, mères de leurs élèves, ou parentes et amies des religieuses, ou amenées par la dévotion, recevaient d'elles le mot d'ordre, venu des Jésuites, et s'en faisaient à la cour, à la ville, les zélées propagatrices. Ce mot, parti du Louvre, du Père Cotton, du Père Arnoux, ou de la maison professe des Jésuites (rue Saint-Antoine), tombé dans ce monde inflammable de femmes ardentes et dociles, courait comme une traînée de poudre, et en un moment il était partout. Moins rapides les effets du télégraphe électrique.

Notez qu'avec ces religieuses sédentaires travaillait, d'ensemble, tout un monde de prêtres et de moines. Les ordres anciens, jaloux des Jésuites, comme les Mendiants, dans les grandes occasions, n'agissaient pas moins dans le même sens. S'il s'agissait, par exemple, d'un coup décisif à frapper sur les protestants ou les jansénistes, la machine épouvantable de deux ou trois mille parloirs répétant la chose et la faisant répéter par leurs visiteuses innombrables, était appuyée en dessous jusqu'aux derniers rangs du peuple par les religieux infimes, spécialement par *quatre cents* bandes errantes de Capucins.

Soit qu'il s'agit de peser en haut sur la cour par une force d'opinion qu'on faisait monter d'en bas, soit qu'il s'agît de répandre un faux bruit, une panique, une peur qui soulevât la foule et la rendît furieuse, on jouait de la machine. Si l'on ne disposait pas d'un peuple aussi inflammable qu'au temps de la Saint-Barthélemy, en revanche, un art nouveau et un nouvel instrument étaient créés dont on pouvait tirer autant de résultats. C'est ce qui explique pourquoi, et dans l'Allemagne catholique, et en France, un parti tombé du grand fanatisme aux platitudes de la dévotion intrigante, n'en eut pas moins l'action énorme de la Guerre de Trente-Ans, put faire la France complice de l'Autriche contre l'Europe, contre elle-même, et fit ici en petit l'essai des futures Dragonnades.

Le changement de favoris ne changea absolument rien au grand courant des choses. Concini appartenait aux Espagnols, et voulait les appeler à son secours (Richelieu). Luynes ne fut pas moins espagnol. Au moment de la crise, il s'offrait à l'Espagne pour une modique pension (*Arch. de Simancas*, ap. Capefigue).

Tout ce qu'il voulait, c'était de l'argent. Il prit pour lui l'énorme fortune de Concini, et bientôt impudemment se fit connétable. Ses frères, Brantes et Cadenet, se déguisent en M. de Luxembourg et M. le duc de Chaulnes. Tous deux maréchaux de France.

Rien au dedans, rien au dehors. A grand'peine Lesdiguières, alarmé dans son Dauphiné par l'Espagne, qui guerroie contre la Savoie, obtient de faire une légère démonstration en faveur du Savoyard. Au dedans, Luynes promit des réformes, n'en fit point, et, tout au contraire, créa pour argent nombre d'offices nouveaux (avec exemption d'impôts et droit de vexer le peuple). La langue ne suffit plus aux titres ridicules que le fisc inventa : auneurs de drap, vendeurs de poisson, élèves de l'écritoire, etc.

Le vrai changement au Louvre fut celui du confesseur. Luynes osa prier le Père Cotton de se retirer. Mais ce fut pour demander aux Jésuites un autre confesseur du roi. Ils lui fournirent le Père Arnoux, bien plus propre que Cotton à les servir dans les circonstances nouvelles. Cotton avait été l'homme des temps d'Henri IV, des temps de ruse et de transaction. Il avait connu saint Charles Borromée, et il était aimé de saint François de Sales. Sa fortune fut singulière. La fille de Lesdiguières l'avait employé d'abord pour tourmenter doucement son père et l'amener à la conversion. Le vieux soldat, qui voulait se faire marchander plus longtemps, ajourna, mais il appuya le Jésuite auprès d'Henri IV : « Si vous voulez un bon Jésuite, dit-il, prenez le Père Cotton. »

On a vu comment Cotton se ligua avec la cour pour faire sauter Sully. Il échoua, et cependant se maintint par le parti espagnol, par la reine et par Concini. Mais il fallait un Jésuite plus hardi, plus violent; au moment où éclatait la grande guerre d'Allemagne, pour occuper le roi, la France, d'une petite guerre intérieure contre nos protestants. Ce guerrier fut le Père Arnoux.

La persécution protestante, c'est le point où s'accordaient tous les rivaux d'influence. Concini l'avait commencée, et Luynes la continua. Le clergé la demandait, le Père Arnoux l'imposait à son pénitent ; le favori espérait y occuper son jeune roi à une petite guerre sans péril. Il n'était pas jusqu'aux exilés, aux gens de la reine mère, tels que Richelieu, qui ne poussassent en ce sens.

Il est fort intéressant de voir l'art persévérant, ingénieux et varié dont ces Pères, depuis 1610, travaillaient les protestants. Ils n'y employaient plus la pointe, comme en l'autre siècle, mais plutôt le tranchant du fer, un tranchant mal affilé qu'ils promenèrent, douze ans durant, à la gorge des victimes, voulant préalablement terrifier, démoraliser, abêtir et désespérer. Les huguenots ne furent plus brutalement massacrés, mais lentement égorgillés, saignés d'un petit coutelet. Et les excellents bouchers ne mirent le fer dans le cœur que quand le patient, déjà affaibli, défaillait et tournait les yeux.

Les protestants étaient l'objet d'une antipathie croissante. Ils faisaient tache en ce temps dans une France toute nouvelle. Ils avaient l'air d'une ombre arriérée du seizième siècle. Ils étaient tristes et peu galants, faisaient exception à la loi générale du dix-septième : l'*universalité de l'adultère*, aux mœurs loyales où chacun se pique de tromper son intime ami.

Autre défaut. Seuls, ils gardaient quelque esprit public, un reste d'attachement pour le gouvernement collectif, le gouvernement *de soi par soi* (self government). La France, qui avait abdiqué, s'ennuyait de les voir encore attachés à ces vieilleries. Elle ne voulait plus qu'un bon maître.

Troisième défaut. Les protestants avaient le tort de voir clair, de voir que l'Espagne gouvernait la France, que Marie, Concini, Luynes, n'étaient qu'une cérémonie. Ils distinguaient très bien derrière ces ombres changeantes un petit nombre d'étrangers, de vieux ligueurs et de Jésuites; pour âme, le confesseur du roi. Le jour de la mort d'Henri IV, chacun croyait qu'il y aurait massacre à Paris. Un Jésuite même, en chaire, le conseilla ou regretta qu'il n'eût pas eu lieu. Dès l'année suivante (1611), on commença à organiser dans les villes catholiques du Poitou et du Limousin, et aussi à Saintes, à Orléans, à Chartres, de vives paniques, en criant : « Voilà les huguenots qui arment et qui vont vous massacrer! » Furieux de peur, les catholiques armaient et voulaient tuer tout. Toujours le même moyen qui avait réussi dans toutes les Saint-Barthélemy du seizième siècle.

En celui-ci, on n'allait pas si vite. Cependant les protestants auraient été fous s'ils n'avaient pris des précautions. Ils n'avaient nulle protection à attendre d'un gouvernement dominé par l'Espagnol, qui eût voulu le massacre. Ils recoururent à eux-mêmes, rétablirent les institutions de défense qui seules les avaient sauvés autrefois. La principale, c'était que, dans l'intervalle entre leurs assemblées générales, dans ces entr'actes assez longs où on pouvait les surprendre, il restât quelqu'un pour faire sentinelle. Dans chaque province, un conseil permanent devait rester réuni pour recevoir les avis et faire convoquer, s'il le fallait, une assemblée de *province*, qui, au besoin, s'adjoindrait plusieurs provinces voisines pour former une assemblée de *cercle*, ou qui même provoquerait une assemblée *générale*.

Cet organisation de défense, quoique fort mal exécutée, imposa au parti massacreur. Mais elle lui donna une bien belle occasion de calomnier les protestants et de les faire prendre en haine. Ils voulaient une *république*, ils faisaient un *État dans l'État*, etc., etc. C'est ce qu'on répète encore, sans aucune réflexion sur la nécessité terrible qui fit et exigea cela. Chose monstrueuse, en effet, coupable, horriblement coupable! Ils voulaient vivre, ils voulaient sauver leurs femmes et leurs enfants.

Les voyant en garde, on essaya de moyens de ruse. La reine mère (1612) tâcha d'avoir un maire à elle dans leurs places qui pût les trahir, par exemple à Saint-Jean-d'Angély, même à La Rochelle. N'y parvenant, elle envoya, pour soumettre cette dernière ville au Parlement de Paris, un conseiller protestant sous le titre nouveau d'*intendant de justice*. Cet escamotage, contraire à tous les traités, aux serments des rois, ne réussit pas. Le peuple prit les armes et faillit faire justice à cet *intendant*, qui pourtant sortit en vie.

Dans le petit pays de Gex, on essaya d'une chose où la main jésuite éclate admirablement. On leur ôta leurs temples et leurs revenus, en leur permettant de se rebâtir des temples *avec les démolitions des couvents et avec l'argent que les catholiques payaient pour réparer les églises catholiques*. Moyen excellent de les faire exécrer et massacrer.

Comme leurs chefs les trahissaient, comme Lesdiguières et Bouillon les vendaient tout le jour, comme le petit-fils de Coligny, Chatillon, marchandait sous main son traité avec la cour, la lutte, si elle avait lieu, devait être leur ruine. Il fallait les y amener, leur rendre la vie tellement impossible et intolérable, qu'ils aimassent mieux en finir, se jetassent sur l'épée en aveugles, en désespérés. Pour en venir là, il fallait chaque jour les piquer, leur planter à la peau mille épingles et mille aiguilles. Les Jésuites y réussissaient, en les faisant destituer, mortifier de toutes manières, en leur ôtant leurs domestiques, précepteurs, etc., et faisant, par la terreur, comme un désert autour d'eux. Mais mieux encore, on le faisait par les Gallicans. Ceux-ci, dans leurs petites audaces contre les Jésuites et Rome, ne se rassuraient eux-mêmes et ne se croyaient catholiques qu'en pourchassant les huguenots, c'est-à-dire se faisant bourreaux pour Rome et pour les Jésuites. Misérable cercle vicieux où tourna la magistrature, et qui la poussa ridicule sous le pied de la papauté et le fouet de Louis XIV.

Les fameuses chambres mi-parties de protestants et de catholiques ne protégeaient pas les premiers. On éludait de cent manières leur juridiction.

Dans les cas prévôtaux, accusations de violences, de crimes, un petit tribunal décidait de la compétence et renvoyait au prévôt, qui pendait provisoirement.

Au moindre délit qui pouvait toucher une église catholique, le huguenot était frappé par un petit juge, puis le Parlement empoignait l'affaire. Elle se jugeait uniquement par les catholiques, non par les tribunaux mixtes.

Ceux-ci, tribunaux martyrs, vivaient sous la tyrannie des plus furieux conseillers catholiques, que le Parlement ne manquait pas de déléguer pour y siéger. Et ce corps, par une contradiction monstrueuse, tout en consentant à y déléguer ses membres, ne consentait pas que les notaires, huissiers ou sergents agissent pour les chambres mixtes.

Malheur au nouveau protestant! Pendant les six mois qui suivaient sa conversion, il restait justiciable des tribunaux catholiques. On lui faisait un procès, où il était sûr d'être condamné. Pour passer au protestantisme, il fallait d'avance faire son testament, être résigné au martyre.

Enfin, les conflits éternels de juridictions, les lenteurs, les échappatoires, les opiniâtres dénis de justice, immortalisaient les procès et faisaient du protestant un misérable plaideur, nourri de déception, d'espoir trompeur, de vaine attente, usant au Palais son argent, sa vie, faisant à jamais pied de grue dans la salle des Pas-Perdus.

Je ne doute pas que, dès cette époque, le clergé, intimement uni avec la noblesse qui y mettait ses cadets et s'y nourrissait en grande partie, n'ait projeté, calculé la grande *affaire* territoriale de la Révocation, qui refit les fortunes nobles par la confiscation énorme du bien patrimonial d'un demi-million de protestants. Terrible appât pour la noblesse, et qui la rendit en ce siècle énergiquement catholique.

Le premier pas, c'était que le clergé reprît, dans les pays devenus protestants, les terres que la révolution religieuse avait affectées au culte calviniste. Cela datait de soixante ans (1562). C'était la même opération qu'on ferait en France aujourd'hui si l'on dépossédait les acquéreurs des biens nationaux pour les restituer au clergé. Notez, pour achever la similitude, qu'en ces pays, spécialement dans le Béarn, le clergé avait reçu une indemnité en pensions annuelles qui le dédommageait des terres.

Ce grand procès territorial constituait le clergé la partie des protestants. Pouvait-il être leur juge ? C'est cependant le moment (1614) où les prélats demandent à redevenir hauts justiciers, à pouvoir *condamner aux galères!*

Une demande non moins grave qu'ils font aux États de 1614, c'est qu'on poursuive les parents qui empêcheraient *leurs enfants de se faire catholiques.* Premier mot qui ouvrit la voie aux enlèvements d'enfants. Ceux qu'on enlevait, on assura *qu'ils voulaient* se faire catholiques. Ce fut « *pour les affranchir* de la tyrannie des familles » qu'on les emprisonna au fond des couvents. Bientôt à Lectoure le Jésuite Regourd vola un enfant de dix ans. A Royan, à Embrun, à Milhaud, autres rapts semblables. A Paris, sous les yeux du roi, un maître des comptes, appelé Le Maître, étant mort, on prit ses enfants pour en faire des catholiques. (Élie Benoît, II, 277.) Un protestant de Normandie ayant eu l'imprudence de mettre un de ses deux fils au collège des Jésuites à

Paris, et voulant le leur retirer, on enlève l'enfant avec son frère; on les cache aux Jésuites de Pont-à-Mousson. Procès. On fait comparaître les enfants (de treize et onze ans), on leur fait déclarer qu'ils veulent être catholiques et parler contre leur père. (Élie Benoît, II, 365.)

La mort n'était pas un asile. Les enterrements des calvinistes étaient poursuivis, hués, sifflés par des femmes, des enfants qu'on excitait. On avait fait des chansons que ces enfants chantaient en dérision des psaumes et des pleurs des protestants. Cela donna lieu à Tours à une scène épouvantable. Au convoi d'un certain Martin, ceux qui accompagnaient son corps perdirent patience, et appliquèrent un soufflet à l'un de ces petits chanteurs. On cria par toute la ville : « Ils ont tué un enfant! »

Alors tout le peuple accourt, on brûle le temple, on bouleverse le cimetière, on arrache le corps à peine enterré, on le traîne, on le déchire. Le désordre s'apaisa au bout de trois jours. Il fut puni. Mais à Poitiers on répéta la même scène, puis à Mauzé, puis au Croisic. Les cimetières protestants furent indignement bouleversés.

A Paris même, des garçons de pieux marchands et de dévotes boutiques lapidèrent le cercueil d'un petit enfant que le père, un huguenot, conduisait au cimetière. Dès lors, les enterrements ne se firent plus en plein jour. Et il en résulta un autre malheur pour les protestants. La populace (du Midi surtout) les appela *parpaillots*, papillons de nuit, les comparant aux sinistres et misérables phalènes qui se cachent tout le jour et ne paraissent que la nuit. Chose fatale, dans les cas de persécutions populaires, d'endosser un sobriquet! d'être désigné, poursuivi par un mot proverbial que la masse inepte répète au hasard, y attachant d'autant plus de haine et d'horreur qu'elle en oublie l'origine et ne comprend plus bientôt l'injure qu'elle a inventée!

Jusqu'à ce qu'un Anglais, le poète Young, se soit plaint de ces choses lamentables, la France les voyait, les supportait depuis deux cents ans. Young, pour soustraire le corps de sa fille Narcissa aux insultes, aux curiosités impies, l'emporte de nuit furtivement et la met lui-même en terre dans une place inconnue. Tout le monde s'est récrié. Mais cela arrivait tous les jours. La terre ne gardait plus les morts; nul respect pour le mystère et la pudeur du tombeau.

Quel remède? Les plaintes des assemblées? On les étouffait. On disait qu'elles ne devaient se réunir que pour nommer des députés au roi. Et, en même temps, on donnait pleine carrière à leurs ennemis. Les solennelles assemblées du clergé demandaient leur ruine. On faisait jurer au roi, à son sacre, « l'extermination de l'hérésie ». A son mariage avec l'infante, les Jésuites prêchèrent que cette union avec l'Espagne n'avait d'autre but que « l'extirpation de l'hérésie ».

Avec tout cela, nulle sédition, sauf un mouvement à Milhaud. En 1614, ils s'empressèrent d'ouvrir leurs places aux troupes du roi qui allaient dans le Midi.

Quarante ans martyrs, quarante ans héros, les protestants, très fatigués, refroidis, et généralement paisibles, auraient désiré le repos. Ils étaient chrétiens, donc obéissants. Et cela énervait toutes les résistances. Quand une nécessité terrible les força d'armer, ils résistaient sans résister, alléguant quelque prétexte, comme « que le roi était jeune, qu'on le trompait », etc. C'étaient des révoltes à genoux. Et, au milieu, survenait le plus honnête de tous et le plus fatal, Du Plessis-Mornay, pour détremper tous les courages.

Cet état d'indécision et de froideur les livrait aux politiques, qui leur conseillaient de prendre tel misérable appui humain, Condé par exemple, ami des Jésuites, la reine mère, leur ennemie !

Le seul de leurs chefs qui ne trahit point, Rohan, gendre de Sully, un politique, un capitaine, un caractère âpre et austère, d'indomptable résistance, eut cependant le tort de croire qu'il fallait chercher à la cour des patrons pour les huguenots. Ils étaient un parti nombreux et très fort encore. Quand ils arrêtèrent le roi tout court et lui firent lever le siège de Montauban, *un huitième seulement* de leurs forces avait pris les armes. Ils devaient rester à part, n'entrer dans aucune intrigue. Les politiques les ramenèrent à la routine de l'autre siècle, de s'appuyer sur un Condé. Le Condé gascon les exploite, en tire un traité qui le rend redoutable, et fait que la cour compte avec lui. Alors il les plante là (1616).

Ils ne connaissaient pas leur force; et, comme des gens qui croient toujours se noyer, ils empoignaient au hasard la moindre planche pourrie. Leur héroïque Rohan, amoureux des causes perdues, s'attache à la reine mère au moment où elle était non seulement exilée, mais si compromise d'honneur, forcée de s'avilir par une de ces démarches qu'on ne fait point si l'on n'a contre soi sa propre conscience. Il suffit que de Luynes fît arrêter la Du Tillet, l'ex-maîtresse de d'Épernon, en rapport avec Ravaillac, pour que la reine mère, aux abois, écrivît un honteux serment de *dénoncer ses conseillers* s'ils voulaient la tirer de sa reclusion de Blois (novembre 1618). Est-ce à de telles gens que les protestants devaient s'allier, eux qui, dans toutes leurs plaintes, demandaient qu'on fît justice de la mort d'Henri IV?

La reine mère n'était pas encore rassurée. On pouvait toujours lui faire son procès. Elle se sauva de Blois, en descendant à grand péril d'une tour haute de cent pieds (février 1619). La voilà à la tête d'un parti étrangement hétérogène. D'Épernon, le plus mortel ennemi des protestants, en est le chef avoué. Et les protestants se préparent à l'aider, lui prêtant d'abord leur appui moral, venant complimenter la reine mère et se recommander à elle.

Conclusion. La mère est battue par le fils aux portes d'Angers. On s'arrange, on s'embrasse. Toute la guerre retombe sur les protestants.

Ils n'avaient pas encore pris les armes, et ne craignaient rien. Leur assemblée générale, qui se tenait à Loudun, avait parole du roi qu'on redresserait ses griefs si elle se séparait. Promesse, il est vrai, *verbale*, non écrite, mais garantie par Condé, Lesdiguières et Chatillon, reçue par Du Plessis-Mornay.

Ce fut justement leur Condé qui alla, au nom du roi, les déclarer au Parlement criminels de lèse-majesté. L'armée, dont le roi n'avait plus besoin contre sa mère, il la mène droit en Béarn. Les protestants, sur le chemin, humblement lui font observer qu'il leur a donné six mois pour plaider l'affaire de Béarn. Le roi avance toujours. Les protestants se contentent de prendre le ciel à témoin. Ils assemblent un synode de Languedoc, qui craint pour lui-même, et laisse passer par-dessus sa tête l'orage qui va aux Pyrénées. La saison était avancée. La moindre résistance eût forcé le roi de faire en hiver une guerre de montagnes. Les Béarnais disposaient d'une redoutable milice de trente mille paysans, bons soldats; mais leur gouverneur, La Force, n'osa rien; les chefs populaires, les ministres, n'osèrent rien. Le roi et le P. Arnoux, vainqueurs sans combat, entrent à Pau. Le roi jure les privilèges du pays et les viole le même jour. Tous les vieux traités sont biffés; la langue même du Béarn proscrite; ce grand changement, qui n'eût dû se faire qu'à la longue, est imposé à l'heure même. La justice ne se rendra pas en deux langues, mais seulement en français.

Depuis soixante ans, un tiers des biens ecclésiastiques était employé à l'entretien du culte des protestants. Il y avait dix protestants en Béarn contre un catholique. Et ceux-ci, si peu nombreux, gardaient les deux tiers des biens.

La révolution ne s'en fit pas moins, et avec des violences furieuses que ce pays si soumis ne provoquait nullement. Le jeune roi, dur et sans pitié, ferma les yeux sur les barbares gaietés du soldat. Elles consistaient à mener les gens à la messe à coups de bâton, à faire jurer aux femmes enceintes de faire leurs enfants catholiques. Plus d'une n'en fut pas quitte pour si peu. Ces pieux soldats n'en étaient pas moins galants, et tiraient l'épée contre les maris qui ne prêtaient pas leurs femmes.

Dieu! pitié! justice! sainteté de la parole! Tout cela risée. Le roi *assura n'avoir rien promis.* Alors Mornay, qui avait reçu la promesse, mentait donc? Le beau-père de Luynes, qui avait transmis à Mornay la parole du roi, avoua lui-même que ce n'était pas le vieux protestant qui mentait.

Une assemblée générale des huguenots se fit à La Rochelle, et elle ordonna d'armer. Mais tous les grands du parti disaient le contraire. Mornay même voulait qu'on se soumît. Quelques paroles de la cour, une petite justice qu'on fit de l'excès de Tours, désarma la résistance. Le Béarn qui se relevait fut écrasé par d'Épernon. On acheta Chatillon, et enfin La Force. On escamota Saumur au pauvre Mornay, qui, du reste, le méritait bien par le tort que ses conseils avaient fait à son parti.

Chose remarquable! la reine et Condé, ces bons patrons des protestants, insistaient vivement pour qu'on les accablât. Et ils étaient en cela appuyés des Espagnols.

Nos grands historiens politiques, qui disent que l'anéantissement du parti qui gardait un peu de vie morale fut le salut de la France, devaient considérer pourtant que nos ennemis les Espagnols ne demandaient pas autre chose. L'écrasement des protestants français était un côté du plan général qu'on étendait sur l'Europe, et qui eût rendu la suprématie à l'Espagne et à l'Autriche.

A quoi s'amuse donc l'histoire de nous donner la réunion de l'imperceptible Béarn, et la petite guerre protestante qu'on pouvait apaiser d'un mot, pour compensation de l'Europe entière que la France, occupée à ces misères, livrait à ses ennemis?

Il est vrai qu'avec le Béarn on gagnait encore autre chose. De Luynes fondait sa maison, non seulement en France, mais en Flandre, chez le roi d'Espagne. Son frère Cadenet, en 1619, était à Bruxelles, et recevait de l'infante le prix de la trahison. De la comtesse de Chaulnes, *unique héritière* de sa famille, et du baron de Péquigny, était née une fille qui réunit tout et resta encore *unique héritière*. L'Espagne la tenait, l'élevait dans le palais de l'infante, qui la donna, avec cette fortune immense, à l'heureux petit Cadenet.

Luynes, que donna-t-il en échange? bien peu de chose et peu coûteuse, mais d'inappréciable résultat : une ambassade pacifique qui, visitant les protestants d'Allemagne, avec l'évangile de la paix, leur montrant qu'ils n'auraient secours ni des Français ni des Anglais, les jeta dans l'inertie et dans un désespoir stupide, de sorte qu'ils laissèrent écraser le Palatin, leur chef, par les armes de l'Autriche. Alors la même ambassade leur moyenna un bon traité avec l'Autrichien, mais qui ne liait nullement les alliés de celui-ci, l'Espagnol et le Bavarois, qui les écrasèrent à leur aise. L'Allemagne, engourdie par la France, tendit doucement la gorge au couteau (1620).

CHAPITRE IX

Richelieu et Bérulle. (1621-1624.)

Un peintre, éminemment fidèle, consciencieux dans l'art et dans la vie, le flamand Philippe de Champagne, nous a mis sur la toile au vrai la fine, forte et sèche figure du cardinal de Richelieu (galerie du Louvre).

Ce peintre janséniste se serait fait scrupule d'égayer, d'enrichir la grise image d'un rayon de lumière, comme aurait fait Rubens ou Murillo. Le sujet, triste, ingrat, eût changé de nature. L'œil eût été flatté et l'art plus satisfait, mais il eût menti à l'histoire.

Songez que c'est l'époque où la grisaille commence à se répandre, où la vitre incolore remplace les vitraux du seizième siècle. En France spécialement, le goût de la couleur s'éteint.

Grisaille en tout. Grisaille littéraire en Malherbe. Grisaille religieuse dans Bérulle et dans l'Oratoire.

Port-Royal naissant vise au sec, et j'allais dire au médiocre. Pascal paraîtra dans trente ans.

La couleur est ici très bonne, mais mesurée dans la vérité vraie. Rien de plus, rien de moins. Maître savant entre les maîtres, le bon Philippe s'est cependant tenu tellement à la nature et y est entré si avant, qu'il répond à la fois aux pensées de l'histoire et aux impressions populaires. L'histoire, en ce fantôme à barbe grise, à l'œil gris terne, aux fines mains maigres, reconnaît le petit-fils du prévôt d'Henri III qui brûla Guise, le fourbe de génie qui fit notre vaine balance européenne et l'équilibre entre les morts.

Il vient à vous. On n'est pas rassuré. Ce personnage-là a bien les allures de la vie. Mais, vraiment, est-ce un homme? Un esprit? Oui, une intelligence à coup sûr, ferme, nette, dirai-je lumineuse? ou de lueur sinistre? S'il faisait quelques pas de plus, nous serions face à face. Je ne m'en soucie point. J'ai peur que cette forte tête n'ait rien du tout dans la poitrine, point de cœur, point d'entrailles. J'en ai trop vu, dans mes procès de sorcellerie, de ces esprits mauvais qui ne veulent point se tenir là-bas, mais reviennent, et remuent le monde.

Que de contrastes en lui! Si dur, si souple, si entier, si brisé! Par combien de tortures doit-il avoir été pétri, formé et déformé, disons mieux, désarticulé, pour être devenu cette chose éminemment artificielle qui marche sans marcher, qui avance sans qu'il y paraisse et sans faire bruit, comme glissant sur un tapis sourd... puis, arrivé, renverse tout.

Il vous regarde du fond de son mystère, le sphinx à robe rouge. Je n'ose dire du fond de sa fourberie. Car, au rebours du sphinx antique, qui meurt si on le devine, celui-ci semble dire : « Quiconque me devine en mourra. »

Si l'on veut ignorer solidement et à fond Richelieu, il faut lire ses *Mémoires*. Tous les gens de cette race, Sylla, Tibère et d'autres, ont fait ou fait faire des *Mémoires* ou des *Mémoriaux* pour rendre l'histoire difficile, pour épaissir les ombres et pour désorienter le public, surtout pour arranger le commencement de leur vie avec la fin, et déguiser un peu les fâcheuses contradictions de leurs différents âges.

Richelieu est Espagnol jusqu'à quarante ans, et, depuis, anti-Espagnol. Faut-il croire que, dans la première période, il ait obstinément menti? ou bien qu'ayant été sincère il changea tout à coup si tard et fut décidément Français ?

Sa mauvaise fortune le força de bonne heure d'avoir du mérite. Il était le dernier de trois frères. Sa famille n'était pas riche, et elle s'allia en roture. Le frère aîné, qui était à la cour, dépensait tout. Le second, qui avait l'évêché de Luçon, se fit chartreux. Et, pour que cet évêché ne sortît pas de la famille, il fallut que le troisième, notre Richelieu, se fît homme d'Église, malgré ses goûts d'homme d'épée. L'aîné fut tué en duel, trop tard pour son cadet, qui aurait pris sa place et n'aurait jamais été prêtre.

Il n'était peut-être pas né enragé, mais le devint.

La contradiction de son caractère et de sa robe lui donna ce riche fond de mauvaise humeur d'où sort le grand effort, « l'âcreté dans le sang, qui seule fait gagner les batailles ».

Ses batailles de prêtre ne pouvaient être que théologiques. De bonne heure, il passa ses thèses, à grand bruit, en Sorbonne, les dédia à Henri IV, s'offrant au roi pour les grandes affaires. Puis il alla à Rome se faire sacrer, s'offrir au pape. Ni le roi ni le pape ne répondirent à l'impatience du jeune et ardent politique.

Alors il retomba tristement sur l'évêché de Luçon, assez pauvre, et dans un pays de disputes, à deux pas de La Rochelle et des huguenots. Ce voisinage lui mettait martel en tête. Malgré de violentes migraines, il écrivait contre eux.

Il n'est pas sans talent. Sa plume est une épée, courte et vive, à bien ferrailler. Il ne pèse pas lourdement sur l'absurde. S'il écrit des sottises, il ne le fait pas comme un sot. Il a des insolences heureuses, des pointes hardies, des reculades altières, où il fait fort bonne mine.

Avec tout cela, il fût resté bien obscur à Luçon s'il n'eût eu que sa controverse. Mais il était joli garçon, une fine créature de porcelaine. Concini était de faïence. Le beau Bellegarde, beau depuis Henri III, se faisait mûr. Ces considérations agirent sur la reine mère, et elle le prit pour aumônier (1616).

Il avait vingt ans de moins qu'elle. Sa fortune eût des ailes. A l'instant conseiller d'État (mars), secrétaire des commandements (juillet), ambassadeur en Espagne (il n'eut garde d'y aller). Déjà, au 30 novembre, il a saisi deux portefeuilles, la guerre, les affaires étrangères ; celles-ci de moitié avec le vieux Villeroy, qui va mourir. Enfin, si violente est la partialité de la reine mère, qu'elle lui donne, sans cause ni prétexte, la préséance dans le conseil des ministres, où siégeait encore Villeroy, si âgé, un siècle d'affaires et d'expérience.

Pendant ce premier ministère, qu'il tâche d'excuser dans ses *Mémoires*, n'ayant d'appui que la reine mère, il ne put être qu'Espagnol. Sa dépêche à Schomberg, écrite pour amadouer les protestants d'Allemagne, ne peut faire illusion. C'était chose probablement autorisée par l'ambassadeur d'Espagne pour empêcher que ces Allemands n'appuyassent les princes en révolte.

Richelieu assure que, sans lui, Concini, qui se sentait périr, eût appelé les Espagnols. Grand service qu'il rendit à Luynes. Concini s'en défiait fort, et l'aurait perdu s'il ne fût tombé. Il fut le seul de ce ministère qu'épargna Luynes. Là, il donna un exemple de fidélité rare à la cour, si rare qu'on n'y crut pas. Il demanda, obtint de s'exiler, de suivre la reine mère à Blois pour la conseiller (l'observer?). Mais Luynes ne se reposait pas sur un homme si double. Il l'obligea de s'exiler plus loin, à Avignon.

Là, il ne perd pas de temps. Il s'enferme avec un docteur de Louvain, fait labourer ce bœuf, et, sur ses notes, écrit de sa prose vive un livre qui surgit à point pour secourir le confesseur du roi, en guerre contre les huguenots. Le Père Arnoux, créé par Luynes, travaillait sous terre contre Luynes à faire un autre ministère. Richelieu, sans servilité, s'offrait. Mis à la porte, il revenait par la fenêtre. Le Jésuite reconnaissant ne pouvait moins que refaire ministre l'homme qui, de bonne grâce, en ce duel, tirait l'épée pour lui.

Une influence encore aida à le faire revenir. Ce fut celle du Père de Bérulle, ami de Luynes, ami de la reine mère et de tout le monde. Quand, délivrée par d'Épernon, elle commença la guerre civile, Luynes, inquiet, lui dépêcha Bérulle, qui avait été confesseur de d'Épernon, ou du moins son ami, étant, par sa mère, des Séguier, clients du duc à la cour, et ses soutiens au Parlement.

Bérulle fut charmé de s'entremettre. Et il n'a fait autre chose toute sa vie, toujours courant de l'un à l'autre. Les mauvaises langues du temps l'appellent un « trigaud rusé »; nous dirions un intrigant niais.

Cela est dur. Il fonda l'Oratoire. Il avait beaucoup de mérite, et représente même un des meilleurs côtés catholiques avant Port-Royal. Mais comme de père et de mère il procédait de juges et d'avocats, il excellait dans le moyen, dans le parlage, n'ayant ni dans les théories, ni plus bas sur le terrain des affaires, la vigueur de justesse, le tact, le point précis.

Sa mère Séguier, toute jésuite, le fit saint au maillot, et il fit à sept ans le vœu de virginité. Un autre fût resté imbécile. Mais lui ne le fut point. Ce fut un homme intelligent, laborieux, actif (et beaucoup trop), d'un certain bon sens relatif. Fort ami des Jésuites, dans leur exil, il leur joua un tour avec très bonne intention. Il leur fit des rivaux. Il prit un mot de l'Italie, *Oratorio*, un peu d'art, de belle musique, innocent appât des mondains ; tout cela pour un institut anti-italien, qui ne serait point serf de Rome, mais travaillerait pour les évêques, leur formerait des prêtres et ne dépendrait que d'eux. Point de vœux. De petites conférences, quelque peu libres, sur la religion. Des doctrines peu systématiques, saint Augustin tout pur, ce qui rendit plus tard l'Oratoire suspect de jansénisme, de calvinisme, etc.

Cela réussit fort. C'était chose sortie d'une tête parlementaire et à la mesure des parlementaires. Cinquante maisons s'élèvent en peu d'années.

Les Jésuites, furieux contre leur ami, le pincèrent bientôt à l'endroit faible. Cet homme de modération n'était pas tel en tout. Sa maladie était d'être un ardent, violent, passionné convertisseur et directeur de femmes. Et cela avec un emportement de zèle qu'on pouvait mal interpréter. Tout jeune encore (1604), il avait été en Espagne enlever les Carmélites aux Carmes, leurs directeurs, voulant les diriger par lui, ou ses Oratoriens, qu'il fonda bientôt à Paris, d'abord en face des Carmélites rue (Saint-Jacques). Ces religieuses espagnoles n'étaient pas trop dociles. Elles se divisèrent. Plusieurs, à Bordeaux, à Bourges, à Saintes, restèrent fidèles aux Carmes, et se barricadèrent contre Bérulle, qui invoqua la force armée pour les confesser malgré elles. Les Jésuites exploitèrent cette situation ridicule. Bérulle disgracié ou mort, ils mirent d'accord les Carmes et les Oratoriens, donnèrent aux plaideurs les écailles de l'huître, s'adjugèrent la proie disputée.

Autre défaut de Bérulle. Il se croyait grand politique. Mais, comme son humilité lui défendait de s'avouer qu'il eût tant de génie, il rapportait ses grandes vues à quelque inspiration céleste.

En 1604, ce fut sainte Thérèse qui lui dit, dans une vision, d'aller en Espagne chercher les Carmélites, mais aussi de préparer le double mariage espagnol, seul moyen d'amener l'extermination de l'hérésie.

De même, en 1619, quand il réconcilia la mère et le fils, il agit avec le Jésuite Arnoux pour envoyer l'armée contre les protestants, et, comme il passait par La Rochelle, priant dans une petite église, la seule qui y fût catholique, une révélation lui apprit que toute la ville le deviendrait. En foi de quoi, depuis ce temps, il poussa de toute manière pour qu'on s'alliât à l'Espagne et qu'on assiégeât La Rochelle.

Ce fut comme auxiliaire dans cette œuvre et comme ami des Espagnols que ce sagace et pénétrant Bérulle fit rappeler Richelieu. Il n'en avait nulle défiance. Richelieu était maladif, tout occupé de controverse, et il venait d'écrire à son Église bien-aimée de Luçon sur le bonheur qu'il aurait de se réunir à elle. Mais Bérulle lui fit violence, le traîna à la cour, pensant, avec son aide, rétablir le pouvoir de la reine mère, à mesure que Luynes s'userait.

Celui-ci allait vite. Sans portée et sans prévoyance,

il entassait sur lui tout ce qui pouvait l'écraser : en une fois il prit l'épée de connétable et les sceaux, c'est-à-dire la paix et la guerre.

Il triomphait de ce que, dans une campagne contre les protestants, il enleva une cinquantaine de bicoques qui ne se défendaient pas. Il amena ainsi le roi étourdiment devant Montauban, qui l'arrêta court, et se défendit. Le roi ne le pardonna pas à Luynes. Assiégés, assiégeants, tous se moquaient de lui. Les pluies, les maladies aggravèrent la situation. Il leva le siège et s'en alla malade à une petite ville qui l'arrêta aussi bien que la grande. Mourant, il eut encore le temps de chasser le Père Arnoux, sa créature ingrate, et il avait bonne envie de se défaire de Richelieu, qui minait aussi le sol sous ses pieds.

Celui-ci était poussé au ministère par la reine mère; mais auparavant il avait voulu se munir d'un paratonnerre, du chapeau de cardinal, qui d'ailleurs lui donnerait la préséance au conseil. L'affaire traîna deux ans. En septembre 1622, Richelieu étant à Lyon, elle se fit. Un gentilhomme qui l'avait désobligé et désirait se rapprocher de lui, apprend le premier, à Paris, la bonne nouvelle, saute à cheval, d'un trait court à Lyon. Il force l'hôtel de l'évêque, sa chambre, tombe à ses pieds : « Votre Éminence est cardinal! »

Cet homme si contenu ne tint pas à ce coup de foudre. Comme tous les mélancoliques, il avait, en ces occasions, des accès de joie folle, sauvage, furieuse (il avait un frère fou). Le voilà qui se met à danser dans la chambre devant le gentilhomme épouvanté. Puis, cette folie donnée à la nature, le nouveau cardinal, rassis, froid autant que jamais, lui fit promettre sur sa tête de ne rien dire de ce qu'il avait vu.

Le favori qui succéda à Luynes, Puisieux, aussi bon Espagnol, nous mit encore plus bas. Le roi s'épuisait à deux sièges, Montpellier, La Rochelle, et ne s'en tira que par une fausse paix, où l'on trompa ceux qu'on ne pouvait vaincre. Et pendant ce temps-là les plus grands événements avaient lieu en Europe, sans qu'on eût l'air d'en savoir rien.

La France semblait avoir donné sa démission des affaires humaines. Cloîtrée dans sa petite guerre protestante, elle avait laissé consommer la ruine de son allié le Palatin, transférer le Palatinat à la Bavière. Les Bavarois, les Espagnols étaient maîtres du Rhin sur toute la rive qui nous touche, de Strasbourg jusqu'à la Hollande. Et nous étions cernés à l'est.

D'autre part, la vallée des Alpes, qui mène du Milanais au Tyrol, la Valteline, jusque-là soumise à nos alliés protestants les Grisons, avait passé, sous ombre d'une révolution populaire, aux Espagnols du Milanais, et ceux-ci désormais communiquaient à volonté avec leurs cousins autrichiens. Petit lieu, petit fait, mais d'importance immense, qui serrait le carcan de l'Italie. Déjà Venise n'en respirait plus. Un pas encore, elle étouffait.

L'Italie cria à la France, qui commença à ouvrir les yeux. Le 21 janvier 1623, nos Espagnols du Louvre, les Puisieux, les Bérulle, furent obligés de laisser entrer au conseil un militaire breton, La Vieuville, qui prit les finances, et apporta au ministère ce qu'on a appelé la *politique de Richelieu*. C'était celle du bon sens, celle du péril, de la situation. Depuis treize ans on trahissait la France. Il n'y avait pas une minute à perdre pour s'arrêter dans cette fatale carrière, pour tourner bride et la sauver.

Le 7 février, La Vieuville traita avec la Savoie et Venise contre l'Espagne, leur promit vingt mille hommes ; chacune d'elles en donnait douze mille. L'Espagne recula à l'instant. Cette grande et terrible maison d'Autriche, qui, à ce moment même, bouleversait l'Empire de fond en comble, voici qu'elle se cache derrière le pape. Le pape, son compère, déclare qu'il prend en garde les forts de la Valteline. L'Espagne, au fond, avait tout ce qu'elle voulait, le passage commode de Milan en Autriche.

La chose n'en reste pas moins glorieuse pour La Vieuville, malgré tous les soins de Richelieu pour nous tromper là-dessus. C'est lui, c'est ce Breton, qui montra le premier combien on avait tort d'avoir peur de l'Espagne. Les succès de celle-ci aux Pays-Bas avaient tenu à ce qu'elle n'y guerroyait pas par elle-même, mais par le Génois Spinola, entrepreneur de guerres, qui opérait avec des troupes à lui et des finances à lui, et de plus avec son génie d'âpre *bravo* de Gênes, fin, froid, rusé, s'affranchissant de la pesanteur impuissante de l'administration espagnole. Partout où celle-ci agissait directement, tout allait mal, tout manquait, maigrissait et dépérissait.

La Vieuville eût voulu reprendre la politique d'Henri IV, donner Henriette au prince de Galles, aider le roi d'Angleterre à rétablir le Palatin, son gendre. Comment le savons-nous? par Richelieu, son ennemi, qui nous apprend que La Vieuville, ayant tout le monde contre lui, abandonna à la fin ses projets et rassura les Espagnols.

La concession essentielle qu'il fit à leur parti, ce fut d'appeler au conseil l'homme de la reine mère, l'ami de Bérulle, Richelieu même (24 avril 1624). Celui-ci, qui n'était connu que par son premier ministère, et comme ex-aumônier de notre jeune reine espagnole, en gardait la réputation d'un bon sujet qui ne contrarierait en rien Madrid et mériterait toujours l'éloge qu'en avait fait l'ambassadeur d'Espagne : « Il n'y en a pas deux en France aussi zélés pour le service de Dieu, pour notre couronne et le bien public. »

Appelé par La Vieuville, il ne perdit pas de temps pour le mettre à la porte. Ce fut fait en trois mois (12 août).

La Vieuville n'avait eu ni la tête forte, ni la suite, ni le caractère qui pouvaient soutenir l'audace de sa première démarche ; ce changement radical dans la politique de la France, Richelieu en avait la force et le génie. Mais, en revanche, tous ses précédents lui rendaient une telle révolution plus difficile qu'à personne. S'il y entrait, il allait faire une chose surprenante, étourdissante, monstrueuse. Car de quoi procédait-il, avec son ministère et son chapeau, et tout son être, sinon primitivement de Concini et de la reine mère, c'est-à-dire de l'Espagne? Et il fallait maintenant se tourner contre l'Espagne! Mais celle-ci disposait de Rome. Il faudrait donc aussi se tourner contre Rome, dont on recevait le chapeau?

Que diraient alors la reine mère et Bérulle? Agirait-on contre eux? Terrible scandale d'ingratitude! Renier ses auteurs, et méfaire à ses créateurs, et « faire passer son char sur le corps de son père! »

Un homme qui dérivait de la reine mère, et qui allait s'en détacher, devait trouver en elle un point où elle-même flottât et fût, pour ainsi dire, contre elle-même. Et il fallait encore qu'en cela on n'eût point contre soi l'homme qu'elle consultait, Bérulle. Ce point fut le mariage de sa fille Henriette. Le seul grand mariage qu'on pût lui faire en Europe, c'était celui du fils de Jacques Ier. L'orgueil royal et maternel était pris là. Et quant à Bérulle, la chose lui allait aussi. Avec toutes ses petites prudences et ses petites ruses, il perdait terre dès qu'on le lançait dans la vision donquichottique d'une grande conquête religieuse de l'Angleterre.

Les Jésuites y avaient échoué! Mais les Oratoriens, si modérés, si sages!... ils ne pouvaient manquer de réussir. Quelle gloire pour l'institution nouvelle!

Voilà Bérulle pour l'alliance anglaise.

Mais il ne fallait pas s'y tromper. On ne pouvait épouser l'Angleterre qu'en se brouillant (au moins pour quelque temps) avec l'Espagne, qui avait désiré ce mariage pour elle-même. On ne pouvait gagner le roi Jacques qu'en aidant au rétablissement de son gendre le Palatin. Et, pour cela, il fallait deux choses : aider d'argent l'armée que Jacques envoyait en Allemagne, et subventionner la Hollande, qui devait agir de concert. Pour créer une diversion, on emprunterait des vaisseaux hollandais qui aideraient le duc de Savoie à s'emparer de Gênes.

La reine mère et Bérulle, pour l'amour du grand mariage et le salut des âmes anglaises, avalaient assez bien cela. Mais l'affaire de la Valteline était plus compliquée. Là, devant l'Espagne, on trouvait le pape, qui la masquait, la défendait, et ne permettait de rien faire.

Heureusement Richelieu trouva une belle prise dans la passion même de Bérulle. Au moment où la France allait rendre à la religion un tel service, la conversion de l'Angleterre, était-il possible que le Père des fidèles conservât pour l'Espagne une odieuse partialité ?... Non, le bon Bérulle était sûr qu'Urbain VIII serait aisément éclairé. Il se chargea d'aller à Rome et de faire d'une pierre deux coups, en obtenant du pape la dispense nécessaire au mariage, et un arrangement raisonnable de l'affaire de la Valteline. Il répondit de finir dans un mois.

Le roi Jacques, fils de Marie Stuart, avait toujours eu un certain faible pour les catholiques, et il était en termes de grande politesse avec le pape. La forte épreuve de la Conspiration des poudres, où il faillit sauter avec le Parlement et Westminster, avait quelque peu ralenti, non arrêté ce doux penchant vers Rome. Non sans cause. Une idée fort juste frappait Jacques, c'est que le catholicisme est la religion du despotisme. Son fils Charles Ier, quoique bon anglican, était dans cette idée. Le père, le fils, contrariés par le Parlement, qui les tenait affamés d'argent, regardaient avec envie, avec admiration, la monarchie espagnole. Épouser une infante, s'attacher fortement les catholiques anglais et s'en faire une armée contre la constitution, c'était leur rêve. Mais l'affaire était dangereuse. Le favori de Jacques, l'étourdi Buckingham, la fait éclater. Il part pour l'Espagne avec le jeune Charles. Ces chevaliers errants vont à Madrid demander la princesse. Ils accordent tout à l'Espagne, qui, ravie, annonce partout le mariage, en fait les fêtes, lorsqu'un matin les oiseaux voyageurs, le prince et Buckingham, se trouvent brusquement envolés.

Ce dernier, pour une affaire de galanterie, s'était piqué, avait rompu. C'est ce qui rejeta Jacques vers la France, et amena Bérulle à Rome. Mais le pauvre homme y trouva des difficultés imprévues : au lieu d'un mois, il y resta cinq, et n'arriva à rien. Soit par ménagement pour l'Espagne, soit par ignorance de l'état de l'Angleterre, la cour papale trouva mille et mille chicanes pour la dispense. Pour la Valteline c'était encore pis. Là le pape n'entendait plus rien, il était complètement sourd. En réalité, son neveu Barberini (le plus gras des neveux, et qui tira de l'oncle la somme invraisemblable et constatée de cent millions d'écus !), ce Barberini, dis-je, trouvait fort bon de rester garni de ce gage, et ne désespérait pas de se faire là quelque jolie principauté

Bérulle priait, pressait, pleurait. Mais le pape allait *prendre l'air* à Frascati. Il cherchait, en novembre, la fraîcheur et l'ombre des bois. L'oratorien invoquait tous les saints, courait dans Rome d'église en église.

La conduite du pape était inexcusable. D'abord, il avait pris le gage pour trois mois, et le gardait depuis deux ans. Ensuite, il refusait même de le remettre aux Espagnols. Bien plus, il refusait de restituer la Valteline aux Valtelins. Cette paralysie extraordinaire, qui l'empêchait de rien faire, de rien dire, dès qu'on le sommait de rendre un dépôt, était *chose honteuse*. On l'écrivit de France à Rome. Et l'on ajoutait *chose impie*, quand la France rouvrait l'Angleterre au catholicisme, quand la situation pressait, devait donner des ailes ! Le pape apparaissait le mortel ennemi de la papauté.

Le fond n'était que trop visible. Ses neveux, les Barberini, banquiers de Florence, n'y voyaient qu'une affaire. Outre la Valteline, ils couvaient de l'œil Urbino, où s'éteignait la famille régnante. Ils voulaient reprendre ce fief du Saint-Siège, et avaient grand besoin de la faveur des Espagnols.

D'où leur venait tant de sécurité, et, tranchons le mot, d'impudence ? De la position extraordinaire que les maisons d'Autriche et de Bavière faisaient au pape dans l'Empire. En Bohême, en Allemagne, régnait le légat Caraffa. Entouré d'une armée de moines, il commençait dans Prague la terrible persécution qui a fait du pays le désert que l'on voit encore.

Le cardinal de Richelieu semble avoir prévu qu'il aurait fort à faire contre le pape. Outre l'influence que, de longue date, il avait prise dans les assemblées du clergé de France, il se fit faire proviseur de Sorbonne. Dès qu'il entra au ministère, il négocia avec les Turcs, et obtint d'eux de relever l'église de Bethléem. Le culte Franc obtint par lui à Jérusalem des libertés, un éclat tout nouveau. Enfin, il se lia avec les catholiques anglais, leur écrivant que, pour leur cause, il donnerait jusqu'à sa vie.

Tout cela lui créait une force religieuse. Et il en avait une, politique, dans la colère du roi, furieux du mépris que le pape faisait de lui. Louis XIII était capable de tout dès qu'il s'agissait de l'*honneur* de la couronne. C'est sur ce mot d'*honneur* que Richelieu concentra la délibération, sûr de vaincre par là ; il n'y eût pas eu de sûreté à contredire. Maintenant le roi, l'enfant colère, ne changerait-il pas le lendemain ? Cela pouvait bien être. Richelieu brava ce danger. Il montra, ce jour-là, infiniment d'audace et de prévoyance, devinant que le pape ne ferait rien et les Espagnols rien.

D'abord il envoya en Suisse, non pas Bassompierre, colonel des Suisses, l'homme de la reine mère, qui eût fait manquer tout, mais son séide à lui, Cœuvres ou d'Estrées, frère de Gabrielle. D'Estrées emporta près d'un million, ce qui attendrit tout de suite et les Bernois protestants, et le Valais catholique, qui s'offrirent à marcher. Zurich donna des armes. La présence de l'ambassadeur rendit du courage aux

Grisons. Dès qu'il eut planté son drapeau à Coire, tous les bannis des vallées accourent, demandent à combattre. Une explosion morale se fit d'abord dans le coin des Grisons dont les Autrichiens s'étaient emparés. Le peuple les chassa. D'Estrées n'eut plus qu'à y entrer et leur fermer la porte sur le dos en fortifiant le pont du Rhin du côté du Tyrol.

Restait la Valteline même, et ce grand épouvantail des clefs de saint Pierre qui flottaient sur les Alpes avec le drapeau romain. Là, il fallait prendre un parti. Dernières sommations. En vain. L'ambassadeur change d'habit : le voilà général. Une petite armée française, trois mille hommes et cinq cents chevaux se trouvaient là, sans qu'on ait su comment, pour appuyer les Suisses. Il ne manquait que des canons.

Les soldats du pape, dans leurs nids d'aigles, contre un ennemi sans artillerie, n'avaient qu'une chose à faire : être tranquilles, n'avoir pas peur. C'est ce qu'ils ne firent pas. La peur dispensa de canon. Quoiqu'ils eussent avec eux nombre d'Espagnols, ils n'attendirent pas de voir, il leur suffit de savoir que le drapeau de la France venait à eux par la vallée. A la grande surprise des Suisses, qui ne pouvaient le croire, ils abandonnèrent le premier fort et le brûlèrent. Tel fut généralement l'adieu qu'ils laissèrent au pays, brûlant ce qu'ils pouvaient, et faisant main basse sur cette population catholique qui les avait appelés.

Cela donna la meilleure grâce à l'entrée des Français, qui semblaient n'arriver que pour empêcher l'incendie. Le général pontifical, le marquis de Bagni, poussé jusqu'à Tirano, reçut les offres d'accommodement qu'on voulait bien lui faire encore. Il espérait gagner du temps, avoir quelques secours. Mais rien ne vint. Alors, il tira sur nous en pleine négociation. Cela força d'Estrées à l'attaquer et le battre, avec tout le respect possible. La ville fut emportée sans peine, voulant l'être et tout le peuple étant pour nous. Bagni, réfugié au château, se rendit deux jours après et fut honorablement renvoyé avec ses drapeaux. On ne lui garda que les blessés pour les soigner et les nus pour les habiller; tous auraient voulu se faire prendre (décembre 1624).

CHAPITRE X

L'Europe en décomposition. — Richelieu forcé de rétrograder. (1623-1626.)

Galilée, en 1610, avait eu sur le ciel son coup d'œil de génie. Richelieu eut le sien sur la terre en 1624.

Que vit ce Galilée de la situation politique? Des étoiles nouvelles? Non pas, mais une étoile qui filait.

Il comprit le néant de Rome.

Et cela au moment où les événements donnaient au pape une énorme importance dans l'opinion, au moment où les vainqueurs de la Bohême et de l'Allemagne dressaient le trône du légat romain, le constituant maître et des âmes et des biens, le dictateur de la victoire.

Le beau neveu de Grégoire XV, monsignor Ludovisio, prince élégant, favorisé des dames, venait d'élever le *Gesù* et la *Propagande*. Sous Urbain VIII, poète agréable et anacréontique, ces deux maisons fleurirent de plus en plus et furent le double Capitole de la Rome d'Ignace. Dans l'une, on organisa la police du globe ; dans l'autre, ses conquêtes. Le grand mensonge des missions aux terres païennes commença là. Voyez les gasconnades du Tite-Live de la Gascogne, le grand Florimond de Raemond. Tendres pour les Chinois, terribles pour l'Europe, sortirent de là tous ces prêcheurs qui allaient derrière les armées de Waldstein avec les loups et les vautours.

Ce qu'il y eut d'habileté dans tout cela ne doit pourtant pas faire oublier ce qui facilitait les choses. Je veux dire le grand côté financier de l'affaire. Si ces charmants Jésuites furent si persuasifs, gagnèrent les rois, les cours, les belles dames, jusqu'aux laquais, c'est qu'ils s'adressaient à des gens qui comprenaient très bien qu'il s'agissait d'une translation de la propriété. Arrêtez donc une révolution qui marche par la furie des lois agraires !

Maintenant je laisse nos critiques apprécier la littérature des Jésuites. Elle est forte en rébus, incomparable en acrostiches, sublime en calembours. J'admire Possevin, j'admire Cotton, j'admire l'*Imago primi sæculi*. Mais l'éloquence de ces Pères bien autrement éclate dans l'*Édit de restitution*, qui ruine moitié de l'Allemagne au profit de l'autre, dans la *Révocation de l'Édit de Nantes*, qui fit pleuvoir la manne des confiscations protestantes dans les poches trouées de la noblesse catholique.

En conscience, Tilly, Waldstein, etc., avaient bon temps, quand tous les princes protestants avaient peur du protestantisme, voyant la république au fond. L'Angleterre ne fit rien. Pourquoi? Parce que son roi protestant adorait les Espagnols, estimait les Autrichiens. Les princes luthériens d'Allemagne se gardèrent de s'associer à la Hollande, ce qui les eût sauvés, craignant que leurs sujets ne se fissent Hollandais, qu'ils ne fussent tentés par la grandeur subite et l'enrichissement prodigieux de la nouvelle république.

Tout cela, en réalité, rendait ces intrigues et ces carnages assez faciles, et la papauté n'eut pas beaucoup à suer. Le curieux, c'est qu'elle fut très souvent l'obstacle à ce qu'on faisait pour elle. A travers toute cette fantasmagorie de *Propagande* et de *Gesù*, de conquête universelle, etc., on voit au fond du Vatican, quoi? Un petit vieillard chagrin, Italien avant tout, prince avant tout, oncle avant tout, qui emploie vite le peu de temps qu'il a à acquérir un morceau de terre pour le Saint-Siège ou ses neveux. Les trois papes florentins n'ont pas fait autre chose. Paul IV appelait jusqu'aux Turcs pour sa petite affaire de Parme. Sixte-Quint tourne le dos à la grande *Armada*, à la Ligue; il ne regarde que l'*Agro romano*. Clément VIII veut Ferrare; Urbain VIII, Urbino. L'Europe est pour eux secondaire.

Richelieu vit ces misères à fond, de part en part.

Il vit cette politique tremblotante, qui ne tirait plus de force de la religion, mais d'un reflet de la royauté. L'Autrichien, l'Espagnol, exhaussaient et surexhaussaient, pour leur intérêt propre, la casuelle idole qui ne se sentait pas bien en sûreté sur leurs épaules et s'effrayait de la hauteur.

Il vit qu'on pouvait aller à eux, et qu'ils reculeraient.

Il vit qu'on pouvait donner ce coup au pape, et qu'il le garderait;

Que la France pouvait risquer contre l'Espagnol ce qu'avait risqué la Savoie. Le petit prince des marmottes avait par deux fois embarrassé ce fastueux empire, « où ne se couchait jamais le soleil ».

L'Espagne d'alors, avec ses grands mots, ses grands airs, était un gouvernement de loterie, d'aventure et d'aventuriers. Une fois, ils s'entendent avec des voleurs pour brûler Venise. Leur bonheur, en Hollande, c'est Spinola, un aventurier italien. Et, s'il leur faut un diplomate dans la plus grande affaire, ils vont chercher un peintre, le flamand Rubens.

Richelieu n'opinait pas mieux de l'Autrichien, Ferdinand II, qui tombait tout à plat si on détachait la Bavière.

Richelieu y travaillait, et, d'autre part, regardait quels secours la France pouvait tirer des princes protestants contre la maison d'Autriche. Lui, leur ennemi, qui écrivait contre eux, il voyait bien que sans eux on était perdu.

Malheureusement la Hollande était toute désorientée, divisée contre elle-même. Le chef des modérés, le continuateur du tolérant esprit de Guillaume, Barneveldt, ami de la liberté, de la paix et protecteur des catholiques, avait adouci l'esprit public, trop tôt, en plein péril. Le parti de la guerre s'était réfugié dans une doctrine de guerre, le sombre calvinisme, qui jadis l'avait fait vaincre. C'est tout à fait l'histoire de la Gironde et de la Montagne. Barneveldt ne trahissait point (pas plus que la Gironde), mais ses molles doctrines livraient le pays. Il se trouvait à la tête du parti que nous dirions fédéraliste, du parti des provinces qui n'obéissait point aux États généraux, qui soutenait la division, la non-centralisation, la faiblesse devant l'ennemi. Barneveldt meurt, comme hérétique et traître. Mais l'auteur de sa mort, Maurice, n'en réussit pas mieux. Les provinces repoussent l'unité. Ceux qui l'aidèrent à perdre Barneveldt le regrettent maintenant, détestent le *tyran*. Maurice, qui avait sauvé dix fois la Hollande, ne pouvait croire qu'il fût haï. Un jour qu'il passait à Gorcum, à midi et en plein marché, il salue, et personne ne met la main au chapeau; tous le regardaient de travers. On vit alors une chose grande, morale, terrible. Cet homme, immuable aux fatigues, aux périls, avait eu toujours le sommeil profond; il était gras (Spinola maigre). Tout à coup il changea. Il n'avait vécu que d'honneur, de popularité. Il maigrit et mourut (avril 1625). La Hollande en fut-elle relevée? Point du tout. Elle avait eu deux têtes, et les avait coupées. Elle resta un moment très faible.

L'Angleterre n'était guère moins malade. Lisez les sonnets de Shakespeare, si beaux et si bizarres. Vous y entrevoyez la décomposition d'un monde. Et il y en a aussi quelque chose dans ses comédies. Ses hommes femmes et ses femmes hommes, ce dévergondage d'esprit, montre un pays bien fatigué.

Tristes équivoques d'imaginations maladives (historiques pourtant, voyez le beau Cinq-Mars et le beau Buckingham, etc.), elles disent la fin d'une société qui ne veut plus de la nature. Où est dans tout cela la tradition pure de la *Merry England*, cette joyeuse Angleterre de Drake, qui se moqua de l'*Armada ?* Une autre naît, je le sais, sombre et forte, qui donnera Cromwell et les États-Unis. Mais elle naît lentement, sous le poids écrasant de l'*Église établie.* Richelieu s'aidera peu là-bas des Puritains, contre lesquels il lui faudra combattre en France.

L'Angleterre enrichie était devenue prodigieusement économe pour l'État. Elle s'en excusait en disant que ni Jacques ni Buckingham ne lui inspiraient confiance. Buckingham, il est vrai, sorti d'une famille de fous enfermés, mérita plusieurs fois de l'être. Dans son étonnant voyage en Espagne, où il mène le jeune Charles Ier aux pieds de l'infante, lui il prend pour infante la femme du premier ministre, Olivarès. Celui-ci avait dit : « L'Espagne ne refusera *rien* à l'Angleterre. » L'Anglais le prit au mot, et crut que sa femme en était. Mais l'altière doña, indignée de cette sottise insolente qui croyait vaincre en un quart d'heure, mit une fille à elle au rendez-vous. Cette fille-là sauva l'Europe d'un extrême danger. Buckingham, conspué, n'eut qu'à s'enfuir. L'Angleterre, qui allait s'unir à l'Espagne, se tourna dès lors vers la France.

Événement heureux pour Richelieu, s'il avait pu en profiter, comme eût fait Henri IV. Mais il n'était pas roi, il n'était même pas encore le Richelieu qu'il fut plus tard. Le pape et les Bérulle l'obligèrent de faire aux Stuarts des conditions terribles de mariage, qui ébranlaient leur dynastie, rendaient l'alliance française odieuse, partant stérile. Un évêque, qui revenait d'Angleterre, avait donné à nos dévots des espérances exagérées. Jacques l'avait laissé officier en plein Londres, confirmer en un jour dix-huit mille catholiques devant la foule curieuse, irritée, mais muette.

Les nôtres, qui ne connaissaient pas la profondeur de haine que l'Angleterre garde au papisme, crurent, d'après cela, qu'on pouvait tout oser. On exigea « que les enfants, *même catholiques*, succéderaient, et que la mère les élèverait jusqu'à treize ans ». On exigea « que la jeune reine amenât un évêque, que cet évêque et son clergé *parussent dans les rues sous leur costume* ». Même, pour triompher des résistances trop raisonnables du prince de Galles, on fit cette chose inconvenante de lui faire demander *par Henriette* « de dispenser les catholiques du serment ». Serment modéré, politique, dont Jacques avait déjà écarté tout ce qui pouvait alarmer les consciences. Henriette arrivait là de façon bien sinistre ! Avant de s'embarquer, elle exigeait que Charles préparât son procès, jetât la première pierre de son échafaud de White-Hall !

Comment voulait-on que Jacques et Charles fissent digérer cela au Parlement ? Il eût fallu du moins que Richelieu pût leur accorder un signe qui honorât le mariage devant l'Angleterre et fit espérer un secours puissant pour le gendre de Jacques et les protestants d'Allemagne. Il ne le pouvait pas. Nos dévots ne l'eussent pas permis. Il se serait perdu près du clergé de France, qu'il opposait au pape. Il n'eût pu continuer ses négociations pour séparer la Bavière de l'Autriche. N'osant donner des hommes, il donna de l'argent. Il promit pour six mois un subside au partisan Mansfeld, que Jacques envoyait en Allemagne, et encore à condition que Mansfeld ne passerait pas par la France. Enfin, il subventionna le roi de Danemarck, que les protestants d'Allemagne se donnèrent pour chef (mars 1625).

Qu'il ait osé tout cela dans les tremblants commencements d'un pouvoir disputé, cela étonne, et surtout au moment où le vent du midi lui apportait de Rome une tempête à le déraciner. Après l'affaire de la Valteline, le pape avait eu peur d'abord. Il crut voir monter aux murailles Bourbon, Frondsberg. Et il pria Bérulle d'aller vite apaiser le roi. Puis, ne voyant rien venir, la peur fit place à la colère. Ses Barberini ne parlaient que d'excommunier, foudroyer, écraser. Le neveu régnant supposa que le bonhomme Bérulle ne parlerait pas assez haut. Lui-même, de sa personne, se mit en route; armé des pouvoirs de l'Église, les poches pleines de bulles, il s'achemina vers la France, curieux de voir si Richelieu l'attendrait de pied ferme, ou plutôt sûr de le trouver à la frontière, repentant et la corde au cou.

Celui-ci, en réalité, avait à soutenir d'étranges

assauts. Louis XIII ne s'habituait pas à cette situation nouvelle de faire la guerre au pape. La reine mère lui en faisait honte, et Bérulle sans doute, de ses soupirs et de ses larmes, remuait sa conscience. Un matin, le roi brusquement dit à Richelieu : « Il faut en finir. » (Mars 1625.)

Mais, bien loin d'en finir, celui-ci s'endurcissait tellement que, le 25 encore, il signa le traité du Nord avec les ennemis du pape, le Danois et les Allemands.

Quel était donc cet homme qui violentait ainsi la conscience de son roi? Grand problème qui m'a souvent absorbé, et je n'en serais jamais sorti, si je n'avais lu dans la belle publication de M. Avenel (t. II, p. 207) une pièce écrite un peu plus tard, mais qui explique tout. On voit que Richelieu avait ensorcelé le roi.

Par talisman, philtre ou breuvage? par l'anneau enchanté qui, dit-on, troubla Charlemagne? Non, par la caisse, les finances.

Louis XIII n'avait jamais vu d'argent, et Richelieu lui en fit voir.

Ce fut un coup de théâtre analogue à celui de Sully, cet autre magicien, quand du pied il frappa la terre, et que l'argent jaillit pour Henri IV émerveillé.

Le revenu, qui diminuait tous les ans, augmenta tout à coup. Indépendamment d'une enquête contre les financiers, ressource passagère, Richelieu alla droit aux sources régulières, aux comptables, aux receveurs, il se mit à compter avec eux. Ils furent bien étonnés. Quand on leur demandait de l'argent, ils prétendaient toujours avoir fait des avances, disaient qu'on leur devait plutôt, offraient de prêter et prêtaient au roi à usure l'argent même du roi.

Ce jeu cessa avec un homme sérieux, qui ne plaisantait pas, qui tira tout à clair lui-même. Homme net, avant tout, et, bien plus, d'une générosité altière, qui, par exemple, en prenant la marine, gagna un profit de cent mille écus et en fit cadeau à l'État.

Louis XIII n'aimait pas ce visage pointu, mais il restait persuadé que le disgracier, c'était rentrer dans l'indigence où Concini l'avait tenu, dans la honte où le mit de Luynes, sous les sifflets de Montauban.

Donc, ferme sur sa caisse, Richelieu attendit le légat et la foudre.

Cette sécurité stoïcienne allait si loin, qu'il s'obstinait à ne pas vouloir armer contre nos protestants, qui avaient fait une prise d'armes maladroite et malencontreuse au moment même où Richelieu faisait la guerre au pape.

Leur conduite, à ce moment, a indigné la France. Voici pourtant comment la chose se passa.

Les deux frères, Soubise et Rohan, ne pouvaient pas savoir, le 17 janvier, dans la Charente, que du 1er au 10 janvier on eût chassé des Alpes les garnisons pontificales. Ils ne voyaient point cela. Ce qu'ils voyaient, croyaient, c'étaient les mensonges politiques de Richelieu, qui, voulant se faire pardonner ses alliances protestantes, disait partout qu'il soudoyait Anglais et Hollandais pour isoler La Rochelle, que tôt ou tard il attaquerait. Et, pour mieux le faire croire, il avait dans la Charente quelques petits vaisseaux.

Si tous nos catholiques du Louvre, Bérulle, la reine mère, qui vivaient avec Richelieu, se trompaient à cela, combien plus nos huguenots! Lui-même, en ses *Mémoires*, avec colère, il se demande comment ils purent l'attaquer dans un tel moment. Il est facile de le lui dire. Parce que la fausse paix de 1622 avait été une guerre; parce qu'on en avait profité pour bâtir une citadelle à Montpellier; parce qu'aux portes de La Rochelle, dans l'île de Ré, on élevait un fort pour la tenir sous le canon; parce qu'on avait mis là un homme altéré de leur sang, l'ex-protestant Arnauld; parce qu'en Ré on avait brûlé vif un pauvre tisserand; parce qu'on avait lancé le peuple pour les massacrer à Lyon, et pour brûler ici leur temple de Charenton; parce que le magistrat allait chez les mourants les sommer de se confesser; enfin parce qu'en toute la France la grande chose qui était leur joie, leur force et, disons mieux, leur âme, leur avait été retirée : *la liberté du chant*, et la consolation des psaumes !

Les raisons certes d'armer ne manquaient pas. Le moment était mal choisi. Richelieu le fit dire à Rohan par Lesdiguières. Mais celui-ci, qui tant de fois avait trompé, ne fut pas cru le jour qu'il disait vrai. Rohan et Soubise persistèrent, malgré la majorité des protestants, qui ne voulaient pas bouger, malgré La

Rochelle, qui, étouffée, ruinée dans son commerce, s'obstina pourtant dans la paix. A grand'peine, Rohan souleva un coin du Languedoc.

Ce qui devait l'affermir dans la guerre, c'est que le mariage d'Angleterre, loin de favoriser les protestants, fut fastueusement arrangé comme une invasion catholique. Buckingham, qui était venu à Paris, y recommençait ses folies espagnoles. Il faisait l'amour à Anne d'Autriche, qui, n'ayant que les restes de madame d'Olivarès, eût dû se trouver peu flattée ; mais point : elle fut très attendrie. Tout le monde sait comment le fat se mit à la mode; histoire qui cote la cour à sa valeur, et la bassesse du temps. Il parut en habit brodé de perles mal cousues, qui se semaient sur les chemins pour tenter l'assistance. A Madrid, on se serait cru insulté ! Ici on le trouva très bon ; les plus huppés ramassaient dans la crotte.

Retz dit que Buckingham brusqua son succès près de la reine, qu'à peine arrivé il vainquit. Aux adieux, à Amiens, ce fou furieux se porta publiquement sur elle aux dernières entreprises. Il outragea la France, et il trahissait l'Angleterre, livrant ses vaisseaux protestants pour faire la guerre aux protestants.

Ce fut un Guise, pour bien renouveler là-bas le fatal souvenir de la parenté des Guises avec les Stuarts, qui épousa la petite reine Henriette à Notre-Dame de Paris et la mena à Londres. Superbe cavalcade de prêtres, et moines, et religieuses sur leurs mules, toute une Armada ecclésiastique.

La reine trouva triste et sauvage le pays et le

peuple, odieuse la simplicité grave des insulaires. Son sérieux époux, Charles Ier, figure roide et altière, où respirait le froid du Nord (par sa mère, il était Danois), lui plut très médiocrement. Et elle commença tout de suite la petite guerre. Elle était bien stylée d'avance, et Bérulle ne la quittait pas. Charles se trouva avoir dans son lit une zélée catéchiste, triste, sèche, disputeuse, qui ne donnait rien pour rien et mettait l'amour aux jeûnes de la controverse.

Elle n'avait nul égard au temps, au danger de son mari, qui n'achetait les subsides du Parlement que par des sévérités religieuses. Elle avait droit d'avoir vingt-huit chapelles dans les châteaux. Mais le plus scabreux était celle de Londres. Elle exigea d'y réunir les catholiques. Ils vinrent en foule. Alors elle voulut une église.

Cependant c'était elle qui se plaignait et se faisait plaindre. Tout retombait sur Richelieu. Le légat Barberini était à Paris, et le ministre dans un extrême péril. Il parut là dans sa grandeur, mit bas l'habit de fourbe sous lequel il avait grandi. A chaque demande du légat, il opposa un *non* respectueux, mais ferme, fort clair et sans ambages.

Barberini avait commencé par une demande naïvement espagnole : « une suspension d'armes », pour que l'Espagne pût réunir ses forces. Et Richelieu répondit : *Non.*

Barberini se retira sur la simple demande de la liberté du passage pour les troupes espagnoles, avec satisfaction au pape pour la forme impolie avec laquelle ses hommes avaient été mis à la porte. Mais Richelieu dit encore : *Non*.

Alors Barberini jeta sa barrette et pleura.

Ce qui l'humiliait le plus, c'est qu'il ne trouvait aucune prise dans le public. Tout le monde paraissait ravi de ce coup reçu par le pape. Par cette seule petite affaire (qui ne coûta pas un million, ni, je crois, un seul homme), Richelieu avait conquis une grande position nationale. On a vu, en 1610, que les soldats disaient à Ravaillac qu'ils croyaient faire bientôt la guerre au pape, et en étaient charmés. Cela permet d'apprécier ce qu'on veut nous faire croire de la grande dévotion du temps. Quand Henri IV mourut, le peuple de Paris dit qu'il défendrait Charenton, protégerait les huguenots. M. de Guise, ce jour-là, avait beau saluer la foule; personne n'y faisait attention. Puis, dix années après, quand on lança sur Charenton une bande de laquais et de mendiants, quand les Jésuites de la rue Saint-Antoine se tenaient sur leur porte pour passer la bande en revue et lui mettre du cœur au ventre, l'histoire nous assure gravement que ces drôles étaient *tout Paris*, que la ville de Paris était encore ligueuse à cette époque, que ce grand bruit eut lieu pour l'amour de je ne sais quel Guise tué dans la guerre des protestants à deux cents lieues de là. S'il en est ainsi, qu'on m'explique comment, trois ans après, ce légat, à Paris, n'en reste pas moins seul. Ce bon peuple dévot qui vient de brûler Charenton, où donc est-il? Et ne devrait-il pas faire tous les jours des feux de joie devant l'hôtel de M. le légat? Mais c'est tout le contraire. S'il y a joie, c'est pour le soufflet que vient de recevoir le pape. Richelieu s'en soucie si peu et croit tenir si bien le roi et tout, qu'il prend le temps d'être malade, s'en va à la campagne. Le légat solitaire n'a de consolateur qu'un autre solitaire, oublié dans Paris, l'ambassadeur d'Espagne, M. de Mirabel.

L'homme de Rome était aux abois. La reine mère ne soufflait plus, ayant son âme à Londres. On la rappela en hâte, cette âme saintement intrigante. Bérulle saute le détroit. Ni Buckingham là-bas, ni Richelieu ici, n'avaient prévu ce coup. Le saint homme, pour piquer le roi, prit justement la pointe dont usait si bien Richelieu, l'*honneur de la couronne*. Il lui montra l'Anglais qui se moquait de lui, maltraitant Henriette, persécutant les catholiques. Pourquoi les ménagerait-il, lorsque, chez le roi-très-chrétien, un cardinal persécute le pape?... Cela agit. Le roi jura que son beau-frère s'en repentirait, et, pour l'affaire du pape que traînait Richelieu, il dit à Bérulle d'en finir.

Avec celui-ci, la chose alla vite. Pendant que Richelieu se met en route pour revenir, déjà tout est fini. Bérulle a bâclé un traité, plein d'équivoques. « Les Grisons restent souverains, *sauf le cas* où les Valtelins se croiraient lésés comme catholiques. Le roi de France aura seul les passages, *sauf le cas* d'une guerre des Turcs, où l'Espagnol voudrait aller secourir l'Autrichien. » Or ce cas était tout trouvé, l'Autriche étant alors aux prises avec le Transylvain, allié des Turcs. Les Espagnols, sous ce prétexte, eussent à l'instant même repris les passages.

Guéri par la colère, Richelieu revient, déchire le traité, en appelle à la France (il demande une assemblée de notables) et au clergé même de France. Sa prise sur le clergé, c'était une victoire qu'il venait de gagner sur le protestant Soubise avec les vaisseaux protestants d'Angleterre et de Hollande (15 septembre 1625).

Les notables, princes, ducs et pairs, cardinaux, maréchaux, délégués des Parlements, membres de l'Assemblée du clergé (qui siégeait déjà à Paris), votèrent comme un seul homme pour Richelieu.

La reine mère, Bérulle et le légat faisaient triste figure, restant seuls pour la paix, seuls bons et fidèles Espagnols, devant une assemblée toute française. L'abandon du clergé surtout outrait le légat. « Et toi aussi, mon fils ! » Il fit un coup désespéré. Sans dire adieu, il part (23 septembre), tirant décidément l'épée, et résolu de faire des levées de troupes, pour qu'on vit qui l'emporterait de la maison de France ou de celle des Barberini.

Richelieu fit courir après par politesse ; mais il ne s'en souciait guère, ayant la France avec lui. Il amusait alors les notables d'un projet superbe de réforme utopique, de ces choses agréables et vaines dont se régalent volontiers ces grandes assemblées. Il est curieux de voir l'idéal de Richelieu.

Cela commence d'abord de façon pastorale, le roi

veut imiter saint Louis jugeant sous un chêne ; chaque dimanche et fête à l'issue de la messe, il donnera audience à tout venant, et recevra toute requête, que reprendra le demandeur, « avec réponse au pied », le dimanche suivant.

La généralité des affaires se traitera par quatre hauts conseils. Mais à tout seigneur tout honneur : au plus haut conseil, trône le clergé ; quatre prélats et deux laïques seulement le forment pour aider le roi à nommer aux bénéfices, et, « en général, pour tout ce qui peut intéresser sa conscience ». Voilà la conscience du roi administrée en république, et en république d'Église.

Le même esprit républicain perce dans l'organisation régulière qu'il veut donner aux conciles provinciaux. Ils deviendront les juges du clergé en dernier ressort.

A tout curé au moins trois cents livres par an, équivalant aux douze cents que leur donne la Constituante de 89. — Moins d'ordres mendiants, moins de Capucins. — Cloîtrer les monastères de filles.

Le roi réduit tellement sa maison, qu'il reviendra à la dépense d'Henri III. — Plus de vénalité d'offices. — Plus d'acquits au comptant ; le roi se ferme le Trésor. — Plus de vagabondage, taxes des pauvres. — Moins de collèges, moins de lettrés pauvres (d'abbés faiseurs de vers, de prestolets solliciteurs, etc.). — Moins de luxe. Chacun, réduisant sa dépense, supprimant les clinquants italiens et passements de Milan, n'aura plus à chercher de *mauvaises voies* pour se refaire. Quelles voies ? Le bon roi Jacques dit haut ce que Richelieu pense : que le gentilhomme ruiné venait en cour spéculer sur sa femme.

Cet âge d'or sur le papier charma tellement le public, que trois corps à la fois, l'Assemblée du clergé, la Sorbonne et le Parlement, poursuivirent vivement les pamphlets papistes, espagnols, qu'on lançait contre Richelieu. Et le Parlement avec tant de violence, que Richelieu n'eut qu'à le contenir.

Il n'avait pris tant d'ascendant sur le clergé qu'en le leurrant d'une chose qu'il ne voulait pas faire, d'une guerre contre La Rochelle. Qu'aurait fait cette guerre ? Elle aurait forcé l'Angleterre à se déclarer contre lui; elle eût disloqué sa ligue du Nord (Hollande, Suède, Danemarck, Allemagne). Les amis de l'Espagne, Bérulle, la reine mère, ne désiraient pas autre chose. Ils le poussaient à la victoire fatale qui brisait tous ses plans, le brouillait avec les Anglais.

Richelieu tremblait de vaincre. Et lui-même, en novembre, il offrit la paix aux huguenots, ce qui mécontenta le clergé et lui fit retirer en partie l'adhésion étourdie qu'il lui avait donnée contre le pape.

Il désirait avoir la main forcée par les Anglais, pouvoir dire qu'il n'avait pu leur refuser de traiter avec les huguenots. Il fit venir en décembre des ambassadeurs d'Angleterre, qui prirent l'affaire en main et avancèrent la chose. Mais d'autant plus Bérulle, le parti espagnol, voulaient brusquer la paix avec l'Espagne. Ils remuaient le roi par le scrupule de pousser cette guerre d'Espagne que le pape maintenant faisait sienne et voulait reprendre en son nom. Ils crurent le roi pour eux sur quelques mots d'aigreur qui lui échappèrent contre Richelieu, et ils en prirent l'audace de faire la paix sans pouvoir. La reine mère dit à la femme de notre ambassadeur, Fargis de Rochepot (ennemi de Richelieu), qu'il pouvait signer le traité *in ogni modo*. Le traité que signa Fargis, c'est justement cet amas d'équivoques que Bérulle avait minuté trois mois avant, et que Richelieu avait déchiré. « Les Grisons restaient souverains, *à moins que* les Valtelins ne se disent lésés dans leur religion. » Et ils l'auraient dit à coup sûr.

Ce beau traité, conclu (disons plutôt comploté, conspiré) entre Olivarès et Fargis, vient en janvier au Louvre. On s'est passé du roi, on s'est passé de Richelieu. Celui-ci tombe à la renverse. Il se trouvait que nos amis et alliés, les Anglais, alors à Paris, sans lesquels on traitait ainsi avec l'Espagne, allaient passer pour traîtres à Londres. Quelle force donnée au procès que déjà les Communes commençaient contre Buckingham? Charles Ier était forcé de devenir le mortel ennemi de la France. Le but de Rome était atteint.

Qu'allait dire tout le Nord? Qu'allait dire l'Italie? Venise ne s'était compromise que pour avoir quelque sûreté contre l'Autriche, et la Savoie ruinée que pour s'indemniser sur Gênes. Et tous étaient sacrifiés. La France traitait pour elle seule.

Le panégyriste de Bérulle, l'abbé Tabaraud (d'après

d'autres plus anciens, et non plus sages), assure que c'était Richelieu même qui avait poussé Fargis, sauf à le démentir, que lui-même voulait ce traité qui lui troublait tous ses plans. Heureusement ses lettres sont là, et son très sérieux éditeur, M. Avenel, d'après les pièces, a remis l'affaire en lumière (t. II, p. 90).

On lava la tête à Fargis. On raccommoda le traité, mais comment? On en laissa tout le venin, les Grisons ne gardant de leur souveraineté qu'un petit souvenir, un cens de vingt-cinq mille livres par an que leur payerait la Valteline. Celle-ci, petite république catholique, eût laissé, à coup sûr, passer et repasser les Espagnols tant qu'ils auraient voulu.

Deux choses décidèrent Richelieu à accepter cette œuvre de ses ennemis. D'abord, il avait su faire consacrer le droit des Grisons par les Suisses, qui se firent forts de les remettre en possession de la Valteline.

Deuxièmement, le pape armait contre la France. Son drapeau, avec l'Espagnol, reparaissait aux Alpes. Et, quelque ridicule que cela fût, Richelieu en était embarrassé. Qu'eût dit le confesseur du roi ? et comment la conscience de Louis XIII se fût-elle arrangée de cette guerre obstinée contre le pape?

Donc, il céda, et endossa l'indignation et le mépris de l'Europe, proclamé traître par tous ses alliés.

La chose aujourd'hui est plus claire. En cette singulière affaire, il y avait un fourbe et un saint. Le fourbe, Richelieu (à juger par les précédents); le saint, Bérulle. Mais ce fut le saint qui mentit.

CHAPITRE XI

Ligue des reines contre Richelieu. — Complot de Chalais. (1626.)

Dans la terrible solitude où cette paix traîtresse mit Richelieu, brouillé avec tous ses amis (Angleterre et Hollande, Savoie, Venise et Grisons même), haï du pape, qui gardait son soufflet, amorti en Europe, affaibli à la cour, mystifié par un sot (Bérulle), il commença à regarder inquiètement sur quoi il s'appuierait, et il eut une idée lâche, dont il se confesse lui-même.

Ce fut de s'adresser à la Bavière, à la ligue catholique d'Allemagne, d'obtenir du Bavarois même, du vainqueur, le rétablissement du vaincu, le Palatin. Mais quel rétablissement! A quelles conditions! Il demanderait pardon à l'Empereur, il payerait trois millions, il laisserait son titre d'électeur au Bavarois, à moins que lui Palatin, le chef des calvinistes, ne se fît catholique. Et, tout cela fait, quel en serait le fruit? Le Palatinat garderait-il la liberté de religion?

Point du tout. Dans ce pays tout calviniste, le calvinisme *ne serait que toléré*, et encore *dans une ville*, résidence du Palatin! Ce bel arrangement ne déplut pas au Bavarois. Seulement il eût voulu un article de plus : c'était que Richelieu désarmât le Danois et la ligue protestante, que le lion se fît arracher dents et ongles préalablement, après quoi on eût pu l'assommer à coups de bâton.

Richelieu conte lui-même la honteuse négociation, et paraît se féliciter d'avoir trouvé ce vain expédient. Ce qui fait bien sentir que ce mécanicien, qui rêvait la balance, les poids et contrepoids, enfin toute la pauvre machine de la politique moderne, eut peu le sentiment des forces vives, des passions dont vit l'humanité.

Qui ne voyait la réaction catholique, cette terrible armée en marche, qui allait engloutir le Nord, avançant comme un élément, avec les forces aveugles non seulement du fanatisme, mais, ce qui est bien pis, d'un changement général de la propriété? Contre un tel phénomène, contre la création d'une armée de cent mille voleurs qu'à ce moment l'Autriche opérait par Waldstein, on se fût amusé à bâtir cette petite digue!... Triste conception! Le Bavarois, vainqueur parce qu'il avait servi jusque-là la révolution, eût été impuissant le jour qu'il lui eût fait obstacle.

Lui-même, Richelieu, personnellement, n'avait nul arrangement possible, haï du parti espagnol comme apostat et renégat, et du parti anti-espagnol pour sa récente trahison.

T. XI.

En 1626, il était arrivé au point où parvint Henri IV en 1606. De toutes parts, on conspirait sa mort. Ses livres contre les protestants, ses tendresses pour les Jésuites, ses ménagements pour les demi-jésuites (Oratoriens), ne lui regagnaient personne. Toutes les cours étaient travaillées contre lui. Le grand parti dévot, cette année 1626, pour le faire sauter, opéra une ligue universelle des reines.

La reine de France entra directement dans un complot pour le tuer.

La reine d'Angleterre lui brisa l'alliance anglaise.

La reine mère, Marie de Médicis, sa fille la reine d'Espagne et l'infante des Pays-Bas voulaient lui faire faire, malgré lui, l'entreprise insensée d'une descente en Angleterre.

Commençons par Anne d'Autriche. Elle était arrivée à treize ans. Et pendant trois ans son mari avait oublié qu'elle existât. En 1619, on avait à grand bruit imprimé dans le *Mercure*, pour la joie de la France, que le roi commençait enfin à faire l'amour à la reine. L'ambassadeur d'Espagne écrivait à Madrid leurs moindres rapprochements. Tout le monde s'en était entremis, Espagnols et Français. C'est un spectacle étrange de voir deux monarchies suer, travailler à cela, pousser ces amants l'un vers l'autre... Hélas! avec peu de succès.

Anne était pourtant assez jolie. Quoiqu'elle n'eût que de petits traits, un méchant petit nez sans caractère, la blanche peau de cette blonde dynastie lui donnait alors de l'éclat. Altière et colérique, elle ne faisait rien qu'à sa tête, riait de tout. Et c'est surtout ce rire qui faisait peur au triste Louis XIII. La rieuse s'était donnée à une autre, plus légère encore, mais perverse et dévergondée, le type des coureuses de la Fronde, la duchesse de Chevreuse. Sous cette bonne direction, elle eut deux ou trois fausses couches. L'Espagne était désespérée. Elle voyait bien que le mariage ne mettrait pas la France sous son influence. Mais, s'il n'y avait guère à attendre de Louis XIII, on pouvait être plus heureux avec son frère Gaston. L'ambassade espagnole y songea et poussa la reine. Un matin, de sa part, quelqu'un dit à Gaston « qu'elle ne veut pas qu'il se marie ».

Le roi et Richelieu songeaient à lui faire épouser une Guise pour reprendre à cette famille une part de l'héritage de Montpensier qu'ils avaient escamoté à la mort d'Henri IV. Mais le mot de la reine, d'une reine de vingt-quatre ans, à un prince de dix-huit, était bien sûr d'être obéi. Pour affermir Gaston, on prit son gouverneur Ornano par la princesse de Condé qu'il aimait. Le roi était déjà mort, au moins dans leur pensée; la reine se croyait veuve. Richelieu en fut averti. Par qui? Par le roi même, dont on arrangeait la succession. (*Lettres de Richelieu*, II, 232.)

Voilà nos étourdis qui commencent à écrire de toutes parts et à chercher des alliés. Ils signifient leur prochain avènement aux Espagnols, au Savoyard. Ils tâtent le fils de d'Épernon pour avoir Metz, et le père même; mais le vieux coquin voulut voir venir les choses.

Gaston avait exigé qu'on l'admît au conseil, et il voulait encore y faire entrer Ornano. Le roi fait arrêter celui-ci le 5 mai. Grand étonnement de Monsieur, cris, fureur. Devant les ministres, il demande d'une voix hautaine qui a osé donner un tel conseil. « Moi, monseigneur », dit Richelieu.

Gaston, vraie poule mouillée, eût avalé cela. Mais on le piqua là-dessus. Pouvait-il bien, devant sa belle-sœur qui voulait le traiter en homme, se laisser traiter en enfant? L'affaire fut ainsi envenimée par la Chevreuse, par son amant Chalais (Talleyrand), qui dit que, puisqu'on ne pouvait se battre avec un prêtre, on pouvait bien l'assassiner.

Les faiseurs de Mémoires, qui écrivent trente ans après, pour rendre plus joyeuse cette sanglante affaire, ont supposé que Richelieu lui-même était amoureux d'Anne d'Autriche, jaloux de Buckingham et de Monsieur, qu'il avait eu l'impudence de proposer à la reine de suppléer Louis XIII, que la reine avait exigé qu'il dansât devant elle, etc., etc. Histoire stupide. Anne d'Autriche, si douce pour les autres, ne l'aurait pas été pour lui; elle l'eût fait jeter par les fenêtres. Il le savait et n'était pas si sot. Notez qu'il avait quarante-cinq ans, était très maladif, enfin avait chez lui sa nièce, qu'il aimait sans trop de mystère.

L'assassinat en question, qu'on a traité comme un hasard, un coup de tête de cette folle jeunesse, fut, je crois, autre chose. Il est impossible d'y méconnaître la continuation des entreprises de ce genre que l'Espagne faisait, ou faisait faire, depuis environ soixante ans. Assassinats à point et toujours quand il fallait simplifier une situation difficile par la mort de l'homme influent. Ainsi Coligny, ainsi Guillaume, ainsi Henri III, ainsi Henri IV. Procédé monotone. Mais, quoique peu varié, il avait toujours son effet.

Le plan, fort simple, était que Gaston, avec son Chalais et toute sa maison, irait dîner chez Richelieu au château de Fleury, et que là, à sa table, profitant de sa confiance et de son hospitalité, les gens d'épée, commodément, tueraient l'homme sans armes. Les *dames* (Anne d'Autriche et madame de Chevreuse) goûtaient ce plan chevaleresque, et tout se fût réalisé si Chalais n'eût confié son secret à un ami de cour, qui lui dit : « Si tu ne dénonces, je le ferai moi-même. » Chalais a peur, dit tout au cardinal, au roi. Cependant, dans la nuit, dès trois heures, arrivent à Fleury les officiers du prince « pour lui apprêter son dîner ». Richelieu leur cède la place, et le matin vient chez Gaston lui reprocher avec douceur de ne pas l'avoir prévenu de l'honneur qu'il voulait lui faire.

Cependant, il supplie le roi de le laisser se retirer. Le roi dit : « Je vous défendrai et vous avertirai de ce qu'on dira contre vous. »

L'affaire était immense, épouvantable, le pendant de l'affaire Biron. Les deux fils d'Henri IV, le gouverneur de Bretagne, Vendôme et le grand prieur, en étaient, et le duc de Longueville. Même le comte de Soissons, à qui l'on se fiait, à qui Richelieu laissa Paris pendant qu'il menait le roi en Bretagne; Soissons eût enlevé la grande héritière qu'on voulait donner à Monsieur. Découvert, il s'enfuit et quitta le royaume.

Richelieu attira et arrêta les deux Vendôme. Il fit signer à Monsieur une sorte de confession où il abandonnait ses amis, et le maria de sa main. Il l'étouffa dans l'or. Avec ce riche mariage et l'apanage d'Orléans qu'on lui donna, il eut de rente un million d'alors (cinq ou six d'aujourd'hui, un capital de cent millions).

— Monsieur se laissa marier le 5 août; mais cela ne sauva pas Chalais, qu'on décapita le 19, comme ayant conspiré la mort du roi, ce qui était faux. Mais son vrai crime, le complot contre l'État et contre la vie de Richelieu, aurait paru trop peu de chose. Une seule tête paya pour toutes. On pria, supplia; mais le roi resta ferme.

L'Espagne dut renoncer à faire de la reine un centre d'intrigues. On la mit presque en chartre privée. Humiliée, pardonnée, séparée de la Chevreuse, qu'on exila, elle ne reçut plus que des femmes. Le roi défendit de laisser entrer les hommes, que quand il y serait.

Mesures très vigoureuses. Cette affaire de Chalais commençait la grande œuvre de Richelieu, le nettoiement de la cour et le balayage des princes. Il avait frappé sur eux en même temps de trois côtés : sur les bâtards royaux (Vendôme), sur les Condé (Soissons en fuite), sur les Guises (exil de la Chevreuse). L'héritier même enfin du trône, Monsieur, humilié, marié, enrichi et déshonoré. Chacun sentait que celui qui frappait de tels coups donnait sa tête pour enjeu. La vie de Richelieu tenait à ce fil sec qui pouvait tous les jours casser, un roi fiévreux et valétudinaire.

Il n'était pas sorti d'affaire, qu'en ce même mois d'août 1626 deux coups viennent le frapper.

1° La grande défaite du Danois, notre allié, chef des protestants d'Allemagne (27 août), que Richelieu aidait d'argent, et qui se fait battre à Lutter. Loin de protéger les autres maintenant, il va être lui-même envahi par l'Autriche.

2° L'autre coup, en apparence minime, et en réalité terrible, c'est la brouille complète d'Henriette et de Charles Ier. Celui-ci, en moins de six mois, sera forcé d'armer contre la France.

Henriette était une petite brunette vive, agréable. Elle était d'Henri IV et non de Concini. Elle naquit du raccommodement de 1608, vrai du côté d'Henri, très faux du côté de Marie. L'enfant ne rappela que trop cet étrange moment. Sensuelle et galante, violemment brouillonne et têtue. Quand elle passa en Angleterre, elle se fit dévote, prit ce mariage comme pénitence. Bérulle lui propose pour modèle la pécheresse Madeleine. Qu'une princesse de dix-sept ans eût déjà tant à expier, c'était de quoi faire réfléchir Charles Ier et le refroidir. Mais il n'y parut pas. Le roi était triste, grondeur, violent, mais honnête homme et régulier; il revenait toujours. C'est ce qui donna tant d'audace à la jeune femme.

Par une belle matinée de printemps, d'une chaleur rare en Angleterre, la reine, emmenant tout son monde, son évêque et ses aumôniers, ses religieuses, tout cela en costume et en grande pompe papiste, à travers Londres émerveillée, se rend au gibet de Tyburn, où furent pendus les saints Jésuites de la *Conspiration des poudres*, et là, agenouillée, elle fait sa prière à ces célèbres assassins.

Outrage solennel, non seulement à la religion de l'Angleterre, mais à la morale, à la conscience de l'humanité.

Charles Ier, qui déjà périssait, qui en était réduit à dissoudre son Parlement, à tenter des emprunts forcés, dans sa terrible misère, reçut de la main de sa femme cette pierre pesante pour l'enfoncer dans sa noyade.

La scène fut violente contre les prêtres et les femmes de la reine. « Chassons-les, écrit-il, comme des bêtes sauvages. » Le 9 août, lui-même lui prononça cette sentence. Elle pria, pleura, cria. Des cris lui répondirent, ceux de ses femmes qu'on emmenait. Elle se jette aux barreaux des fenêtres pour les voir encore et leur dire adieu. Sanglots, clameurs, etc., une scène publique surprenante dans les mœurs anglaises, où tout se passe sans bruit. Le roi était mal à son aise, se sentant posé dans ce drame comme l'indigne et barbare tyran. Pour abréger, il arracha des barreaux les mains de la reine, qui s'évanouit furieuse, et fit écrire partout que ses mains étaient déchirées.

Texte excellent. C'était celui même de la terrible Marie Stuart, si heureusement exploité par les papes.

Urbain VIII, à l'instant, saisit la légende d'Henriette, épouse infortunée de ce Barbe-Bleue britannique. Sur la donnée un peu maigre, il est vrai, de l'écorchure douteuse, il rebâtit le grand roman pontifical de l'autre siècle, la conquête de l'Angleterre par l'Espagne et la France. Il dit expressément à l'ambassadeur espagnol : « En conscience, votre maître, comme bon chevalier, est tenu de tirer l'épée pour une princesse affligée. »

La jeune reine d'Espagne, sœur d'Henriette et fille de Marie de Médicis, écrivit de sa main au cardinal de Richelieu, invoquant son secours et sa galanterie pour soutenir les reines opprimées.

Autant en écrivait l'infante de Bruxelles. Autant en disait au Louvre la reine mère. Bérulle s'adressait au cœur du cardinal, à sa piété, bien sûr qu'en cette grande occasion il agirait comme prince de l'Église.

Ces instances touchantes, unanimes, eurent un grand effet sur le roi, qui regardait l'expulsion de ces Français comme un outrage à sa couronne. De sorte que Richelieu, n'étant plus même soutenu par le roi, et se trouvant tout seul, dit qu'il goûtait l'entreprise, mais qu'il fallait d'abord, pour mettre Charles Ier dans son tort, lui envoyer une ambassade.

On envoya à Londres le beau Bassompierre, l'homme de la reine mère, et avec lui celui de tous les prêtres renvoyés que les Anglais détestaient le plus, le Père Harlay de Sancy. Bon moyen de brouiller encore. Bassompierre cependant crut accommoder tout. Mais il y avait une condition : c'était que Buckingham reviendrait ici faire sa cour à la reine. Refus du roi. La guerre va éclater.

Du reste, à part cette folie, la fatalité emportait à la guerre le roi et le ministre. Le Parlement poursuivait Buckingham avec une colère méritée, mais aveugle pourtant, avec la ténacité du bouledogue qui ne voit plus, n'entend plus, ne sent plus. L'Angleterre ne s'informait plus des grands intérêts de l'Europe. Elle voulait la peau de Buckingham et rien de plus. Celui-ci n'avait chance d'échapper que par cette diversion de la guerre.

Richelieu eût eu grand besoin de ne pas rompre avec l'Angleterre. L'espoir qu'il témoignait au roi (juin 1626) de relever nos finances était déjà trompé et ses ressources insuffisantes. La grande défaite du Danois et de l'Allemagne protestante (en août) rendait l'Autriche et la Bavière maîtresses de la situation. Les Espagnols tenaient le Rhin. Dans le conflit maritime des États de l'ouest, devant les grandes puissances navales d'Angleterre, Hollande et Espagne, nous seuls nous n'étions pas en garde. Il fallait sans retard organiser l'armée, créer la flotte. Et cela, avec une France ruinée, chargée d'un déficit annuel de dix millions, d'une dette exigible de cinquante-deux millions, avec un pauvre peuple qui (il le dit lui-même) « ne contribuait plus de sa sueur, mais de son sang ».

Il n'avait pas fait cette situation. Il n'aurait osé même la caractériser nettement. Il eût fallu dresser l'accusation de la reine mère, de tous les favoris,

Concini, Luynes, etc., cette perpétuité de désordres et de vols si soutenue, et j'allais dire, si régulière, qu'une telle accusation eût été celle de la royauté, du gouvernement monarchique.

Qu'eût-ce été si une assemblée sérieuse eût regardé au fond? si la voix nationale de 1614 se fût élevée? Le pouvoir eût été frappé de faiblesse, au moment où il devait ramasser sa force contre le grand orage d'Allemagne. Richelieu s'en tint à une comédie de notables, une petite assemblée en famille de fonctionnaires et de magistrats.

Devant des gens si bien appris, tout décidés d'avance à approuver, il y fallait peu de façons. Il eût pu s'épargner des frais d'hypocrisie, qu'il fit pourtant (par habitude), *réduisant l'impôt de* six cent mille livres, *pendant qu'il l'augmentait* de plusieurs millions.

L'assemblée vota d'un élan la dépense colossale d'une création immédiate de l'armée et de la flotte, dépense ainsi répartie : un tiers sur le trésor, *deux tiers sur les provinces*. A elles d'y pourvoir par les moyens qui leur seront le plus agréables et par des impôts à leur choix. Avec cela, la réduction de six cent mille francs semblait une plaisanterie. On les ôtait, il est vrai, sur la taille, impôt des roturiers, des pauvres. Mais les riches, les nobles et les prêtres, qui allaient, en chaque province, établir le nouvel impôt, sur qui le mettraient-ils? sur le roturier à coup sûr, sur le pauvre, non point sur eux, sur les riches et privilégiés.

Là se révèle la situation réelle de Richelieu. *Il ne*

pouvait demander aux deux classes riches. Prêtre, il ne pouvait prendre aux prêtres. A peine, sur l'espoir d'exterminer les protestants, put-il tirer trois millions du clergé. Il osa, en 1631, lui demander les titres de ses biens, et n'eut qu'un refus sec. Il n'eût pu davantage faire contribuer la noblesse. Loin de donner, elle mendiait, mais mendiait avec fierté, menaces, presque l'épée au poing. Elle signifiait, en 1626, que l'État et l'Église devaient la nourrir, l'État élever ses enfants, l'Église lui réserver le tiers des bénéfices et faire les frais d'un ordre militaire de Saint-Louis qui apanagerait ses nobles membres. A ces mendiants riches et armés, l'État répondit par la voix du roi qu'on aurait bien soin d'eux, et l'Église leur remplit la bouche dans le courant du siècle avec les biens des protestants.

Donc, Richelieu ne pouvait prendre l'argent où il était, et devait le chercher où il n'était pas. Où? chez les pauvres, dans les entrailles du peuple, dans sa substance même; de sorte que le pauvre irait toujours s'appauvrissant et maigrissant. Il réduisit la taille de six cent mille livres, en 1626, et l'augmenta de dix-neuf millions en quatre ans. Pourquoi? parce qu'il ne pouvait prendre qu'aux taillables, aux roturiers, aux pauvres.

A la première proposition sérieuse, Richelieu recula. Un magistrat qui n'avait pas le mot de cette comédie, s'avisa de dire qu'on devrait rendre la taille *réelle*, non *personnelle*, faire payer tous les biens, *y compris les biens nobles.* Richelieu n'aurait pas été ministre vingt-quatre heures s'il eût appuyé ce mot. Il le laissa tomber. Il n'y eut que trois membres pour appuyer cette vaine proposition.

Mais lui, que disait-il? Il feignait un espoir qu'un esprit aussi positif ne pouvait avoir nullement : « Qu'on ferait face à tout, si on faisait une réduction sur la maison du roi, et si l'on pouvait racheter le domaine qui, en six ans, augmenterait le revenu de vingt millions. » Ressource hypothétique, qui supposait la paix, quand la guerre furieuse allait grandissant par l'Europe.

Ajoutez une autre espérance, le futur *rétablissement du commerce!* Le roi *voulait* qu'on honorât le marchand, au moins le marchand en gros (comme si le roi pouvait dans une chose d'opinion). Il *voulait* que les nobles pussent commercer sans déroger. Ils le demandaient, il est vrai, par envie, ignorance, mais ils ne le désiraient pas au fond, étant si impropres au commerce; au vol, à la bonne heure, et à la piraterie.

Si Richelieu eût pris aux privilégiés, il tombait. Et, s'il eût réduit les dépenses, s'il n'eût ruiné la France pour faire l'armée et la flotte, le monstre double qui mangeait l'Allemagne (l'armée jésuite et l'armée mercenaire) nous aurait dévorés comme elle.

Il dut tomber sur l'un ou l'autre écueil. Sorti de la ruine et d'une situation gâtée et insoluble, il ne put nous sauver que par la ruine. Il m'apparaît dès le premier jour ce qu'il fut et resta, ce que dit sa figure lugubre : le dictateur du désespoir.

En toute chose, il ne pouvait faire le bien que par le mal, souvent en employant les plus mauvaises passions de son temps. Celle du clergé, c'était la mutilation de la France, la destruction ou l'expulsion de la France protestante, à l'imitation de ce que l'Espagne faisait des Moresques, l'Autriche des Bohémiens et de tant d'autres. Beaucoup de catholiques pensaient de même, par l'impatience française qui brise les obstacles, éreinte et bêtes et gens, ne sachant les conduire; enfin, par une autre passion nationale, le goût de l'unité matérielle, brutale et mécanique, insoucieuse des libertés morales qui diversifient la nature.

La France, en se coupant son meilleur bras, allait de plus compromettre le corps, parce qu'elle se brouillait avec ses amis, se livrait à ses ennemis, Autrichiens, Espagnols.

Richelieu le savait, il lui fallait pourtant leurrer cette passion mauvaise, et parfois il en tirait parti. Elle l'aida dans une chose excellente qu'il présenta aux notables : *le rasement des forteresses inutiles*, et leur démolition confiée aux communes mêmes. Dans la liste qu'il donna des forteresses à démolir, la grande majorité étaient protestantes, celles du Dauphiné, du Languedoc et du Poitou. Cela fut salué avec enthousiasme des parlementaires, des communes qui y gagnaient en tous sens, de la petite noblesse, envieuse de la grande, et bien plus encore du clergé.

Si deux provinces catholiques, deux gouverneurs, Guise et d'Épernon, étaient frappés aussi et se plaignaient, Richelieu avait à leur dire que, comme bons catholiques, ils devaient accepter une ordonnance si favorable à la religion, qui, mettant bas les forts du Poitou, de Saintonge, faisait tomber les ouvrages avancés, les bastions de La Rochelle.

CHAPITRE XII

Siège de La Rochelle. (1627-1628.)

Les défections de la France sont les agonies de l'Europe. La paix traîtresse, entre Olivarès et Bérulle, que signa Richelieu (mars 1626), suivie bientôt de la déroute des Danois (août 1626), a commencé le grand débordement des persécutions catholiques. Le général massacre de Bohême (onze mille communes exterminées sur trente mille) s'ouvre le jour de Saint-Ignace, en 1627. L'ordre d'abjurer ou mourir court l'Autriche, les terres autrichiennes. Pendant que l'armée sainte, bandits, moines et bourreaux, pèse vers l'Adriatique, elle déborde, au nord, sur la Saxe, s'extravase en Brandebourg, jusqu'en Poméranie, de façon que les sables même et les écueils de la Baltique ne pourront cacher les proscrits.

La France pouvait entendre la désolation du Rhin, la clameur du Palatinat, ruiné, saccagé, violé, un jour par les Croates et un jour par les Espagnols.

La Lorraine suivait ce mouvement; elle allait armer contre nous, bien plus, donner passage à la grande armée des brigands organisés par l'Empereur.

La France le souffrait, pourquoi? pour une raison que Richelieu se garde bien de dire. Il était encore serf; il ne se maintenait qu'en suivant la reine mère et Bérulle et les Espagnols. Ils l'obligeaient de faire un traité avec Madrid pour l'invasion de l'Angleterre, c'est-à-dire pour le renversement de la politique de Richelieu. Le pape avait le mérite de l'idée première, et Bérulle celui de la foi. Bérulle dictait, Richelieu écrivait, Olivarès corrigeait le traité. Ce qui occupait le plus Bérulle, c'était de savoir s'il valait mieux prendre la flotte anglaise, ou bien la brûler dans le port.

Les Espagnols tirèrent de nous cette pièce (20 avril 1627), et, sans perdre un moment, la communiquèrent aux Anglais, afin qu'ils nous prévinssent, envahissent la France et descendissent à La Rochelle.

Les lettres de Richelieu prouvent qu'il était dupe. Ce traité imposé et contraire à ses plans, il l'avait adopté pourtant. Le 6 octobre encore, il croyait que les Espagnols lui donneraient une flotte, et qu'il pourrait les occuper à ce vain projet de descente.

Ils le jouèrent toute l'année. Ces friponneries misérables peuvent parfois tromper le génie qui ne peut croire qu'on tombe si bas.

C'était la catholique Espagne qui mêlait contre nous, dans une coalition étrange, nos alliés l'Angleterre, la Savoie et Venise; d'autre part, la Lorraine, l'Empereur, tout pêle-mêle, protestants, catholiques.

Elle nous jetait l'Anglais au visage, et bientôt l'Empereur dans le dos!

Tout cela fut connu enfin, lu, révélé dans les papiers qu'on saisit en novembre.

Buckingham n'avait nul principe, mais beaucoup d'imagination. En 1625, il avait prêté des vaisseaux contre La Rochelle (Voir sa lettre, Lingard). En 1627, le voilà défenseur, protecteur de La Rochelle, de tous nos protestants, il tire l'épée pour Dieu.

En réalité, il voulait prendre La Rochelle, ou au moins Ré. C'eût été un nouveau Calais, entre Nantes et Bordeaux, à cinq heures de l'Espagne. Les flottes anglaises n'étaient plus prisonnières au détroit. Libres des servitudes du vent, elles se tenaient là, comme l'aigle de mer sur son roc, tombant sur les vaisseaux français ou sur les galions espagnols, et pillant sur deux monarchies.

Tous les protestants de France allaient refaire à Buckingham l'ancien empire aquitanique d'Édouard III. Ce vainqueur et ce conquérant, qui donc alors pourrait parler de lui faire son procès? Merveilleux coup qui, du fond de l'abîme, le faisait remonter au ciel! Vainqueur en France, despote en Angleterre, et adoré au Louvre! Le roi, embarrassé, eût été trop heureux que la reine intervînt. Lui, Buckingham, alors, son chevalier fidèle, mettait tout à ses pieds. Elle s'attendrissait, et les vœux de la France étaient comblés, il naissait un Dauphin.

Dans cet emportement de passion, il écrivit, en

France, au duc de Rohan qu'il allait arriver avec trois flottes et trois armées, trente mille hommes. Triple attaque, par La Rochelle au centre, aux ailes par Bordeaux et par la Normandie. Pendant ce temps, le duc de Savoie eût agi sur le Rhône, le comte de Soissons en Dauphiné.

De tout ce merveilleux poème de guerre, on n'eut qu'un épisode, la descente de dix mille Anglais à l'île de Ré. C'était assez pour prendre La Rochelle, si La Rochelle voulait être prise. Mais elle ne le voulut pas.

On avait tant reproché aux huguenots d'aimer l'Angleterre, que celle-ci se croyait sûre d'être reçue à bras ouverts. Mais point. Les huguenots furent avant tout Français.

La Rochelle d'ailleurs, notre Amsterdam, forte de commerce et de guerre, un petit monde complet, original, qui avait son pavillon à elle, renommé sur toutes les mers, que serait-elle devenue dans les mains anglaises? Un triste port militaire, comme notre Rochefort d'aujourd'hui. Ses marins avaient horreur d'une pareille transformation. Et ses ministres ne redoutaient guère moins le joug des demi-catholiques, épiscopaux et anglicans.

La mauvaise foi de Buckingham était frappante. S'il eût voulu délivrer La Rochelle, il eût descendu sur terre ferme et l'eût aidée à prendre et démolir son entrave, le fort Louis. Mais il resta en mer pour prendre l'île de Ré, où il se fût établi, que les Rochellois le voulussent ou non, devant eux, à leur porte. Captifs d'un côté par la France, de l'autre ils l'eussent été par l'Angleterre.

Il n'écouta en rien les conseils de Soubise, qui venait avec lui, et pendant que Soubise était allé à La Rochelle, contre leurs conventions, il descendit dans Ré. Non sans perte. Le gouverneur Thoiras, avec le régiment de Champagne et force noblesse, lui fit un tel accueil à l'arrivée, le cribla tellement, qu'il resta inactif cinq jours à se refaire, au lieu de marcher droit au fort.

Soubise, voulant entrer à La Rochelle, avec un secrétaire anglais, fut arrêté tout court, et ne serait pas entré si sa vieille mère, femme d'antique vigueur, ne fût venue et ne l'eût fait passer. On écouta l'Anglais, mais on resta très froid.

Ce scrupule de nos huguenots fut ce qui sauva Richelieu, et qui sauva la France. Si Buckingham eût mis seulement cent hommes à La Rochelle, l'effet moral était produit et Richelieu sautait. L'Angleterre se retournait violemment vers la guerre, sa révolution était ajournée; les cent ans de la guerre anglaise recommençaient pour nous.

Richelieu, loin d'avoir des vaisseaux, n'avait pas d'argent pour en faire. Il espérait dans la flotte d'Espagne !

En cette détresse, il imagina de se servir de son ennemi Bérulle. Il le fit agir pour obtenir à Rome un secours d'argent à prendre sur le clergé. Lenteur, mauvaise volonté. Richelieu prie le clergé même, lui extorque quelques millions.

Que serait-il devenu, sans la lenteur de Buckingham ? Mais celui-ci attendit, pour assiéger le fort, qu'il fût bien approvisionné. Il garda mal la mer. Nos Basques de Bayonne, habitués à faire l'improbable, réussirent à passer ; le fort qui n'avait de vivres que pour cinq jours, fut ravitaillé pour deux mois.

Heureusement, car le roi qui venait, tomba malade, son frère le remplaça, avec le ferme désir de ne rien faire. L'armée qu'il commandait, pillant, ravageant et coupant les arbres, faisait ce qu'il fallait pour que la ville se donnât aux Anglais. Outre le fort Louis, on en commença d'autres évidemment pour l'assiéger.

Grande dispute dans la ville. Les juges sont pour le roi *quand même,* s'en vont, passent au camp royal. Les ministres et le corps de ville prennent la résolution hardie de se défendre, mais seuls, et sans recevoir Buckingham.

Loin de là, dans leur manifeste, ils rappellent, comme leur plus beau titre, d'avoir jadis chassé l'Anglais. Ils offrent, si le roi veut mettre le fort Louis entre les mains de La Trémouille ou de La Force, de s'unir à lui pour chasser de Ré leur défenseur suspect.

Pour réponse, on mit des canons en batterie devant leurs portes. Il fallait ouvrir ou combattre (10 septembre). Ils combattirent, mais ce ne fut que cinq semaines encore après (15 octobre) qu'ils se décidèrent à traiter avec Buckingham.

Sans cette extrême répugnance de La Rochelle pour l'Anglais, l'ardeur, l'activité de Richelieu n'aurait servi de rien. Thoiras était malade, découragé ; la noblesse du fort perdait patience ; on parlait de se rendre. Comment leur envoyer du secours ? Il fallait un miracle. Les Bayonnais et Olonnais le firent par un coup tel que ceux qu'ont fait leurs flibustiers. Le mot fut : « Passer ou mourir. » On y serait mort, si on avait suivi le plan ordonné. Buckingham était averti, et ses chaloupes en mer pour couler ces coques de noix. A mi-chemin, celui qui menait l'avant-garde, le jeune La Richardière, surnommé le capitaine Maupas, dit aux autres : « Ils n'imaginent pas qu'on traverse leur flotte. Et c'est par là qu'il faut passer. Nous sommes très petits et très bas ; nous passerons sous les boulets. » Cela se fit ainsi. De trente-cinq barques, vingt-neuf passèrent, le reste fut coulé. Le fort reçut des vivres en abondance. Buckingham, avec qui Thoiras parlementait, et qui croyait déjà le tenir, vit, le matin du 9 octobre, les soldats qui, du haut des murs, lui montraient au bout de leurs piques « des jambons, chapons et coqs d'Inde ». Dès lors, sa perspective était de rester là l'hiver, de périr dans l'eau sous les pluies.

Les Rochellois, qui jusque-là avaient peur de lui autant que de l'armée royale, le crurent dès lors moins redoutable, et ne refusèrent plus de traiter. Ils le trouvèrent moins haut, et il signa ce qu'ils voulurent (15 octobre). Celui qui fit l'arrangement, Guiton, un de leurs grands marins, y réserva, non seulement les libertés de la ville, mais les droits de la province même, stipulant que, si l'Anglais prenait l'île de Ré, il ne la démembrerait pas du pays pour la faire anglaise, qu'il ne profiterait pas des forts bâtis depuis huit ans sur la côte, qu'il les démolirait. Admirable traité, d'un patriotisme obstiné, mais qui dut refroidir entièrement les Anglais, leur faire peu désirer de vaincre, puisque d'avance on exigeait qu'ils ne profitassent point de la victoire.

Le roi, enfin guéri, était arrivé le 12 octobre. Toutes les forces militaires dont le royaume pouvait disposer étaient devant La Rochelle, trente mille hommes d'élite et un matériel immense. Tous nos ports, du Havre à Bayonne, avaient fourni des hommes et des embarcations. Richelieu, en trois mois, par un mortel effort de volonté, d'activité, avait précipité la France entière sur cet unique point. Le succès n'était guère douteux. La Rochelle avait vingt-huit mille âmes, dont quatorze mille mâles, donc au plus sept mille hommes armés. Des dix mille de Buckingham, il n'en restait que quatre mille. Ni l'Angleterre ni la Hollande ne bougeaient. L'Espagne seule eut quelque envie d'employer ses vaisseaux promis à Richelieu pour lui détruire ses barques et sauver La Rochelle. C'était l'avis de Spinola; il conseillait nettement de trahir. Madrid n'y répugnait pas trop; mais trahir pour les hérétiques, combattre dans les rangs protestants, c'eût été pour l'Espagne une solennelle abdication du rôle qu'elle jouait depuis cent ans, l'aveu le plus cynique de sa perfide hypocrisie.

Si Buckingham eût bien gardé la mer, la France manquant de vaisseaux, il était maître encore de la situation. Mais on fit l'imprudence heureuse de mettre six mille hommes d'élite dans des barques. Ils passèrent, et il fut perdu.

Perdu en France, perdu en Angleterre. Le 6 novembre, avant de s'embarquer, il joua sa dernière carte, donna au fort un assaut désespéré. Il y perdit beaucoup de monde. Il en perdit encore plus à l'embarquement. Il n'avait rien prévu. Il lui fallut faire défiler ce qui lui restait de troupes sur une étroite chaussée; on le coupa, à moitié passé, et on lui tua deux mille hommes (7 novembre 1627).

Il n'en avait plus que deux mille, mais sa flotte était tout entière, et il était encore maître de la mer. Les Rochellois le supplièrent de rester là. Plus il y avait d'hommes dans l'île, plus vite ils seraient affamés. Le roi aurait vu du rivage ses meilleures troupes forcées de se livrer, de se rendre à discrétion. Mais Buckingham avait perdu la tête. Il avait l'oreille pleine du grondement terrible de l'Angleterre ; il avait hâte d'être à Londres pour répondre aux accusations.

Il part, ayant mangé les vivres de La Rochelle, ayant rendu aux assiégeants le service de l'affamer. Cette misérable ville, abandonnée de celui qui l'a compromise, la voilà en présence d'une monarchie. Six mille hommes sans secours, et à peu près sans vivres, vont se défendre un an encore contre une grande armée qui a tout le royaume pour arrière-garde, qui y puise indéfiniment, répare à volonté ses pertes.

La France est admirable dans ces occasions où il s'agit de se couper un membre, de pratiquer sur soi quelque cruelle opération. Dès qu'il lui faut se mutiler, se tronquer, se décapiter, elle est forte, elle est riche. Elle n'avait pas eu d'argent pour payer exactement le Danois en 1626, lorsqu'il combattait pour elle, pour les libertés de l'Europe. Elle eut énormément d'argent en 1627 pour détruire son premier port, la terreur de l'Espagne, l'envie de la Hollande. On jeta les millions dans des constructions immenses qui devaient servir un moment. Tels de ces forts, bâtis uniquement pour prendre la ville, étaient aussi importants que la ville même. Ils étaient reliés entre eux par une prodigieuse circonvallation de trois ou quatre lieues qui enveloppait le pays. On avait fait une Rochelle monstrueuse pour étouffer la petite ! pour une occasion d'une année, des murs babyloniens et des monuments de Ninive !

Tout cela n'était rien si on ne fermait la mer. On l'avait essayé en vain en 1622. Un Italien célèbre n'y pouvait réussir. L'architecte français Métézeau, et Tiriot, maçon de Paris, en indiquèrent les vrais moyens, et avec tant de simplicité qu'on crut qu'on le ferait sans eux. On les paya, et on les renvoya. M. de Marillac, un courtisan suspect, grand ami de Bérulle, se chargea de construire la digue. Désirait-il y réussir ? Bérulle, qui avait tant demandé le siège pour bouleverser les plans de Richelieu, en craignait maintenant le succès dont Richelieu eût eu l'honneur. On voulait à tout prix sa chute, un politique nous dit pourquoi : *Parce qu'on savait qu'une fois la ville prise, les huguenots n'étant plus dangereux, Richelieu s'abstiendrait de les persécuter.* Or, les saints de l'époque, copistes de l'Espagne, voulaient absolument qu'on en fît comme des Moresques, *qu'on les chassât ou les exterminât.* (Fontenay-Mareuil.)

Marillac, substituant son génie à celui des inventeurs, ne fit pas la digue en talus, comme ils l'avaient prescrit ; il la fit droite. Si bien que le travail fut emporté au bout de trois mois. Mais la puissante volonté de Richelieu vainquit tous les mauvais vouloirs à force d'argent. L'armée entière voulait travailler à la digue ; on payait au soldat chaque hottée de pierres qu'il apportait. La solde en outre fut énormément augmentée. De bons et chauds habillements distribués, des vivres abondants. L'argent ne passait plus par les mains infidèles des capitaines, mais par des agents sûrs, tout droit de la caisse au soldat.

Il y avait cent à parier contre un qu'on ne pourrait achever. Richelieu qui, le 6 octobre encore, comptait sur la flotte espagnole, apprit en novembre par des papiers de Buckingham, et par ceux d'un agent anglais qu'on saisit en Lorraine, que l'Espagne était contre lui, que depuis un an elle organisait une coalition pour envahir la France. Découverte et bien mise à jour, l'Espagne persévéra dans une hypocrisie ridicule, nous envoyant à La Rochelle sa flotte (qu'on remercia), tandis qu'elle nous assiégeait dans Casal, où nous soutenions un Français, Nevers, héritier de Mantoue (27 décembre 1627).

L'Italie appelait la France, clouée à La Rochelle. L'Allemagne et le Nord l'appelaient. Notre envoyé en Suède, M. de Charnacé, nous fut renvoyé par Gustave-Adolphe pour dire à Richelieu que, si la France ne venait au secours par hommes ou par argent, c'était fait de l'Europe, et que la France périrait la première. Effectivement, on préparait chez l'Empereur le terrible *Édit de restitution* qui allait déposséder l'Allemagne protestante, transférer la propriété aux catholiques, offrir des primes monstrueuses aux bandes des assassins à vendre, donner des ailes à la guerre, à la mort. Que pouvait Richelieu ? rien du tout. S'il lâchait le siège, il perdait son crédit et périssait. Il devait rester là et tous les millions de la France, si nécessaires ailleurs, il devait les jeter en plâtras dans la boue de ce port. Ces marins rochellois qui eussent si utilement aidé contre les Espagnols, il devait les faire mourir de faim. Les flottes anglaises, ses alliées naturelles, et celles de Gustave et des protestants d'Allemagne, Richelieu devait les combattre et les détruire, s'il se pouvait !

En février, le roi brusquement lui échappe. Il s'ennuie, retourne à Paris. Coup monté, très probablement. On supposait que Richelieu suivrait, ou que, si le roi partait seul, il s'émanciperait de son ministre. Bérulle et la reine mère y comptaient bien ; les Guises y travaillaient, fort mécontents de ce que Richelieu, surintendant de la navigation, avait subordonné leur amirauté de Provence. Au bout de quinze jours passés à Paris (Fontenay-Mareuil), *le roi avait oublié* et La Rochelle et Richelieu. Celui-ci ne le ramena qu'en donnant une place à un petit ami du roi qui lui sonnait du cor, le chevalier de Saint-Simon.

Ce grand homme, si mal appuyé, était resté là indomptable sur cette triste côte, pouvant chaque matin apprendre son naufrage, soit qu'une tempête emporta sa digue et délivrât la ville, soit qu'un vent capricieux soufflât de la cour sur le faible esprit de ce roi qui le soutenait seul contre la haine universelle.

Nul en réalité n'aidait bien Richelieu que La Rochelle elle-même, l'intraitable rigueur qu'elle opposait aux Anglais. Qui empêcha ceux-ci de la ravitailler? (F.-Mareuil.) Le refus que les Rochellois qui demandaient secours leur firent pourtant d'ouvrir la ville. « Qu'offrez-vous? disait Buckingham. Quels dédommagements pour nos dépenses? — Nous n'offrons que nos cœurs, » dirent obstinément ces héros.

Cette résistance immortelle est garantie par un catholique, par un oratorien, Arcère, qui avait tous les manuscrits, depuis détruits ou dispersés.

Qui ne pleurerait en voyant la France anéantir ce qu'elle eut de meilleur? L'imperceptible république se maintenait contre deux rois. Ses marins traversaient la digue; ses cavaliers défiaient l'armée royale. Vingt-huit bourgeois de La Rochelle attaquent un jour cinquante gentilshommes. En tête des vingt-huit était le tisserand La Forêt, qui se fit tuer et à qui on fit des funérailles triomphantes. Un autre sortit seul des portes pour demander un combat singulier. Accepté par La Meilleraie, cousin de Richelieu, qui eut son cheval tué et fut blessé. Mais on courut à son secours.

A Pâques (1628), les marins l'emportèrent sur les bourgeois proprement dits; le parti violent gouverna, et la mairie devint une dictature. Le capitaine Guiton fut élu, malgré lui. « Vous ne savez ce que vous faites en me nommant, dit-il ; songez bien qu'avec moi il n'y a pas à parler de se rendre. Qui en dit un mot, je le tue. » Il posa son poignard sur la table de l'Hôtel-de-Ville, et le laissa en permanence.

« Guiton était petit, mais je fus ravi de voir un homme si grand de courage. Il était meublé magnifiquement, et son hôtel plein de drapeaux qu'il aimait à montrer, disant quand il les avait pris, sur quels rois, dans quelles mers. » (*Mém.* de Pontis.)

Il fallait un Guiton pour soutenir la ville contre l'horrible coup qu'elle reçut en voyant les Anglais, tant attendus, paraître et disparaître, sans rien tenter pour elle. Le 11 mai, on les vit en mer ; le 18, ils étaient partis. Denbigh, beau-frère de Buckingham, pressé par les réfugiés qui étaient avec lui de forcer le passage (la digue étant encore inachevée), dit qu'il leur en laissait l'honneur ; qu'il avait ordre seulement de croiser, de faciliter l'entrée des secours, mais de bien ménager sa flotte.

Dans un tel désespoir, le fanatisme de la patrie mourante poussa un homme à se dévouer pour tuer Richelieu. Il voulait seulement qu'on lui dit « que ce n'était pas un péché ». Guiton, qu'il consulta, répondit froidement : « On ne conseille pas dans ces sortes d'affaires. » Les ministres, auxquels il alla aussi, lui défendirent cet acte, disant : « Si Dieu nous sauve, ce ne sera pas par un forfait. » (Arcère, II, 295.)

La famine pressait. On avait mangé tout, jusqu'aux

cuirs qu'on faisait bouillir. Un chat se vendit quarante-cinq livres. Il fallut faire une chose barbare qu'on avait toujours différée : chasser les pauvres, les vieux, les infirmes, les femmes veuves et sans secours, les envoyer aux assiégeants, c'est-à-dire à la mort. Quiconque voulait passer les lignes était pendu. Cette misérable foule s'y présentant, fut reçue à coups de fusil. Elle revint suppliante à La Rochelle et y trouva visage de pierre, les portes closes et mornes, inexorables. Il leur fallut mourir de faim dans l'entre-deux; dont les soldats du cardinal profitaient honteusement ; les femmes agonisantes se livraient pour un peu de pain.

Étrange armée française ! employée ainsi, sans combattre, à cette fonction de bourreaux, d'étouffer lentement une ville. Du reste, régulière, bien ordonnée, silencieuse. Richelieu dit avec orgueil : « C'était comme un couvent. » Le soldat gagnait gros et engraissait. Sauf les jours qu'il était maçon, portait la hotte, il n'avait rien à faire qu'à entendre la messe des minimes et des capucins, se confesser, communier.

Sur la ligne, à cheval, voltigeaient les évêques. Ceux de Maillezais, de Nîmes, de Mende, étaient les lieutenants du cardinal. Les maréchaux en sous-ordre. Tous allaient prendre le mot dans une petite maison où Richelieu s'était logé sur le rivage. C'était là la vraie cour; l'église et l'épée affluaient, mais avec cette différence : les prélats le poing sur la hanche, enfonçant leurs chapeaux, les officiers courbés et faisant le gros dos.

Que devenait cependant l'honneur de l'Angleterre ? On disait que Charles Ier en laissait parfois tomber de grosses larmes. Mais deux choses le ralentissaient. Des protestants même, la Hollande et le Danemarck, lui reprochaient cette protection de La Rochelle, cette guerre avec la France qui empêchait celle-ci de les secourir. D'autre part, sa jeune femme, vive, ardente et jolie, gagnait de plus en plus sur lui ; elle le priait jour et nuit de ne pas faire la guerre à son frère Louis XIII et à sa famille. Aux heures où l'homme est faible, elle lui disait sur l'oreiller les propres mots de chaque lettre qu'elle avait reçue de la France.

Le Parlement anglais avait pourtant rougi à la longue, et s'était réveillé. Il vota un très fort subside pour sauver La Rochelle. Buckingham mit la flotte en mer. Mais lentement ; car on assure que sa divinité, Anne d'Autriche, lui avait écrit de trahir. Du moins, les puritains le crurent ; un d'eux, Felton, l'assassina.

Nouveau retard. Cette troisième flotte ne partit qu'en septembre, trop tard pour délivrer la ville, assez tôt pour la voir périr.

Richelieu avait fait offres sur offres aux assiégés, jusqu'à se réduire à faire entrer seulement le roi avec deux cents hommes, pour dire qu'il y était entré ; on eût, pour la forme, abattu l'angle extérieur d'un bastion. Mais les choses étaient à ce point qu'on ne pouvait plus se rendre. Le magistrat qui eût signé, eût été tué comme traître. Ils se traînaient, ne soutenaient plus leurs armes, ne marchaient qu'avec un bâton ; on trouvait le matin des sentinelles mortes de faim à leur poste. Et avec tout cela on ne se rendait point. Guiton disait : « Nous y passerons bientôt, nous aussi. Il suffit qu'il en reste un vivant pour fermer la porte. »

Le 28 septembre, devant cette ville morte, quatre-vingts vaisseaux anglais apparaissent, plusieurs très forts. Les Français n'en avaient que quarante-cinq petits, il est vrai, défendus par toutes les batteries du rivage.

Ce fut un grand spectacle. Tous à leur poste, le cardinal à la digue, le roi partout. Des dames en carrosses regardaient du haut des chaussées. Les Anglais, envoyés en avant, la sonde à la main, s'arrêtent bientôt, trouvant peu d'eau. Les gros vaisseaux n'arriveraient pas, disent-ils, et les petits ne serviraient à rien. Les réfugiés français qui étaient sur la flotte anglaise, demandent alors à conduire les brûlots, à aller de leur main les attacher à l'estacade. Ils voyaient de la mer les pauvres gens de La Rochelle qui avaient bravement ouvert le petit port intérieur, et qui de leur côté, malgré la marée et le vent, poussaient un brûlot sur la digue. L'Anglais ne donna pas à nos Français l'honneur qu'ils demandaient. Il poussa ses brûlots lui-même, très mal et de travers. Tout avorta honteusement.

Que venait donc faire cette flotte ? négocier. Milord Montaigu, en partant, avait dit à Londres aux Français de faire ses compliments au cardinal. Celui-ci, le voyant en mer à La Rochelle, lui renvoya des compliments. Tant on complimenta, que Montaigu se chargea d'aller dire à Londres que la digue décidément était infranchissable et qu'il fallait traiter.

Cela tua La Rochelle et finit tout. Le coup moral en fut si fort, qu'on courut se jeter aux genoux de Richelieu. Si les Anglais n'étaient pas venus mettre le comble au découragement, si l'on eût tenu huit jours de plus, la digue était détruite, emportée par une tempête, la ville à même de se ravitailler et de tenir longtemps encore.

Richelieu, qui voulait ramener nos protestants de France, calmer les protestants d'Europe, ne fut point dur pour La Rochelle. Après tout, que lui eût-il fait, en comparaison de ce qu'elle s'était fait elle-même? Nos soldats, en entrant, donnèrent leur pain à tout ce qui se présenta, et le roi en fit distribuer douze mille. C'était le nombre même du peuple qui restait; tous les autres étaient morts de faim.

Le cardinal de Richelieu entra, pour faire enlever les cadavres, nettoyer les rues, et, le temple étant redevenu la cathédrale, il y dit la messe le matin du jour de la Toussaint (1ᵉʳ nov. 1628). Le roi entra le soir, avec quelques troupes dans le plus grand ordre. Le Père Suffren, Jésuite, confesseur du roi, y fit la fête des Morts.

Les oratoriens, les minimes, force moines, y entrèrent, s'emparèrent de différents lieux pour faire chapelle. Les habitants perdirent leurs temples et n'eurent de culte que dans un lieu déterminé plus tard.

L'héroïque Guiton, qu'un ennemi généreux eût accueilli, ne fut pas reçu du roi. Le cardinal le regarda de travers et le fit *interner* dans je ne sais quel village.

Les villes innocentes de Saintes, Niort, Fontenay, qui n'avaient pas bougé, toutes les vieilles places de Poitou, de Saintonge, perdirent leurs murs, et bientôt peu à peu tous ceux de leurs habitants qui purent passer en Suisse et en Hollande.

Le Poitou, alors l'un des pays les plus avancés de la France, devint le plus barbare, plus sauvage et plus superstitieux que la Bretagne. Les Poitevins, derrière leurs haies, toujours seuls à la queue des bœufs, sans rapport social qu'avec des curés rustres, restèrent étrangers à tous les progrès du temps, et gardèrent au vieux fanatisme cette précieuse réserve de Vendée, qui en 92, quand nous eûmes l'Europe à combattre, nous assassina par derrière.

Le petit pays d'Aulnis, si riche jusque-là, et si maigre aujourd'hui, fut comme anéanti. Plus de La Rochelle. Tous se firent Hollandais. Cette ville aujourd'hui est une espèce d'Herculanum ou de Pompéi. Chose bizarre! les insectes, qui ont le sens très vif des choses condamnées à la mort, s'en sont emparés en dessous. Les termites rongent les charpentes. Telles maisons, jusqu'ici solides en apparence, s'affaisseront un matin.

Image trop naïve de cette France du dix-septième siècle, souvent brillante et luisante en dessus, et dessous chaque jour plus vide.

Un vieux secrétaire de Sully, qui s'était enfermé au siège et vit cette désolation, dit ce mot prophétique :

« Voici les huguenots à la merci des puissances qui les détruiront. On en fera autant des peuples qui ne sont pas huguenots. » La richesse en effet, la subsistance même, iront toujours diminuant en ce siècle. La France, sous Richelieu, maigrira de sa gloire, et n'engraissera pas sous Colbert. En 1709, je la cherche, et ne vois plus qu'un os rongé.

Est-ce à dire qu'il n'y aura aucun progrès? On aurait tort de le croire. En ce pays de violence, le progrès s'accomplit par des voies d'extermination. Une France meurt avec La Rochelle et l'émigration de l'Ouest. Une France meurt par les dragonnades et la banqueroute. Une en 93. Une en 1815. Et il y a toujours des Frances à dévorer.

Puis, toujours des sophistes pour la complimenter à chaque destruction. Quelle belle chose que ce pays, au moment de lutter contre l'Autriche et l'Espagne, se soit retranché son meilleur membre et détruit ses meilleurs marins! Cela s'appelle se couper une jambe afin de mieux courir. Ou bien le mot de Molière (s'il est permis de citer la comédie en chose si triste) : « Croyez-m'en, crevez-vous un œil; vous y verrez bien mieux de l'autre. »

Du reste, j'accuse moins Richelieu que son temps, sa fatalité monarchique. Quoi qu'il en dise dans un air de bravoure (son fameux *Testament*), on voit fort bien, par ses lettres et ses actes, qu'il fut poussé, traîné. L'Espagne-Autriche lui fit commencer en France l'œuvre de mort qu'elle accomplissait chez elle. Elle avait fait le désert d'Espagne par l'expulsion des

Moresques. Elle faisait en ce moment le désert de Bohême (sur trente mille villages onze mille égorgés). Elle allait faire bientôt les déserts de Lorraine et du Rhin (où disparurent six cent mille hommes vers 1637). En 1628 Richelieu fut forcé de faire le désert de l'Aulnis par la destruction de La Rochelle, le premier ébranlement des émigrations qui continuent dans tout le siècle.

Il dit en 1626 qu'il voulait, en finances, « revenir aux états de 1608 » (à Henri IV et à Sully). Pour y revenir en finances, il eût fallu y revenir en politique.

Quoiqu'un si lumineux esprit dût généralement préférer le bien, il ne l'aimait pas de cœur. Il n'était pas bon. Il eut un sentiment élevé de l'honneur de la France, mais, comme prêtre et noble, un grand mépris du peuple. Il répète dans son *Testament* la vieille maxime qu'un peuple qui s'enrichirait deviendrait indocile. *Le peuple est un mulet* qui doit porter la charge ; seulement, pour qu'il porte mieux, dit-il, il ne faut pas trop le maltraiter.

Richelieu fut haï de la nation qu'il sauva de l'invasion, et de l'Europe dont il aida la délivrance. Henri IV, qui n'eut le temps de rien faire, fut adoré de tous. La charmante auréole de la France en ce temps, la puissante attraction qui lui jetait l'Europe dans les bras, hélas! que devint-elle alors? Qui désirait sous Henri IV devenir Français? Tout le monde. Et qui sous Richelieu? Personne.

Comment s'était-il fait qu'Henri IV, sans tirer l'épée,

eût tant retardé la Guerre de Trente-Ans? Contre la révolution jésuitique du Midi et de l'Allemagne, il avait dans la main la révolution protestante, affaiblie, mais vivante encore, dont il restait armé. A sa mort, en 1610, il attaquait l'Allemagne, l'Espagne et l'Italie, par trois généraux protestants, Rohan, La Force et Lesdiguières. Ses armées étaient mixtes des deux religions. Les catholiques eux-mêmes gardaient le souffle du grand siècle, son âme formidable.

Trois choses allaient en résulter : 1° Les huguenots, sous un roi catholique, étant menés à la guerre des libertés du monde, se seraient de plus en plus fondus dans le tout. Ni protestants, ni catholiques, mais des citoyens, des Français;

2° Contre des passions on envoyait des passions, et non des automates. La guerre eût été vive, mais courte, la France ayant pour elle les sympathies des nations.

3° Et elle aurait été relativement économique. On n'eût pas fait ce tour de force d'inventer des armées ou d'aller en acheter au poids de l'or jusque sous le pôle, lorsqu'on avait chez soi des hommes tout aussi militaires qui eussent servi même pour rien et remercié en versant tout leur sang.

La France, sous Richelieu, Mazarin et Louvois, avance dans la voie mécanique. La machine est intronisée, et la personne exterminée. L'homme, de fortune et d'âme, arrivera au dernier aplatissement. Et le dix-huitième siècle, qui doit tout recommencer, ne trouve, en 1700, que des laquais spirituels.

Le mot m'est échappé, et je ne l'effacerai pas, mais je m'arrêterai. Bien des fois, j'ai rougi en écrivant ce volume, mais je rougirais encore davantage si je mettais ici en face la France étique de Louis XIII, et la riche, la grasse, la triomphante Hollande, l'heureuse condition de ses citoyens devant la misère des sujets français. La république nouvelle couvre alors les mers de son pavillon tricolore, elle apparaît sur tous les points du globe. Son malheur de 1619 lui fait détester les factions, et bientôt commence l'âge de sagesse et de tolérance où elle fut l'exemple du monde. Elle devient l'asile universel des persécutés de la terre, des penseurs, des grands inventeurs. Elle abrite les malheurs, les libertés, les arts, bien plus, le sentiment moral ; et la grande exilée, l'âme, elle la garde, afin qu'on la retrouve un jour.

Allez à la Bibliothèque, prenez Callot, prenez Rembrandt. Rapprochement ridicule, direz-vous, et vous aurez raison, c'est mettre le sable et le caillou d'un petit torrent sec en présence d'un océan. N'importe, regardez, étudiez, interrogez.

Le Français, que dit-il de sa fine pointe, de son burin microscopique ? Il dit ce qu'il a vu dans sa vie de bohème : la cour, les fêtes et la famine, les estropiés, les bossus et les gueux, les ruses de la misère, l'universelle hypocrisie, des engagements de soldats, des tueries et des scènes inouïes de pillage, des supplices surtout, la potence et la corde, les grâces du pendu, ce sujet éternel où ne tarit pas la gaieté française.

Ah! pauvre peuple gai, que je te voudrais donc un peu de l'intérieur, du doux foyer aux chaudes lueurs que j'aperçois chez l'autre, les deux bonheurs de la Hollande, la famille, la libre pensée. Je ne te souhaite pas même la chaumière hollandaise, si confortable, ni le beau moulin de Rembrandt. Non, la grosse lourde barque de commerce où vogue incessamment la famille amphibie, d'Amsterdam dans les mers du Nord, cette arche de Noé où vous voyez ensemble femmes, enfants, chiens et chats, oiseaux, qui naviguent en si grande paix : c'est un abri où je voudrais réfugier mon pauvre Français, au mauvais temps qui va venir.

Le marin était libre, le bourgeois était libre ; bien plus, le paysan, ce malheureux souffre-douleur, sur qui partout alors on marche et on trépigne. Le paysan, comme en Hollande, il se sentait fort sous la loi ! quelle noble fierté d'homme ! et quels égards il exigeait des autres ! Un tout petit fait le dira. Je le tire des *Mémoires* de Du Maurier, le fils de notre ambassadeur.

« Mon père nous ayant loué une petite maison de noblesse près de La Haye, et nous y ayant placés mon frère et moi avec notre précepteur et deux valets, un jour le roi de Bohême, réfugié en Hollande, étant à la chasse, et par hasard ayant entré, suivant un lièvre, avec des chiens et des chevaux dans un petit champ joignant cette maison qu'on avait semé de quenolles (navets), le fermier du lieu, en son habit de fête de drap d'Espagne noir, avec une camisole de ratine de Florence, à gros boutons d'argent massif, courant, avec un grand valet qu'il avait, à la rencontre du prince, ayant chacun une grande fourche ferrée à la main, et sans le saluer, lui dit en grondant : *Konig van Behemen! Konig van Behemen!* (roi de Bohême! roi de Bohême!) pourquoi viens-tu perdre mon champ de quenolles, que j'ai eu tant de peine à semer?

« Ce qui fit retirer le roi tout court, lui faisant des excuses, et lui disant « que ses chiens l'avaient mené là malgré lui ».

Vous auriez couru loin en Europe pour trouver pareille chose, cette liberté, cette audace à défendre le fruit du travail. Partout ailleurs elle eût été punie. Ce paysan, en France, eût été aux galères. Et le roi, en Allemagne, l'eût fait dévorer de ses chiens.

Hélas! pauvre homme de la Guerre de Trente-Ans, qui te protégera et quelle fourche de fer te défendra contre Waldstein et ses cent mille voleurs?

La France n'y suffirait pas mutilée, comme elle est, épuisée par les grands efforts qu'en doit exiger Richelieu. Et l'on désespérerait de l'Europe même si l'on ne voyait à l'horizon une aurore boréale, le drapeau de Gustave-Adolphe.

CHAPITRE XIII

La Guerre de Trente-Ans. — Les marchés d'hommes
La bonne aventure.

L'histoire humaine semble finie quand on entre dans la Guerre de Trente-Ans. Plus d'hommes et plus de nations, mais des choses et des éléments. Il faut raconter barbarement un âge barbare et prendre un cœur d'airain, mettre en saillie ce qui domine tout, la brutalité de la guerre et son rude outil, le soldat.

Il y avait trois ou quatre marchés de soldats, des comptoirs militaires où un homme désespéré, et qui ne voulait plus que tuer, pouvait se vendre.

1° L'ancien marché de l'Est, ou de Hongrie, des Marches turques. Le vieux Bethlem Gabor, qui avait pris part à quarante-deux batailles rangées, se maintenait contre deux empires par la double force d'une résistance nationale et des aventuriers de toute nation. Tous les costumes de guerre, les déguisements par lesquels on essaye de se faire peur les uns aux autres, ont été trouvés là. Le monstrueux bonnet à poil pour rivaliser avec l'ours, l'absurde et joli costume du hussard, qui porte des fourrures pour ne pas s'en servir, et, pour sabrer, jette la manche aux vents, toutes ces comédies, fort bien imaginées contre la terreur turque, furent partout servilement copiées dans les lieux et les circonstances qui les motivent le moins.

Au total, la Hongrie, le Danube, étaient la grande école, le grand enrôlement de la cavalerie légère. Là, point de solde et point de vivres, une guerre très cruelle, nulle loi, l'infini du hasard, le pillage, la *bonne aventure.*

2° Exactement contraire en tout était le petit marché de la Hollande. Peu d'hommes, et très choisis, très bien payés et bien nourris. Une guerre lente, savante. Le plus souvent il s'agissait de sièges. On restait là un an, deux ans, trois ans le pied dans l'eau, à bloquer scientifiquement une méchante place. Il fallait la vertu de nos réfugiés huguenots, ou l'obstination britannique des mercenaires d'Angleterre et d'Écosse qu'achetait la Hollande, pour endurer un tel ennui. Plusieurs eussent mieux aimé se faire tuer. Mais ce gouvernement économe ne le permettait pas. Il leur disait : « Vous nous coûtez trop cher. »

3° Ceux qui ne possédaient pas ce tempérament aquatique perdaient patience et s'en allaient aux aventures du Nord. Ainsi fit un certain La Gardie, de Carcassonne, homme d'un vrai génie, qui, ayant su, par les Coligny, les Maurice, tout ce qu'on savait alors, alla s'établir en Suède, et sur le vaste théâtre de

Pologne et de Russie trouva la grande guerre, la haute et vraie tactique. Son fils forma Gustave-Adolphe.

4° Enfin, le grand, l'immense, le monstrueux marché d'hommes était l'Allemagne, lequel marché, vers 1628, faillit absorber tous les autres et concentrer tout ce qu'il y avait de soldats en Europe, de tout peuple et toute religion.

Danger épouvantable. Si cela s'était fait, il n'y avait nulle part à espérer de résistance sérieuse. C'est ce qu'avait très bien calculé le spéculateur Waldstein, qui ouvrit ce marché. Les anciens condottieri avaient fait cela en petit; plus récemment le Génois Spinola, sous drapeau espagnol, fit la guerre à son compte. Waldstein reprit la chose en grand, avec ce raisonnement bien simple : Si j'ai quelques soldats, je puis être battu; mais si je les ai tous, je ferai la guerre à coup sûr, n'ayant affaire qu'aux non-soldats, aux paysans mal aguerris, aux moutons... et j'aurai les loups!

Maintenant quel fut donc le secret de ce grand marchand d'hommes, de ce puissant accapareur, l'appât qui leur faisait quitter les meilleurs services et les mieux payés, le gras service de Hollande? Comment se faisait-il que toutes les routes étaient couvertes de gens qui allaient se vendre à Waldstein? Quels furent ses attraits et ses charmes pour leur plaire et les gagner tous, les attacher à sa fortune?

C'était un grand homme maigre, de mine sinistre, de douteuse race. Il signait Waldstein pour faire le grand seigneur allemand. D'autres l'appellent Wallenstein, Walstein. Sa tête ronde disait : « Je suis Slave. » Tout était double et trouble en lui. Ses cheveux demi-roux l'auraient germanisé, si son teint olivâtre n'eût désigné une autre origine. Il était né à Prague, parmi les ruines, les incendies et les massacres, et comme une furie de la Bohême pour écraser l'Allemagne. Quand on parcourt ce pays volcanique, ses roches rouges semblent encore trempées de sang. De telles révolutions tuent l'âme. Celui-ci n'eut ni foi ni Dieu; il ne regardait qu'aux étoiles, au sort et à l'argent. Protestant, il se convertit pour une riche dot, qu'il réalisa en fausse monnaie d'Autriche, et acheta pour rien des confiscations, puis des soldats, des régiments, des corps d'armée, des armées. L'avalanche allait grossissant.

Sombre, muet, inabordable, il ne parlait guère que pour des ordres de mort, et tous venaient à lui. Miracle? Non, la chose était naturelle. Il établit le règne du soldat et lui livra le peuple, biens et vie, âme et corps, hommes, femmes et enfants. Quiconque eut au côté un pied de fer fut roi et fit ce qu'il voulut.

Donc, plus de crimes, et tout permis. L'horreur du sac des villes, et les affreuses joies qui suivent l'assaut, renouvelés tous les jours sur des villages tout ouverts et des familles sans défense. Partout l'homme battu, blessé, tué. La femme passant de main en main. Partout des cris, des pleurs. Je ne dis pas des accusations. Comment arriver à Waldstein, inaccessible dans son camp? Le spectre était aveugle et sourd.

Les âmes furent brisées, aplaties, éteintes, anéanties.

Quand le roi de Suède vint venger l'Allemagne et voulut écouter les plaintes, il trouva tout fini. Ces gens, pillés, battus, outragés, violés, dirent que tout allait bien. Et personne ne se plaignait plus!

Un fort bon tableau hollandais qui est au Louvre montre aux genoux d'un capitaine en velours rouge une misérable paysanne qui a l'air de demander grâce. Elle a le teint si plombé et si sale, elle a visiblement déjà tant enduré, qu'on ne sait pas ce qu'elle peut craindre. On lui a tué son mari, ses enfants. Eh! que peut-on lui faire? Je vois là-bas, au fond, des soldats qui jouent aux dés, jouent quoi? La femme, peut-être, l'amusement de la faire souffrir. Elle a encore une chair, la malheureuse, et elle frissonne. Elle sent que cette chair, qui n'est plus bonne à rien, ne peut donner que la douleur, les cris et les grimaces, la comédie de l'agonie.

Le pis, dans ce tableau funèbre, c'est que ce capitaine, enrichi par la guerre, et en manteau de prince, n'a l'air ni ému ni colère. Il est indifférent. Il me rappelle un mot terrible par lequel Richelieu, dans son portrait de Waldstein, termine l'éloge qu'il fait de cet homme diabolique : « Et avec cela, point méchant. »

Waldstein fut un joueur. Il spécula sur la furie du temps, celle du jeu. Et il laissa le soldat jouer tout, la vie, l'honneur, le sang. C'est ce que vous voyez dans les noirs et fumeux tableaux de Valentin, de Salvator.

Sort, fortune, aventure, hasard, chance, ce je ne sais quoi, cette force brutale qui va sans cœur, sans yeux, voilà l'idole d'alors. Le dieu du monde est la Loterie.

« Il est des moments, dit Luther, où Notre-Seigneur a l'air de s'ennuyer du jeu et de jeter les cartes sous la table. »

Waldstein réussit justement parce qu'il fut la loterie vivante. Il se constitua l'image du sort. Pour rien il faisait pendre un homme; mais pour rien il le faisait riche. Selon qu'il vous regardait, vous étiez au haut, au bas de la roue; vous étiez grand, vous étiez mort. Et voilà aussi pourquoi tout le monde y allait. Chacun voulait savoir sa chance.

La loterie proprement dite, aussi bien que les cartes, nous étaient venues d'Italie. Les gouvernements italiens étaient généralement des loteries où les noms, mis au sac, *imbursati*, jouaient aux magistratures. La ville de l'usure, de la grosse usure maritime, Gênes, imagina la première de mettre sur ces bourses d'élections des lots d'argent que l'on tirait. De là des fortunes subites, des ruines aussi, de grosses pertes, des batailles financières, des morts et des suicides de gens qui survivaient, mais pauvres, non plus hommes, mais ombres, des millionnaires devenus *facchini;* comme un carnaval éternel; bref, une société mouvante, et toute en grains de sable, que la Fortune, d'un souffle drolatique, s'amusait à souffler sans cesse, à faire lever, baisser, tourbillonner.

François Ier, qui rapporta plusieurs maladies d'Italie, n'oublia pas celle-là. Il trouva la loterie d'un bon rapport et l'établit en France. Mais, à part l'intérêt du fisc, elle répondait à un besoin de cette société. La grande loterie du bon plaisir se tirant en haut pour les places, le caprice des dames faisant les généraux, les juges et les évêques, il était bien juste que les petits aussi eussent les amusements du hasard, l'émotion des surprises, la facilité de se ruiner.

Un mot entre alors dans la langue, un titre qui fait passer partout et qui tient lieu de tout, qui dispense de tout autre mérite : *un beau joueur*. Les portes s'ouvrent toutes grandes à celui qu'on annonce ainsi. Des aventuriers étrangers entrent par là, souvent sans esprit, sans talent, même grossiers, mal faits, malpropres et malotrus. *Le joueur* d'Henri IV, sa partie ordinaire, est un gros Portugais ventru, le sieur de Pimentel, dont le mérite principal est de voler au roi cent mille francs par soirée. C'est encore là un des mérites du faquin Concini. Son audace héroïque à jouer ce qu'il n'avait pas étonna et charma la reine presque autant que sa grâce équestre, son talent de voltige. Dans la Fronde, un valet, Gourville, marche de front avec tous les seigneurs. Et la grande fortune d'alors est celle d'un fripon de Calabre, fils du fripon Mazarino.

Le général bigot Tilly, le tueur de la Guerre de Trente-Ans, entre ses messes et ses Jésuites, n'est pas tellement dévot à la Vierge Marie qu'il ne songe encore plus à cette fille publique, la Fortune. Au moment solennel où il lui faut marcher contre Gustave-Adolphe, quel mot lui vient à la bouche? où prend-il son espoir? « La guerre est un jeu de hasard! Le gagnant veut gagner, s'acharne; le perdant veut regagner, s'acharne aussi. Enfin tourne la chance; le gagnant perd son gain jusqu'à sa première mise. » C'était là son augure pour croire qu'il vaincrait le vainqueur.

L'homme le plus sérieux du temps, le calculateur politique qui s'efforça de ne remettre que peu à la Fortune, Richelieu cependant semble envisager la vie en général comme un jeu de hasard. « La vie de l'homme, dit-il, surtout celle d'un souverain, est bien proprement comparée à un jeu de dés auquel, pour gagner, il faut que le jeu en die et que le joueur sache bien user de sa chance. »

Lui-même, entraîné par la force des circonstances hors des voies de réforme qu'il avait annoncées en 1626, jeté dans les dépenses énormes du fatal siège et d'une armée, d'une marine indispensables, où allait-il? qu'espérait-il? Il jouait un gros jeu. L'affaire de La Rochelle aurait manqué faute d'argent; elle tint à un fil. Richelieu, au dernier moment, emprunta un million en son nom et sur sa fortune. Son passage des Alpes, dont nous allons parler, aurait manqué aussi, et il serait resté au pied des monts, s'il n'eût encore trouvé au moment des ressources imprévues. Bref, il était lancé dans l'aventure, dans les hasards d'une roulette où il mettait surtout sa vie.

CHAPITRE XIV

La situation de Richelieu. (1629.)

La grande victoire catholique sur La Rochelle et l'hérésie fut fêtée à Paris d'un triomphe païen. Selon le goût allégorique du siècle, Richelieu exhiba Louis XIII déguisé en Jupiter Stator, tenant à la main un foudre doré.

Que menaçait le dieu, et qui devait trembler? l'Espagne apparemment, l'Autriche. L'Empereur voulait nous exclure de la succession de Mantoue, nous fermer l'Italie. Et l'Italie, Venise, Rome, dans l'attente terrible des bandes impériales, criait à nous, nous appelait, envoyait courrier sur courrier.

Donc Louis XIII allait lancer la foudre, mais on pouvait se rassurer. Ce maigre Jupiter à moustaches pointues, s'intitulant *Stator* (qui arrête), disait assez lui-même qu'il ne voulait rien qu'arrêter, qu'il n'irait pas bien loin, s'arrêterait aussi bien que les autres, et foudroierait modérément, jusqu'à un certain point.

Le foudre était de bois. Il y manquait les ailes dont l'antiquité a eu soin de décorer celui de Jupiter. Ces ailes aujourd'hui, c'est l'argent. Le déficit énorme, accusé en 1626, l'aggravation d'emprunts faits pour le siège, semblaient rendre impossible le secours d'Italie. Chaque effort de ce genre demandait un miracle, un coup de génie. Et encore, les miracles n'eurent pas d'effet quant au but principal. Gustave-Adolphe le dit et le prédit à notre ambassadeur qui faisait fort valoir la puissance de son maître : « Vous ne pourrez sauver Mantoue. »

L'histoire de Richelieu est obscure quant au point essentiel, les ressources, les voies et moyens. De quoi vivait-il, et comment? on ne le voit ni dans les mémoires ni dans les pièces. Un ouvrage estimable qu'on vient de publier sur son administration, et qui s'étend fort sur le reste, ne dit presque rien des finances. Comment le pourrait-il? Tout ce qu'on a des comptes de Richelieu (3 vol. *manuscrits*, *Bibl.*, *fonds* S. G. 354-355-356) ne comprend que quatre années (1636-38-39-40), et donne fort confusément les recettes ordinaires, poussées à 80 millions. Pas un mot de l'extraordinaire.

En 1636, quand la France fut envahie, on créa (ou plutôt on régularisa) la *taxe des gens aisés*, et les intendants mis partout en 1637, avec triple pouvoir de justice, police et finances, la levèrent en toute rigueur. Mais on ne peut douter que bien auparavant quelque chose d'analogue n'ait existé, surtout dans les passages d'armées par certaines provinces. Autrement, on ne peut comprendre comment, avec un tel déficit sur l'ordinaire, on put faire chaque année des dépenses (de guerres ou de subsides aux alliés) extraordinaires et imprévues.

De là une action variable, intermittente, quelques pointes brillantes, et des rechutes pour cause d'épuisement. On ne pouvait avoir une armée vraiment permanente. Cela est frappant en 1629, quand Richelieu finit l'affaire des huguenots; mais, celle d'Italie restant en pleine crise, il licencie trente régiments pour en lever d'autres six mois après. De même en 1636, il licencie sept régiments en janvier « pour les refaire en juin ». Économie de cinq mois, forcée peut-être, mais qui faillit perdre la France; en juillet, rien n'était refait, et l'ennemi arriva à vingt lieues de Paris.

La souffrance du grand homme d'affaires qui menait cette machine poussive à mouvements saccadés devait être cruelle. Et l'on comprend très bien qu'il fût toujours malade. L'insuffisance des ressources, l'effort continuel pour inventer un argent impossible, d'autre part l'intrigue de cour et je ne sais combien de pointes d'invisibles insectes dont il était piqué, c'était de quoi le tenir dans une agitation terrible. Mais ce n'était pas assez encore; vingt autres diables hantaient cette âme inquiète, comme un grand logis ravagé, la guerre des femmes, la galanterie tardive, plus la théologie et la rage d'écrire, de faire des vers, des tragédies!

Quelle tragédie plus sombre que sa personne

même ! Auprès, Macbeth est gai. Et il avait des accès de violence où ses furies intérieures l'eussent étranglé, s'il n'eût, comme Hamlet, massacré ses tapisseries à coups de poignard. Le plus souvent il ravalait le fiel et la fureur, couvrait tout de respect, de décence ecclésiastique. L'impuissance, la passion rentrée, s'en prenaient à son corps ; le fer rouge lui brûlait au ventre, lui exaspérait la vessie, et il était près de la mort.

Son plus grand mal encore était le roi, qui, d'un moment à l'autre, pouvait lui échapper. L'Espagne, la cour, attendaient la mort de Louis XIII. Sa femme, son frère, chaque matin, regardaient son visage et espéraient. Valétudinaire à vingt-huit ans, fiévreux, sujet à des abcès qui faillirent l'emporter en 1630, il avait beau se dire en vie, agir parfois et montrer du courage, on soutenait qu'il était mort, du moins qu'il ne s'en fallait guère.

C'était un curieux mariage de deux malades. Le roi aurait cru le royaume perdu, si Richelieu lui eût manqué. Et Richelieu savait que, le roi mort, il n'avait pas deux jours à vivre. Haï tellement, surtout du frère du roi, il devait s'arranger pour mourir avec Louis XIII. Et c'est par là peut-être qu'il plaisait le plus au roi, triste, défiant et malveillant, et qui ne l'aimait guère, mais qui toujours pouvait se dire : « Si je meurs, cet homme est pendu. »

Cette double chance de mort où ses ennemis avaient leur espoir fut justement ce qui le rendit fort et terrible. Il avait des moments où il parlait et agissait comme en présence de la mort; et alors le sublime qu'il cherche si laborieusement ailleurs arrivait de lui-même.

Il y touche, en réalité, dans tels passages de l'allocution qu'il tint au roi au retour de La Rochelle, pardevant ses ennemis, la reine mère et le confesseur du roi, le doucereux Jésuite Suffren.

Il y dit tout, sa situation vraie, ce qu'il a fait et ce qu'il a reçu, ce qu'il possède, ce qu'il a refusé. Il a de patrimoine vingt-cinq mille livres de rente, et le roi lui a donné six abbayes. Il est obligé à de grandes dépenses, surtout pour payer des gardes, étant entouré de poignards. Il a refusé vingt mille écus de pension, refusé les appointements de l'amirauté (quarante mille francs), refusé un droit d'amiral (cent mille francs), refusé un million que les financiers lui offraient pour ne pas être poursuivis.

Il demande sa retraite, non définitive, mais momentanée; on le rappellera plus tard, s'il est encore vivant et si on a besoin de lui. Il explique très bien qu'il est en grand danger, et qu'il a besoin de se mettre quelque temps à couvert. Veut-il se rendre nécessaire, se constater indispensable, et s'assurer d'autant mieux le pouvoir? Si son but est tel, on doit dire qu'étrange est la méthode, bien téméraire. Il parle avec la franchise d'un homme qui n'a rien à ménager. Il ose donner à son maître, peut-être comme dernier service, l'énumération des défauts dont le roi doit se corriger. Et ce n'est pas là une de ces satires flatteuses où l'on montre un petit défaut, une ombre, un repoussoir habile pour faire valoir les beautés du portrait. Non, c'est un jugement ferme et dur, fort étudié, comme d'un La Bruyère, d'un Saint-Simon qui fouillerait à fond ce caractère cent ans après, un jugement des morts, et par un mort. Promptitude et légèreté, soupçons et jalousie, nulle assiduité, peu d'application aux grandes choses, aversions irréfléchies, oubli des services et ingratitude. Il n'y manque pas un trait.

La reine mère dut frémir d'indignation, et aussi de terreur peut-être, sentant que l'homme qui osait une telle chose oserait tout; et que, si ferme du haut de la mort, il comptait peu la mort des autres.

Le Jésuite dut tomber à la renverse, s'abîmer dans le silence et l'humilité.

Le roi sentit cela, et le reçut comme parole testamentaire d'un malade à un malade, et d'un mourant à un mourant.

Richelieu, prié, supplié, resta au ministère. Il était difficile qu'il se retirât en pleine crise. La guerre des huguenots durait en Languedoc, et la guerre d'Italie s'ouvrait. Richelieu, appelé par le pape, autant que par le duc de Mantoue, avait là une belle chance, qui pouvait le sortir de tous ses embarras. Vainqueur de La Rochelle, s'il sauvait l'Italie, il devait espérer que le pape le nommerait en France légat à vie, comme l'avaient été Wolsey et Georges d'Amboise. Vrais rois et plus que rois, puisqu'ils unirent les deux puissances, temporelle et spirituelle.

Les concessions énormes que le pape avait faites sur les biens ecclésiastiques à l'Espagne, à la Bavière, à l'Autriche, qui en usait si mal et qui allait lâcher ses bandes en Italie, les refuserait-il à celui qui venait le défendre de l'invasion des barbares? Ces bandes, menées par leurs soldats, n'auraient pas plus ménagé Rome que celles du luthérien Frondsberg et du connétable de Bourbon.

La grande question du monde alors était celle des biens ecclésiastiques. L'événement de l'Allemagne, cette année, c'est l'*Édit de restitution*, qui les transmet partout des protestants aux catholiques. En France, le clergé, le seul riche, ne donnait presque rien. En viendrait-on à le faire financer malgré le pape ou par le pape? C'était tout le problème.

Richelieu, très probablement, en 1626, eut la première idée. Mais, en 1629, les circonstances changées l'amenèrent à la seconde.

Il délaissa brusquement la politique gallicane qu'il avait suivie dans la grande ordonnance que son garde des sceaux, Marillac, avait compilée de toutes les ordonnances gallicanes du seizième siècle.

C'est une question débattue de savoir si Richelieu, qui abandonna cette ordonnance en 1629, l'avait conçue et provoquée en 1627. Je le croirais. Il ne ménageait guère le pape alors. Il n'excepta point le nonce de la défense générale faite aux particuliers de visiter les ambassadeurs. Le nonce en jeta les hauts cris ; c'était la première fois qu'on défendait aux prêtres de communiquer avec l'homme du pape.

Notez que l'auteur de l'ordonnance, le garde des sceaux, Marillac, et son frère, depuis ennemis de

Richelieu, étaient ses créatures, et alors ses agents, à ce point que le frère fut chargé de l'affaire qui lui importait le plus, la digue de La Rochelle. On ne peut guère admettre que Marillac ait fait à cette époque une si importante ordonnance à l'insu ou contre le gré de son protecteur Richelieu.

Cette ordonnance aurait été une grande révolution. Elle fait pour les curés justement ce que fit l'Assemblée constituante ; elle dote le bas clergé aux dépens du haut. Elle entreprend de couper court à l'herbe fatale et stérile qui germait partout, d'arrêter l'extension des couvents, la multiplication des moines. On réforme les monastères. On désarme le clergé en lui défendant de procéder par censures contre les juges laïques. On ordonne aux juges d'Église de procéder en français. — Dans un acte du même temps, Richelieu, sans oser retirer au clergé les registres de morts, naissances et mariages, lui adjoint des contrôleurs laïques, qui, de leur côté, publieront les bans à la porte des églises.

Que devait attendre Richelieu de son ordonnance gallicane ? Qu'apparemment les gallicans pleins d'enthousiasme, les parlementaires saisis de reconnaissance, se déclareraient pour lui et qu'à la faveur de ce beau mouvement il entrerait aux Hespérides qui avaient fait tout le rêve du seizième siècle, la participation de l'État aux biens ecclésiastiques.

Mais, en réformant le clergé, il entreprenait aussi de réformer la justice. Opposition des Parlements. Résistance des gallicans au projet le plus gallican.

Richelieu, à ce moment, était au comble de la gloire. En réalité, la gloire lui appartenait à lui seul. Il avait vaincu non seulement La Rochelle et les huguenots, mais les ennemis des huguenots, la cour, les Parlements, les grands seigneurs, la reine mère. Tous l'avaient poussé à la chose, et tous l'y avaient délaissé. Le clergé même, en cette guerre qui était proprement la sienne, donna peu, et recula vite. Les saints, le trop ardent Bérulle, qui, par visions, prophéties, par raisons et par déraisons, avaient travaillé dix ans la croisade, l'entravèrent précisément quand elle fut engagée.

Nos Jésuites français, qui d'abord attaquaient Richelieu (par le fou Garasse), de concert avec ceux de Vienne, se rattachèrent bien vite à lui, au succès et à la victoire. La haute direction du *Gesù* de Rome vit sans peine cette dissidence apparente de l'ordre, et trouva bon d'avoir des Jésuites dans les deux camps, chez l'Empereur et contre l'Empereur. Ceux d'Autriche guerroyèrent avec l'épée impériale et inondèrent l'Allemagne de sang. Ceux de France conquirent pacifiquement, avec l'appui de Richelieu; ils confessèrent et enseignèrent partout. Il étrangla pour eux la défaillante université de Paris.

Nos Jésuites, moins guerriers d'action que ceux d'Allemagne, l'étaient autant d'esprit. L'âme d'Ignace, romanesquement aventurière autant que patiente et rusée, vivait toujours dans l'ordre. Plusieurs dans leurs chambrettes de la maison professe rue Saint-Antoine, créaient des flottes, des armées sur le papier.

D'autres, au grand collège de la rue Saint-Jacques, la verge en main, faisaient la guerre aux hérétiques absents, sur le dos de leurs écoliers. Rome répondait peu à cette ardeur guerrière. Sa piètre politique de neveux ne menait pas à grand'chose. Quand Sixte-Quint lui-même avait pris de si mauvaise grâce l'invincible Armada, que pouvaient espérer ces belliqueux Jésuites du Barberino Urbain VIII et des neveux Barberini ? Richelieu, au contraire, après le coup de La Rochelle, était exactement l'idéal, le messie de leur désir, le prêtre militant, le prêtre cavalier, n'ayant d'aides de camp que des prêtres, et pour arrière-garde et réserve mettant partout des régiments jésuites. Par lui, ils firent leur entrée triomphale à La Rochelle, plus tard dans toutes les villes huguenotes de Languedoc et de Poitou. Il les fourra aux armées même, « pour donner des remèdes et des bouillons aux soldats ».

Il s'imaginait avoir conquis l'ordre. A tort. Les Jésuites confesseurs du roi furent presque toujours contre lui. Dans les Jésuites écrivains il eut quelques fanatiques, qui l'auraient voulu à tout prix chef de l'Église de France, légat du pape *a latere*, à vie. Un ou deux poussèrent si loin cette passion, qu'ils écrivirent que Paris pouvait avoir un patriarche, aussi bien que Constantinople (1638).

Vers 1629, tous les ordres religieux, moins un (l'Oratoire, créé par Bérulle), semblaient ralliés au cardinal ministre. Les Carmélites elles-mêmes, amenées ici et dirigées par Bérulle, à sa mort, prièrent Richelieu d'être leur protecteur. Il devint en réalité celui des Bénédictins de Cluny, de Citeaux, de Saint-Maur; celui des Prémontrés. Il s'occupait très spécialement des Mendiants, des Dominicains et des Carmes, les favorisait fort dans leurs affaires. Plusieurs de ses meilleurs espions, aux crises décisives, lui furent fournis par ces deux derniers ordres.

Grande tentation pour un ministre si attaqué, si menacé, à qui les fonds manquaient pour organiser la police, que de trouver dans tous ces moines une police officieuse! Partout, leur confessionnal devint pour Richelieu un vrai trésor d'informations.

Les ordres voyageurs, ceux qui, sous vingt prétextes (mendicité, prédication, missions, etc.), couraient, rôdaient, vaguaient, étaient les diverses familles encapuchonnées de saint François, Mineurs, Minimes, Capucins. En eux, il trouva des agents pour les affaires extérieures, pour son espionnage d'Espagne, de Méditerranée. Le chef de cette administration équivoque était le fameux Du Tremblay, le capucin Joseph, vieilli dans la diplomatie, homme très dangereux, qui servit longtemps Richelieu, mais qui faillit le perdre. Il avait le goût, le talent de la police; tous les espions lui rendaient compte et, par son frère, gouverneur de la Bastille, le capucin avait sous la main les prisonniers d'État. Sans admettre la part exagérée que ses biographes lui donnent dans la destinée de Richelieu, il est certain que Joseph avait contribué à son élévation, et qu'il eut longtemps sous lui un grand pouvoir. Les apparences pauvres et austères du capucin imposaient fort à la simplicité de

Louis XIII, qui même lui confia quelquefois ses petites affaires personnelles. Richelieu, dont les mœurs furent souvent attaquées, tirait quelque avantage de cette couleur monastique d'un gouvernement de capucins, et par-devant l'Europe catholique et surtout près du roi.

Dès 1625, Joseph fut l'auxiliaire de Richelieu, vivant dans son palais, et dans son appartement même. En 1631, il fut tout à fait sous-ministre, ayant quatre capucins pour chefs des quatre divisions de son département.

Le curieux, c'est que ce politique avait eu pour vocation primitive l'idée d'une poétique croisade d'Orient, qu'il fit du moins en vers, sous le titre baroque de la *Turciade*. La croisade eût été exécutée par un nouvel ordre de chevalerie, qui, chemin faisant, eût conquis l'Allemagne. Toute cette chevalerie aboutit à une simple mission de capucins espions, que dirigeait le père Joseph vers l'Orient et dans tous les pays ennemis de la maison d'Autriche.

Par une alliance bizarre de tendances contradictoires, sous l'homme de police il restait du poète, du rêveur chimérique. Le Père Joseph avait grande confiance dans un fou de génie, le dominicain de Calabre Campanella, qui, tenu vingt-sept ans dans les prisons espagnoles de Naples, écrivit là sa *Cité du soleil*, plan de communisme ecclésiastique. Campanella, élargi en mai 1626, mais toujours en danger et poursuivi des Espagnols, fut révéré des nôtres comme ennemi capital de l'Espagne, et comme oracle d'une politique nouvelle, plus hardiment machiavélique que Machiavel. Il se mêlait aussi d'astrologie. Quand Richelieu fut près de marier Monsieur à mademoiselle de Montpensier (origine première de la grande fortune des maisons d'Orléans), il hésitait, sentant qu'un tel colosse de propriété ferait ombre au trône même et diviserait la France. Le Père Joseph, dit-on, obtint de lui de consulter Campanella, alors à Rome. Et l'oracle aurait répondu : *Non gustabit imperium in æternum*. Il ne sera pas roi de toute l'éternité.

Richelieu dit que Campanella lui fit donner en 1631 un avis essentiel à sa sûreté. Il vint en France en 1635. Il y vécut trois ans dans son cloître des Jacobins de la rue Saint-Honoré, et y fut visité, consulté de Richelieu, probablement vers 1638, au moment où le ministre aux abois sembla près de se jeter dans une politique révolutionnaire.

Mais tout cela est loin encore, et c'est à tort qu'on montre le cardinal comme déjà entré dans ces idées audacieuses dix ans plus tôt, en 1628. Vainqueur de La Rochelle à cette époque, très vivement adopté des moines, comptant être légat (pour prix de la campagne qui allait sauver l'Italie), il fut réellement et sincèrement dans une politique catholique. Le chef qu'il eût voulu à l'Allemagne, c'était le catholique duc de Bavière, s'il avait pu l'opposer à l'Autriche. Il fallut deux années pour qu'il se décidât à l'alliance du protestant Gustave, qui servit de prétexte à Rome pour lui refuser tout. La politique qu'il suivit ces deux ans, malgré l'éclat de deux pointes brillantes en Italie, n'aboutit pas. Le Bavarois craignait trop de se compromettre. Et la prophétie de Gustave-Adolphe finit par se vérifier : « Vous ne pourrez sauver Mantoue. »

CHAPITRE XV

La France ne peut sauver Mantoue. (1629-1630.)

L'éclipse de la France, pendant deux ans qu'elle passa en maçonnage à murer La Rochelle, profita à nos ennemis. Le Danois et la ligue protestante succombèrent. Le vieux chef héroïque des Marches turques, Bethlem Gabor, mourut bientôt. Leurs meilleurs hommes passèrent, des deux armées dissoutes, dans l'armée impériale. L'Espagne, notre alliée menteuse qui daignait nous tromper en 1627, n'en prend même plus la peine. De concert avec l'Empereur, elle travaille à force ouverte à déposséder un Français, le duc de Nevers, très légitime héritier de Mantoue et du Montferrat.

Petits pays, mais grandes positions militaires. La seconde (et sa forteresse Casal), une clef des Alpes. La première, je veux dire Mantoue, la capitale des Gonzague, l'une des plus importantes places fortes de l'Europe, couvrait à la fois le pape, la Toscane et les

Vénitiens. Le déluge barbare des armées mercenaires qui, d'un moment à l'autre, pouvait inonder l'Italie, devait d'abord heurter Mantoue, renverser cette digue. Ajoutez, ce qu'on ne voit guère dans les places fortes, que celle-ci, sous les Gonzague, profitant de toutes les ruines, abritant les arts fugitifs, concentrant les chefs-d'œuvre ainsi que les richesses, était devenue un trésor, un musée; c'était, avec Venise, le dernier nid de l'Italie.

L'Espagne avait certes le temps et la facilité de prendre Casal et Mantoue. Richelieu et le roi étaient à La Rochelle. Et qui était au Louvre en 1628? Qui régnait effectivement? L'intime alliée de l'Espagne, la reine mère, son conseiller Bérulle, qui voulait qu'on livrât Casal. Ajoutez la jeune reine espagnole, Anne d'Autriche, l'*inamorata* de Buckingham, galante et paresseuse, que ses dames intrigantes avaient mise pourtant dans la coalition d'Espagne et d'Angleterre, de Savoie et Lorraine, en 1627. Les deux reines étaient pour l'Espagne; si elles n'osaient agir, elles pouvaient paralyser tout.

Richelieu, sans quitter le siège, ni seconder encore directement le duc de Nevers, avait favorisé ses efforts personnels. Nevers était parvenu à lever en France douze mille hommes qu'on lui menait en Italie (août 1628). Mais le pieux Bérulle, qui rêvait avant tout un bon accord entre le roi catholique et le roi-très-chrétien, craignit qu'un succès de Nevers ne fâchât trop les Espagnols et n'empêchât la paix. Il fit écrire par la reine mère à Créqui, gendre et successeur du roi du Dauphiné (Lesdiguières), de faire manquer l'expédition. Créqui refusa les vivres et les facilités que Nevers espérait. La désertion se mit dans cette armée trahie. Elle fut surprise à la frontière par les Espagnols et le Savoyard, beau-frère de Louis XIII. Bref, elle rentra, se débanda. Richelieu n'y put rien. La Rochelle le tint jusqu'en novembre. Tout fut remis à l'autre année.

Ainsi Marie de Médicis donna une année à l'Espagne pour écraser la France en Italie.

Richelieu, revenu si fort, fut prié par le roi de rester au pouvoir; la reine mère ne souffla mot. Elle attendit qu'il fût aux prises en Italie pour agir encore par derrière. Il l'avait bien prévu, compris qu'on empêcherait tout, s'il n'emmenait le roi avec lui. Il l'enleva, pour ainsi dire, le 4 janvier 1629, en plein hiver, l'enleva seul, sans souffrir que personne l'accompagnât, pas un courtisan, pas un conseiller qui pût lui travailler l'esprit.

Il remettait beaucoup à la fortune. La peste était sur toute la route; le froid très vif. Si ce roi, de santé si faible, tombait malade, quelle responsabilité! Ajoutez que l'argent manquait. Il n'avait que deux cent mille francs qu'il envoya de Paris. Est-ce avec cela qu'on nourrit une armée? Toute sa richesse était le roi. Il supposait que la présence du roi, son danger personnel à passer les Alpes en hiver, arracheraient des provinces voisines les secours nécessaires. Créqui en Dauphiné, Guise en Provence, devaient tout préparer: Créqui aider le passage des monts, Guise amener la flotte. Il y eut entre eux une entente admirable pour ne rien faire, pour obéir, non pas au roi, mais à sa mère, c'est-à-dire à l'Espagne. Les intendants n'agirent pas davantage. Le Parlement de Dauphiné mit ce qu'il put d'obstacles aux approvisionnements. Point de vivres, point de mulets, point de canons, point de munitions. Chaque soldat n'avait que six coups à tirer. Et Richelieu persévéra. Il ramassa le peu qu'il put de vivres et se présenta au passage. Il avait deviné d'un sens juste et hardi que le Savoyard prendrait peur et qu'il n'y aurait rien de sérieux.

Le fourbe croyait nous amuser. Il était pour nous, disait-il, mais il lui fallait du temps pour se dégager des Espagnols. Ce temps, il l'employait à élever des barricades à Suse, de fortes barricades, large fossé, gros mur. Derrière, trois mille hommes bien armés. Une saison encore très mauvaise; partout la neige (6 mars 1629). On attaqua gaillardement de face, et ce qui fit plus d'effet, c'est que les Savoyards virent derrière eux les pics couverts de montagnards français.

Cela finit tout, et le roi passa. Il envoya dire poliment au duc, son bon parent, qu'il avait été désolé de le battre, qu'il ne demandait que de passer, d'avoir des vivres en payant, de pouvoir ravitailler Casal. Ce qui se fit en effet.

L'affaire surprit l'Europe et fit honneur au roi, qui, de sa personne et en cette saison, avait frappé ce coup, tandis qu'aucun roi (moins un, Gustave) ne sortait de son repos. L'empereur et le roi d'Espagne, par exemple, qui guerroyaient toujours, partout et si cruellement, ne bougeaient de leur prie-Dieu.

L'effet moral aurait été très grand si le roi avait pu rester en Italie. Mais il n'y laissa que cinq mille hommes et en sortit. Ce furent, au contraire, les impériaux qui y entrèrent à ce moment (24 mai 1629). Ces bandes barbares tant redoutées, contre lesquelles le pape nous avait appelés d'avance, ce fut, tout au contraire, notre courte apparition de six semaines qui accéléra leur invasion. Ils saisirent les Grisons, les passages essentiels qui liaient les États autrichiens avec le Milanais des Espagnols.

Le roi était rentré en France dès le 28 avril pour achever la guerre protestante. On concentra cinquante mille hommes autour de Rohan aux abois, qui n'en avait pas douze mille et qui tomba (3 mai 1629) à l'expédient misérable, criminel, inutile, de conclure avec l'Espagne un traité d'argent qu'on ne paya point. Les victoires de l'armée royale se bornèrent au massacre de la garnison de Privas, qui offrait de se rendre et qu'on égorgea. Des bourgeois même, bon nombre furent pendus, tous dépouillés, leurs biens confisqués. Cet exemple barbare eût été répété sur d'autres villes, si l'affaire d'Italie, plus brouillée que jamais, n'eût donné hâte de finir la guerre. Elle fut conclue le 24 juin 1629, sous la condition de démanteler toutes les villes protestantes.

Richelieu, en quittant le Languedoc, recommanda la modération. Mais en même temps il établit partout d'ardents convertisseurs qui suivirent bien peu ce conseil, des Jésuites surtout, des capucins. Cette paix victorieuse, ces fondations de missions, le firent à ce moment l'idole du parti. Les évêques (une fois il en eut jusqu'à douze) venaient sur toute la route lui faire leur cour et reconnaître leur chef et le futur légat.

Tout cela n'empêchait pas les impériaux de réussir en Italie. En Allemagne la situation était chaque jour plus effrayante. Le Danois n'avait eu la paix qu'en sacrifiant honteusement ses alliés : notre envoyé n'y vint que pour y être témoin de ce traité qui désarmait l'Allemagne. Richelieu se moque de nous en prétendant que ce fut le roi de France qui eut l'*honneur* de cette honte.

On sent ici, comme partout, que ce lent, lourd, prolixe échafaudage de sagesse diplomatique qui caractérise ses *Mémoires*, comme tant d'autres monuments de ce siècle bavard, n'a rien de sérieux. Un hasard immense plane sur les choses.

Il obscurcit à force de paroles des faits très simples, qui sautent aux yeux et dominent tout.

Waldstein grossissait d'heure en heure et ne pouvait plus s'arrêter. Du Danois détruit, du Hongrois fini, d'immenses recrues lui étaient venues, et plus qu'il ne pouvait nourrir. Son armée, pleine d'armées, allait crever. Pour allégement, on avait envoyé un corps en Italie, on en prêtait un à la Pologne, et on faisait sans cesse filer des troupes sur le Rhin. La grosse masse restait vers la Baltique, comme une baleine énorme sur le rivage. Mais cette situation ne pouvait pas se prolonger. En mangeant un pays mangé, on ne trouvait plus rien. Et le grand marchand d'hommes allait être forcé d'être un conquérant ou de périr. Cette superbe comédie d'un esprit ou d'un diable invisible et muet, dans ce camp silencieux, il fallait qu'elle finît. Il était resté deux ans sans rien faire qu'un siège qui manqua (Stralsund). Il avait eu le temps d'étudier à fond la *Grande Ourse*, les étoiles du Nord. La faim, irrémissiblement, allait le tirer de sa contemplation, et, quoiqu'on dît qu'il voulait passer la Baltique, comme il n'aurait trouvé là-bas rien à manger que rocs et neiges, il eût fallu toujours qu'après une pointe en Suède il retombât sur les pays qui pouvaient le nourrir, sur le Rhin, sur les riches villes impériales, sur Strasbourg et le gras évêché de Metz qui le menait en France. Un fou brillant, le duc de Lorraine (à qui nos reines envoyèrent un bonnet de fou), épris de la vie d'aventures, appelait le fléau sur son pays. Et les scélérats étourdis qui menaient Monsieur, frère du roi, l'avaient mis en rapport de lettres avec Waldstein lui-même, jouant au jeu horrible de ramener en France dans les champs de Châlons cette armée d'Attila.

Que faisait la France pendant que les bandes allemandes occupaient Worms, Francfort, la Souabe, puis les environs de Strasbourg, puis même un fort dans l'évêché de Metz? La France désarmait. Richelieu, en août 1629, licencie trente régiments, faute d'argent apparemment.

Il s'indigne de la démarche qu'on fit faire au roi près de l'Empereur, pour obtenir de sa bonne grâce l'investiture de Mantoue. Mais cette démarche n'était-elle pas conséquente, au moment où l'on désarmait ?

Qu'arriva-t-il ? L'effet du *Pas de Suse* se trouva tellement perdu que l'Empereur exigea que le roi, avant de savoir sa sentence, quittât l'enjeu d'abord, livrât ce qu'il tenait, Casal. Et, d'autre part, ceux qui voyaient nos misérables variations, qui voyaient Richelieu occupé de sa guerre intérieure contre sa vieille amante Marie de Médicis, occupé d'apaiser Monsieur à force d'argent, enfin le pauvre roi pleurant à chaudes larmes entre son ministre et sa mère, ceux, dis-je, qui voyaient ce tableau d'intérieur n'avaient garde de s'avancer pour nous, pour être abandonnés demain. L'Italie n'osa rien. Le pape n'osa rien. La Bavière n'osa rien. Et pas même les Suisses, pour protéger leurs propres membres, les Grisons. Qui donc ralentissait les barbares en Italie ? La peste seule.

Je dis les barbares, et non les Impériaux. Car, avec leur drapeau impérial, ces bons alliés et cousins de l'Espagne s'en allèrent tout droit piller la terre d'Espagne, le Milanais. De là, méthodiquement, ils devaient manger les États vénitiens, le Mantouan, s'assouvir sur Mantoue. Le duc et Venise, notre pauvre unique alliée, agonisaient de peur et demandaient au roi du moins une parole : la promesse qu'il les défendrait. Le roi ne disait mot.

Richelieu prétend avoir pris de grandes précautions, mais quelles ? 1° *Menacer la Savoie* pour qu'elle menaçât l'Espagne. Mais l'Espagne n'eût pu arrêter les barbares ; 2° *Pousser la Bavière* à organiser contre l'Empereur une résistance catholique. Mais qu'eût fait l'Empereur ?

Il n'eût pu arrêter ni Waldstein vers la France, ni les brigands qui allaient à Mantoue; 3° *Ménager la paix au Suédois et le mettre en état d'agir.* La Hollande y travaillait aussi, et une victoire de Gustave sur les Polonais y fit plus que nos négociations. Une trève fut signée le 15 septembre 1629. Gustave put dès lors songer à intervenir dans les affaires d'Allemagne. Ses préparatifs prirent *huit mois* (jusqu'en 1630). Et, pour *huit mois encore*, il n'agit qu'au bord de la Baltique. Donc, les Impériaux eurent plus d'un an pour inonder la France, saccager l'Italie.

Quelles forces avait la France? Six régiments de recrues en Champagne (8,000 hommes), et neuf (12,000) de vieux soldats que Richelieu mena aux Alpes.

Waldstein avait 160,000 hommes, les plus aguerris du monde; et cela seulement sous sa main. Mais toutes les bandes campées sur le Rhin, même en Pologne, même en Italie, lui seraient venues à coup sûr, s'il eût signalé une grosse proie, comme la France à ravager, le pillage de Paris.

Aussi, cette fois, le roi resta au nord, et Richelieu, nommé son lieutenant, alla, connétable en soutane et généralissime, frapper encore un petit coup aux Alpes. Il en était comme dans ces éducations de prince où, chaque fois que le prince manquait, on fouettait son camarade. Si l'Espagne ou l'Empereur agissaient mal en Italie, on fouettait le Savoyard qu'on avait sous la main. On se gardait bien d'aller chercher en plaine des batailles de Pavie.

Richelieu improvisa encore l'hiver cette campagne avec une activité, une vigueur admirables. Il y était intéressé. S'il eût pu cette fois, par quelque moyen indirect, et sans quitter les Alpes, faire rétrograder les barbares, le pape lui eût sans doute (il l'espérait du moins) donné ce titre bienheureux de légat à vie qui l'eût fait roi de l'Église de France, et consolidé, éternisé dans le ministère. Aussi, son premier soin, en décembre, avant le départ, fut de forcer Richer, le célèbre doyen de l'Université, à se soumettre au pape et renier sa foi gallicane. Il était fort âgé. Le Père Joseph alla, dit-on, pour terroriser le pauvre homme, jusqu'à la comédie de montrer des poignards, de dire qu'il fallait signer ou mourir.

Richelieu emmenait, comme hommes d'exécution, des généraux qu'il croyait sûrs, Montmorency, Schomberg. Comme le vieux duc de Savoie, notre parent et ennemi, était toujours la pierre d'achoppement, le cardinal avait imaginé d'abréger tout en le prenant au corps, le faisant enlever dans sa villa de Rivoli. L'affaire manqua par la chevalerie de Montmorency, qui devait faire le coup et qui avertit le duc. Alors on fit des sièges, on prit Pignerol, et plus tard Saluces, deux bonnes petites places. Mais on ne put entrer bien loin dans l'Italie.

Ce n'étaient pas ces petits succès-là qui pouvaient sauver Mantoue et l'honneur de la France. Nos ennemis étaient aidés admirablement par la ligue des trois reines, de France et d'Angleterre. Henriette, de plus en plus maitresse de Charles Ier, le livrait à l'Espagne, lui faisait demander la paix aux Espagnols, dès lors d'autant plus fiers et plus insolents pour la France. Au Louvre, Marie de Médicis avait repris son fils, et, lorsque Richelieu obtint que le roi viendrait à l'armée, Marie et Anne d'Autriche le suivirent, s'établirent à Lyon, pour ralentir et paralyser la guerre.

Le prétexte des reines était très bon. Elles craignaient pour la vie du roi. Une peste épouvantable avait éclaté en Italie (celle que Manzoni peint dans les *Promessi Sposi*). Elles priaient, suppliaient le médecin Bouvart de garder son malade contre Richelieu qui l'entraînait. Louis XIII poussa à Chambéry, à Saint-Jean-de-Maurienne ; la Savoie fut prise, comme toujours. Mais tout cela ne sauvait pas l'Italie. Les reines et le conseil, leur homme, le garde des sceaux Marillac, vieux dévot, amoureux, qui traduisait l'*Imitation* et couchait avec la Fargis (la confidente d'Anne d'Autriche), toute cette cour travailla si bien que le roi revint de Savoie. On lui rappela le danger de la Champagne, danger fort diminué pourtant, Gustave ayant débarqué le 20 juin en Allemagne et inquiétant les Impériaux. N'importe, avec cela on fit traîner les choses. L'armée du roi ne passa en Italie que le 6 juillet, trop tard pour y rien faire de grand, assez tôt pour apprendre la prise de Mantoue (18 juillet 1630).

Richelieu rejette sur Venise la faute du honteux et horrible événement. Cependant par deux fois elle avait ravitaillé la ville assiégée. Mais qu'était-ce que Venise alors ? et comment lui reproche-t-on de n'avoir pu ce que le roi de France lui-même ne pouvait ? Il y avait fait passer furtivement trois cents hommes. Voilà un beau secours! Il est évident qu'au milieu de la peste et de tant de misères les nôtres se serrèrent aux Alpes, et n'allèrent pas voir au visage les vieux soldats, les brigands redoutables qui tenaient Mantoue à la gorge. Les Vénitiens y allèrent, furent battus. C'était le sort des Italiens. Leurs Spinola, leurs Piccolomini, leurs Montecuculli, firent, en ce siècle, la gloire des armées étrangères. Mais, en Italie même, ils ne pouvaient plus rien, sur cette terre de désorganisation et de désespoir.

Il y avait quinze mois que les brigands avaient pris possession de l'Italie, qu'ils mangeaient en long et en large, sans distinction d'amis ou d'ennemis. Ils avaient désolé les Alpes des Grisons et la Valteline, cruellement écorché au passage le Milanais, les États vénitiens; et alors ils étaient à sucer lentement l'infortuné pays de Mantoue, la campagne de Virgile. Altringer et Gallas, deux chefs de partisans, savants maîtres en ruines, qui déjà avaient longuement pillé l'Allemagne, appliquaient leurs arts effroyables aux populations plus désarmées encore de l'Italie. Le paysan endura tout; les pillages, les coups et les hontes, et souvent la mort par-dessus, pour une larme ou pour un soupir. Le grand vengeur des guerres, la peste, impartiale, était venue ensuite, fauchant et les uns et les autres, les tyrans, les victimes. Le camp barbare se dépeuplait, et d'autre part Mantoue perdit vingt-cinq mille âmes. Les vivres n'y manquaient plus pour une population tant diminuée. La peste avait fait l'abondance. Mais, en revanche, il y avait peu, bien peu de soldats pour garder son enceinte immense. Le lac couvrait, il est vrai, la ville et ses longues chaussées étroites où l'on n'arrive qu'un à un. Mais, le 17 juillet 1630, les assiégeants, apprenant que notre armée, le 6, était enfin en Italie, voyant le roi derrière et croyant (bien à tort) que ce nouveau François Ier irait en plaine se joindre aux Vénitiens, sortirent de leur torpeur ; ils quittèrent leur camp, un cimetière, pour attaquer l'autre cimetière, qui était la ville. La nuit, par une belle lune, ils passent en barques, attaquent sur un point, en surprennent un autre, mal gardé. Le duc de Mantoue capitule, se sauve, lui et sa fille, laisse son peuple.

Y avait-il un peuple encore? Trop nombreux malheureusement. Si les rues paraissaient désertes, c'est que les familles malades, ou dans l'agonie de la peur, s'étaient blotties aux greniers ou aux caves, dans les coins des palais. Les brigands surent bien les trouver. On fit la chasse aux hommes. Les pauvres généralement avaient déjà échappé par la mort. Ce furent les riches, les nobles, des gens heureux longtemps, d'autant plus vulnérables, qui endurèrent le long supplice. La molle délicatesse de l'Italie, les hommes de l'*Aminte* et du *Pastor fido*, les princesses du Tasse, s'évanouirent devant la face atroce d'un rustre roux, endurci vingt ans à tuer. Que dire à ces bourreaux? Les madones vivantes furent aussi maltraitées que celles des musées, que ces stupides jouèrent à mettre en pièces, au lieu d'en tirer des millions. La religion ne sauva rien. Les églises furent violées. Tout cela sous le drapeau catholique de l'Empereur, qui avait épousé une princesse de Mantoue.

Une singularité d'horreur qui ne s'est vue nulle part, c'est que cela ne se passa pas sur une ville résistante, ni même sur une ville vivante, mais sur la population dispersée, gisante, immobile, d'une capitale demi-déserte. Tout se fit en grande paix, dans le calme et le silence, sauf quelques cris de femmes ou ceux du patient qu'on *chauffait* pour qu'il dît où était son argent. Ils eurent toute sécurité et tout le temps, trois longs jours, trois affreuses nuits, pour torturer lentement, outrager à loisir. Et, quand on croyait avoir épuisé tout, d'autres venaient, bourreaux tout neufs, pour recommencer de plus belle. Ils ne respectèrent rien, pas même la peste, et désespérèrent les mourantes, au risque de mourir demain.

CHAPITRE XVI

Lutte de Richelieu contre les deux reines. (Juillet-octobre 1630.)

Richelieu, trop évidemment, dans l'Europe catholique et le monde des honnêtes gens, seul était l'ennemi. Sans lui, tout était paix profonde, ou du moins on ne demandait qu'à se réconcilier. C'est ce que le duc de Savoie fit dire au roi. C'est ce qu'insinuait le pape, devenu le compère des Espagnols et de l'Empereur, depuis leur horrible succès de Mantoue. C'est enfin ce que vint dire à Louis XIII l'envoyé des deux reines, Valençay, un homme très brave, fort bien choisi pour un conseil de lâcheté.

Tous étaient pour la paix. Thoiras, qui défendait Casal, disait qu'il ne pouvait plus tenir. Nos généraux, d'Effiat, Montmorency, sauf un brillant combat, ne purent et ne firent rien. D'Effiat était malade. Montmorency était, disait-il, ruiné. Il eût voulu devenir connétable. Mais, s'il le devenait, Créqui, le roi du Dauphiné, eût brisé son épée. D'autre part, Guise était en pleine guerre avec Richelieu pour son amirauté de Provence, Bellegarde pour un droit qu'il prétendait comme gouverneur de Bourgogne, etc. Toutes ces plaintes, ces disputes, ce procès général entre la cour et Richelieu, retentissaient au roi dans cette triste solitude des montagnes, et il en était accablé. Une forte tête, un homme bien portant, eût succombé; combien plus Louis XIII !

Il faut ici avoir pitié de lui, et dire ce qu'il était.

Plusieurs de ses très bons portraits (surtout celui de Philippe de Champagne à Fontainebleau) le montrent au vrai, une longue figure de teint très brun, à moustaches noires. Rien d'Henri IV, rien de Marie de Médicis. Les Espagnols, à son avènement, disaient que ce faux Louis était fils d'un des Orsini. Quoi qu'il en soit, il avait tous les goûts d'un prince italien de la décadence, bon musicien et même compositeur passable, peintre, réussissant dans je ne sais combien de petits arts et de métiers. La prodigieuse idolâtrie de la royauté et de lui-même où on l'éleva pouvait en faire un vrai tyran. Il n'avait pas beaucoup de cœur, était sec, dur, parfois cruel. Petitement dévot, sans tomber cependant à l'idiotisme des rois espagnols ni de Ferdinand II, le terrible mannequin des Jésuites. Louis XIII avait une conscience, n'était pas insensible à l'idée du devoir. Sa gloire de roi, *l'honneur de la couronne* et l'honneur de la France se confondaient dans son esprit. Richelieu tira parti de cela admirablement, et de son vice lui fit plusieurs vertus.

Le malheur était qu'on ne pouvait compter sur rien

avec une créature si maladive, qui déjà trois ou quatre fois avait touché à la mort, que l'ennui consumait, que les soucis minaient, que les médecins ruinaient, exterminaient, par la médecine du temps, implacablement purgative, acharnée à chasser cette humeur noire, qui était sa vie même ; chassée, elle eût emporté tout.

Le premier médecin, Bouvart, de dévotion tout espagnole et vivant aux églises, l'homme des reines, leur organe, ordonna le retour à Lyon (7 août), l'oubli des pensées de la guerre. A quoi les reines ajoutèrent de vives prières pour que le malade se réconciliât avec ses bons parents, l'Espagnol et le Savoyard, avec l'Empereur. Quoi de plus chrétien ? Les rois de l'Europe, en réalité, sont une famille. On le fit consentir à une trêve qui, le 1er septembre, devait livrer Casal aux Espagnols. Les Français n'y gardaient qu'un fort, qu'encore ils devaient livrer du 15 au 31 octobre s'ils ne recevaient secours.

Le roi promit de plus à sa mère, à sa femme, qu'il chasserait Richelieu, mais seulement « après la paix ». Brulart et le Père Joseph la négociaient à Ratisbonne.

Richelieu, arrivant à Lyon, trouva la situation toute gâtée et malade autant que le roi. Le roi était encore debout ; mais il avait si mauvaise mise qu'on voyait qu'il allait tomber. Le bon courtisan Bassompierre, homme de la reine mère, Guise, Longueville, le vieux d'Épernon, ne perdirent pas de temps pour s'assurer du roi. Lequel ? Celui qui était à Paris, le frère de Louis XIII. Le roi de Lyon déjà ne comptait plus.

Ils saluèrent la royauté nouvelle, prirent les ordres de Monsieur pour l'arrestation de Richelieu. Les dames eussent voulu davantage. La sœur de Guise (princesse de Conti) eût préféré sa mort, et elle fit acheter des poignards. Les Espagnols y avaient toujours songé. Et Campanella en avait fait avertir Richelieu. La reine Anne d'Autriche n'y répugnait pas trop. Elle disait seulement : « Il est prêtre. »

Dans ses *Mémoires*, tout politiques, Richelieu couvre tout cela de respect, de silence, il ménage les deux reines, ménage les princes étrangers. Mais, dans le petit *Journal*, écrit par lui, pour lui, chaque soir, et qui donne une mention des avis, des rapports d'espions, de toutes les informations qui lui venaient, on y voit bien plus clair. Ces témoignages, du reste, sont pour la plupart confirmés par tous les mémoires, actes et lettres publiés depuis.

Or voici le dessous des cartes. L'intrigue et la guerre politique couvraient une guerre de femmes.

Richelieu avait été l'amant de Marie de Médicis, plus âgée de vingt ans. Et il ne l'était plus. Ses ennemis ont fait mille contes ridicules sur le libertinage de cet homme si occupé, si maladif, si espionné, observé spécialement par un roi très sévère.

Dans la vérité, Richelieu avait alors une vie sombre et prudente, très réservée. Comme tant d'autres ecclésiastiques, il ne se fiait qu'à une parente, une espèce de fille adoptive, sa nièce, madame de Combalet, qui tenait sa maison et avait soin de lui. C'était une jeune femme, jolie, modeste, austère. Quand elle avait eu le bonheur d'être quitte d'un fort pauvre mari, pour ne plus y être reprise, elle fit vœu de se faire carmélite, s'habilla comme à cinquante ans, prit une robe d'étamine et ne montra plus ses cheveux. Seulement, comme son oncle aimait fort les bouquets, elle ne manquait guère, en l'allant voir, d'avoir des fleurs au sein.

Tout était singulier dans cette jeune femme. On la disait malade secrètement. Nul galant. Mais elle avait un grand attrait. Des dames en étaient éprises et folles, jusqu'à quitter mari, famille et tout, pour s'établir chez elle, la soigner et faire ses affaires. Pour elle, elle semblait uniquement occupée de son oncle, qui eut longtemps la prudence de ne point lui faire de dons excessifs. Ce ne fut que peu avant sa mort qu'il fit tout d'un coup sa fortune, la fit duchesse d'Aiguillon.

Il l'aimait fort. En 1626, quand la mort de Chalais exaspéra la cour, on pinça Richelieu à cet endroit sensible. On fit scrupule à sa nièce de vivre avec ce damné prêtre, cet homme de sang. Elle eut honte, elle eut peur, renouvela son vœu. Le cardinal, troublé, consulta et s'enquit si le vœu était valable. Ses docteurs lui répondirent : Non. Mais elle n'était pas plus tranquille, elle voulait se mettre au couvent. L'oncle n'y sut remède que dans une étrange démarche. Quoique fort mal avec le pape alors, il chargea notre ambassadeur d'obtenir de Sa Sainteté un bref qui interdît le couvent à sa nièce. Elle n'en garda pas moins à la cour, où elle était dame de la reine mère, une tenue de carmélite, toujours fort sérieuse et ne levant jamais les yeux.

Les reines la haïssaient, et pour son oncle, et comme espion, enfin comme contraste à leur vie et reproche muet. Elles l'abreuvaient de fiel et la mortifiaient tout le jour.

Une autre carmélite régnait, fleurissait à la cour, madame Du Fargis, née Rochepot, qui avait été trois ans au couvent de la rue Saint-Jacques, mais, il est vrai, sans faire de vœu. Elle s'était liée (là sans doute) avec la nièce du ministre, quoique connue déjà par maints scandales. On lui fit épouser ce Du Fargis, notre ambassadeur en Espagne, qui y signa la paix contre ses instructions, en 1626. Quand on chassa les dames complaisantes qui, au Louvre et ailleurs, avaient si mal gardé la jeune reine contre Buckingham, on leur substitua la Fargis, plus complaisante encore et bien plus dangereuse. Elle était jolie, ardente, effrontée, tout à fait propre à aguerrir la reine par ses exemples. Agent de l'Espagne, elle lui faisait des amis de tous ses amants. C'était Créqui, c'était Cramail, c'était le vieux garde des sceaux, etc. Tel était, dans l'absence de la Chevreuse, le Mentor de la jeune reine.

La vieille reine, non moins honteusement, était menée par un Provençal d'Arles, un musicien aventurier, qui, pour mieux gouverner la dame, s'était fait médecin, et, pour l'assotir tout à fait, étudiait en astrologie. Dans le petit *Journal* de Richelieu, on voit toute l'importance du docteur. Le rival du grand homme, son antagoniste en Europe, ce n'est pas Spinola, ni Waldstein, ni Olivarès. C'est Vaultier. La reine mère crie et pleure pour Vaultier. La question suprême est de savoir si Vaultier remplacera Richelieu, d'abord dans la maison de la reine mère, puis dans l'État, dans le gouvernement.

Le roi s'alita le 22 septembre, et le 30 fut à la mort. Au dedans, au dehors, on agit vivement. On écrivit en Bretagne, en Bourgogne, pour que des deux bouts de la France il y eût explosion contre Richelieu. On écrivit au prince de Condé qu'il se hâtât de quitter celui que tous quittaient et qui allait périr.

Voyons un peu chez le roi comment les choses se passent. Du 20 au 30, ce fut le plus grand troublé. La médecine la plus violente, les remèdes les plus héroïques ne pouvaient guérir Louis XIII. Il allait à la selle quarante fois par jour et rendait le sang pur. L'intrépide Bouvart était à bout et consterné. Saignée sur saignée, médecine sur médecine, rien n'y faisait. La maladie semblait, malignement moqueuse, augmenter d'heure en heure pour humilier la Faculté.

C'était un spectacle lamentable de voir ce moribond, tant de selles, tant de sang. La cour était fort mal logée, et l'étiquette au diable. Chacun entrait, venait, voyait. Tel priait, tel pleurait. Le 1er octobre, il y eut une grande scène. Le roi mourant communia et demanda pardon à tout le monde.

C'est de ce mot chrétien que Brienne voudrait abuser pour nous faire croire que le roi fit satisfaction à sa femme. Et il ajoute, comme un sot, que le mourant même promit de se guider *par ses conseils!...* Conseils d'une telle étourdie, si compromise et le jouet visible de son entourage éhonté!

Tous les autres témoins nous disent le contraire, Ils attestent que le malade était plus défiant que jamais, qu'il démêlait très bien l'intérêt qu'on avait à sa mort. A ce point qu'il refusait tout, sauf ce qu'il recevait directement de la main de son premier valet de chambre, un bon homme allemand, Béringhem.

Ce Béringhem devenait extrêmement important. Et, si quelqu'un pouvait *in extremis* tirer quelque chose de la main mourante, vraisemblablement c'était lui. Ni le confesseur Suffren, ni le médecin Bouvart, n'exerçait d'ascendant.

Monsieur croyait succéder à coup sûr. Cependant un homme plusieurs fois gracié, noté en des actes publics comme lié aux ennemis de l'État, aurait été aisément contesté, spécialement de Richelieu, sûr de périr si Monsieur était roi.

Une autre personne craignait cet avènement : c'était la jeune reine, jadis bien avec Monsieur, alors mal, parce que le prince rieur et ses bouffons s'égayaient sur les petites aventures de la reine et ses fausses couches. Que n'était-elle enceinte! Elle eût été régente, et Monsieur était écarté! Mais, si elle ne l'était pas, il ne lui restait qu'à épouser cet homme méprisé, et qui riait d'elle tout le jour. C'était le plan de la reine mère, laquelle comptait bien gouverner. La reine Anne serait restée dépendante et petite fille.

On dit qu'une chose violemment voulue et désirée se réalise, qu'un véhément désir parfois crée son objet. J'ignore ce qui en est. Ce qui me semble sûr, c'est que la reine, qui avait tant d'intérêt à être grosse, le devint en effet.

Elle ne le déclara point. Mais quatre mois après, la chose étant visible pour tous, le confident médecin Bouvart n'osa le nier. Elle avorta en mars 1631, par un moyen artificiel, comme on verra, et probablement à six mois.

Le roi l'avait quittée en mai 1630; il la revit à la fin d'août étant déjà malade et en pleine fièvre. Ils se réconcilièrent le jour où il crut mourir, se brouillèrent encore, restèrent brouillés. Je ne vois quand il put être père.

N'importe. Qu'elle fût grosse au jour de la mort, elle était sauvée. Elle restait reine régente, ou du moins présidant le conseil de régence. Elle subordonnait la reine mère et Monsieur, qui n'était plus que son premier sujet.

Il suffisait pour cela que le roi, s'il testait en forme ordinaire, tout en reconnaissant son frère, laissât ajouter la petite réserve naturelle, qui était *de style*, quand le mourant était un homme marié : « *Sauf le cas* où notre très chère épouse seroit enceinte. »

Mais, si le roi n'aimait pas son frère, il n'aimait guère non plus sa femme. Défiant, comme il était, il aurait bien pu être assez malicieux pour effacer ce mot.

Il était bien essentiel qu'on s'assurât de l'homme qui seul en ce moment paraissait lui inspirer un peu de confiance, de Béringhem, non pas pour qu'il agît directement, mais seulement pour veiller les moments où la haine du roi pour son frère serait plus forte que sa malveillance pour sa femme. Ce moment de lui-même allait se présenter. A grand bruit, de Paris, arrivait une armée, les amis de Monsieur avec tous leurs amis, les Guises, les Créqui et les Bassompierre. Déjà ils étaient sûrs du gouverneur de Lyon, de sorte qu'ils tenaient le roi dans leurs mains. Si le 2 ou le 3, le 4 octobre, dans leur impatience d'héritiers, ils venaient le troubler et le faire tester pour Monsieur, les deux gardes du lit, Béringhem et la veuve, n'avaient qu'à surveiller le testament, et le mourant, plus que jamais irrité contre Monsieur, n'eût point fait à la reine l'injure de lui biffer la réserve naturelle en tout héritage.

Comment acquit-on Béringhem? Comme on acquiert un jeune homme, faible et doux, fort galant, sans défense contre les femmes. Celle qui menait l'intrigue, la confidente d'Anne, la Fargis, s'en saisit par un coup d'audace. La cour était campée à Lyon dans un hôtel étroit. Chacun couchait où il pouvait. Béringhem, dans les rares moments où la fatigue l'obligeait de prendre un peu de repos, se jetait sur un matelas, à deux pas de son maître, dans une pièce de passage où on allait et venait. La Fargis n'hésita pas. Sans crainte des passants, sans pudeur du mourant, qui aurait pu entendre, elle alla s'établir dans le lit du valet de chambre, et on les vit entre deux draps.

Il ne manquait plus qu'une chose, c'était que le roi se hâtât de mourir. Les deux partis étaient en présence. La reine Anne tenait la chambre. Et les amis de Monsieur tenaient la ville. Quel que fût le vainqueur, Richelieu périssait. Il se trouva tout à coup seul. Il avait parlé à Bassompierre. En vain. Il parla à M. de Montmorency, à qui il avait donné espoir de le faire connétable. Mais tout ce qu'il tira de son caractère généreux, ce fut l'offre de le faire sauver de Lyon; offre très dangereuse : car c'était le pousser à s'accuser lui-même. En le sauvant ainsi, il le perdait.

Les médecins avaient saigné six fois en six jours cet homme pâle qui n'avait point de sang. Ils essayèrent encore de lui en tirer le 2 octobre. A ce moment, la nature le sauva. La vraie cause du mal, ignorée des docteurs, un abcès à l'anus, creva. Tout fut fini. Quoique très faible, il se mit sur son séant, parla de se lever.

Le jour même arrivaient Guise, Créqui, Bassompierre, représentants du nouveau roi. Ils furent consternés, terrifiés, de trouver cet homme mort qui se levait de son tombeau. Richelieu était près de lui. Il lui montrait que les Impériaux se jouaient de lui à Ratisbonne. Il en tira, le 2, un ordre ferme qui semblait annoncer la résurrection de la France, ordre à l'ambassadeur Brulart de revenir; le Père Joseph, son auxiliaire, pouvait rester, n'ayant pas caractère pour signer un arrangement. Du reste, Richelieu se croyait bien sûr de Joseph, son très intime confident.

L'Empereur, qui jusque-là empêchait la paix en n'offrant qu'un traité impossible, avait hâte de la faire, d'abord parce que Gustave avançait; deuxièmement, parce qu'il savait que Louis XIII avait promis, dès la paix faite, de chasser Richelieu. Joseph et Brulart, fort pressés des Impériaux et sans doute de nos deux reines, étaient dans un grand embarras. Il y a loin de Lyon à Ratisbonne. Joseph reçut-il les nouvelles du 1er octobre, la communion du roi mourant? ou celles du 2, sa résurrection? On l'ignore. Mais, quand il eût eu les dernières, même le roi vivant, Richelieu pouvait périr si Joseph consommait le traité de paix qui devait faire son expulsion.

Donc, au total, Joseph semblait tenir le fil des destinées de Richelieu. C'était son homme, mais il ne l'aimait pas. Joseph croyait l'avoir créé, et avoir créé un ingrat. Le ministre ne faisait pas ce qu'il voulait pour sa fortune. Avec ses sandales de capucin, sa ceinture de corde, cette comédie d'humilité, il visait au chapeau, qui sans doute lui eût donné moyen de supplanter son ami. Richelieu, qui le voyait venir, essaya, dès 1628, de s'en débarrasser, de le claquemurer dans une ville morte, à La Rochelle, dont il l'eût fait évêque. Mais Joseph, non moins fin, déclina l'honneur de cet enterrement, et s'obstina à rester capucin.

En acceptant le traité de l'Empereur contre les

instructions de Richelieu, il avait deux chances pour une. Si le roi mourait, le nouveau roi l'approuvait, le louait. Et, si le roi ne mourait pas, les deux reines montraient au convalescent le traité de Joseph, et, *la paix étant faite,* lui faisaient chasser Richelieu. Qui succéderait à celui-ci ? Il n'y avait qu'un homme capable, Joseph encore. Il devenait ministre, et, de plus, cardinal. Le pape se joignait à l'Empereur pour le presser de faire la paix.

Le fameux capucin était un homme aimable, obligeant, qui, tout agent qu'il fût de Richelieu, avait trouvé moyen de rester bien avec tout le monde. C'est lui qui, en 1626, fonda l'énorme fortune d'Orléans, en décidant Richelieu, malgré sa répugnance, à donner à Monsieur mademoiselle de Montpensier. Monsieur l'aimait, et dit avec regret à la mort de Joseph : « C'était l'ami des princes. »

Il mérita ce titre à Ratisbonne. Pressé, prié, il consentit que Brulart, son collègue, signât la paix. Lui, capucin indigne, il déclinait un tel honneur. Mais on lui mit la plume en main, et sans doute on lui dit que le pape le voulait, qu'en s'abstenant il perdrait pour jamais le chapeau. Il signa (13 octobre 1630).

Cet acte, œuvre de Vienne, était un monstre d'équivoques et de pièges qui compromettait tout : 1° l'*honneur*. En Italie, le commissaire de l'Empereur entrait à Casal; les Français et les Espagnols sortaient, mais avec grande différence, les Espagnols pour rester à deux pas ; notre duc de Mantoue, sans protection et tout seul, restait comme un mouton à la garde des loups. 2° Ce beau traité *compromettait la France*, lui interdisant l'alliance avec les ennemis de l'Empereur (dès lors avec Gustave) ; il ouvrait le royaume, il y avait une phrase qui eût pu faire rendre à l'Empire les Trois Évêchés. 3° La paix n'était pas pour la seule affaire d'Italie, mais générale, donc *comprenant l'Espagne*, qui n'avait rien demandé, et qui restait tout à fait libre de signer ou ne pas signer. Le traité nous liait les mains et n'obligeait pas l'ennemi.

Joseph a dit qu'il avait signé pour gagner du temps ; que le roi pouvait, après tout, ne pas ratifier. Très mauvaise raison. Dans le désir général de la paix, dans les rapides entraînements de la France, ce chiffon de traité une fois répandu et connu, tout devait aller à la dérive, son premier et son grand effet étant justement d'écarter la main forte qui tenait la corde tendue.

Le tant désiré parchemin s'envole à Lyon, comme la colombe de l'Arche. Saisi et baisé des deux reines, il est ébruité dans toute la ville, célébré à cor et à cris. La paix ! la paix !... Les feux de joie s'allument. Les reines au balcon, croyant, dans la fumée, voir s'évanouir Richelieu.

Cela le 20. Et, le 26, le même effet en Italie, sous Casal, effet décisif et terrible sur notre armée. Richelieu, du 2 au 26, avait obtenu du roi réveillé un effort désespéré ; il avait de ses mains arraché aux intendants, envoyé l'argent nécessaire. Plus, des renforts. Plus, l'ordre précis du roi de donner la bataille, et, si on la gagnait, de ne pas s'amuser à ménager l'Espagne, mais de finir ces comédies et d'entrer dans le Milanais. Cette armée était sous trois maréchaux, Schomberg et d'Effiat, deux hommes de talent et très sûrs, le troisième suspect (l'agent des reines), Marillac, frère du garde des sceaux. Mais ce Marillac dut marcher. Schomberg, ayant l'ordre précis et répété, ne voulut plus attendre une heure, et mena l'armée à l'ennemi. Les Espagnols étaient perdus. Leur grand général Spinola venait de mourir, et leur courage aussi. Les Français, pleins d'élan, allaient leur passer sur le corps, et d'autant plus sûrement qu'ils avaient carte blanche, non plus pour secourir une méchante ville de Piémont, mais pour s'en aller voir Milan, la Lombardie.

A ce moment, comme du ciel, un secours vient aux Espagnols, l'envoyé du pape, l'abbé Mazarino. C'était le 26, et, depuis plusieurs jours, le traité fait le 13 avait été apporté en Piémont ; une semaine entière, probablement, Mazarin le garda en poche, devinant bien, le rusé comédien, le parti qu'il en tirerait. Aux premières salves, faites de loin, sans danger encore, notre abbé se présente aux rangs français, court, se démène, fait signe d'un mouchoir le long des premiers rangs ; il va, vient, voltige à cheval, criant : La paix ! la paix !

Ce n'était pas assez pour arrêter Schomberg, qui, le matin encore, dans une dernière lettre du roi, avait lu qu'il ne reconnaissait pas cette paix. Mais c'était assez pour détremper ceux (il y en a en toute armée) qui ne marchent pas volontiers. C'était assez pour faire crier à Marillac que tout était fini. Schomberg lui-même se rangea à cet avis, tant il vit les esprits changés et l'armée refroidie.

Le résultat de cette farce était de finir la résistance de Casal. Assiégeants, assiégés, Espagnols et Français s'en vont. Mais les Impériaux (pires qu'Espagnols) y entrent, un commissaire de l'Empereur, avec une armée de domestiques allemands.

Ce joli trait de Mazarin commença la carrière de ce grand Mascarille. Tout le parti espagnol en Europe, et nos reines surtout, en firent, en ornèrent la légende. Et quoi de plus touchant? Entre deux armées engagées, dans la première furie, sous une grêle de balles, ce jeune homme intrépide (mousquetaire avant d'être prêtre) se précipite, brave mille morts, pour arrêter l'effusion du sang. Tant de courage, d'humanité, de charité chrétienne... Tout à la fois la légende d'un saint et celle d'un héros de roman !... Telle fut la noble et charmante auréole sous laquelle fut bientôt présenté à notre Espagnole Anne le sauveur de l'armée d'Espagne. Admirable rencontre! mystérieuse prédestination! On fit remarquer à la reine que cet ange de paix avait des traits du beau, du noble Buckingham, du héros qu'elle avait aimé.

CHAPITRE XVII

Journée des Dupes. — Victoire de Richelieu sur les reines et Monsieur.
(Novembre 1630 à juillet 1631.)

L'effort du grand ministre, les nobles velléités du roi à son réveil, avaient donc avorté. On devait croire le roi indigné contre ceux qui lui avaient enlevé une victoire certaine, une conquête probable. Or, le contraire advint. En gardant encore son ministre, il assura de nouveau aux reines que, « la paix faite, il le renverrait. » (Fin d'octobre 1630.)

Par quelle prise avaient-elles ressaisi le roi ? Par la plus imprévue : une femme, un amour... Cet insensible, ce malade saigné à blanc, si pâle, qui faisait presque peur, on trouva l'art de le rendre amoureux !

L'aventurier Vaultier, musicien de la reine mère, qui s'était fait son médecin et astrologue, était un esprit pénétrant. On lui doit cet hommage. Il devina que ce moment où un homme échappe à la mort, où, les cierges de l'extrême-onction s'éteignant, il voit la vraie lumière, se croit rené, il est infiniment sensible par sa faiblesse même, enfant, tendre et poète, sous l'enchantement de sa nouvelle aurore.

Donc, il advint que cette aurore, cette belle lumière de vie dont la nature se pare pour un mourant ressuscité, Louis XIII la vit un matin tout animée, charmante, dans une demoiselle de quinze ans, une blonde du Midi. L'avisé Provençal avait cherché, trouvé la petite fille au fond du Périgord, l'avait fait venir avec sa grand'mère, qu'il gagna en lui promettant de devenir dame d'atours de la mère du roi.

On savait parfaitement par quel concert d'éloges, organisé et concordant comme par hasard, on pouvait faire aimer quelqu'un de Louis XIII. On lui donnait de temps à autre un favori, un camarade d'amusement ou de chasse. En hommes, c'était assez facile, plus difficile en femmes. Le sentiment qu'il avait de son insuffisance le rendait plus timide. Mais ici le grand intérêt que les reines avaient à la chose leur donna de l'adresse. On prépara le roi à voir cette jeune merveille, et, quand il fit ses relevailles (pour ainsi dire) et alla rendre grâces à Saint-Jean de Lyon, le coup désiré fut frappé.

Le roi, plein de reconnaissance, ayant bien remercié Dieu, resta encore à entendre un sermon. Là, les yeux errants du convalescent tombèrent sur la nouvelle venue, mademoiselle de Hautefort. L'*Aurore*, comme l'appelaient ses compagnes pour son teint rose, ses cheveux rutilants, illuminée sans doute du reflet des vitraux, apparut un rayon d'en haut et la résurrection elle-même à ce Lazare. Il eut honte d'avoir un carreau sous les genoux quand elle n'en avait pas, et, sans s'inquiéter de ce qu'on en dirait, il suivit son sentiment poétique et lui fit porter son carreau. Une fille du Nord eût été abîmée d'étonnement et d'embarras, eût fait quelque gaucherie. Mais celle-ci, d'une légère rougeur, du vif éclat de ses yeux bleus, transfigurée, prit le carreau, et, sans s'en servir, le posa près d'elle avec respect. Et tout cela d'un si grand air, d'une telle noblesse virginale, que tout le monde en fut ébahi.

Voilà le roi, dès ce jour, sorti de la vie sauvage où l'avaient tenu ses favoris de chasse et autres, Luynes, Baradas, récemment Saint-Simon. Le voilà assidu désormais chez les reines sans cacher aucunement qu'il y va pour mademoiselle de Hautefort. Il fait pour elle des vers, de la musique, lui parle de sa chasse comme à un camarade, de ses ennuis et même des affaires du royaume, parfois de son ministre. Elle, sans rechercher l'honneur de ces confidences, elle y répond modestement, avec adresse et présence d'esprit. Parfaitement dévouée aux reines, à sa chère maîtresse Anne d'Autriche (si innocente et si persécutée), elle dit à merveille, d'une vivacité naïve et gasconne, les petits mots qu'on lui fait dire, du reste ne parlant qu'en chrétienne, pour l'union de la famille royale, pour le soulagement du pauvre et la fin de la guerre.

Richelieu se noyait. Et voilà que cette enfant, innocente et charmante, presque sans s'en douter, lui met la pierre au cou.

Le naufragé imagina de se reprendre à une vieille planche, la reine mère, à son ancien attachement. Puisque, de toutes parts, le vent était à l'amour et que l'amour lui faisait la guerre, il entreprit d'y recourir lui-même. Il avait fort vieilli, il est vrai ; il avait déjà les joues creuses, le poil gris, l'air fantôme qu'on lui voit au portrait du Louvre. Mais enfin la bonne dame avait toujours vingt ans de plus. Un homme de tant d'esprit, et qui avait cet esprit dans les yeux, ne pouvait-il, à force de tendres respects, de mensonges, réveiller au vieux cœur l'étincelle des beaux jours passés? Un Vaultier tiendrait-il contre Richelieu en présence? Celui-ci prit un parti héroïque, ce fut de s'établir sur le terrain de Vaultier même, dans le propre bateau, l'appartement et l'alcôve mouvante où la reine descendait la Loire pour aller à Paris. Elle passait les jours au lit ; lui à ses pieds, agenouillé sur des coussins, comme on faisait alors.

Spectacle intéressant! Et quel dommage que Saint-Simon ne fût pas né! La passion première parut revenue tout à fait. C'était un doux concert de mots charmants en italien entre la vieille haineuse et le prêtre enfiellé. *Amico del cor mio!* disait-elle. Lui, il était ému, rêveur, visiblement fervent et plein de religion, mais troublé sans doute de tant de beauté.

Qui tromperait et mentirait le mieux? C'était la question. La Florentine avait l'émulation de Catherine de Médicis. Mais, parmi ses douceurs, telle venimeuse œillade put révéler au grand observateur la plaie qui lui restait et que rien ne guérit. La Fargis avait eu soin de lui dire que le cardinal et sa nièce (qui, comme tous les caractères sombres, avaient des échappées bouffonnes) égayaient leurs ébats à faire la comédie des galants transports de la vieille en baragouinage italien.

Long et pénible fut ce tête-à-tête du bateau. Dès qu'elle en descendit, le cardinal partit grand train et rejoignit le roi à Auxerre. Le roi, loin des beaux yeux d'*Aurore*, avait quelque peu réfléchi. Une chose le rendait soucieux, c'était d'apprendre peu à peu comme on avait travaillé aux huit jours où il était mort et dans quelle tendre intimité on était avec l'homme de l'Espagne, Mirabel, alors à Bruxelles, qu'on fit revenir. Il avoua à Richelieu que la reine mère était toujours contre lui et n'oubliait rien pour le perdre.

La bataille était pour Paris. Le champ de bataille était le Luxembourg, où la reine mère promenait sa fureur dans sa galerie de Rubens. Quoique le roi n'eût rien promis *qu'après la paix*, elle voulait sur l'heure qu'il chassât Richelieu (11 novembre 1630). Celui-ci, averti, accourt, veut entrer, se défendre ; mais la porte est fermée ; il entre par une autre. Il s'explique, il prie et il pleure. Une effroyable averse d'injures est la réponse. Le roi s'enfuit et se sauve à Versailles.

On a dit que Richelieu, en ce moment, se crut perdu, qu'il fallut le conseil, la fermeté du cardinal de La Valette pour lui rendre le courage et le faire aller aussi à Versailles. J'en doute fort. Sa ténacité indomptable est bien prouvée. Il avait près du roi un ami, il est vrai, un petit ami, Saint-Simon, ex-page que le roi avait fait premier écuyer. Ce favori obscur, sans grande action, avait pourtant cela d'être près du roi à toute heure. Il n'avait pas les charmes et les heureux moments de mademoiselle de Hautefort, mais en revanche l'assiduité; nuit et jour, il était le très discret écho, sourd, non retentissant, des plaintes du roi. Il faisait profession de ne se mêler de rien, de n'avoir aucune initiative. Il savait dire : « Oui, Sire », donner la réplique simple, indispensable. Le roi, s'affligeant de son abandon et du fardeau d'affaires qu'allait lui laisser Richelieu, aurait dit d'un ton de regret : « Où est-il maintenant? » A ce mot, qui n'était pas une demande, l'autre répondit cependant : « Mais, Sire, il est ici. »

Richelieu, comme de dessous terre, reparut et changea le roi. Il lui montra avec respect, mais lui montra pourtant qu'en France, en Italie, partout, on se moquait de lui; qu'il avait perdu à Casal les résultats de deux campagnes, que l'Empereur en était maître, donc l'Espagnol (c'était même chose); que le pape était devenu tout impérial, que Venise demandait grâce à l'Empereur, qu'ici l'homme des reines, le vieux garde des sceaux, Marillac, là-bas son frère le général, étaient excellents Espagnols; que sa cour, son conseil, n'avaient pour chef réel que l'ambassadeur Mirabel, appelé secrètement par la reine Anne à Paris.

Le Paris de la Ligue avait eu pour roi Mendoza. Il ne tenait pas à Mirabel qu'il ne jouât le même rôle. Il trouvait dans le Parlement force têtes pointues pour l'écouter, ou des sots importants, ou des fous imprudents qui auraient joué au jeu insensé de s'appuyer sur l'ennemi « dans l'intérêt des libertés publiques ». Le roi eut honte, eut peur d'une telle situation. Il reprit les sceaux au vieux Marillac, l'exila, fit arrêter l'autre Marillac à l'armée. Mais il était encore si incertain, qu'il lui fallut du temps pour se décider à donner les sceaux à Châteauneuf, un homme énergique et capable que lui désignait Richelieu. Il s'assura de Paris et de la police du Parlement en nommant Lejay premier président.

Mais comment la reine mère allait-elle prendre tout cela? C'était l'inquiétude du roi. Il envoya quelqu'un, à deux heures de nuit, de Versailles à Paris, pour réveiller le Père Suffren, au noviciat des Jésuites, et le prier d'intervenir et de calmer sa mère.

Cette journée, qu'on appela *Journée des Dupes* (11 novembre 1630), ne fut point décisive au fond, comme on l'a dit. Richelieu n'était sûr de rien; le roi restait chagrin de voir que lui seul eût raison.

Il n'avait pas eu assez peur. On n'avait pu, sur des preuves certaines, lui faire voir, lire, toucher le complot. Heureusement pour Richelieu, en surveillant la Lorraine, le centre ordinaire des intrigues, il saisit sur la route (décembre 1630) un médecin du roi, Senelle, chargé et surchargé de lettres pour la reine Anne, pour la Fargis et autres.

Que contenaient ces lettres? On ne le sait pas trop. Dans le procès qu'on fit, on n'ose lever qu'un coin du voile. On parle de complots contre la vie du roi, sans en alléguer d'autres preuves que des recherches astrologiques qu'on faisait pour savoir l'époque de sa mort. Curiosité, il est vrai, mauvaise et très sinistre. On a vu que les pronostics de la mort d'Henri IV y avaient très réellement contribué, encouragé les meurtriers, qui se crurent sûrs de le tuer au jour prédit, marqué là-haut.

Les deux reines et Monsieur ne souhaitaient qu'une mort, celle de Richelieu. On en avait souvent parlé, mais toujours on disait que, si Monsieur faisait tuer Richelieu, le roi le ferait mourir. Cela aurait pu arriver. Louis XIII, malade, comme Charles IX, avait sous les yeux son histoire. Dès son enfance, endoctriné par de Luynes, il tenait de lui cette opinion que Charles IX fut empoisonné par Catherine, et qu'il n'eût pas péri s'il eût fait périr son frère.

Donc, Monsieur devait y songer, attendre encore. La mort de Richelieu exigeait la mort préalable du roi, qui, du reste, semblait ne devoir tarder; il ne se rétablissait point. Mais les valets parfois sont plus impatients que les maîtres; il se pouvait que ceux de Monsieur ou des reines perdissent patience et donnassent au roi malade quelque suprême médecine. L'Église y eût gagné, et l'âme aussi de Louis XIII. Car il allait se perdre, faire le grand péché d'Henri IV qui lui coûta la vie, l'alliance protestante. On le disait partout depuis un an pour irriter les catholiques, quoiqu'en réalité il ne traita que l'année suivante.

Dans la riche collection de lettres qu'on saisit, parmi celles qui étaient écrites à la reine, aux grands personnages, il y en avait une pour une vieille bourgeoise, de nom fort significatif, mademoiselle Du Tillet.

Cette vieille était un vrai bijou du Diable, dont elle avait l'esprit. Une destinée tout à rebours. Pour sa laideur, elle avait été adorée du duc d'Épernon. Et, pour sa roture de petite bourgeoise, elle régnait dans la maison de Guise, faisait la pluie et le beau temps. Il y avait quelque chose là-dessous. Elle ne bougeait du Luxembourg, où la reine mère la traitait avec grande considération. C'était une sibylle, une espèce d'oracle; on répétait et on retenait ses mots. On la consultait en affaires, comme on fait des grands hommes qui, en leur temps, ont accompli des choses ardues et hasardeuses. Comment s'en étonner? Elle passait pour avoir été dans le secret de Ravaillac.

Mais elle était très fine, et cette fois, pas plus que l'autre, on ne put la prendre. Interrogée, elle plut à Richelieu en parlant outrageusement de la Fargis.

La découverte des lettres mit les trois cabales en déroute et en division. Chacun sacrifia les deux autres.

Monsieur traita, promit d'être l'ami de Richelieu, qui acheta ses favoris. Il promit à la reine de parler pour elle, et parla plutôt contre.

La reine mère traita aussi pour sauver son Vaultier. Elle envoya le nonce du pape à Richelieu lui dire qu'il y avait moyen de s'arranger. Puis, inquiète, elle lui envoya encore le Père Suffren pour le prier de venir, et quand il fut venu, très douce, elle lui dit qu'elle avait réfléchi et qu'elle sentait bien que les affaires du roi ne pouvaient se passer de lui. Elle consentit à aller au conseil, et là, faisant bon marché de la jeune reine, sa belle-fille, elle trouva fort bon qu'on punît la Fargis, qui ne pouvait guère l'être sans qu'Anne en demeurât tachée.

Mais la plus embarrassée était la jeune reine, dont la grossesse apparaissait. Elle ne fit pas beaucoup d'effort pour la Fargis; elle pensa à elle-même, et, avec la faiblesse d'une femme en cet état, chargea et dénonça sa grande amie. Elle dit cette chose ridicule, trop visiblement improbable, qu'elle (la reine Anne) avait défendu le cardinal, refusé de le perdre, et que cette méchante Fargis avait forgé les lettres pour l'en punir et la perdre elle-même.

Richelieu, absolument maître de la situation, montra pour la reine une grande douceur. Il craignit de déchirer le rideau de gaze légère qui couvrait le triste intérieur de la famille royale. Il craignit de rendre le roi ridicule. Il craignit peut-être pour Anne elle-même. Car cet homme, qui semblait si sec, aimait les femmes pourtant. Il croyait la reine fragile; il la voyait tombée jusqu'à l'avilissante faiblesse d'accuser son amie. Il espéra dans cette mollesse de nature, et crut qu'un jour ou l'autre, dans quelque embarras où l'étourdie se jetterait encore, il l'aurait à discrétion.

Donc, il se contenta d'éloigner cette Fargis. Il la laissa s'enfuir, ce qui rendait le procès impossible. Mais, contre son attente, la Fargis partie (30 décembre 1630), la reine se désola et s'emporta; elle montra pour la perte de celle qu'elle venait d'accuser un inexplicable désespoir. Elle disait tantôt qu'elle savait qu'on voulait la renvoyer en Espagne, tantôt la faire mourir pour que la nièce du cardinal pût épouser le roi. Elle priait, pleurait aussi, pour conserver un valet d'intérieur auquel elle tenait d'une manière étonnante, son apothicaire. Elle en fit une affaire d'État. De couronne à couronne, l'Espagne demanda à la France, par son ambassadeur, que cet indispensable serviteur fût rendu à la reine. On le lui rendit pour deux mois, et avec cette clause qu'il ne la verrait qu'au Louvre et en présence d'une dame très sûre.

Son embarras tenait à l'éloignement de sa gardemalade et de l'homme qui pouvait simplifier son état. Il devenait visible. Richelieu, malicieusement, envoyait voir souvent comment elle se portait. Exaspérée, elle dit : « Mais qu'il vienne lui-même!... Il sera le très bienvenu! »

Cet état ne l'empêchait pas de s'agiter, de recevoir des agents de Lorraine ou de trotter aux Carmélites pour voir Mirabel en cachette, ou un Anglais papiste, lord Montaigu, agent de sa belle-sœur Henriette, et mêlé dans tous les complots.

Intrigues misérables, sans résultat possible. L'Espagne n'avait aucune chance de soulever le peuple en ce moment. Le seul complot qui eût pu réussir, c'était de profiter de la passion du roi pour mademoiselle de Hautefort, de le faire succomber, et par elle de s'emparer de lui entièrement. Innocente, mais dévouée, passionnée pour sa maîtresse, cette enfant (de seize ans) eût donné sa vie pour la reine, et peut-être un peu plus encore. L'intérêt de l'Église, d'ailleurs, eût tout couvert. Quel beau texte pour les casuistes ! une douce faiblesse qui empêchait un crime (l'alliance protestante), qui chassait Richelieu, le démon de la guerre, qui rendait la paix à l'Europe et réconciliait la grande famille chrétienne !... Près d'un tel dévouement, qu'était-ce que celui de Judith, qui ne sauva que Béthulie ?

La jeune victime était toute leur ressource en ce naufrage. Vaultier le dit dès Lyon. Son collègue, le pieux médecin Bouvart, à Saint-Germain, quand la reine fut visiblement grosse, n'osa plus tarder, mit les fers au feu. Il se jeta un jour dans un long discours à la Sganarelle, que le roi ne pouvait comprendre. Le sens qu'il démêla à la fin, c'est qu'il n'était malade que de chasteté (comme un de ses aïeux qui en mourut, dit-on); mais que lui, ce serait grand dommage s'il en mourait. Et, comme le roi s'impatientait, demandait où il en voulait venir, à quel remède, saignée, médecine ou lavement..., Bouvart, embarrassé, insinua que la vraie médecine, c'était mademoiselle de Hautefort.

Bouvart était un sot. Un homme que lui-même purgeait, dit-on, deux cents fois dans un an, était bien à l'abri de ces basses tentations. Il fut scandalisé. C'est tout ce qu'on gagna.

Cependant les choses pressaient. On fit un essai plus direct. Le fait est très connu, mais de date incertaine. Je n'hésite pas à le placer au moment où la reine, dans une situation urgente, eut besoin d'emporter la chose.

Un jour, en souriant, mademoiselle de Hautefort tenait, laissait voir un petit billet. Voilà le roi curieux. Il veut savoir ce que c'est. En badinant toujours, elle recule, et le roi avance, curieux et intrigué de plus en plus. Il la prie de le laisser lire, avance la main pour le prendre. Elle le cache dans son sein. Le roi est arrêté tout court et ne sait plus que faire. Cela se passait devant la reine. Elle fit une chose hardie, et qui pouvait avoir de grandes conséquences. Elle prit les mains de la jeune fille, et la tint pour que le roi pût la fouiller.

Mais Louis XIII fut plus embarrassé encore. Il recourut à l'expédient (ridicule, excellent) de prendre de petites pinces d'argent qui étaient là, et, chastement, de ce lieu délicat, sans contact, enleva la lettre.

Que serait-il arrivé si les choses s'étaient passées autrement? On rira si l'on veut, on se moquera de ceux qui donnent aux petites causes une grande portée. Il n'y a rien de petit au gouvernement monarchique.

Si les pincettes ne s'étaient trouvées là, si Louis XIII n'eût pas été homme à les prendre, il serait arrivé que le roi eût senti la débonnaireté de la reine, goûté sa complaisance, compris ce que dit madame de Motteville, « que la reine désirait qu'il aimât mademoiselle de Hautefort ». Enfin sa conscience dévote eût cédé, étouffée par cette connivence de la personne intéressée.

Mademoiselle de Hautefort ne se fût pas sacrifiée pour n'en retirer rien. Aussi ardente et résolue qu'elle avait été vertueuse, le pas fait, elle aurait mené bien loin le roi dans le sens de la reine. Victoire complète de l'Espagne et du pape. Chute et procès de Richelieu. Nulle alliance avec Gustave-Adolphe.

Mais Louis XIII ne fut pas assez inintelligent pour ne pas comprendre. Il méprisa ceux qui l'entouraient, et se donna solidement et fortement à Richelieu.

Celui-ci, qui connaissait mieux son homme et son malade, en contraste avec l'impuissante corruption de la cour, réussit par l'austérité. Le roi aimait le capucin Joseph. Richelieu, non seulement rappela Joseph, mais lui organisa un ministère de capucins. Joseph eut quatre principaux secrétaires de son ordre, un état de maison, des chevaux, des voitures, des logements aux résidences de la cour. Mais rien ne fit meilleur effet au roi que de voir le ministère peuplé de ces robes grises. Rien n'affermit mieux sa conscience et dans ses sévérités pour sa mère, et dans ses résistances au pape, dans l'alliance avec Gustave. Il crut que beaucoup de choses étaient permises à un roi qui faisait aller les capucins en carrosse.

Du reste, Richelieu, qui connaissait Joseph et l'avait expérimenté le premier fourbe de la terre, tout en le grandissant ainsi, le mit parfaitement dans sa main. Il dit aimer tant ce cher frère, qu'il ne le logerait qu'avec lui. Lui et ses capucins, ses employés, son petit ministère, tout fut établi chez le cardinal, au même étage, dans son appartement et sous ses yeux, de sorte qu'il pût toujours lui-même espionner ce chef des espions.

Le tenant de si près, il l'employa à dire au roi certaines choses difficiles, à ouvrir certains avis violents, se réservant pour lui des dehors de modération. Le capucin, né homme d'épée, passait pour en garder l'esprit, et on en faisait cent histoires plaisantes. On disait, par exemple, qu'un jour disant sa messe, il reçut un officier qui venait prendre un ordre pressé pour une surprise de place : « Mais, s'ils font résistance ? » dit l'officier. « Alors tuez tout », dit le bon Père, et il reprit sa messe interrompue.

Richelieu ne pouvait, sans une mauvaise couleur d'ingratitude, parler contre son ancienne protectrice, la reine mère. Peut-être fit-il parler Joseph, et par lui enleva la grande mesure de la séparation de la mère et du fils.

Monsieur, le 31 janvier, ayant repris la guerre par une sortie furieuse et une bravade qu'il vint faire chez le cardinal, on acheva de persuader au roi, exécédé de ces orages, qu'avec sa mère et son frère il n'aurait jamais de repos. Il alla à Compiègne avec toute la cour, mais partit, y laissa sa mère sous la garde de M. d'Estrées, lui faisant dire qu'il la priait d'aller à Moulins, d'y rester. On lui enleva Vaultier, pour le lui rendre, disait-on, dès qu'elle serait à Moulins.

Le lendemain (25 février 1631), on mit son fidèle Bassompierre à la Bastille. La sœur de Guise, princesse de Conti, fut exilée avec trois duchesses, dont deux étaient aussi de la maison de Guise.

Monsieur s'enfuit en Franche-Comté, sur terre

espagnole, le 11 mars, avec le secours de sa mère, qui lui remit les pierreries de sa défunte femme. Elle-même, laissée sans gardes à Compiègne, sur je ne sais quel avis qu'on lui donna, s'enfuit aux Pays-Bas (18 juillet 1531). C'est ce que voulait Richelieu.

Trois gouverneurs de provinces, Guise, Elbeuf et Bellegarde, avaient quitté la France. On les fit condamner à mort par le parlement de Dijon, ainsi que la Fargis, et Senelle aux galères. Le roi lui-même avait été à Dijon pour assurer la Bourgogne, gouvernement du fugitif Bellegarde.

Le roi fit ce voyage en mars, et partit de Dijon le 2 avril pour revenir. Ce fut en mars que la reine avorta.

Richelieu avait eu la complaisance de laisser revenir près d'elle la Chevreuse, qui promettait de le servir désormais. Monsieur en plaisanta. Il dit dans son exil « qu'on avait fait revenir la Chevreuse pour donner plus de moyens à la reine de faire un enfant ». (*Journal de Richelieu*, Arch. cur., t. V, p. 71.)

On lit dans le même *Journal*, p. 41, cette note curieuse :

« Madame Bellier a dit au sieur Cardinal, en grandissime secret, *comme la reine avoit été grosse* dernièrement, qu'elle s'étoit *blessée*, que la cause de cet accident étoit *un emplâtre* qu'on lui avoit donné, pensant faire bien. Depuis, Patrocle (écuyer de la reine) m'en a dit autant, et le médecin ensuite. »

Le roi ignora-t-il cette grossesse ? Et Richelieu fut-il tellement magnanime pour sa belle ennemie jusqu'à la couvrir de son silence? Je ne l'imagine pas.

Je crois plutôt qu'il laissa ce triste secret arriver au roi, pensant ne pouvoir s'affermir sur une meilleure base que sur le mépris de la reine.

Ce qui est sûr, c'est qu'Anne d'Autriche avorta en mars, et que Richelieu, définitivement vainqueur et maître, osa, au mois d'avril, clore et signer son traité avec Gustave, dressé dès le mois de janvier.

CHAPITRE XVIII

Gustave-Adolphe. (1631.)

— Voilà quatre-vingts pages pour le récit de trois années. Et qu'ai-je raconté ? Rien du tout.

Ce rien est quelque chose. Car c'est le fond du temps. La grandeur de l'effort, le sérieux des tentatives, la complexité des combinaisons, l'ostentation savante d'une grosse machine politique et diplomatique, entravée par la moindre chose, qu'il faut raccommoder sans cesse, et qui crie, gémit, grince pour donner un minime effet, voilà ce qu'on a vu. Les infortunés machinistes, Sully et Richelieu, par une force très grande de sagesse et de volonté, atteignent de petits résultats éphémères.

Que reste-t-il de Sully, à cette époque, des bonnes volontés d'Henri IV ? Et ce retour que Richelieu, en 1626, comptait faire aux économies de Sully, cet espoir de réforme, que sont-ils devenus ? Louis XII et François Ier conquirent la Lombardie avec moins de labeur que Richelieu ces deux petites places de Pignerol et de Saluces qu'il nous fait tant valoir. Le résultat unique et réel qu'on ait obtenu, c'est l'amortissement définitif d'une grande force vive par où jadis la France fut terrible à l'Espagne ; je parle du parti protestant, de la marine protestante.

Du reste, l'impuissance est le trait marqué de l'époque. Chacun sent nettement que quelque chose meurt, et on ne sent pas ce qui vient. —

Les vigoureux génies qui, dans ce siècle, ont un moment prolongé l'autre, Shakespeare et Cervantès, ont une intuition fort nette de ces pensées de mort. Ils jouent avec la leur et ne regrettent rien.

« Pleurez-moi seulement ce moment où la cloche tintera pour dire que je vais loger avec les vers... Oubliez-moi, et ne répétez point ce pauvre nom de Shakespeare. »

L'Espagnol est le plus triste, car il s'obstine à rire. Après une histoire fort plaisante : « Je sens bien à mon pouls que dimanche il ne battra plus. Adieu, gaieté ! adieu, plaisanterie ! Adieu, amis ! A l'autre monde ! »

C'est la fantaisie, direz-vous, qui part avec Shakespeare et Cervantès. Une sérieuse renaissance va commencer, de prose et de bon sens. Voici venir les gens de Port-Royal, l'austérité du jansénisme, des efforts méritoires pour mettre la raison dans la foi. Il est curieux de voir pourtant comment les fondateurs eux-mêmes jugeaient de la situation. Jansénius et Saint-Cyran, jeunes en 1613, à l'occasion de Gauffridi,

Prince des magiciens (Voyez précédemment), concluaient que le temps de l'Antéchrist était venu, le dernier temps du monde. Vers 1623, Saint-Cyran, au principe même de la réforme de Port-Royal, montre infiniment peu d'espoir. Il dit en propres termes à Angélique Arnauld : « Il se fera une réformation dans l'Église... Elle aura de l'éclat et éblouira. Mais ce sera un éclat qui ne durera pas longtemps et qui passera. »

En résumé, ce siècle même, à sa bonne époque, dans ses vigoureux commencements jusqu'à Pascal, manque du haut et fécond caractère qui marqua le seizième siècle à son aurore. Je parle de *l'espoir*, du signe décisif où le héros se reconnaît, la *joie*.

J'en ai parlé fortement pour Luther, qui, parmi ses tempêtes, offre pourtant ce signe, la grande joie révolutionnaire, destructive et féconde, et la charmante joie des enfants.

J'en ai parlé pour le sublime fou de la Renaissance, l'engendreur du *Gargantua*, qu'on range avec les fantaisistes, et qui, tout au contraire eut la conception première du monde positif, du monde vrai de la *Foi profonde*, identique à la science.

Je ne vois, au dix-septième siècle que deux hommes gais, Galilée et Gustave-Adolphe.

Galileo Galilei, fils du musicien qui trouva l'opéra, et musicien lui-même, élève des grands anatomistes de Padoue, qui lui apprirent à fond le mépris de l'autorité, professait les mathématiques. En littérature, son livre, c'était l'Arioste : il laissait là le Tasse et les pleureurs.

Deux choses un matin lui tombent dans les mains : un gros livre d'Allemagne et un joujou de Hollande. Le livre, c'était l'*Astronomia nova* de Keppler (1609), et le joujou, c'était un essai amusant pour grossir les objets avec un verre double.

Keppler avait trouvé les mouvements des planètes, affermi Copernik et pressenti Newton. Galilée, au moyen de l'instrument nouveau qu'il organise, suit la voie de Keppler, et, derrière ses planètes, il voit la profondeur des cieux (1610).

Foudroyé et ravi, saisi d'un rire divin, il communique au monde la joie de sa découverte. Il en fait un journal : *Messager des étoiles.*

Puis les célèbres *Dialogues.* Nulle pompe, nulle emphase; la grâce de Voltaire et le style le plus enjoué.

Voilà la vraie grandeur.

Nous la trouvons la même dans le maître de l'art militaire, Gustave-Adolphe, créateur de la guerre moderne. Si l'on veut croire ce qu'il disait, qu'il l'apprit d'un Français, il restera du moins le héros qui la démontra.

Vrai héros et grand cœur, dont ses ennemis, terrassés, ne bénirent pas moins la douceur et l'inaltérable clémence.

Ce qui étonnait le plus en lui, c'était surtout son étonnante sérénité, son sourire en pleine bataille. La conception du bon Pantagruel, du géant qui voit de haut les choses humaines, semblait s'être réalisée dans ce véritable guerrier. Il n'eut ni le génie morose de notre Coligny, ni le froid sérieux du Taciturne, ni l'âpreté farouche du prince Maurice. Tout au contraire, une humeur gaie, des traits de bonhomie héroïque.

Cet enjouement de Galilée et de Gustave-Adolphe, des deux hommes vraiment supérieurs, est un trait fort spécial, fort étranger au temps et qui n'y a nulle influence. Le temps est sec, triste et sombre.

Gustave n'apparut que pour un jour, pour montrer une science nouvelle, vaincre, périr. Galilée, pendant très longtemps, influa peu; vingt ans après sa découverte, le jeune Descartes, qui va en Italie, ne le visite point et semble ignorer qu'il existe. La révolution de Luther, en l'autre siècle, a couru en un mois par toute l'Europe, et jusqu'en Orient. Celle de Galilée est négligée vingt ou trente ans, comme serait un badinage astrologique. Personne n'en sent l'énorme portée, morale et religieuse.

Avant de faire connaître la révolution militaire qu'opéra Gustave-Adolphe, il n'est pas mal de le montrer lui-même.

C'était un homme de taille très haute (quelques-uns disent le plus grand de l'Europe). Très large front. Nez d'aigle. Des yeux gris clair (assez petits, si j'en crois les gravures), mais pénétrants. Il avait pourtant la vue basse, et il eut de bonne heure, étant Allemand par sa mère, beaucoup d'embonpoint. Sa grande force d'âme et de corps, sa paix profonde dans le péril où il passait sa vie et l'absence absolue de trouble n'avaient pas peu contribué à le faire gras. Cela le gênait un peu; on ne trouvait guère de chevaux assez forts de reins pour le porter. Mais cela le servait aussi. Une balle qui eût tué un homme maigre, se logea dans sa graisse.

Il était fort sanguin, et il avait parfois de petits moments de colère, fort courts, après lesquels il se mettait à rire. Il s'avançait aussi trop en bataille, comme un soldat.

Sans ces défauts, les seuls qu'on lui reproche, on aurait pu le croire plus haut que la nature humaine.

Il était étonnamment juste, et trouvait bon que ses tribunaux suédois le condamnassent en ses affaires privées. Il apparut dans cette horrible Guerre de Trente-Ans, où il n'y avait plus ni loi ni Dieu, comme un divin vengeur, un juge, la Justice elle-même.

L'approche seule de son camp, irréprochablement austère, était une révolution. Un de ses hommes qui venait de prendre les vaches d'un paysan, sent une main pesante qui pose sur son épaule. Se retournant, il reconnaît le bon géant Gustave, qui lui adresse avec douceur ces fortes paroles : « Mon fils, mon fils, il te faut t'aller faire juger. » Ce qui voulait dire : Te faire pendre.

Il était le représentant du principe opprimé, le protestantisme, celui de la liberté de l'Europe. Car son père ne fut roi de Suède que par la ruine du catholique Jean. Il fut le roi de la défense nationale contre la Pologne et les Jésuites. Son père le désignait, enfant, comme le vengeur de cette cause. « Je n'achèverai pas, disait-il; ce sera celui-ci. » L'Allemagne le comprit ainsi. Et, quand il eut vingt ans (1614), les grandes villes impériales, si éclairées, Strasbourg, Nuremberg, Ulm, voulaient déjà le nommer leur défenseur contre la maison d'Autriche. Le landgrave de Hesse l'appelait aussi.

Il avait eu une éducation très forte. Il écrivait et parlait l'allemand et le hollandais, le latin, l'italien et le français. Il entendait le polonais et le russe. Mais ce qui était plus important, c'est que, dans la trêve de douze ans entre la Hollande et l'Espagne, nombre d'officiers de toute nation qui vinrent servir en Suède lui apprirent à fond toute cette savante guerre de Hollande. Situation très favorable. Il se trouva, en réalité, le successeur du prince Maurice.

C'était la guerre des sièges, des canaux, des marais. Mais, pour la stratégie proprement dite, la guerre des grandes manœuvres en plaine, le maître était en Suède. Pontus de La Gardie (de Carcassonne) l'avait entrevue, et son fils Jacques la trouva tout entière, la réalisa, l'enseigna à Gustave.

Né en 1585, Jacques avait dix ans de plus que lui. La nécessité de faire face avec une petite infanterie à l'immense cavalerie polonaise et aux profondes masses russes le força d'avoir du génie et d'inventer. Il pénétra jusqu'à Moscou. Et ce qui prouve que l'homme en lui fut aussi grand que l'homme de guerre, c'est que les Russes, battus par lui, eussent voulu le canoniser.

La Suède parut quelque temps irrésistible. Elle reprit Calmar sur le Danemarck. Elle conquit la Finlande, imposa la paix à la Russie. Elle conquit la

Courlande, la Livonie, la Prusse polonaise, imposa la paix à la Pologne.

En Pologne déjà Gustave se trouva en face des Impériaux, venus comme alliés. Il allait les retrouver en Allemagne, sur la côte du Nord, pour l'empêcher d'accomplir, ce qui semblait le mouvement naturel de sa conquête, le tour de la Baltique.

Ce n'était pas une querelle accidentelle, mais naturelle, essentielle et fondamentale. La Baltique, visiblement, allait appartenir à quelqu'un. A Gustave? à Waldstein? Celui-ci assiégeait Stralsund, et Gustave la lui fit manquer (1628).

Dès 1625, la Suède, sous Jacques La Gardie et Gustave, avait planté le drapeau de la réforme militaire, fait hardiment (elle si pauvre!) son plan pour une armée de quatre-vingt mille hommes. Et quelle prime offrait-elle? Un code d'une sévérité extraordinaire. De plus, elle supprimait presque les armes défensives.

Un Français avait trouvé un principe de guerre opposé aux trois guerres d'alors. On peut le formuler ainsi : que ce qu'il y avait de plus fort, ce n'était pas l'élan des Turcs, la tempête de cavalerie, ce n'était pas la pesanteur des cuirassiers impériaux, ni même les murs et les savantes fortifications de la Hollande, — mais bien les murs humains, le ferme fantassin en plaine et la poitrine de l'homme.

Et, bien loin de faire des carrés épais comme ceux des Espagnols, des Janissaires, des rangs serrés contre les rangs, qui, une fois rompus, s'embrouillaient de plus en plus, il mit ses hommes en files simples et du vide derrière, disant : « Si la cavalerie vous rompt, laissez passer, et reformez-vous à deux pas. »

Cette confiance extraordinaire à la force morale eut son effet. Et cette belle tactique suédoise tenta les braves au point que beaucoup quittaient des services lucratifs, et la Hollande même, pour venir prendre part à la guerre hasardeuse où, pour rempart, on n'avait que le cœur.

Ainsi apparut dans la guerre le vrai génie moderne qui méprise les sens et la platitude du sens commun, qu'on appelle souvent le bon sens, et qui, le plus souvent, est la routine. Les sens, le sens commun avaient dit que le ciel était une voûte de cristal à clous d'or. Galilée n'en crut rien, y vit et y montra un abîme infini. Les mêmes sens disaient que le plus sûr en guerre était de se mettre derrière des cuirasses et des murs. Gustave n'en crut rien, et il crut, d'après La Gardie, que le vrai mur, c'est l'homme ferme, et que cette fermeté mobile, dégagée des armures de limaçon sous lesquelles on traînait, est le secret de la victoire.

Dans ces hardis joueurs qui venaient à cette noble loterie, on voyait un bon nombre de nos Français réfugiés de Hollande. L'armée suédoise était surtout, avant tout, l'armée protestante. L'alliance française, qui eût été désirable à Gustave en 1627, quand Richelieu faisait la guerre au pape en Valteline, lui fut extrêmement antipathique en 1629, quand Richelieu, vainqueur de La Rochelle, appelé par le pape en Italie, était chanté et célébré par tout le parti catholique. Et, d'autre part, le ministre, qui alors comptait sur Rome, et déjà se croyait légat, n'eût eu garde de tout gâter par une telle alliance. Il tenait cependant près de Gustave un militaire distingué, Charnacé, qui négociait, semblait vouloir traiter, se mêlait fort des affaires de Gustave (de sa trêve avec la Pologne). Ce qu'il voulait surtout, c'était d'inquiéter l'Empereur, de retenir Waldstein au Nord, tandis que le duc de Lorraine et Monsieur l'appelaient en France.

Une alliance que préférait Gustave était celle de Bethlem Gabor, son beau-frère, le chef des Marches turques, qui tenait l'Empereur par derrière. Mais il mourut en novembre 1629. Gustave eût volontiers pris des subsides du roi d'Angleterre, directement intéressé aux affaires d'Allemagne pour la spoliation de son parent le Palatin. Mais Charles, en lutte avec sa nation, et sous l'influence de sa femme Henriette, n'était nullement ennemi de la maison d'Autriche. Gustave ne l'ignorait pas ; il jugeait déjà Charles comme aurait fait Cromwell, et voyait dans son envoyé Vane un traître, un agent de Madrid.

Quant au Danois, la terreur de sa défaite l'avait mis si bas que, pour se sauver seul, il sacrifiait tous ses alliés protestants. Bien plus, il entrait (en dessous) dans un honteux traité avec l'aventurier, le grand marchand de meurtres, Waldstein, et il allait mêler le sang de cet homme au sang royal en épousant sa fille, riche des pleurs de l'Allemagne !

Donc, Gustave était seul.

Richelieu ne vint sérieusement à lui que fort tard,

le 24 décembre 1629. Ayant alors vaincu la cour par la découverte des lettres qui dévoilaient les trois cabales, à cette époque aussi décidément désabusé du pape, il offrait de l'argent à Gustave pour qu'il passât en Allemagne. A quelles conditions ? En promettant de respecter l'usurpation que la Bavière avait faite du Palatinat. Or c'était le point grave dans les affaires de l'Allemagne. L'électorat du Palatin, transmis à la catholique Bavière, était le signe suprême de la victoire des catholiques. En respectant cela, quoi qu'on fît, on ne faisait rien. Richelieu n'appelait Gustave en Allemagne qu'en l'entravant, voulant qu'il s'abdiquât et s'énervât d'avance.

Et cela pour trois cent mille francs !... Richelieu offrait cette somme *pour chaque année*. Mais y aurait-il plusieurs années ? La première, dans une si grande et si terrible lutte, ne serait-elle pas la victoire ou la mort ?

La question fut décidée par le Sénat de Suède, indépendamment de la France. Le chancelier Oxenstiern était contre le passage. Le roi et le sénat furent pour : 1° parce qu'on avait déjà un pied en Allemagne, Stralsund, qu'on avait défendu contre Waldstein et qu'on voulait garder ; 2° pour garder (chose grave pour un pays pauvre comme la Suède) le gros revenu de la douane de Dantzig, qu'on venait d'acquérir ; 3° pour garder surtout la Baltique. Waldstein s'y établissait décidément, comme maître du Mecklembourg. Il s'intitulait follement *propriétaire des mers du Nord*. Mais l'Espagne, mais la Hollande, avec leurs grandes flottes, ne l'auraient pas laissé paisible. Elles seraient venues se battre dans la Baltique, s'y faire des établissements. Et le Suédois n'eût plus été chez lui.

Donc, on résolut le passage. Le 20 mai 1630, Gustave apporta aux États de Suède son unique enfant dans ses bras (la petite Christine), la leur remit, leur fit ses adieux, et il chanta son psaume (le quatre-vingt-dixième) : « Rassasie-nous, le matin, de ta grâce... Nous serons joyeux tout le jour ! »

Le 24 juin, il débarqua en Allemagne, près de l'île Rugen, avec quinze mille hommes. Il écrivit ses griefs à l'Empereur, l'appelant sans souci de l'étiquette, dans sa bonhomie de soldat : « Notre ami et cher oncle ». A quoi Ferdinand, exaspéré, ne répondit pas moins avec une douceur jésuitique « qu'il ne se rappelait pas avoir fait de la peine au roi de Suède ».

Celui-ci, en touchant ce rivage désolé de l'Allemagne, fut bien surpris de voir que ce peuple, qui l'appelait depuis si longtemps, qui semblait vouloir l'appuyer, le nourrir, « qui lui aurait donné son cœur même à manger », ne bougea plus, se recula plutôt de lui avec terreur. Tant la tyrannie exécrable de Waldstein les avait brisés. Le Poméranien, obligé de recevoir Gustave à Stettin et ne pouvant lui résister, en fit à Vienne les plus basses excuses. Les électeurs de Saxe, de Brandebourg, en qui il espérait, ne lui envoyèrent personne. Ils envoyèrent à l'Empereur, à sa diète de Ratisbonne. Bref, Gustave n'eut ni ami ni ennemi sérieux, il eut beau laisser tout ouvertes les portes de Stettin pour inviter les Impériaux à venir l'attaquer.

Ils restèrent à distance. Il prit des villes, il prit l'embouchure de l'Oder, et n'en fut pas plus fort. Sa guerre était tout autre que celle des Impériaux. Ils prenaient tout et affamaient les villes. Lui, il leur apportait du pain.

Cette situation dura presque une année (de juin en juin). Les princes protestants, au lieu de se joindre à Gustave, exploitèrent seulement sa présence en Allemagne pour faire peur à l'Empereur à Ratisbonne, et obtenir de lui la destitution de Waldstein.

Cette affaire fut poussée d'ensemble et par les protestants (Saxe et Brandebourg) et par le catholique duc de Bavière, qui espérait succéder à Waldstein comme général des forces de l'Empire. Mais la destitution de celui-ci n'était que nominale. Simple particulier, il n'en restait pas moins le chef secret de ces loups effrénés qui n'eussent jamais trouvé un si bon maître, c'est-à-dire si cruel ni si tolérant pour le crime.

On a dit à la légère que le Père Joseph avait fait son beau traité à Ratisbonne pour obtenir de l'Empereur la destitution. Chose prouvée fausse par les dates. Waldstein fut destitué en septembre, le traité signé en octobre (1630).

En décembre, Gustave était encore fort seul dans le nord de l'Allemagne, dans un affreux désert. Il croyait y périr. Le 4, il écrit à son ami Oxenstiern en lui donnant courage, mais sans cacher qu'il espère peu, et il lui recommande son enfant, sa mémoire. C'est peu de jours après qu'il reçut l'offre de Richelieu, un subside, une entrave, un très faible subside, avec la condition de s'abstenir des plus riches pays de l'Allemagne, des gras électorats ecclésiastiques du Rhin, et de respecter la Bavière. De janvier en mars, dans sa grande misère, il résista encore, dit : Non. Cependant il avait contre lui l'armée de Tilly. Et l'Empereur songeait à rappeler Waldstein en lui donnant la dictature militaire de l'Allemagne. Deux armées catholiques allaient se former contre lui, tandis que les princes protestants tergiversaient. Il prit enfin la plume, signa et reçut l'argent catholique, secours minime et illusoire, trois cent mille livres pour la première année, et libéralement un million pour chaque année suivante, probablement après sa mort.

Il signa, et pourquoi? Pour avoir le nom de la France. Il rendit public, imprima cet acte que Richelieu voulait secret. L'effet en fut immense. Ce nom, réellement, donna des ailes à sa fortune.

Avril 1631 est mémorable par les traités contraires que fit la France en même temps.

Le 22 avril fut ratifié le traité avec Gustave-Adolphe contre l'Empereur.

Le 6 avril avait été conclu à Cherasco un traité de la France avec l'Empereur : ce traité pour l'Italie seule, il est vrai, mais qui permettait à Ferdinand de retirer une armée d'Italie et de l'envoyer contre Gustave.

Troisièmement, en mai, Richelieu fit un traité secret avec la Bavière (rival secret de l'Empereur, ennemi public de Gustave), que la France eût voulu faire respecter du roi de Suède pendant que le Bavarois envoyait contre lui Tilly.

Honteuse politique et misérable imbroglio. Mais les événements déchirèrent les fils brouillés de cette toile d'araignée.

D'abord le cabinet jésuite de Ferdinand, très sottement rusé pour ne tromper personne, déclare aux protestants qu'il renonce à leur faire des procès *religieux* pour les restitutions; on ne fera que des procès *civils;* les gens de loi de l'Empereur vont s'établir chez chaque prince et s'immiscer partout dans le régime intérieur des États. En réalité, plus de princes, plus de gouvernements; la justice impériale aurait remplacé tout.

Il s'éleva un cri d'indignation contre une telle hypocrisie. Et, au même moment, un fait horrible perça le cœur de l'Allemagne, Magdebourg brûlé et quarante mille hommes égorgés par Tilly au cri de *Jésus! Maria!* Lui-même écrit paisiblement : « On n'a rien vu de tel depuis la ruine de Jérusalem. »

Ce fut le fruit des hésitations de l'ivrogne électeur de Saxe, qui, parmi les brouillards du vin, croyait tenir la balance entre Gustave et l'Empereur, ne faisait rien et paralysait tout.

Tilly marcha vers lui, et dans sa peur il fallut bien alors que le Saxon se réfugiât sous la main de Gustave. Celui-ci entraîna encore le Brandebourg, et il avait déjà le Mecklembourg, la Poméranie. Le courageux landgrave de Hesse, si loin de sa protection, seul sur le Rhin, se déclarait aussi pour lui.

L'approche de Tilly s'annonça à la Saxe par l'incendie de deux cents villages. Il n'était pas loin des armées suédoise et saxonne. Mais il voulait attendre l'armée des bourreaux de Mantoue pour en fortifier celle des bourreaux de Magdebourg. Notre traité de Cherasco lui faisait espérer ce gros renfort. Gustave ne lui donna pas le temps de le recevoir. Le 7 septembre, il le défit et l'anéantit à Leipsick. Ce fut le solennel essai de la tactique nouvelle.

Gustave fit un usage habile, heureux, d'une rapide et mobile artillerie légère. Il dit aux fantassins : « Ne tirez pas avant d'être assez près pour voir le blanc des yeux. » Et, comme la masse pesante des cuirassiers impériaux pouvait les alarmer, il dit : « Poignardez les chevaux. »

Les vieux régiments de Tilly combattirent avec une fureur inexprimable, d'autant qu'ils perdaient leur métier, que dès lors la chance était aux Suédois. Mais ils furent écrasés. Leur fuite fut plus sanglante encore que la bataille. Car la terre délivrée, la terre se souleva, les montagnes du Hartz fondirent sur eux, et les pierres sur tout le chemin semblèrent s'être changées en paysans armés pour consommer cette juste vengeance et cette punition de Dieu.

Il n'y eut jamais victoire si belle. C'était celle du peuple, celle de l'humanité, de la pitié, de la justice.

Gustave pouvait faire ce qu'il voulait, aller où bon lui semblerait, à droite ou à gauche ; — ou tout droit au midi, par la Bohême ruinée, aller frapper l'Autriche à Vienne ; — ou bien, au sud-ouest, aller s'établir et se refaire dans les pays non ruinés, dans les bonnes terres de prêtres sur le Rhin, et s'il le fallait, en Bavière.

Le chancelier Oxenstiern, qui était loin, eût voulu qu'on allât à Vienne. Gustave, qui était près, jugea qu'il fallait aller vers le Rhin.

Tous l'en blâment. Moi, non. Ce misérable Empereur, qui avait fait de ses mains une Arabie de la Bohême, qui avait épuisé ses États patrimoniaux et bu leur sang, d'où tirait-il un peu de moelle encore ? Des pays de l'ouest, des princes-prêtres qui l'aidaient malgré eux. La main mise sur ceux-ci, et la perfidie bavaroise étant neutralisée, d'un seul revers à gauche Gustave eût abattu l'Autriche.

Il chargea donc la Saxe d'envahir le désert de Bohême, et il s'en alla vers le Rhin, guerroyant à son aise, ménageant tout le monde, riant avec les prêtres, dont ses Suédois buvaient le vin. Il était sûr de réussir s'il n'avait d'obstacle que ses ennemis.

Mais il pouvait aussi trouver obstacle en ses amis, en ses alliés malveillants. En approchant du Rhin, il allait toucher Richelieu.

CHAPITRE XIX

Comment Richelieu profita des victoires de Gustave. (1632.)

Quand Richelieu vit son ami Gustave venir à lui à travers toute l'Allemagne, faire sans obstacle deux cents lieues vers l'ouest et arriver au Rhin, il fut étonné, j'allais dire effrayé. Quel dérangement de l'équilibre! Quelle énorme prépondérance du parti protestant! Il n'avait deviné en rien ce roi de Suède. Il l'avait mesuré à la mesure de Spinola, de quelque autre bon général, et il avait compté sur une guerre hollandaise où les deux partis, faisant pied de grue, restaient des dix ans à se regarder.

Gustave était bien plus qu'un général. C'était une révolution.

Bien vite Richelieu fit trois choses :

Il poussa son roi en Lorraine dès le lendemain de la bataille de Leipsick, pour profiter, happer quelque dépouille (octobre 1631). Chose peu difficile dans ce grand moment de terreur.

Deuxièmement, il avertit les catholiques, et en général les princes d'Allemagne, de se réfugier tous sous la garantie du traité de France, dans une neutralité armée, de n'aider ni Gustave ni l'Empereur. Neutralité qui, plus tôt, aurait été favorable à Gustave, mais qui, lorsqu'il était vainqueur, devenait son obstacle. S'avançant seul et si loin, il avait besoin d'être aidé si l'on voulait que sa victoire fût sérieuse, durable, fatale à la maison d'Autriche.

Enfin Richelieu invita Gustave même à ne pas profiter de son succès, à laisser ces prétendus neutres garder leurs forces entières et se tenir armés, au profit réel de l'Autriche, dont ils restaient les secrets alliés, et demain les auxiliaires actifs, au premier revers du Suédois.

Il semble qu'il eût cru, pour ses trois cent mille francs, avoir acquis Gustave pour le diriger, l'arrêter, le mener ici et là. Voilà que, sans avoir rien fait, on voudrait limiter, détourner la conquête de cet Alexandre-le-Grand. Il ne touchera pas à la Bavière, évitera l'Alsace, tournera Trèves, respectera Mayence, n'ira pas en Lorraine, dont le duc était allé le provoquer et se faire battre.

Gustave eut la bonté de répondre qu'il ne lui était pas facile d'épargner tous ces princes amis de l'Autriche; que le Bavarois jouait double, armait en faisant négocier; qu'on savait ses pensées, et par lui-même, ayant intercepté ses lettres; que l'ennemi, d'ailleurs, qui venait de lui disputer l'Allemagne à Leipsick, était le Bavarois Tilly.

Gustave n'avait pas la moindre idée de se détourner en Lorraine. La protection dont Richelieu couvrait un pays que l'on n'attaquait pas n'était qu'un prétexte pour y prendre des gages, s'y établir comme protecteur. Quant à l'Alsace, Gustave pensait certainement à Strasbourg, qui l'avait appelé, comme bien d'autres villes. Richelieu n'y pouvait trouver à redire, lui qui, aux derniers dangers de Strasbourg, n'avait osé lui donner de secours que l'autorisation d'emprunter quelque argent aux marchands de Paris !

La protection que Richelieu offrait aux catholiques d'Allemagne n'était pas sérieuse. Il n'était pas armé encore, et, quoiqu'il se vante d'avoir eu au printemps suivant cent mille hommes, on a peine à le croire. En comptant bien les trois armées qu'il eut, on n'en trouve que cinquante mille. Mais alors, à la fin de 1631, il n'avait encore presque aucune force. C'était par le nom seul du roi qu'il voulait arrêter Gustave et lui faire respecter ces petits princes. Tous leurs ambassadeurs vinrent se grouper auprès de Louis XIII. Ils en tirèrent une sotte confiance. Les moindres en prirent une assurance ridicule pour chicaner, marchander avec une force irrésistible.

On le vit à Francfort. Les Francfortois le prièrent de passer son chemin, disant que, s'il leur faisait manquer à la fidélité qu'ils devaient à l'Empereur, ils pourraient bien être privés du privilège de leurs foires. Ce qui leur valut la verte semonce qu'on va lire : « Vous ne parlez que de vos foires, mais vous ne parlez pas de conscience et de liberté... Si j'ai trouvé la clef des places, de la Baltique au Rhin, je trouverai bien encore celle de Francfort... Suis-je venu ici pour moi-même ? Non, c'est pour vous et pour les libertés publiques. — Que Votre Majesté nous permette du moins de consulter monseigneur l'archevêque de Mayence... — C'est moi qui suis monseigneur de Mayence. Et, comme tel, je vais vous donner une bonne absolution qui vaudra bien la sienne... Pour la Bavière, n'y pensez pas ; j'ai déjà pris de ses canons que je pourrais vous faire entendre... » — Là, les voyant tout blêmes, il reprit sur un ton plus gai : « Je ne suis pas votre ennemi. Mais j'ai besoin de votre ville... Votre Allemagne est un vieux corps malade ; il faut des remèdes héroïques. S'ils sont un peu forts, ayez patience. Moi, j'en ai bien. Je ne suis pas ici pour me divertir. Je couche sur la dure avec mes hommes, tandis que j'ai là-bas une belle jeune femme avec qui je n'ai pas couché depuis longtemps... Bref, Messieurs de Francfort, vous me tendez le bout du doigt ; moi, je veux votre main entière pour vous donner la main. Je vois bien la manœuvre... mieux que je ne vois celles de vos braves soldats. Pour des paroles, la seule à quoi je me fie, c'est celle de Dieu ; il est ma garantie, avec ma propre prévoyance. »

Il avait dit : « Je suis Électeur de Mayence et duc de Franconie. » Il jugeait avec raison que l'Empire était fini. On le voyait crouler à la première impulsion.

Les deux mensonges s'en allaient.

Le mensonge autrichien (de tant de peuples unis

d'eux-mêmes, disait-on) était violemment démenti, et par la Bohême, qui, en deux mois, passa à la Saxe, et par la Hongrie, demi-soulevée, et par l'Autriche elle-même qui voulait armer contre l'Autrichien.

Et le grand mensonge allemand, la fiction du Saint-Empire, la sotte comédie d'élire un prince réellement héréditaire, tout cela finissait aussi. Tous ces princes et principicules, valets-nés du plus fort, qui, sous l'ombre du grand vautour, mangeaient, suçaient le plus patient des peuples, il leur fallait quitter le jeu. Un vengeur et un protecteur arrivait à l'Allemagne pour briser à la fois et ses faux protecteurs, et le fléau de l'armée des brigands. Il avait été droit à Francfort, au champ d'élection, pour couper court avant tout à la vieille farce qu'ils allaient jouer encore, de faire un faux roi des Romains dans le fils de l'Autriche. Gustave, avec son titre de prince des Goths que portent les rois de Suède, assurait ne connaître rien au vieux droit de l'Empire. Son droit, c'était Leipsick, la vengeance et la délivrance de l'Allemagne, prouvée si incapable de se délivrer elle-même.

Nul doute qu'en présence du fléau exécrable qui rongeait le pays, l'armée générale des voleurs qui se refaisait sous Waldstein, il ne fallût un gardien de l'Allemagne qui campât, l'épée nue, non pas sur la Baltique au petit bord, mais au cœur, sur le Rhin. Un grand royaume armé du Rhin était la seule condition de salut pour cette race infortunée, si Dieu avait assez de pitié d'elle pour conserver Gustave-Adolphe.

La Suède lui est-elle étrangère? Elle parle un dialecte germanique, et Gustave spécialement était Allemand par sa mère. D'où vint donc cette répulsion, cette antipathie, cette froideur? D'elle-même, l'Allemagne est jalouse. Si grande et si féconde, matrice et cerveau de l'Europe en plusieurs de ses grandes crises, elle ne devrait rien jalouser. Et le Suédois encore moins qu'autre chose. Grand vainqueur, mais très petit prince, très pauvre, une force passagère qui ne pouvait tirer consistance et durée que d'une extrême bonne volonté de l'Allemagne. Elle lui manqua réellement. Les princes, ceux du moins qui ne furent pas forcés par la présence de Gustave, suivirent de leur mieux le conseil de Richelieu, de rester impartiaux et de garder une juste balance entre Dieu et le Diable, entre leur sauveur et leur exterminateur. La bourgeoisie des villes impériales, qui, quinze années plus tôt, avait appelé Gustave, lui venu, se montra prudente, fine et avisée, politique, aidant le moins possible celui qui combattait pour tous, chicanant au libérateur ce que le lendemain elle donna généreusement aux brigands.

Il me faut bien ici laisser les grandes choses pour conter les petites, voir maintenant comment Richelieu, en entravant Gustave, profita de ses victoires, exploita habilement la terreur de son nom et grapilla sur sa conquête.

L'histoire est identique ici à l'histoire naturelle. L'astucieux corbeau suit l'aigle ou va devant, attentif à se faire sa part, s'invitant au repas et relevant les restes même avant la fin du festin.

L'attention qu'il a dans ses *Mémoires* à brouiller son récit, à intervertir les dates de mois et jours, empêche d'observer que chaque pas de Louis XIII suit chaque victoire de Gustave; que nos succès sont les contre-coups naturels des grands succès de là-bas. Il est bien entendu que la plupart des auteurs de mémoires et historiens ont reproduit soigneusement ce désordre. Rétablissons le synchronisme des affaires d'Allemagne et de celles de France qui en étaient les résultats.

Richelieu ne bougea avant que Gustave eût gagné sa bataille de Leipsick (7 septembre 1631). A l'instant, il emmena le roi avec quelques troupes qu'il avait en Champagne (23 octobre), et fondit sur la Lorraine allemande, investit Moyenvic, petite forteresse de l'évêché de Metz, que les soldats de l'Empereur occupaient et fortifiaient. Le drapeau impérial flottant sur Moyenvic n'empêcha pas le roi d'y entrer (27 décembre 1631). Après la déchirure qu'y venait de faire à Leipsick l'épée du roi de Suède, ce drapeau n'était qu'un lambeau.

L'étourdi duc de Lorraine avait pris justement ce temps pour provoquer à la fois les deux rois. D'une part, il avait chez lui le frère de Louis XIII et le mariait secrètement à sa sœur. De l'autre, il s'en allait, dans ce moment terrible où le torrent de Suède emportait tout, se mettre devant. Éreinté et jeté au loin, il ne rentra chez lui que pour y voir le roi de

France. Le roi eut pourtant la bonté de le recevoir, de lui dire qu'il le protégerait contre Gustave (qui ne songeait guère à l'attaquer), mais que, pour rassurer Gustave sur les intentions du duc de Lorraine, lui Louis XIII prendrait *en dépôt* sa ville de Marsal et ses salines, le meilleur de son revenu (6 janvier 1632).

Le duc de Lorraine méritait cela, et pis. On ne peut qu'applaudir à une ruine si méritée. Cependant Richelieu mit à sa spoliation successive, qui dura deux ans, un luxe de ruse et d'astuce absolument inutile avec ce petit prince qui ne pouvait ni se défendre ni se faire défendre par les Impériaux ou Espagnols. Il prit la Lorraine en trois fois, par trois cessions successives, tenant, ce semble, à ne rien prendre que par le consentement forcé du spolié, et non comme conquête, mais comme amende et punition. Enfin il le désespéra au point qu'il alla se faire reître.

Le second grand coup de Gustave, la défaite, la mort de Tilly (5 avril 1632), donna à Richelieu une force inouïe au dehors, au dedans, pour frapper ici les amis, là les alliés de l'Espagne.

L'Espagne, battue sur le Rhin par un petit parti suédois, tombait dans le ridicule. Et ses malheurs la faisaient radoter. Elle en était à faire sa cour au pape pour qu'il tirât le glaive spirituel, octroyât la croisade contre le prince des Goths. Elle priait Venise et la Toscane de vouloir bien faire avec elle une ligue italienne. Venise s'en moquait et soudoyait Gustave-Adolphe.

On comprend le mépris avec lequel Richelieu reçut l'intervention des deux protégés de l'Espagne, la reine mère et Gaston, dans le procès qu'il faisait faire au maréchal de Marillac. Ils avaient cru faire peur aux juges, effrayer la commission qui procédait. Richelieu prit sur lui le danger possible et futur. Il rassura les juges en leur laissant l'excuse de pouvoir dire plus tard, s'il le fallait, qu'il les avait forcés. Il fit faire le procès chez lui-même, à Rueil. Marillac, comme général, s'était fort mal conduit, avait montré une inertie perfide dans les moments critiques. La trahison pourtant était difficile à prouver. Il fut condamné comme voleur, ayant détourné de l'argent, l'argent des vivres, gagné sur la vie du soldat. Sa condamnation et sa mort, malgré les menaces insolentes qu'on faisait de Bruxelles, furent une victoire sur l'Espagne, sur ses alliés, la mère et le fils (10 mai 1632).

L'Espagne ne désespérait pas d'opérer ici par nos traîtres une petite diversion. En mettant Gaston à la tête d'une bande de deux mille coquins de toute nation (qu'on disait Espagnols), on le lançait en France, où les Guises, les Créqui, les Épernon, et autres, même Montmorency, faisaient espérer de le soutenir. Les Espagnols promettaient tout, une armée aux Pyrénées, une flotte en Provence, etc. Et cela au moment où de toutes parts ils étaient enfoncés, battus, perdus, ne pouvaient plus se reconnaître. Louis XIII en fut si peu inquiet, qu'il prit ce moment pour mordre encore un bon morceau dans la Lorraine. Alléguant que Gaston avait fait en Lorraine sa petite armée, il passa au fil de l'épée deux régiments lorrains, campa devant Nancy (23 juin). Le duc, non secouru, est réduit encore à traiter, et cette fois cède trois forteresses.

Lui et Gaston avaient agi comme des enfants. Au défaut de l'Espagne, ils comptaient sur Waldstein; ils appelaient Waldstein, comme s'il eût pu bouger, étant alors en face et sous l'épée de Gustave. Seulement, comme celui-ci était obligé de se concentrer devant Waldstein, il était faible sur le Rhin, presque autant que les Espagnols. Cela permettait à Richelieu d'avancer entre les uns et les autres, de profiter de la terreur des princes-prêtres et de se garnir les mains. Les Suédois avaient préparé, Richelieu recueillait. Il arrivait, comme protecteur des catholiques pour escamoter les conquêtes, le prix du sang des Suédois. C'est ainsi que ceux-ci, ayant battu les Espagnols dans l'archevêché de Trèves, et croyant avoir pris Coblentz, virent sur la forteresse flotter le drapeau d'une garnison française que l'archevêque y mit lui-même.

Telle était l'union de ces bons alliés. Mais l'effet moral de l'alliance n'en était pas moindre. « Ces deux puissances jointes ensemble, dit Richelieu, on sentoit qu'il n'y avoit rien en terre qui pût résister. » Donc le pauvre Gaston put continuer en France son pèlerinage solitaire. Pas une province ne bougea, pas une ville n'ouvrit ses portes. Les gouverneurs qui avaient donné espoir, d'Épernon, Créqui, se gardèrent bien de se déclarer. Une seule chose était dangereuse, c'est que Valençay, qui tenait Calais, avait promis de l'ouvrir à l'Espagne. Mais l'Espagne n'y fut pas plus à temps qu'elle ne le fut aux Pyrénées pour soutenir Montmorency, gouverneur du Languedoc. Celui-ci s'était brouillé avec Richelieu, fort maladroitement, pour un chevalier comme il était, sur une question d'argent. Richelieu et d'Effiat, son surintendant des finances, avaient fait l'entreprise d'introduire en Languedoc, comme dans tous les pays d'États, *l'impôt réglé par les élus*. Impôt, il est vrai, non voté, donc d'un arbitraire élastique, mais en revanche dégagé des surcharges insensées, honteuses et monstrueuses que les États votaient pour dons aux gouverneurs et aux autres grosses têtes de l'assemblée. Montmorency y perdait cent mille francs. Belle et noble occasion pour faire la guerre civile!

Montmorency n'entraîna les États que par la force en emprisonnant les récalcitrants. Mais il n'entraîna pas du tout nos protestants des Cévennes, ni ceux des villes, Narbonne, Nîmes, Montpellier. Ils n'avaient garde d'armer contre Richelieu, qu'ils croyaient ami de Gustave.

Qui croirait que Gaston, Montmorency, ces pitoyables fous, eurent l'idée ridicule d'écrire à Gustave, d'imaginer que, n'étant pas content de Richelieu, il leur enverrait des secours? autrement dit, que Gustave coopérerait avec les Espagnols?

Gaston n'était qu'un page, et ne méritait que le fouet. Son frère, pour châtier ou ramener cet enfant prodigue, lui envoya, pour pédagogues, deux protestants, La Force et Schomberg, avec quelques mille hommes. Leur besogne fut peu difficile. Gaston était plus fort que Schomberg, comme nombre. Mais, comme force morale, il était nul; il apportait à la bataille le découragement de l'Espagne, sa reculade universelle et l'entrain des défaites. Schomberg avait tout au contraire la France et le roi derrière lui, plus l'alliance du redouté vainqueur, la lointaine terreur et l'invincibilité de Gustave. Gaston le sentait bien. Montmorency peut-être aussi. Mais il n'osa pas reculer, et, les yeux fermés, à peine suivi, ce vaillant fou plongea dans les rangs de Schomberg. Il n'eut pas le bonheur d'être tué; il fut blessé et pris (1er septembre 1632).

Schomberg était trop politique pour faire prisonnier l'héritier du trône. Gaston pouvait s'enfuir. S'il eût fait retraite vers la mer, il aurait reçu au rivage six mille Napolitains que l'Espagne lui faisait passer. Mais Schomberg négocia avec lui, lui fit espérer que, s'il ne fuyait pas, il aurait de bonnes conditions. Il resta, les posa lui-même, comme s'il eût été vainqueur, exigeant des choses excessives, qui auraient été la honte du roi, des places de sûreté pour lui, le rétablissement des condamnés, entre autres celui de la Fargis près de la reine Anne. Pendant ce temps, on le tournait, on l'enveloppait, on passait au midi entre lui et l'Espagne. Il lui fallut baisser le ton. Bullion, homme de Richelieu, arriva, et lui dit qu'il n'avait de salut que dans une soumission complète.

Mais quelle? La plus déshonorante, avec deux clauses terribles : promesse de dénoncer à l'avenir les complots qu'on fera pour lui, engagement de ne prendre aucun intérêt à ceux qui l'ont suivi et de ne pas se plaindre s'ils subissent ce qu'ils méritent.

Gaston (à en croire ses *Lettres* et ses *Mémoires* écrits par un des siens) avait peur et horreur d'avaler cette infâme médecine. On lui dit que c'était la seule chance d'apaiser son frère et de sauver Montmorency. La femme du prisonnier pria Gaston elle-même de trahir son mari en paroles pour le sauver en acte. Le roi pourtant ne fut pas engagé, Bullion n'ayant pouvoir ni caractère pour promettre la grâce en son nom.

La situation était analogue à celle d'Henri IV dans l'affaire de Biron, avec cette différence que Montmorency n'avait rien de la noirceur de l'autre, qu'il était aimé de tout le monde et méritait de l'être pour ses charmantes qualités. C'était un pauvre esprit, léger et indécis (comme sa parole même, il bredouillait un peu), mais le cœur sur la main, un attrait tout particulier de naïveté chevaleresque. Toute la cour, toute la noblesse de France étaient à genoux devant le roi et priaient pour lui. Faire périr un tel homme, et dans son Languedoc même, où il était adoré, et dont lui et ses pères étaient gouverneurs depuis si longtemps, cela paraissait un horrible coup. Et un coup qui serait vengé. Monsieur avait dit que, si l'on touchait à cette tête, il connaissait plus de trente gentilshommes qui poignarderaient Richelieu.

Celui-ci nous a conservé la délibération. On y voit qu'il donna les raisons pour et contre, faisant valoir surtout les raisons pour la mort, l'avantage de décourager à jamais le parti de Monsieur, la grande difficulté de garder un tel prisonnier; puis se démentant tout à coup, et concluant à le garder comme otage.

Il est trop évident qu'il voulait que le roi eût seul la responsabilité d'un pareil acte. Mais le roi n'avait rien de spontané, nulle initiative. On avait beau lui arranger la chose, lui bien montrer la question, il fallait que quelqu'un le poussât par un avis exprès, lui fît signer la mort. Le panégyriste du Père Joseph, écrivain ailleurs très peu grave, mérite ici quelque attention quand il affirme, « d'après des Mémoires sûrs », que le capucin eut l'honneur de la chose, qu'il mena toute l'affaire, d'abord la trahison de Bullion, l'espoir dont il leurra Monsieur, puis le conseil de mort. Richelieu mit Joseph en avant et le fit parler avant lui. Il le connaissait vain, aimant à se faire fort d'énergie machiavélique et à faire blanc de son épée. Joseph parla d'autant plus ferme, qu'il sentait trouver faveur et appui dans le cœur de Louis XIII, porté de sa nature à la sévérité. Montmorency, condamné au Conseil, le fut immédiatement par le Parlement de Toulouse, décapité le même jour (30 octobre 1632).

L'étonnement fut extrême en France et en Europe. On ne l'eût jamais cru, et personne ne l'aurait prévu. Chacun baissa la tête, et sentit bien qu'après ce coup il n'y avait de grâce à attendre pour personne. L'effet fut plus terrible que celui de la mort de Biron.

Montmorency était si aimé que ce fut pour beaucoup comme une perte de famille, un coup tout personnel, l'effet d'un frère décapité.

On fit comme pour Biron. On calma les parents en leur donnant les biens du mort. Le mari de sa sœur, le prince de Condé, le plus avare homme de France, tendit la main, reçut. Principale origine de cette énorme fortune des Condé. Celui-ci en 1609 n'avait pas dix mille francs de rente. Sa femme l'enrichit, puis la mort de son beau-frère, qui lui valut Écouen, Saint-Maur et Chantilly. Richelieu, déjà malgré lui, avait fondé les Orléans (1626), et fonda encore les Condé.

Montmorency, qui mourut comme un saint, lança pourtant, par testament, une rude pierre au front de Richelieu. Il lui fit un don, lui légua un tableau de prix.

Plusieurs des amis de Montmorency, de ses principaux gentilshommes, furent mis à mort, et leur fidélité punie. Chose nouvelle qui scandalisa, indigna. Elle brisait les vieux attachements de vassal à seigneur, de client à patron, de *domestique* à maître. Nul maître désormais que le roi et l'État.

Sévérité terrible, mais nécessaire. C'était le commencement du règne de la loi. Et, dans les mœurs, dans l'opinion d'alors, il y avait à oser cela et péril et grandeur.

L'effet voulu fut obtenu. Pour longtemps les partis restèrent décapités, la guerre civile impossible, et l'Espagne n'eut plus de prise. Les complots furent réduits aux chances de l'assassinat.

Dès ce jour, beaucoup désirèrent violemment la mort de Richelieu. Et cela, il faut le dire, moins encore pour son audace que pour le mélange d'une basse cruauté de robe longue qu'on crut y voir mêlé. On trouva monstrueux qu'un des gentilshommes de Montmorency fût envoyé aux galères ramer avec les forçats. Pour l'échafaud, à la bonne heure. On trouvait même que l'acte hardi de la mort de Montmorency avait été fait lâchement. Il l'avait voulue sans nul doute, et n'avait pas osé la conseiller. Il y avait montré le courage d'une âme de prêtre, ne frappant pas lui-même, mais poussant le couteau.

Il se sentit très seul. Le spectacle de cette cour terrifiée, mais désolée, était effrayant pour lui-même. Le roi avait tenu bon au moment décisif. Mais n'aurait-il pas de retour? Par un revirement surprenant et qu'on put croire timide, à ce moment de grande audace, Richelieu envoya à Madrid et fit des ouvertures aux Espagnols.

Gustave-Adolphe avait pâli, et Richelieu, par un sens froid, exact, de la destinée du héros, jugeait qu'il était temps de l'abandonner. Waldstein et l'armée des brigands avaient ressuscité, et l'Allemagne ne secondait pas sérieusement son libérateur. Quand Gustave vint contre Wadstein défendre Nuremberg, la capitale du commerce et l'arche sainte du génie allemand, on le laissa deux mois languir, s'épuiser là de misère et de maladies.

Richelieu calcula qu'il fallait profiter d'une situation encore entière et de l'effet moral qu'allait avoir ce coup de vigueur sur Montmorency. Avant l'exécution, il fit partir Bautru (le bouffon, l'*esprit fort* et l'excellent espion), de manière qu'il fût à Madrid quand la nouvelle de la mort arriverait, à temps pour voir la mine piteuse des Espagnols et pour en profiter. Bautru les trouva en effet abattus, détrempés, d'autant plus tendres aux avances imprévues de Richelieu. Il saisit ce moment pour dire qu'après tout on n'était pas ennemi, et il présenta les prisonniers espagnols que renvoyait le cardinal. On s'arrangea d'abord pour l'Italie.

Chose agréable à l'Espagne, qui pourrait en tirer des forces pour agir sur le Rhin contre les Suédois. Agréable, honorable au pape, qui depuis quatre ans s'entremettait fort pour la paix, faisait trotter son Mazarin et jouait son petit rôlet. Enfin chose agréable à notre jeune reine espagnole, à sa cour, qui, par mademoiselle de Hautefort, n'était pas sans influence sur le roi. La bonne entente avec Rome et l'Espagne allait peut-être atténuer l'effet du sang versé, adoucir quelque peu les haines, faire rentrer le cardinal dans le concert des honnêtes gens.

Il semblera bien étonnant, bizarre, absurde, que justement alors Richelieu, couvert d'un tel sang, voulût plaire à la reine! On ne peut pourtant en douter. Ce qu'on a dit du goût qu'il avait pour Anne d'Autriche et de ses tentatives près d'elle est incertain pour le temps qui précède et démenti pour le temps qui va suivre. Mais pour ce moment où nous sommes, la chose est sûre et constatée.

On l'a vu en avril 1631 l'espionner, la désespérer, en surveillant sa grossesse. On le verra en 1635 demander son divorce à Rome et vouloir la chasser. Mais aujourd'hui (novembre 1632) il est galant près d'elle, lui fait sa cour, semble en être amoureux.

Tyrannique esprit de cet homme, de précipitation sauvage et sans respect du temps. La tête de Montmorency vient de tomber le 30 octobre, presque sous les yeux de la reine. Et il lui faut sourire et accepter des fêtes, descendre avec lui la Garonne, se laisser promener en France, et loger et coucher chez lui!

Il semblait espérer justement dans le deuil de la reine, dans sa terreur et son abaissement. Depuis l'avortement d'avril 1631, sa situation était fort humble. Le roi n'en tenait pas le moindre compte, et venait tous les soirs chez elle pour mademoiselle de Hautefort sans lui dire un seul mot. On l'avait amenée au voyage du Midi, moins comme reine que comme otage, comme une prisonnière suspectée qu'on ne pouvait laisser à Paris. Elle semblait n'être venue que pour aller d'exécution en exécution, sur le Rhône d'abord, puis en Languedoc. L'étrange demande de Gaston de rendre la Fargis à la reine disait assez qu'il restait encore quelque lien entre la reine et son beau-frère. L'indifférence haineuse du roi dut s'en accroître. Il la laissa aux mains de Richelieu, et s'en alla droit à Paris.

A celui-ci d'en faire ce qu'il voudrait, de la régaler et fêter dans l'intérêt du traité espagnol. C'est le prétexte qui couvrit son changement à l'égard de la

reine. Ce changement inespéré, douce surprise pour
elle, rassurée tout à coup. Surprise forte pour un
cœur de femme. Elle pouvait défaillir et mollir, laisser
prendre de grands avantages à l'audace d'un homme
tout-puissant, d'un vainqueur, disons d'un maître, et
qui voulait ce qu'il voulait.

Richelieu n'était beau ni jeune, et ne ressemblait
pas à Buckingham. En revanche, il l'avait battu ; le
brillant fanfaron était mort ridicule. Richelieu, au
contraire, nécessaire aux Suédois et désiré des Espagnols, semblait l'arbitre de l'Europe, grandi des victoires de Gustave, des succès de Lorraine, de la
défaite de Monsieur. Même la tragédie de Toulouse,
pour laquelle on avait pleuré, elle le servait peut-être
au fond. Les femmes aiment qui frappe fort, et parfois ceux qui leur font peur.

Donc ce triomphateur, menant la cour vaincue, la
reine souriante et tremblante, descendait doucement
de Garonne en Gironde. A Bordeaux, sa victoire devait
doubler encore par la mortification, le désespoir du
vieux gouverneur, le duc d'Épernon. Il touchait aux
quatre-vingts ans. La fête eût été belle si la rage
remontée l'eût expédié et que le cardinal eût pu l'en-
terrer en passant.

Vain espoir ! A Bordeaux, tout change.

Vicissitude étrange de la destinée qui s'amuse à
nous prendre au plus beau moment, en pleine fête
et couronnés de fleurs, pour nous tordre le cou !...
Les violentes émotions de Richelieu, sa préoccupation
terrible, l'effort qu'il avait fait, son audace craintive,

enfin, par-dessus tout, le tourment de l'espoir, tout cela fut plus fort que lui. Et il fut frappé à Bordeaux.

Il n'y avait pas à lutter avec ce mal. L'irritation de la vessie, l'impossibilité d'uriner, semblent du premier coup l'approcher de la mort. L'augure fâcheux d'une mort subite vient le frapper, Schomberg mort en soupant. Et déjà, en Allemagne, il a perdu d'Effiat, général, financier, homme universel, son autre bras droit. Tout s'assombrit. La reine part en avant. Les fêtes qu'il lui préparait chez lui (à Brouage) et dans sa conquête sur son champ de gloire à La Rochelle, tout cela se fera sans lui. Pour comble, le vieux coquin d'Épernon, insolent d'être en vie, vient chaque matin, à grand bruit, avec toute une armée de spadassins, pour lui tâter le pouls et le voir au visage, lui aigrissant son mal par ces accès de peur. Qui l'empêche, en effet, d'enlever le malade, de le mettre au château Trompette, sinon dans l'autre monde? Le roi eût été en colère, mais on l'eût entouré, calmé, félicité, et, dans la joie universelle, il eût accepté les faits accomplis.

La reine, quitte à si bon marché, continuait joyeusement son voyage, profitait pleinement des fêtes du cardinal, que sa présence aurait gâtées. Il y eut à La Rochelle des magnificences incroyables, arcs de triomphe, joutes, combat naval, des danses et des concerts. Une extrême gaieté, car on disait qu'il était mort ou qu'il allait mourir. On dansait. Cependant la reine, qui palpitait d'espoir, impatiente, envoya son bon La Porte, un confident valet de chambre, pour s'assurer de l'heureux événement. « Je le trouvai, dit La Porte, entre deux petits lits, sur une chaise où on le pansait. Et on me donna le bougeoir pour l'aider à lire les lettres que je lui apportais. » Il interrogea fort La Porte pour savoir ce que faisait la reine, si M. de Châteauneuf, le garde des sceaux, y allait souvent, *et s'il y restait tard*, s'il n'allait pas ordinairement chez madame de Chevreuse, etc. Mais il ne s'en rapporta pas au valet de chambre, et recueillit des notes exactes sur ceux qui avaient ri et sur ceux qui avaient dansé.

Le bal ne dura pas, et la joyeuse cour revint au sérieux tout à coup, apprenant deux nouvelles qui changeaient le monde. Richelieu avait uriné, et Gustave-Adolphe était mort (16 novembre 1632).

CHAPITRE XX.

Richelieu chef des protestants. — Ses revers. — La France envahie.
(1635-1636.)

Le monde a vu et perdu une chose bien rare, un vrai héros, et, avec lui, une admirable chance de salut. Si Gustave-Adolphe eût vécu, on arrivait dix ans, quinze ans plus tôt, à la paix de Westphalie.

Il ne fit qu'apparaître, et n'en reste pas moins un bienfaiteur du genre humain. Sa victoire eut deux résultats qu'on n'a pas assez remarqués. Elle sauva les villes impériales, non seulement Nuremberg, mais Strasbourg, mais Augsbourg et toutes, que l'armée des brigands aurait certainement visitées. La sienne, la primitive armée libératrice, s'épuisa devant Nuremberg et y laissa ses os; mais elle y eut le succès admirable de détruire en même temps le monstre militaire, l'armée de Waldstein. Celui-ci, à Lutzen, ayant perdu ses hommes de confiance, fut en réalité éreinté pour jamais. Il ne les remplaça que par de petits officiers, brigands de troisième ordre, parmi lesquels l'Autriche trouva sans peine un assassin.

Répétons-le, Gustave ne mourut pas en vain. Il fit la grande chose pour laquelle il était né. Il coupa la tête au dragon, au gouvernement de soldats qui eût anéanti la civilisation de l'Europe.

La menue monnaie de Waldstein, toute cette populace de bons généraux qui continueront la Guerre de Trente-Ans, perpétuent les misères, mais ne renouvellent pas le danger du monde.

Chaque fois que j'entre dans Strasbourg ou Francfort, dans Nuremberg, ce grand musée, dans la splendide Augsbourg, dans ces puissants foyers du génie allemand d'où jaillirent Goethe et Beethoven et tant d'autres lumières, je me remémore avec un sentiment de religion le grand soldat Gustave, qui sauva l'Allemagne, et qui sait? la France peut-être.

Et je dis à ces villes : « Où seriez-vous sans lui?... Dans les ruines et les décombres, les cendres où finit Magdebourg. »

Tout ce que l'histoire fabuleuse avait conté du héros fut accompli ici et à la lettre : Sauver le monde, mourir jeune et trahi.

On sait sa mort. A cette furieuse bataille de Lutzen, il accable Waldstein, le bat, le blesse, le crible, le renverse, lui tue ses fameux chefs, l'homme surtout qui fut la guerre même, ce Pappenheim qui, en naissant, eut au front deux épées sanglantes. Il revenait, paisible et pacifique, confiant comme à l'ordinaire, de la terrible exécution. Il n'avait avec lui qu'un Allemand, un petit prince qui avait passé, repassé plus d'une fois d'un parti à l'autre. Un coup part, et Gustave tombe. L'homme suspect qui l'accompagnait s'enfuit et alla droit à Vienne (16 novembre 1632).

Il avait fait beaucoup, et beaucoup lui restait à faire. S'il eût vécu quelques années de plus, non seulement il eût imposé, forcé la paix, mais il eût obtenu un résultat moral immense; il eût imprimé au cœur abaissé de l'Europe un idéal grand, fort, fécond.

L'allégresse héroïque qui fit ce bon géant calme et serein, et « joyeux tout le jour », elle eût été comme une aurore morale dans cette sombre époque. C'est l'effet d'une telle force de tout rasséréner et de tout élever à soi. Chacun regarde, admire, et grandit d'avoir regardé. La moyenne générale change. Tous gagnent un degré; même les moindres sont moins petits. Le vrai héros, de loin, et là même où il n'agit pas, par cela seul qu'il est, imprime à tous une gravitation par en haut; le monde aspire et monte, hausse vers le niveau de son cœur.

Le politique, le grand homme d'affaires, comme fut Richelieu, ou tel grand militaire, tel soi-disant héros, n'ont point du tout cette influence. Leur forte tension et le bras d'airain par lesquels ils serrent les ressorts, bandent la machine à casser presque, n'ont après, pour effet définitif, qu'une détente déplorable, une énervation générale. Et le monde en reste aplati.

L'idée de Richelieu, celle de l'équilibre et du balancement des forces, était-elle une idée vitale qui renouvelât l'esprit européen? Point du tout. L'équilibre peut avoir lieu entre vivants ou entre morts. Le très faux semblant d'équilibre qu'on obtient à la longue par le traité de Westphalie, on ne l'eut réellement que par l'épuisement définitif et par voie d'extermination.

Maintenant, osons le dire, Richelieu se méprit sur le fond de son idée même. En cherchant l'équilibre entre protestants et catholiques, il ne s'aperçut pas que les protestants isolés, débandés, n'étaient pas même un parti, tandis que les catholiques avaient la force et l'unité d'une faction.

Quand Rome, Vienne, Madrid, les Jésuites, illuminèrent et firent des fêtes pour la bataille de Lutzen, ce n'était pas seulement pour la mort de Gustave, mais pour la ruine de Waldstein, qui, rendu et fini, bientôt tué, allait restituer à l'Empereur son rôle de chef des armées catholiques, et donner à ce parti, lié si fortement, l'unité absolue.

Qui dit l'Empereur dit les Jésuites. Ils sont les vainqueurs des vainqueurs.

La guerre, menée par des hommes de paix, par des hommes qui n'y vont pas, ne peut manquer d'être éternelle. La médiocrité, la platitude et la bassesse, centralisées au cabinet jésuite, vont de Vienne s'étendre partout comme un pesant brouillard de plomb.

Où est le général en chef après Waldstein? Au prie-Dieu, entre deux Jésuites. En réponse à cette question, ceux-ci avec satisfaction vous auraient montré là leur ouvrage, leur créature et leur propriété, un petit homme gras, qu'ils tiennent jour et nuit, gardent à vue, mènent, ramènent de l'oratoire à la chapelle.

Créature étonnante! Il serait curieux d'expliquer comment ces Pères ont couvé, fait éclore cette espèce jusque-là inconnue en histoire naturelle. On avait bien le fanatique, mais on n'avait pas le *bigot*. Heureux mélange du sot, du furieux, combinaison savante d'aveugle docilité et de stupidité sauvage. Le fanatique était terrible; mais enfin il avait des yeux; il risquait par moments d'entrevoir des lueurs. Mais rien ici; le sens de la vue manque. Aussi quelle force et quelle roideur! Nulle courbe; une droite ligne de férocité sotte qu'on n'eût imaginée jamais.

On ne peut contester qu'il n'y ait là une puissance réelle. L'absence de doute et de scrupule, la parfaite unité automatique, garde cet être à part des tergiversations humaines. En lui est scellée l'unité du parti catholique. Parti très fort, qui ne peut se disjoindre. Que le pape ait des velléités pour la France, que l'Espagne parfois soit tentée de traiter à part, ces petites inconséquences n'ont aucune portée. L'un et l'autre essentiellement sont unis à l'Autriche. Même le Bavarois, rival jaloux de l'Autrichien, comment s'en séparerait-il? Richelieu, bien à tort, a bâti sur cette espérance. Comment ne voit-il pas la fatale unité, l'indissolubilité de ce parti, où la Bavière et tous, par la grande question de spoliation territoriale, sont liés, attachés, collés et cimentés ensemble. Le drapeau de l'Empereur, c'est l'*Édit de restitution*.

Les protestants, qu'étaient-ils en substance? La transition du christianisme à la liberté, la liberté naissante, sous forme encore chrétienne.

La liberté, c'est la variété spontanée du génie humain. Elle arrivait avec vingt masques qui ne se reconnaissaient pas encore dans leur unité intime. Les calvinistes, à chaque instant, étaient maudits, trahis par les luthériens et les anglicans. Le grand traître, c'était l'Angleterre de Charles Ier, au jugement de Gustave. Entre les luthériens, le Danemarck frappé, effrayé, laissa les autres; la Saxe, même le Brandebourg, ne furent pas plus fidèles. L'Allemagne luthérienne, en masse, était jalouse des Suédois, applaudissait peu leurs victoires.

Les protestants, si faibles par leur division nécessaire, furent un moment liés par un miracle. Ce miracle est Gustave-Adolphe.

Il fallait le laisser aller. Richelieu ne le pouvait pas avec son roi dévot. Et il ne le voulait pas non plus, étant prêtre, cardinal, légat de Rome en espérance. Il soutint, fortifia moralement les catholiques, c'est-à-dire les plus forts. Voilà quel fut son équilibre en 1632.

Somme toute, ce grand homme d'affaires ne montra pas beaucoup de prévoyance. Il ne prévit pas le rapide succès de Gustave, puis se l'exagéra. Il ne prévit pas la mort de Gustave, et agit comme s'il devait vivre toujours, comme si un homme mortel, un héros toujours en bataille, était le danger futur de l'Europe plus que la faction durable de Vienne. Il ne prévit pas la fidélité forcée de la Bavière à l'Autriche. Il ne prévit pas l'infidélité de Saxe et de Brandebourg, qui le poussèrent à la guerre, et puis le plantèrent là.

Frappé par la mort de Gustave, par la mort de Waldstein, qui unifiait le parti catholique et lui restituait sa prépondérance intrinsèque, il fallut bien alors, tellement quellement, qu'il suppléât Gustave, qu'il entreprit le rôle étrange et impossible de chef des protestants, lui cardinal; que d'abord il payât la guerre, puis la fît. Avec quoi? Avec des officiers tellement ses ennemis qu'ils aimaient mieux les Espagnols et désiraient être battus.

En janvier 1633, quand on le rapporta de Bordeaux, et que Louis XIII alla dix lieues au-devant du malade, il paraissait très fort. Il frappa ses ennemis, frappa ses faux amis. Mais maintenant quels seront les vrais? Nous avons vu comment le Père Joseph l'avait trahi à Ratisbonne. Montmorency, naguère ami à Lyon dans la crise de 1630, a tourné et péri. Châteauneuf, son ami à la *Journée des Dupes*, mais depuis gagné par les dames, a dansé pour sa mort; il le fait arrêter. Son instrument, d'Estrées, qui, en 1631, se fit pour lui garde, presque geôlier de la reine mère, d'Estrées même, cette fois, est du complot. Il a peur et se cache. Richelieu est forcé de le chercher, de le rassurer, de le reprendre; à quel autre se fierait-il mieux?

Il est trop évident que personne ne croit que Richelieu puisse durer. Il mourra, ou le roi mourra. Et d'ailleurs le roi peut changer. Comment lui reste-t-il? C'est ce qu'on a peine à comprendre. Comment supporte-t-il la vie que lui fait Richelieu?

Premièrement, celui-ci lui a chassé sa mère, la tient dehors, et ferme solidement la porte, lui faisant, pour rentrer, la condition impossible de livrer son confesseur, qui, dit-on, veut faire tuer le cardinal.

Deuxièmement, il maintient le roi en défiance de l'unique personne qu'il aime, lui démontrant sans peine que la gracieuse Hautefort est au fond l'espion de la reine, et lui redit tout ce qu'il dit.

Au moins ce roi dévot s'épanchera-t-il au confessionnal? Point du tout. On lui prouve que le jésuite Suffren appartient à sa mère, et tout à l'heure que Caussin, l'un de ceux qui succèdent, intrigue pour Anne d'Autriche.

Voilà un roi bien seul, bien ennuyé. De moins en moins, sa santé lui permet la chasse. Et Richelieu, de plus en plus, lui interdit d'aller à la guerre.

Par quoi donc le tient-il? Serait-ce par le douteux Joseph, si peu sûr en lui-même, par le ministère capucin?

La nécessité politique le pousse à chaque instant à des choses qui devraient être intolérables à la conscience du roi. En janvier 1633, pour l'affaire Montmorency, il lui faut proscrire cinq évêques. Il lui faudra bientôt agir contre le pape, qui approuve le mariage de Monsieur avec une Lorraine, qui accorde à l'Espagne les moyens de la guerre, l'argent de l'Église espagnole, en refusant à Richelieu de faire payer le clergé français.

Richelieu ménagea au roi l'amusement d'achever l'affaire de Lorraine en entrant lui-même à Nancy.

La conquête fut menée comme une saisie judiciaire; le prétexte en justice, passablement grotesque, fut le *rapt* commis sur Gaston, un homme de trente ans, par la jeune princesse de Lorraine, qui en avait dix-huit.

En réalité, le roi était mené par la force des choses à se saisir de la Lorraine, comme chemin de l'Allemagne, où il devenait le chef réel du parti protestant.

Il avait travaillé l'hiver à refaire l'unité discordante de ce pauvre parti, qui paraissait s'abandonner lui-même. En avril 1633, il signa une ligue avec quatre cercles d'Allemagne, et avec les Suédois, à qui il promettait un million par année. Secours insuffisant. On le lui dit. Et il y parut bientôt à Nordlingen, où Bernard de Weimar, général allemand des Suédois, fut battu par les Impériaux (août 1634). L'Allemagne, à la discrétion de l'Empereur, priait Richelieu de prendre Brisach, Philipsbourg, le haut Rhin, mais d'armer et d'intervenir, de descendre en champ clos, de remplacer Gustave.

Ainsi l'attraction fatale de cette guerre terrible, affamée d'hommes, entraînait la France. Et personnellement Richelieu, par son intérêt de ministre et ses passions d'homme, n'y était pas moins attiré. L'Espagne le minait au Louvre. Serait-ce toujours impunément que le roi irait chaque soir chez la reine écouter cette fille dévote, dangereuse et charmante, qui lui parlait pour sa maîtresse? Le plus fort levier de l'Espagne était à Paris même. Richelieu lui avait déjà ôté la prise de la reine mère. Il devait lui ôter encore celle que lui donnait la petite cour de la reine Anne. Cette cour, qu'on voudrait croire délicate, élégante, n'en était pas moins la fabrique des plaisanteries fort sales et fort grossières qui couraient sur le ministre, sur sa vessie, ses urines, sur un ulcère caché qu'aurait eu, disait-on, sa nièce. On n'y épargnait rien pour faire arriver au roi cent contes ridicules sur ses mauvaises mœurs, ses déclarations à la reine, ses visites à Marion De Lorme, les escapades invraisemblables d'un malade de cinquante ans, et si souvent au lit. Ces sottises, lors même qu'on les prouve fausses et controuvées, diminuent un homme à la longue, l'avilissent, fatiguent ceux qui le défendent ; ils finissent par croire que, dans tant de choses fausses, il y a un peu de vérité.

En 1634, Richelieu avait pris enfin deux grandes décisions : rupture ouverte avec l'Espagne, renvoi de la reine espagnole.

Cette dernière mesure eût été un grand coup en Europe. Elle eût indiqué qu'on faisait peu de cas des forces de l'Espagne, puisqu'on ne craignait pas de rompre sans retour avec elle, par un outrage personnel, d'homme à homme et de roi à roi.

Une dépêche de Philippe IV (*Arch. Simancas*, ap. Capefigue) montre qu'il fut extrêmement effrayé. Elle nous apprend que Louis XIII était tout décidé, qu'il voulait faire entendre raison à la reine par l'ambassade même d'Espagne, en lui faisant craindre un procès scandaleux qui l'eût couverte de honte, et qui l'eût perdue en Espagne même, dans sa famille humiliée. Cette terreur agit si bien sur Philippe IV, qu'il charge son ambassadeur d'une démarche assez basse près de Richelieu, voulant l'apaiser *par tous les moyens*, lui offrant tout, lui faisant dire qu'un esprit si vaste, si avide de gloire, ne pouvait trouver un champ digne de lui qu'auprès du roi d'Espagne et dans les moyens infinis de la monarchie espagnole.

La même dépêche nous apprend que M. de Créqui, le gouverneur du Dauphiné, homme si important et influent en Italie, était envoyé à Rome pour le divorce. Vaine ambassade. Il était évident que le pape, même sous la pression du parti français, n'en viendrait jamais à faire une telle injure au roi d'Espagne, à la maison d'Autriche, avec qui ses rapports secrets étaient bien plus intimes.

En tout, sur tout, à ce moment, le pape était contre la France. Il lui refusait l'argent qu'il donnait à l'Espagne. Richelieu, pour obtenir un don du clergé de France sans l'autorisation de Rome, fit valoir aux évêques qu'il n'allait commencer la guerre que pour délivrer un évêque, l'Électeur de Trèves, enlevé par l'Espagne et prisonnier à Vienne. Cette pieuse croisade devait s'exécuter par l'épée protestante des Suédois et des Hollandais. Par son traité avec ceux-ci, Richelieu leur donnait moitié des Pays-Bas, s'adjugeait l'autre.

Richelieu accuse Henri IV d'avoir imprudemment voulu la guerre au moment de sa mort. Henri y était pourtant mieux préparé, plus en état d'y frapper de grands coups. Il dit à tort qu'il avait assez d'argent, de troupes, des places en bon état. Fontenay-Mareuil et autres disent le contraire, et l'événement ne prouva que trop bien qu'ils avaient raison.

Il ne vit pas, ne prévit pas. Ce qu'il aurait pu voir, c'était son isolement réel, combien il était haï, et le profond bonheur que tout le monde aurait à le faire échouer. Et il ne prévit pas que l'argent manquerait dès la seconde année, que la France, au lieu d'envahir, serait elle-même envahie.

Il y avait du jeune homme en ce grand homme, et de fortes chaleurs de cœur. Deux fois l'audace en choses improbables lui avait réussi, et dans la tentative de dompter la mer à La Rochelle (n'ayant pas de marine encore), et dans celle de forcer les Alpes au Pas de Suse (n'ayant pas même de poudre). Donc, il se remit à la chance, dans cette guerre contre l'Espagne, guerre contre la reine, guerre contre la cour, contre tous ses ennemis.

Pour leur crever le cœur, le jour même où il envoya la déclaration de guerre à Bruxelles, il exigea que l'on rît à Paris. Il fit représenter une comédie sur son théâtre, dont il fit l'ouverture (16 avril 1635). Il voulut voir la mine que ferait cette cour ennemie, et si elle oserait ne pas rire. La pièce, *Les Tuileries*, avait été esquissée par lui-même, écrite par Rotrou, Corneille et trois autres. Mais le drame était l'auditoire, et les spectateurs étaient le spectacle. Devant la face pâle du pénétrant esprit, du revenant qu'on voyait au fond de sa loge et qui surveillait tout, on travaillait à être gai.

Plus d'un de ses applaudisseurs se vengèrent de leur lâcheté de courtisans par leur perfidie à l'armée. Ils y vinrent impatients de se faire battre et prêchant la désertion.

Il y avait bientôt quarante ans que la France n'avait pas fait la grande guerre. Et personne ne la savait plus. Nos gentilshommes duellistes n'étaient pas du tout des soldats. Pas un général sérieux, sauf Rohan, Thoiras, qui moururent, sauf peut-être le jeune Feuquières et le très vieux La Force. Turenne est encore un enfant. Personne qui mérite confiance. Richelieu, en 1630, avait trois généraux à l'armée d'Italie, qui commandaient chacun son jour. En 1655, il suit une méthode moins absurde, mais mauvaise encore, deux généraux à chaque armée, et l'un d'eux un parent ou ami du ministre qui observe l'autre, l'empêche de trahir. Au nord, ce fut Brezé, son beau-frère, et sur le Rhin le cardinal La Valette. Prétexte pour ne point obéir. La noblesse ne veut prendre l'ordre d'un général prêtre. L'armée, arrivée à Mayence, lui signifie qu'elle n'entrera pas en Allemagne. A quoi bon? Le parti protestant qu'on veut secourir est dissous, puisque Saxe et Brandebourg ont traité avec l'Empereur. Loin de pouvoir rejoindre les Suédois, La Valette est forcé de faire une retraite désastreuse. Aux nouveaux corps qu'on envoie, les anciens prêchent la révolte. L'arrière-ban, convoqué, vient ajouter l'insolence féodale d'une chevauchée de gentilshommes qui veulent bien servir le roi en France, mais non ailleurs, et encore faire seulement leurs quarante jours, le petit service de l'*ost*, d'après les *us* de saint Louis. Ni guet, ni garde; tout cela est au-dessous de la noble gendarmerie. Charger, à la bonne heure; une bataille, et aujourd'hui, sinon ils retournent chez eux.

Tout manqua de tous les côtés. La grande invasion des Pays-Bas n'eut d'autre effet que la ruine d'une ville, l'horrible saccagement de Tirlemont. En Italie, quoiqu'on eût pour soi le Savoyard, on resta, on échoua devant une bicoque.

Bref, la première campagne resta de tout point ridicule; Madrid dut être satisfaite. Mais le Louvre l'était bien plus, et la cour nageait dans la joie.

Richelieu réussirait-il mieux en 1636 ? Il n'y avait pas d'apparence. L'argent manquait. Il avait entrepris, en commençant la guerre, une chose hardie, et révolutionnaire alors, d'alléger quelque peu la taille du peuple en faisant payer quelques exemptés, les gros bourgeois pour une partie de leurs fiefs, les ecclésiastiques propriétaires pour ce qu'ils possédaient d'étranger à l'Église. Très vive irritation. Elle ne fut pas moindre dans les gens d'épée quand, pour punir l'armée du Rhin, il déclara dégradés de noblesse ceux qui quittaient l'armée; les officiers non nobles envoyés aux galères, et les soldats punis de mort.

Il lui avait fallu licencier cette armée. Et d'autre part, celle du Nord était retenue en Hollande au service des Hollandais, qui ne la renvoyèrent qu'en plein été. Donc la France était découverte. Une invasion n'était pas improbable. Le divorce demandé à Rome, le plan pour partager les Pays-Bas, c'étaient deux crimes, deux injures personnelles que la maison d'Autriche brûlait certainement de venger.

Richelieu fit visiter nos places du Nord par un homme qu'il croyait très sûr, par Sublet Du Noyer.

C'était un petit homme, de méchante mine cagote et d'âme pire, mais un bœuf de labour, qui ni jour ni nuit n'arrêtait, qui satisfaisait le maître, de quelque charge dont on chargeât son dos. Il faisait toujours plus, il faisait toujours trop. Un ministre homme d'esprit, à qui les affaires n'ôtaient nullement l'ambition littéraire, trouvait bien doux de trouver là toujours les grosses épaules voûtées de ce Sublet pour y mettre tout ce qu'il voulait. La facilité plate d'expédier passablement une foule de matières qu'il ne connaissait point rendait ce terrible commis en état de suffire à tout. On lui mit dessus la marine où il ne savait rien, et il s'en tira assez bien. On ajouta la guerre, et tout alla très mal; mais était-ce sa faute?

Par l'entraînement des affaires, peu à peu, tout alla à lui. Il avait deux choses pour lui : son énorme travail, qui semblait consciencieux, et sa bassesse de nature, peinte en sa face de hibou, qui empêchait de croire qu'il pût avoir aucune prétention élevée. Au total, un homme ténébreux, haineux et dangereux, qui ruinait sourdement ses concurrents, et qui, à la longue, eût bien pu oser miner Richelieu même, car il plaisait au roi par sa dévotion, et secrètement il était aux Jésuites.

Ce commis ne connaissait rien aux places de guerre. Il rapporta à Richelieu ce que désirait le ministre, que tout était en bon état. Et celui-ci, tranquille sur le Nord, regarda au sud-est, où le prince de Condé, gouverneur de Bourgogne, lui proposait d'envahir la Franche-Comté. Le prince le flattait de l'espoir qu'en cette campagne La Meilleraie, un bon soldat, parent du cardinal, éclaterait sous lui, justifierait la faveur singulière du ministre qui venait d'obtenir du vieux Sully sa démission de grand maître de l'artillerie pour donner cette haute charge au brave et peu capable La Meilleraie.

Pour faire réussir celui-ci, on met dans cette armée deux officiers solides, très fermes et très forts sur leurs reins, déjà vieux dans la Guerre de Trente-Ans, soldats du grand Gustave, que le roi venait d'acquérir. L'un, l'Allemand Rantzau ; l'autre, le Béarnais Gassion. On croyait surprendre, emporter Dôle ; elle prise, la province eût suivi ; La Meilleraie revenait couvert de gloire, le premier général du siècle.

Pendant ce temps, une chose facile à prévoir est arrivée au nord. La France est envahie.

L'ambassadeur d'Espagne, en ce moment, gouvernait ceux qui gouvernaient Ferdinand II. Il obtint qu'à vingt mille fantassins espagnols qui iraient vers Liège (sous prétexte d'une révolte) l'Empereur joindrait quinze mille cavaliers sous Piccolomini et Jean de Werth. Pendant ce temps, le duc de Lorraine entrait en Bourgogne, et Gallas, autre général de l'Empereur, allait par la Franche-Comté. Union pour la première fois, parfaite entente, accord actif de l'Espagne et de l'Autriche.

Le gouverneur des Pays-Bas, le cardinal infant, menait l'armée du Nord en France (1er juillet 1636).

Il assiège et prend La Capelle. Nul obstacle. Des places non approvisionnées, démantelées. Des gouverneurs tremblants, que les habitants forcent de se rendre. Un indicible effroi dans les campagnes. Toute la barbarie des guerres turques : incendie, pillage et massacre. Jean de Werth remplissant tout de son nom et de sa terreur. La grande masse espagnole s'arrête à assiéger Corbie, qui est prise (15 août). Le torrent roule vers Paris. Les Croates vont jusqu'à Pontoise. Paris, épouvanté, déménage, fuit vers Orléans.

Richelieu, ce génie si sérieux et si attentif, à qui l'on supposait le don de prescience, souffrait ici plus qu'un revers ; il semblait convaincu d'étourderie. C'était l'astronome tombé dans un puits, c'était le prophète aveugle qui se voit avalé au ventre de la baleine. Il avait cru prendre, et il était pris. Il sentait les risées du Louvre, la joie sournoise du monde de la reine. On dit que le cœur lui manqua, qu'il fut troublé de voir un peuple immense qui remplissait les rues, qui, pour la première fois, parlait. Ce fut, dit-on encore, le capucin Joseph qui le releva, le ranima. J'en doute. A ce moment, ce personnage double s'était fait l'avocat de la mère du roi, le doucereux réconciliateur de la famille royale. Loin d'encourager son ami à rester et tenir ferme, il l'eût plutôt poussé à bas et aidé à sa ruine.

Richelieu, comme tout homme d'imagination, en telle rencontre, était très agité. Mais, homme d'esprit avant tout, il comprit bien qu'en ce pays de France, sous les croisées moqueuses du Louvre, il fallait de l'aplomb et une belle contenance. Il sortit en voiture, à peu près seul, traversa en tous sens cette foule qui jusque-là le maudissait et qui ne sut plus qu'applaudir.

Paris, en ce moment, fut très beau. Il y a toujours d'étranges ressources avec ce peuple. Les métiers, reçus par le roi dans la grande galerie du Louvre, montrèrent un noble enthousiasme et promirent une armée. On la leva réellement, avec l'aide du Parlement et de toute la bourgeoisie, qui donna sans compter.

Nos troupes grossissaient. Et celles de l'ennemi fondaient chaque jour. Les cavaliers d'Allemagne, enrichis de pillage, laissaient le camp et s'évanouissaient chaque nuit. Voilà pourquoi le cardinal infant traînait et hésitait pour s'enfoncer en France. Il ne profita pas des perfidies secrètes de nos généraux princes du sang, le comte de Soissons et Monsieur, qui craignaient de trop réussir contre les Espagnols et tramaient un complot pour tuer Richelieu. Il ne tenait qu'à eux, et sa vie était dans leurs mains. Monsieur, se rappelant sans doute ce qu'on disait, que, Richelieu tué, le roi pourrait bien le tuer lui-même, Monsieur, dis-je, cette fois encore, saigna du nez, tourna le dos au moment où les conjurés le regardaient et attendaient son ordre.

En six semaines, Richelieu et le roi reprirent Corbie, une méchante petite place qu'on aurait pu enlever en vingt-quatre heures, et à qui on fit les honneurs d'un siège.

La tempête du Nord dissipée, celle de l'Est eût pu nous emporter encore si le duc de Lorraine et

Gallas, qui arrivaient par deux chemins, eussent combiné leur invasion. Mais Gallas, affaibli aussi par la désertion des pillards, vint s'aheurter au siège d'une petite place, Saint-Jean-de-Losne, dont la population, attendant les dernières horreurs des brigands impériaux, fit une résistance incroyable, les femmes comme les hommes. Rantzau parvint à s'y jeter, et dès lors régala les Allemands de sorties furieuses. La Saône se mit de la partie et déborda. Les assiégeants étaient dans l'eau, et ne réchappaient qu'à la nage. Cette ville fut délivrée le jour où Corbie fut reprise (14 novembre 1636).

On peut dire que la France s'était sauvée elle-même. Ce gouvernement fort, dur, pesant, s'était vu désarmé, et, loin de protéger, c'est lui qui, dans la crise, fut protégé par la nation.

Mais comment la nation le put-elle, appauvrie qu'elle était et déshabituée de la guerre? Il faut l'avouer franchement, parce que l'invasion n'était pas sérieuse, et que les conquérants se souciaient peu de conquérir. Les bandes qui entrèrent par le Nord, par la Lorraine et la Franche-Comté, sous le drapeau de l'Espagne et de l'Empereur, ne se battaient ni pour l'un ni pour l'autre; elles ne voulaient rien que piller. C'est ce qu'elles firent à leur aise, non seulement en France, mais en Franche-Comté sur terre espagnole. Puis chargées, surchargées, ayant déménagé, vidé, ruiné le pays de fond en comble, elles plantèrent là leurs généraux. Nous pûmes triompher à notre aise de leur départ que nous n'avions pas fait, mais triompher dans le désert sur nos propres ruines.

La Franche-Comté, jusque-là protégée par une neutralité tolérée, était pleine de biens. Elle périt alors, et ne s'en est jamais bien relevée. La Picardie entra dans le terrible crescendo de famine que l'on verra plus tard. La Lorraine resta rasée comme la main, et tout le pays à l'Est. L'invasion des barbares, attendue depuis dix ans, retardée par Gustave quand il brisa Waldstein, ne fut pas une conquête, comme elle l'eût été sous ce chef, mais un grand pillage anarchique. Tous retournèrent à leurs camps d'Allemagne, ramenant chacun sa charge de vol, qui un cheval, qui un âne, qui une grosse charrette pleine. Ils ne laissèrent à manger que les pierres. On assure qu'en deux ans, dans l'Est seulement, un demi-million d'hommes mourut de misère et de faim (Voy. l'historien jésuite et autres, rapprochés par Bonnemère, *Histoire des Paysans*).

Donc Richelieu n'empêcha rien. Sa petite combinaison d'opposer la Bavière à l'Autriche ayant échoué complètement, tous les princes allemands se soumirent, et firent roi des Romains le fils de l'Empereur, consolidèrent la couronne impériale dans la maison d'Autriche. En France même, les Espagnols prirent à notre barbe et gardèrent longtemps nos îles de Provence, tenant nos côtes en crainte et nos flottes en échec.

En remontant à la cause première de nos revers de 1636, on trouvait que Richelieu, privé de son armée du Rhin et ne pouvant ravoir celle de Hollande, employant le peu qu'il avait de forces en Franche-Comté, n'avait pas eu à temps l'argent qu'il eût fallu pour recruter l'armée du Nord.

Donc, l'argent, l'argent, et de suite, c'était le seul moyen pour éviter de grands malheurs en 1637. Mais, l'impôt étant augmenté, la Guyenne ruinée prit les armes. Devant ce désespoir d'une misère trop réelle, le parlement de Toulouse faiblit, dispensa de payer.

Un certain Boismaillé offrit à Richelieu de lui apprendre à faire de l'or, et de lui faire trouver deux cent mille écus par semaine. Tels étaient sa détresse, son abattement et son inquiétude, que, tout sérieux qu'il fût, il ne repoussa pas cette chimère, et se mit au creuset pour travailler en alchimie.

CHAPITRE XXI

La trilogie diabolique sous Louis XIII. — Les religieuses de Loudun.
(1633-1634.)

La terrible *année de Corbie* (on appela ainsi 1636) et l'année encore qui suivit ne donnent nul autre résultat que de démontrer la faiblesse d'un gouvernement forcé qui paraissait fort. Retournons un peu en arrière, et regardons dessous. Nous serons étonnés de voir les discordes morales, les ténébreux abîmes, les gouffres, crevasses et fondrières dont la plane unité de cette monarchie catholique était minée réellement.

La formule acceptée et répétée de plus en plus en ce siècle, c'est que la France est une, depuis la prise de La Rochelle. Les protestants, s'ils ne sont pas convertis, vont se convertir. Richelieu en est convaincu, et y travaille par de grosses sommes qu'on fait passer par les mains des Jésuites et qui gagnent quelques ministres. Il y travaille encore par ses œuvres de controverse qu'il étend, fortifie, perfectionne jusqu'à la mort. Il emploie volontiers les protestants à l'armée, et ailleurs, comme officiers ou *gens de lettres*. C'est à ce dernier titre qu'il accueille les ministres et leur donne sa protection. L'Académie française, ouverte chez un protestant (Conrart), fut, dans les idées du ministre, un honorable asile et une douce tentation aux littérateurs convertis, comme un hôpital du protestantisme.

Un zèle si patient ne plaît pas à Aubéry, son historien. Il veut faire croire que le grand cardinal, s'il eût vécu, eût égalé la gloire de Louis-le-Grand, employant le fer et le feu pour exterminer l'hérésie; qu'il eût même, avec une armée, converti l'Angleterre. Du reste, pas la moindre preuve. Avec bien plus de vraisemblance, d'autres auteurs du même siècle attribuent ce zèle véhément, cette précipitation guerrière au fougueux Père Joseph, romanesque et violent, autant que rusé.

Du reste, la matière manquait à la persécution.

Les protestants étaient alors les plus fidèles sujets du roi; il y avait paru dans l'affaire de Montmorency. Les missions violentes, insolentes, qu'on faisait parmi eux, comme on eût fait en pays turc, ne parvenaient pas à lasser leur admirable patience. Les Jésuites, les Capucins et moines de toute sorte avaient en vain organisé contre eux une machine populaire, très provoquante. On voyait fréquemment l'artisan paresseux, menuisier, perruquier, laisser là son métier, se faire apôtre; emporté d'un excès de zèle, il allait dresser son tréteau dans telle ville, et puis dans une autre, et prêcher en plein vent contre les huguenots. Ils étaient la bourgeoisie riche dans plusieurs lieux, et presque partout le commerce; ces sermons étaient fort goûtés comme appel au pillage, au massacre peut-être, sous un gouvernement plus faible. Mais Richelieu ne l'aurait pas souffert: il eût fait pendre les apôtres.

Donc, c'était d'un autre côté que devait se tourner le zèle ardent du capucin.

Les philosophes, athées et esprits forts, que l'on brûlait de temps à autre, étaient trop peu nombreux, des individus isolés. Une affaire de ce genre ne pouvait faire la fortune d'un homme. La dernière, la persécution de Théophile, chassé à mort en 1623 par le Jésuite Arnoux et par tous les curés de France, n'avait pas grandi le Jésuite. Pour que Joseph éclatât et brillât comme vengeur de l'Église, pour que Rome fût forcée de lui donner le désiré chapeau, il lui aurait fallu une classe nombreuse à persécuter, quelque grande, nouvelle, dangereuse hérésie, qui motivât une croisade de capucins.

La dévotion du roi y eût mordu, et, Richelieu n'osant y contredire, la France entière devenait un théâtre où ces bruyants acteurs eussent paradé devant les foules, rempli tout du tumulte de leurs enquêtes dramatiques, terrorisé les simples. Un pouvoir nouveau se fût constitué, une inquisition capucine, un grand inquisiteur, Joseph.

D'abord Torquemada, mais bientôt Ximenès, il eût jeté bas Richelieu.

Pour bien pousser cette guerre à l'intérieur, il eût

fallu finir la guerre extérieure et s'arranger, sacrifier la petite question politique et la balance de l'Europe à la grande question de la foi. Pour cela, il fallait replacer près du roi le bon conseil d'Espagne, la reine mère. Et c'est à quoi Joseph commençait à travailler timidement. Il recevait les lettres de Marie de Médicis, ses prières pour rentrer, et les montrait au roi.

Le capucin avait plus d'une chance près de Louis XIII et dans le public même. Ce qui tuait le roi et tout le monde sous Richelieu, c'était l'ennui. L'éternelle guerre d'Allemagne où la France épuisée entrait, la misère éternelle (avec certitude de croître), c'était toute la situation. L'air, d'année en année, plus pesant et moins respirable. Un brouillard monotone couvrait la scène, où l'on ne distinguait qu'un seul acteur, cette grande figure de plomb. Joseph aurait bien autrement occupé le théâtre. L'intérêt dramatique eût tenu chacun éveillé. Les tragédies de l'autre siècle auraient recommencé, incidentées par le génie burlesque, italien, des cappucini.

Dans les *Mémoires d'État* qu'avait écrits Joseph, qu'on ne connaît que par extraits, et que l'on a sans doute prudemment supprimés comme trop instructifs, ce bon Père expliquait qu'en 1633 ou 1634 il avait eu le bonheur de découvrir une hérésie, une hérésie immense, où trempaient un nombre infini de confesseurs et de directeurs.

Les capucins, légion admirable des gardiens de l'Église, bons chiens du saint troupeau, avaient flairé, surpris, non pas dans les déserts, mais en pleine

France, au centre, à Chartres, en Picardie, partout, un terrible gibier, les *alumbrados* de l'Espagne (illuminés ou quiétistes), qui, trop persécutés là-bas, s'étaient réfugiés chez nous, et qui dans le monde des femmes, surtout dans les couvents, glissaient le doux poison qu'on appela plus tard du nom de Molinos.

La merveille, c'était qu'on n'eût pas su plus tôt la chose. Elle ne pouvait guère être cachée, étant si étendue. Les capucins juraient qu'en la Picardie seule (pays où les filles sont faibles et le sang plus chaud qu'au Midi) cette folie de l'amour mystique avait soixante mille professeurs. Tout le clergé en était-il? tous les confesseurs, directeurs? Il faut sans doute entendre qu'aux directeurs officiels nombre de laïques s'adjoignirent, brûlant du même zèle pour le salut des âmes féminines. Un de ceux-ci qui éclata plus tard avec talent, audace, est l'auteur des *Délices spirituelles*, le trop fameux Desmarets de Saint-Sorlin.

Que les couvents fussent corrompus, ce n'était pas là une grande nouvelle. Il n'était nécessaire de supposer que la corruption vînt d'Espagne, qu'elle fût un fruit propre à tel pays, à telle époque. Au temps de saint Louis, l'un de ses confidents, Eudes Rigault, homme très austère, qu'il avait fait archevêque de Rouen, ayant entrepris la visite des couvents de Normandie, écrivait chaque soir ce qu'il avait vu dans le jour. Son *Journal* fait frémir. Il trouva chez les moines toute la violence féodale, un libertinage effréné, leurs nonnes pleines, et sans pudeur, sans réserve, publiquement, n'imaginant pas même qu'il y eût là rien à cacher.

Qui ramena quelque décence ? Surtout la satire hérétique, la concurrence des Églises nouvelles, et le vis-à-vis du protestantisme. Il fallut un peu de tenue en face de cette austérité. Les confesseurs s'abstinrent, mais le Diable ne s'abstint pas. C'était un de ses jeux au seizième siècle de prendre la figure du pauvre confesseur pour le calomnier et le perdre, de faire sous son visage et sa parfaite ressemblance l'amour aux religieuses. Dans le fameux procès des Augustines du Quesnoy, l'une d'elle avoua que cette ruse du Diable l'avait trompée quatre cent trente-quatre fois, et dans l'église même. Le père était en fuite. Tout retomba sur elle; jetée pour toujours à l'*in pace*, elle n'y languit pas du moins : elle y mourut au bout de quelques jours (Voy. Massée, 1540). Nous retrouvons ceci au couvent de Louviers exactement un siècle après.

Au dix-septième, l'intervention du Diable est bien moins nécessaire. Toujours puissant dans les campagnes, il n'est appelé dans les couvents que comme un auxiliaire fort accessoire. Dans les trois grands procès d'Aix, Loudun et Louviers (Gauffridi, Grandier et Pinart), le Diable arrive pour donner l'intérêt dramatique, l'effet de la finale. Mais on voit trop qu'avant qu'on ne produise cet acteur populaire la pièce était bien avancée, quoiqu'on ait eu l'attention de laisser dans un demi-jour les premiers actes, trop naturels, pour faire valoir la fin surnaturelle et diabolique.

On ne peut comprendre la toute-puissance du directeur sur les religieuses, cent fois plus maître alors qu'il ne le fut dans les temps antérieurs, si l'on ne se rappelle les circonstances nouvelles.

La réforme du Concile de Trente pour la clôture des monastères, fort peu suivie sous Henri IV, où les religieuses recevaient le beau monde, donnaient des bals, dansaient, etc., cette réforme commença sérieusement sous Louis XIII. Le cardinal de La Rochefoucauld, ou plutôt les Jésuites qui le menaient, exigèrent un grande décence extérieure. Est-ce à dire que l'on n'entrât plus aux couvents ? Un seul homme y entrait chaque jour, et non seulement dans la maison, mais à volonté dans chaque cellule (on le voit dans plusieurs affaires, surtout par David à Louviers). Cette réforme austère et cette clôture ferma la porte au monde, aux rivaux incommodes, donna le tête-à-tête au directeur et l'influence unique.

Qu'en résulterait-il ? Les spéculatifs en feront un problème, non les hommes pratiques, non les médecins. Dès le seizième siècle, le médecin Wyer nous l'explique par des histoires fort claires. Il cite dans son livre IV nombre de religieuses qui devinrent furieuses d'amour. Et, dans son livre III, un prêtre espagnol estimé qui, à Rome, entré par hasard dans un couvent de nonnes, en sortit fou, disant qu'épouses de Jésus, elles étaient les siennes, celles du prêtre, vicaire de Jésus. Il faisait dire des messes pour que Dieu lui donnât la grâce d'épouser bientôt ce couvent. (Wyer, lib. III, c. VII.)

Si cette visite passagère eut cet effet, on peut comprendre quel put être l'état du directeur des monastères de femmes quand il fut seul chez elles, et profita de la clôture, put passer le jour avec elles, recevoir à chaque heure la dangereuse confidence de leurs langueurs, de leurs faiblesses.

Les sens ne sont pas tout dans l'état de ces filles. Il faut compter surtout l'ennui, le besoin absolu de varier l'existence, de sortir d'une vie monotone par quelque écart ou quelque rêve. Que de choses nouvelles à cette époque! Les voyages, les Indes, la découverte de la terre! l'imprimerie! les romans surtout!... Quand tout cela roule au dehors, agite les esprits, comment croire qu'on supportera la pesante uniformité de la vie monastique, l'ennui des longs offices, sans assaisonnement que quelque sermon nasillard?

Les laïques même, au milieu de tant de distractions, veulent, exigent de leurs confesseurs la variété du plaisir, l'absolution de l'inconstance.

Le prêtre est entraîné, forcé de proche en proche. Une littérature immense, variée, érudite, se fait de la casuistique, de l'art de tout permettre. Littérature très progressive, où l'indulgence de la veille paraîtrait sévérité le lendemain. Courbés sur Navarro, Sanchez, Ovando, Escobar et autres, les confesseurs pâlissent à scruter ces mines immenses d'expédients, de fines et subtiles ressources pour exterminer le péché, je veux dire pour le nier, en supprimer partout l'idée. Des hommes si charitablement occupés nuit et jour à trouver des moyens pour autoriser le plaisir, ne garderont-ils pas pour eux une part de tant d'absolutions?

Les mondains exigeaient de l'art; ils n'acceptaient pas l'indulgence, à moins que le confesseur ne l'assaisonnât d'un sophisme. Mais était-ce la peine de ruser, de faire tant de frais avec les pauvres religieuses, faibles et convaincues d'avance?

La casuistique fut pour le monde, la mystique pour les couvents.

Les fines recettes et les *distinguo* de la première ne sont pas nécessaires ici. La mystique n'a que faire de ces pointes d'aiguilles, ayant la flamme d'amour pour brouiller, brûler tout, dans sa dévorante équivoque.

L'anéantissement de la personne et la mort de la volonté, c'est le grand principe mystique. Desmarets nous en donne très bien la vraie portée morale. Ces dévoués, dit-il, immolés en eux et anéantis, n'existent plus qu'en Dieu. *Dès lors ils ne peuvent mal faire.* La partie supérieure est tellement divine, qu'elle ne sait plus ce que fait l'autre.

Doctrine très ancienne qui reparaît souvent dans le Moyen-âge. Au dix-septième siècle, elle est commune dans les couvents de France et d'Espagne, nulle part plus claire et plus naïve que dans les leçons d'un ange normand à une religieuse (affaire de Louviers).

L'ange enseigne à la nonne, premièrement « le mépris du corps et l'indifférence à la chair. Jésus l'a tellement méprisée qu'il l'a exposée nue à la flagellation, et laissé voir à tous... »

Il lui enseigne « l'abandon de l'âme et de la volonté, la sainte, la docile, la toute passive obéissance. Exemple, la Sainte Vierge, qui ne se défia pas de Gabriel, mais obéit, conçut ».

« Courait-elle aucun risque? Non. Car un esprit ne peut causer aucune impureté. Tout au contraire, il purifie. »

A Louviers, cette belle doctrine fleurit dès 1623, professée par un directeur âgé, autorisé, David. Le fond de son enseignement était « de faire mourir le péché par le péché, pour mieux rentrer en innocence ». Ainsi firent nos premiers parents.

On devait croire que le zélé Joseph, qui avait poussé si haut le cri d'alarme contre ces corrupteurs, ne s'en tiendrait pas là, qu'il y aurait une grande et lumineuse enquête; que ce peuple innombrable, qui, dans une seule province, comptait soixante mille docteurs, serait connu, examiné de près. Mais non, ils disparaissent, et l'on n'en a pas de nouvelles. Quelques-uns, dit-on, furent emprisonnés. Mais nul procès, un silence profond. Selon toute apparence, Richelieu se soucia peu d'approfondir la chose. Sa tendresse pour les capucins ne l'aveugla pas au point de les suivre dans une affaire qui eût mis dans leurs mains l'inquisition sur tous les confesseurs.

En général, le moine jalousait, haïssait le clergé séculier. Maître absolu des femmes espagnoles, il était peu goûté de nos Françaises pour sa malproprêté ; elles allaient plutôt au prêtre, ou au Jésuite, confesseur amphibie, demi-moine et demi-mondain. Si Richelieu avait lâché la meute des capucins, récollets, carmes, dominicains, etc., qui eût été en sûreté dans le clergé ? Quel directeur, quel prêtre, même honnête, n'avait usé et abusé du doux langage des quiétistes près de ses pénitentes ? Leur grand accusateur, Bossuet, dans ses lettres à une femme qu'il mène parfois durement (la veuve Cornuau), ne peut lui-même s'abstenir des molles douceurs, des équivoques malsaines, des mots à double entente.

Richelieu se garda de troubler le clergé lorsque déjà il préparait l'assemblée générale où il demanda un don pour la guerre. Un procès fut permis aux moines, un seul, contre un curé, mais contre un curé magicien, ce qui permettait d'embrouiller les choses (comme en l'affaire de Gauffridi), de sorte qu'aucun confesseur, aucun directeur, ne s'y reconnût, et que chacun, en sécurité pleine, pût toujours dire : « Ce n'est pas moi. »

Grâce à ces soins tout prévoyants, une certaine obscurité reste en effet sur l'affaire de Grandier. Son historien, le capucin Tranquille, prouve à merveille qu'il fut sorcier, bien plus, un diable, et il est nommé dans le procès (comme on aurait dit d'Astaroth) *Grandier des dominations*. Tout au contraire, Ménage est près de le ranger parmi les grands hommes accusés de magie, dans les martyrs de la libre pensée.

Pour voir un peu plus clair, il ne faut pas prendre Grandier à part, mais lui garder sa place dans la trilogie diabolique du temps, dont il ne fut qu'un second acte, l'éclairer par le premier acte qu'on a vu en Provence dans l'affaire terrible de la Sainte-Baume, où périt Gauffridi, l'éclairer par le troisième acte, par l'affaire de Louviers, qui copia Loudun (comme Loudun avait copié), et qui eut à son tour un Gauffridi et un Urbain Grandier.

Les trois affaires sont unes et identiques. Toujours le prêtre libertin, toujours le moine jaloux et la nonne furieuse par qui on fait parler le Diable, et le prêtre brûlé à la fin.

Voilà ce qui fait la lumière dans ces affaires, et qui permet d'y mieux voir que dans la fange obscure des monastères d'Espagne et d'Italie. Les religieuses de ces pays de paresse méridionale étaient étonnamment passives, subissaient la vie de sérail, et pis encore. (Voy. Del Rio, Llorente, Ricci, etc.) Nos Françaises, au contraire, d'une personnalité forte, ardente, exigeante, furent terribles de jalousie et terribles de haine, vrais diables (et sans figure), partant indiscrètes, bruyantes, accusatrices. Leurs révélations furent très claires, et si claires vers la fin que tout le monde en eut honte, et qu'en trente ans, en trois affaires, la chose, commencée par l'horreur, s'éteignit dans la platitude, sous les sifflets et le dégoût.

Ce n'était pas à Loudun, en plein Poitou, parmi les huguenots, sous leurs yeux et leurs railleries, dans la ville même où ils tenaient leurs grands synodes nationaux, qu'on eût attendu une affaire scandaleuse pour les catholiques. Mais justement ceux-ci, dans les vieilles villes protestantes, vivaient comme en pays conquis, en liberté très grande, pensant avec raison que des gens souvent massacrés, tout récemment vaincus, ne diraient mot. La Loudun catholique (magistrats, prêtres, moines, un peu de noblesse et quelques artisans) vivait à part de l'autre, en vraie colonie conquérante. La colonie se divisa, comme on pouvait le deviner, par l'opposition du prêtre et du moine.

Le moine, nombreux et altier, comme missionnaire convertisseur, tenait le haut du pavé contre les protestants et confessait les dames catholiques, lorsque, de Bordeaux, arriva un jeune curé, élève des Jésuites, lettré et agréable, écrivant bien et parlant mieux. Il éclata en chaire, et bientôt dans le monde. Il était Manceau de naissance et disputeur, mais méridional d'éducation, de facilité bordelaise, hâbleur, léger comme un Gascon. En peu de temps il sut brouiller à fond toute la petite ville, ayant les femmes pour lui, les hommes contre (du moins presque tous). Il devint magnifique, insolent et insupportable, ne respectant plus rien. Il criblait de sarcasmes les carmes, déblatérait en chaire contre les moines en général. On s'étouffait à ses sermons. Majestueux et fastueux, ce personnage apparaissait dans les rues de Loudun comme un Père de l'Église, tandis que la nuit, moins bruyant, il glissait aux allées ou par les portes de derrière.

Toutes lui furent à discrétion. La femme de l'avocat du roi fut sensible pour lui, mais plus encore la fille du procureur royal, qui en eut un enfant. Ce n'était pas assez. Ce conquérant, maître des dames, poussant toujours son avantage, en venait aux religieuses. Il y avait partout alors des Ursulines, sœurs vouées à l'éducation, missionnaires femelles en pays protestant, qui caressaient, charmaient les mères, attiraient les petites filles. Celles de Loudun étaient un petit couvent de demoiselles nobles et pauvres. Pauvre couvent lui-même ; en les fondant, on ne leur donna guère que la maison, ancien collège huguenot. La supérieure, dame de bonne noblesse et bien apparentée, brûlait d'élever son couvent, de l'amplifier, de l'enrichir et de le faire connaître. Elle aurait pris Grandier peut-être, l'homme à la mode, si déjà elle n'eût eu pour directeur un prêtre qui avait de bien autres racines dans le pays, étant proche parent des deux principaux magistrats. Le chanoine Mignon, comme on l'appelait, tenait la supérieure. Elle et lui en confession (les dames supérieures confessaient), tous deux apprirent avec fureur que les jeunes nonnes ne rêvaient que de ce Grandier, dont on parlait tant.

Donc, le directeur menacé, le mari trompé, le père outragé (trois affronts en même famille !), unirent leurs jalousies et jurèrent la perte de Grandier. Pour réussir, il suffisait de le laisser aller. Il se perdait assez lui-même. Une affaire éclata qui fit un bruit à faire presque écrouler la ville.

Les religieuses, en cette vieille maison huguenote où on les avait mises, n'étaient pas rassurées. Leurs pensionnaires, enfants de la ville, et peut-être aussi de jeunes nonnes, avaient trouvé plaisant d'épouvanter les autres en jouant aux revenants, aux fantômes, aux apparitions. Il n'y avait pas trop d'ordre en ce mélange de petites filles riches que l'on gâtait. Elles couraient la nuit les corridors. Si bien qu'elles s'épouvantèrent elles-mêmes. Quelques-unes en étaient malades, ou malades d'esprit. Mais, ces peurs, ces illusions, se mêlant aux scandales de ville dont on leur parlait trop le jour, le revenant des nuits, ce fut Grandier. Plusieurs dirent l'avoir vu, senti la nuit près d'elles, audacieux, vainqueur, et s'être réveillées trop tard. Était-ce illusion? Étaient-ce plaisanteries de novice? Était-ce réellement Grandier qui avait acheté la portière ou risqué l'escalade? On n'a jamais pu l'éclaircir.

Les trois dès lors crurent le tenir. Ils suscitèrent d'abord dans les petites gens qu'ils protégeaient deux bonnes âmes qui déclarèrent ne pouvoir plus garder pour leur curé un débauché, un sorcier, un démon, un esprit fort, qui, à l'église, « pliait un genou et non deux »; enfin qui se moquait des règles, et donnait des dispenses contre les droits de l'évêque. — Accusation habile qui mettait contre lui l'évêque de Poitiers, défenseur naturel du prêtre, et livrait celui-ci à la rage des moines.

Tout cela monté avec génie, il faut l'avouer. En le faisant accuser par deux pauvres, on trouva très utile de le faire bâtonner par un noble. En ce temps de duel, l'homme impunément bâtonné perdait dans le public; il baissait chez les femmes. Grandier sentit la profondeur du coup. Comme en tout il aimait l'éclat, il alla au roi même, se jeta à ses genoux, demanda vengeance pour sa robe de prêtre. Il l'aurait eue d'un roi dévot; mais il se trouva là des gens qui dirent au roi que c'était affaire d'amour et fureur de maris trompés.

Au tribunal ecclésiastique de Poitiers, Grandier fut condamné à pénitence et à être banni de Loudun, donc déshonoré comme prêtre. Mais le tribunal civil reprit la chose et le trouva innocent. Il eut encore pour lui l'autorité ecclésiastique dont relevait Poitiers, l'archevêque de Bordeaux, Sourdis. Ce prélat belliqueux, amiral et brave marin, autant et plus que prêtre, ne fit que hausser les épaules au récit de ces peccadilles. Il innocenta le curé, mais en même temps lui conseilla sagement d'aller vivre partout, excepté à Loudun.

C'est ce que l'orgueilleux n'eut garde de faire. Il voulut jouir du triomphe sur le terrain de la bataille et parader devant les dames. Il rentra dans Loudun au grand jour, à grand bruit; toutes le regardaient des fenêtres; il marchait tenant un laurier.

Non content de cette folie, il menaçait, voulait réparation. Ses adversaires, ainsi poussés, à leur tour en péril, se rappelèrent l'affaire de Gauffridi, où le Diable, le père du mensonge, honorablement réhabilité, avait été accepté en justice comme un bon témoin véridique, croyable pour l'Église et croyable pour les gens du roi. Désespérés, ils invoquèrent un Diable, et ils l'eurent à commandement. Il parut chez les Ursulines.

Chose hasardeuse. Mais que de gens intéressés au succès! La supérieure voyait son couvent, pauvre, obscur, attirer bientôt les yeux de la cour, des provinces, de toute la terre. Les moines y voyaient leur victoire sur leurs rivaux, les prêtres. Ils retrouvaient ces combats populaires livrés au Diable en l'autre siècle, souvent (comme à Soissons) devant la porte des églises, la terreur et la joie du peuple à voir triompher le bon Dieu, l'aveu tiré du Diable « que Dieu est dans le Sacrement », l'humiliation des huguenots convaincus par le démon même.

Dans cette comédie tragique, l'exorciste représentait Dieu, ou tout au moins c'était l'archange terrassant le dragon. Il descendait des échafauds, épuisé, ruisselant de sueur, mais triomphant, porté dans les bras de la foule, béni des bonnes femmes qui en pleuraient de joie.

Voilà pourquoi il fallait toujours un peu de sorcellerie dans les procès. On ne s'intéressait qu'au Diable. On ne pouvait pas toujours le voir sortir du corps en crapaud noir (comme à Bordeaux en 1610). Mais on était du moins dédommagé par une grande, superbe mise en scène. L'âpre désert de Madeleine, l'horreur de la Sainte-Baume dans l'affaire de Provence, firent une bonne partie du succès. Loudun eut pour lui le tapage et la bacchanale furieuse d'une grande armée d'exorcistes divisés en plusieurs églises. Enfin Louviers, que nous verrons, pour raviver un peu ce genre usé, imagina des scènes de nuit où les diables en religieuses, à la lueur des torches, creusaient, tiraient des fosses les charmes qu'on y avait cachés.

L'affaire commença par la supérieure et par une sœur converse à elle. Elles eurent des convulsions, jargonnèrent diaboliquement. D'autres nonnes les imitèrent, une surtout, hardie, reprit le rôle de la Louise de Marseille, le même diable Léviathan, le démon supérieur de chicane et d'accusation.

Toute la petite ville entre en branle. Les moines de toutes couleurs s'emparent des nonnes, les divisent, les exorcisent par trois, par quatre. Ils se partagent les églises. Les capucins à eux seuls en occupent deux. La foule y court, toutes les femmes, et, dans cet auditoire effrayé, palpitant, plus d'une crie qu'elle sent aussi des diables; six filles de la ville sont possédées. Et le simple récit de ces choses effroyables fait deux possédées à Chinon.

On en parla partout, à Paris, à la cour. Notre reine espagnole, imaginative et dévote, envoie son aumônier; bien plus, lord Montaigu, l'ancien papiste, son fidèle serviteur, qui vit tout et crut tout, rapporta tout au pape. Miracle constaté. Il avait vu les plaies d'une nonne, les stigmates marqués par le Diable sur les mains de la supérieure.

Qu'en dit le roi de France? Toute sa dévotion était tournée au Diable, à l'enfer, à la crainte. On dit que Richelieu fut charmé de l'y entretenir. J'en doute; les diables étaient essentiellement espagnols et du parti de l'Espagne; s'ils parlaient politique, c'eût été contre

Richelieu. Peut-être en eut-il peur. Il leur rendit hommage, et envoya sa nièce pour témoigner intérêt à la chose.

La cour croyait. Mais Loudun même ne croyait pas. Ses diables, pauvres imitateurs des démons de Marseille, répétaient le matin ce qu'on leur apprenait le soir d'après le manuel connu du père Michaëlis. Ils n'auraient su que dire si des exorcismes secrets, répétition soignée de la farce du jour, ne les eussent chaque nuit préparés et stylés à figurer devant le peuple.

Un ferme magistrat, le bailli de la ville, éclata, vint lui-même trouver les fourbes, les menaça, les dénonça. Ce fut aussi le jugement tacite de l'archevêque de Bordeaux, auquel Grandier en appelait. Il envoya un règlement pour diriger du moins les exorcistes, finir leur arbitraire; de plus, son chirurgien, qui visita les filles, ne les trouva point possédées, ni folles, ni *malades*. Qu'étaient-elles? Fourbes à coup sûr.

Ainsi continue dans ce siècle ce beau duel du médecin contre le Diable, de la science et de la lumière contre le ténébreux mensonge. Nous l'avons vu commencer par Agrippa, Wyer. Certain docteur Duncan continua bravement à Loudun, et sans crainte imprima que cette affaire n'était que ridicule.

Le Démon, qu'on dit si rebelle, eut peur, se tut, perdit la voix. Mais les passions étaient trop animées pour que la chose en restât là. Le flot remonta pour Grandier avec une telle force, que les assaillis devinrent assaillants. Un parent des accusateurs, un apothicaire, fut pris à partie par une riche demoiselle de la ville qu'il disait être maîtresse du curé. Comme calomniateur, il fut condamné à l'amende honorable.

La supérieure était perdue. On eût aisément constaté ce que vit plus tard un témoin, que ses stigmates étaient une peinture, rafraîchie tous les jours. Mais elle était parente d'un conseiller du roi, Laubardemont, qui la sauva. Il était justement chargé de raser les forts de Loudun. Il se fit donner une commission pour faire juger Grandier. On fit entendre au cardinal que l'accusé était curé et ami de la *Cordonnière de Loudun*, un des nombreux agents de Marie de Médicis; qu'il s'était fait le secrétaire de sa paroissienne, et, sous son nom, avait écrit un ignoble pamphlet.

Du reste, Richelieu eût voulu être magnanime et mépriser la chose, qu'il l'eût pu difficilement. Les capucins, le Père Joseph, spéculaient là-dessus. Richelieu lui aurait donné une belle prise contre lui près du roi s'il n'eût montré du zèle. Certain M. Quillet, qui avait observé sérieusement, alla voir Richelieu et l'avertit. Mais celui-ci craignit de l'écouter, et le regarda de si mauvais œil, que le donneur d'avis jugea prudent de se sauver en Italie.

Laubardemont arrive le 6 décembre 1633. Avec lui la terreur. Pouvoir illimité. C'est le roi en personne. Toute la force du royaume, une horrible massue, pour écraser une mouche.

Les magistrats furent indignés, le lieutenant civil avertit Grandier qu'il l'arrêterait le lendemain. Il n'en tint compte et se fit arrêter. Enlevé à l'instant, sans forme de procès, mis aux cachots d'Angers. Puis ramené, jeté où? dans la maison et la chambre d'un de ses ennemis qui en fait murer les fenêtres pour qu'il étouffe. L'exécrable examen qu'on fait sur le corps du sorcier en lui enfonçant des aiguilles pour trouver la marque du Diable est fait par les mains même de ses accusateurs, qui prennent sur lui d'avance leur vengeance préalable, l'avant-goût du supplice!

On le traîne aux églises en face de ces filles, à qui Laubardemont a rendu la parole. Il trouve des bacchantes que l'apothicaire condamné soûlait de ses breuvages, les jetant en de telles furies qu'un jour Grandier fut près de périr sous leurs ongles.

Ne pouvant imiter l'éloquence de la possédée de Marseille, elles suppléaient par le cynisme. Spectacle hideux! des filles, abusant des prétendus diables pour lâcher devant le public la bonde à la furie des sens! C'est justement ce qui grossissait l'auditoire. On venait ouïr là, de la bouche des femmes, ce qu'aucune n'osa dire jamais.

Le ridicule, ainsi que l'odieux, allaient croissant. Le peu qu'on leur soufflait de latin, elles le disaient tout de travers. Le public trouvait que les diables n'avaient pas fait leur *quatrième*. Les capucins, sans se déconcerter, dirent que, si ces démons étaient faibles en latin, ils parlaient à merveille l'iroquois, le topinambour.

La farce ignoble, vue de soixante lieues, de

Saint-Germain, du Louvre, apparaissait miraculeuse, effrayante et terrible. La cour admirait et tremblait. Richelieu (sans doute pour plaire) fit une chose lâche. Il fit payer les exorcistes, payer les religieuses.

Une si haute faveur exalta la cabale et la rendit tout à fait folle. Après les paroles insensées vinrent les actes honteux. Les exorcistes, sous prétexte de la fatigue des nonnes, les firent promener hors de la ville, les promenèrent eux-mêmes. Et l'une d'elles en revint enceinte. L'apparence du moins était telle. Au cinquième ou sixième mois, tout disparut, et le démon qui était en elle avoua la malice qu'il avait eue de calomnier la pauvre religieuse par cette illusion de grossesse. C'est l'historien de Louviers qui nous apprend cette histoire de Loudun (Esprit, p. 135).

On assure que le Père Joseph vint secrètement, mais vit l'affaire perdue, et s'en tira sans bruit. Les Jésuites vinrent aussi, exorcisèrent, firent peu de chose, flairèrent l'opinion, se dérobèrent aussi.

Mais les moines, les capucins, étaient si engagés, qu'il ne leur restait plus qu'à se sauver par la terreur. Ils tendirent des pièges perfides au courageux bailli, à la baillive, voulant les faire périr, éteindre la future réaction de la justice. Enfin ils pressèrent la commission d'expédier Grandier. Les choses ne pouvaient plus aller. Les nonnes même leur échappaient. Après cette horrible orgie de fureurs sensuelles et de cris impudiques pour faire couler le sang humain, deux ou trois défaillirent, se prirent en dégoût, en horreur; elles se vomissaient elles-mêmes. Malgré le sort affreux qu'elles avaient à attendre si elles parlaient, malgré la certitude de finir dans une basse fosse (c'était l'usage encore, voir Mabillon), elles dirent dans l'église qu'elles étaient damnées, qu'elles avaient joué le Diable, que Grandier était innocent.

Elles se perdirent, mais n'arrêtèrent rien. Une réclamation générale de la ville au roi n'arrêta rien. On condamna Grandier à être brûlé (18 août 1654). Telle était la rage de ses ennemis, qu'avant le bûcher ils exigèrent, pour la seconde fois, qu'on lui plantât partout l'aiguille pour chercher la marque du Diable. Un des juges eût voulu qu'on lui arrachât même les ongles, mais le chirurgien refusa.

On craignait l'échafaud, les dernières paroles du patient. Comme on avait trouvé dans ses papiers un écrit contre le célibat des prêtres, ceux qui le disaient sorcier le croyaient eux-mêmes esprit fort. On se souvenait des paroles hardies que les martyrs de la libre pensée avaient lancées contre leurs juges; on se rappelait le mot suprême de Bruno, la bravade de Vanini. On composa avec Grandier. On lui dit que, s'il était sage, on lui sauverait la flamme, qu'on l'étranglerait préalablement. Le faible prêtre, homme de chair, donna encore ceci à la chair, et promit de ne point parler. Il ne dit rien sur le chemin et rien sur l'échafaud. Quand on le vit bien lié au poteau, toute chose prête, et le feu disposé pour l'envelopper brusquement de flamme et de fumée, un moine, son propre confesseur, sans attendre le bourreau, mit le feu au bûcher. Le patient, enragé, n'eut que le temps de dire : « Ah! vous m'avez trompé! » Mais les tourbillons s'élevèrent et la fournaise de douleurs... On n'entendit plus que des cris.

Richelieu, dans ses *Mémoires*, parle peu de cette affaire et avec une honte visible. Il fait entendre qu'il suivit les rapports qui lui vinrent, la voix de l'opinion. Il n'en avait pas moins, en soudoyant les exorcistes, en lâchant bride aux capucins, en les laissant triompher par la France, encouragé, tenté la fourberie. Gauffridi, renouvelé par Grandier, va paraître encore plus sale dans l'affaire de Louviers.

C'est justement en 1634 que les diables, chassés de Poitou, passent en Normandie, copiant, recopiant leurs sottises de la Sainte-Baume, sans invention et sans talent, sans imagination. Le furieux Léviathan de Provence, contrefait à Loudun, perd son aiguillon du Midi, et ne se tire d'affaire qu'en faisant parler couramment aux vierges les langues de Sodome. Hélas! tout à l'heure, à Louviers, il perd son audace même; il prend la pesanteur du Nord, et devient un pauvre d'esprit.

CHAPITRE XXII

Les Carmélites. — Succès du *Cid*. (1636-1637.)

Nous ne sortons pas des couvents ni du surnaturel. L'histoire de ce temps va de miracle en miracle. Au cloître se fait et se défait par voie occulte le nœud brouillé des plus grands intérêts. Le fil qu'une politique savante croit diriger aux *cabinets des princes*, une main ignorante de femme le coupe en se jouant. Richelieu propose ; la Vierge dispose. Tous les calculs du Palais-Cardinal sont bafoués par le Val-de-Grâce.

Un mot d'avance qui contient tout, qui enveloppe le siècle même.

La question du siècle, c'est le mariage espagnol, redouté d'Henri IV, accompli par sa femme, presque brisé par Richelieu. A l'intérieur, à l'extérieur, Richelieu sue à combattre l'Espagne et la maison d'Autriche. Mais, malgré lui, le mariage espagnol porte décidément son fruit. Une grossesse miraculeuse met dans le trône de France le sang de Charles-Quint, *Dieudonné*, ou

Louis XIV, lequel ne combattra l'Espagne que pour prendre son rôle et le continuer par la ruine de la Hollande et de la France protestante.

C'est la victoire d'un mort sur un vivant, celle de l'Espagne sur la France ; l'esprit espagnol, en un siècle, mène celle-ci à sa mutilation et à sa banqueroute de trois milliards.

Est-ce à dire que ce mort, ce blême et faible revenant, ait eu directement cette victoire sur les puissances de la vie ? Non, l'Espagne n'aurait pas eu prise si la France elle-même ne s'était ouverte et livrée par l'admiration de cette vieille ruine, employant la vivacité d'un réveil de génie à relever l'Espagne dans l'opinion. Il y fallut Corneille, il y fallut le *Cid* et son succès national ; événement énorme, d'une portée qui n'a jamais été sentie jusqu'ici.

Examinons. En 1635, à la rupture, lorsque l'ambassadeur d'Espagne, Mirabel, partit de Paris, où resta le foyer de l'intrigue espagnole ? Aux Carmélites de la rue Saint-Jacques. « C'est alors, dit La Porte, valet de chambre de la reine, qu'elle renoua correspondance avec son frère Philippe IV. » Elle écrivait dans ce couvent.

Cette colonie de carmélites avait été, sous Henri IV, une vraie invasion espagnole. On a vu leur entrée triomphale à Paris sous les auspices des Guises. Elles établirent rue Saint-Jacques leur dévot ermitage, leur désert extatique, au lieu le plus peuplé et sur la grande route du Midi, la plus fréquentée de France. Ce fut un autre Escurial à un quart d'heure du Louvre.

Nous devons à M. Cousin de connaître les pieuses origines de ces solitaires. Il est heureux. Au rebours du critique qui croyait *dénicher* des saints, il a trouvé, rétabli dans leur niche je ne sais combien de saintes, acceptant de confiance ce que les religieuses elles-mêmes ont écrit de leur propre sainteté, leur donnant la publicité de ses livres charmants, écrits sur les femmes et pour elles.

Moi, je suis moins heureux. Sur ma route, je vois sortir de là d'étranges réputations, la Fargis, par exemple. J'y vois que les saintes elles-mêmes, fort occupées du monde, mirent toute leur ferveur à avancer les affaires de l'Espagne.

Richelieu y avait l'œil. Il avait cru se donner une prise sur l'ordre en se faisant nommer protecteur des carmélites, et sur la maison de Paris en lui donnant pour supérieure une de ses parentes. Parente ou non, elle était femme, et, comme telle, dans la ligue universelle des femmes contre Richelieu. La reine trouva là une sûreté qu'elle n'avait nulle part. Elle put y écrire tout le jour à son aise. Elle put y voir à la grille qui elle voulait, des inconnus, de faux pauvres, les agents que Mirabel envoyait de Bruxelles, le lord papiste Montaigu ; un joli cavalier aussi, qui, dans ses grandes crises, lui venait à propos pour lui donner courage. Le cavalier n'était autre que la Chevreuse, qui vint parfois de son exil, faisant trente lieues en une nuit.

Entrait-on dans ce monastère ? Un passage curieux de mademoiselle de Montpensier nous apprend que les couvents de fondation royale n'avaient point de clôture pour les officiers des princesses. Elle-même, à douze ans, entrant dans un monastère, tous les hommes de sa suite y entraient sans difficulté.

Que pouvait-elle donc tant écrire, n'entrant pas au conseil et tenue hors des affaires? La réponse n'est pas difficile. Le couvent, mêlé de noblesse, de bourgeoisie ligueuse, et visité par tant de gens, était un grand centre d'informations. Et plus directement encore, la reine, par mademoiselle de Hautefort, savait chaque matin ce que le roi avait dit le soir. Plus d'un secret d'État pouvait, par cette voie, aller droit à Madrid.

Il faut bien se rappeler la situation. L'Espagne épuisée se voyait faire la guerre par la France épuisée. A chaque année, elle espérait que Richelieu n'en pourrait plus, serait tari, fini. Elle le crut en 1636, où, faute d'argent, il ne put refaire à temps son armée du Rhin et du Nord. La violente dictature des intendants qu'il mit partout alors lui donna des ressources, mais à l'instant provoqua des révoltes. L'Espagne comptait là-dessus, le guettait, l'attendait.

Mais les temps étaient bien changés. Les révoltes, isolées, partielles et sans concert, ne rappelaient en rien la Ligue. Les insurrections de paysans qui éclatèrent ici et là en 1638, la sournoise résistance (de bourgeoisie surtout) qui se fit sous forme religieuse et s'appela le jansénisme, n'auraient pas fait grand'chose. L'homme tant détesté n'en fût pas moins resté fort et haut dans l'opinion. On voyait sa terrible route à travers tant d'obstacles, et les résultats (médiocres au fond) qu'il obtenait étaient loués avec raison pour la grandeur de volonté, l'invincibilité, que l'on sentait en lui. Mais voici qu'un matin, sous forme littéraire, sans pouvoir être arrêté, réprimé, un coup moral inattendu lui est porté par la main d'un enfant, la main innocente et aveugle du bonhomme Corneille. Coup oblique, indirect, qui entra d'autant mieux. Tout fut changé, et le public, et peut-être Richelieu lui-même. Il n'en est jamais relevé.

Il faut dire que ce coup fut asséné au jour le plus critique, en 1636, le lendemain de l'invasion, quand la France entamée douta du génie du ministre et l'accusa d'imprévoyance. Elle eut à ce moment un accès fou qu'elle a parfois, celui d'admirer l'ennemi. Et, par un terrible à-propos (que l'auteur, certes, n'avait pas calculé), l'Espagne éclata au théâtre et y fut glorifiée.

Richelieu, essentiellement homme de lettres, aimait, nourrissait ses confrères, qui alors ne pouvaient vivre de leur plume. Malgré la détresse publique, il soutenait les bons écrivains du temps, La Mothe-le-Vayer, Rotrou, Corneille, Benserade, Renaudot, l'historien Mézeray, l'amusant Boisrobert, l'honnête et savant Chapelain. Il faisait plus que de les payer, il les honorait. Par exemple, il ne souffrait pas que Desmarets lui parlât découvert; il le faisait couvrir, asseoir. Néanmoins sa nature violente et la violence de son gouvernement, qu'il le voulût ou non, étouffait la littérature. La manie de faire faire des pièces, dont il faisait le plan et rimait quelques scènes, était despotique, irritante ; ces pauvres rimeurs à grand'peine tiraient la charrue sous l'aiguillon de ce terrible camarade.

Un petit juge de Rouen, Pierre Corneille, avait, dès 1629, relevé, ou plutôt créé le théâtre, par une mauvaise pièce, *Mélite*, qui eut un succès immense. La liberté d'esprit, chassée du monde réel, sembla vouloir se réfugier dans celui des fictions, dans le drame d'intrigue. Trois théâtres surgirent. Richelieu eut l'ambition de conquérir encore cet asile de la fantaisie et de la libre opinion. A son confident Boisrobert il attela quatre hommes, Corneille, Rotrou, L'Estoile et Colletet, et les regarda travailler. Le plus indépendant fut Colletet (de pauvreté proverbiale) ; il repoussa le plan du tout-puissant ministre. Corneille essaya de résister, puis obéit et fit ce qu'il voulut, mais se retira à Rouen (1635).

Là, un vieux secrétaire de Marie de Médicis, grand admirateur de l'Espagne, lui montra, lui recommanda une pièce espagnole, le *Cid*, de Guilain de Castro ; il l'engagea à porter ce beau sujet sur notre scène. Il y avait une difficulté : la pièce était la glorification du duel, si sévèrement puni par les édits, à ce point qu'on y sacrifia en 1626 la tête même d'un Montmorency. Sévérité, du reste, qui indigna et fut prise dans l'opinion comme un trait des plus odieux de ce gouvernement de prêtre. « Plus de général prêtre ! » Ce fut le cri de la noblesse en 1635.

Glorifier le duel, c'était, dans les idées du temps,

attaquer, détrôner le prêtre et relever le gentilhomme.

Dans une pièce, du reste médiocre, *Médée*, que Corneille venait de faire jouer l'année même de l'invasion, on avait admiré et applaudi ces vers :

> Dans un si grand revers, que vous reste-t-il ? — Moi,
> Moi, dis-je, et c'est assez.

Mot fort et très profond, bien plus que ne le sentit l'auteur. Le sort, la pensée de la France et son état moral étaient dans cette formule. La tempête d'idées et d'opinions qui battit le seizième siècle avait laissé un calme morne ; plus de protestantisme ; le catholicisme stérile (sauf un fruit sec, le jansénisme). Il ne restait guère que l'individu.

Des mœurs religieuses en dessus, fort gâtées en dessous. Et avec tout cela, cette France gardait une étincelle, d'idées ? Non, d'énergie, une certaine pointe du moins, la langue acérée, l'épée prompte. Un brillant coup d'épée, à cela véritablement se réduit l'idéal du temps.

« Que vous reste-t-il ? — Moi. » Ce moi n'était que le duel.

Précisément la chose que le ministre poursuivait, punissait de mort.

Comment ce pauvre petit juge de Rouen, fonctionnaire craintif, bourgeois de mœurs et d'habitudes, s'emporta-t-il à cet excès d'audace ? Et fut-ce bien le vieux secrétaire de la reine mère qui fit cette malice de relever par là nos ennemis les Espagnols ? Non, à coup sûr. Il y a une autre explication, meilleure, je crois. C'est que Corneille était dans un moment où les hommes ne se connaissent plus, et font parfois, sans savoir ce qu'ils font, de sublimes imprudences. Il aimait, aimait sans espoir. Sans cette folie-là il n'eût jamais fait l'autre.

Une autre chose à expliquer, c'est de savoir comment cet homme de robe, ce juge de Rouen, eut la pensée des gentilshommes, l'âme de la noblesse plus qu'elle ne l'avait elle-même. L'esprit bourgeois était très belliqueux. Des Arnauld, avocats, nous voyons surgir cet Arnauld, capitaine, qui fit le fort Louis contre La Rochelle et forma le renommé régiment de Champagne. Du parlement de Pau sortit l'homme que Richelieu appelait *la Guerre*, le fameux Gassion. Le fils du président De Thou, cet Auguste De Thou qui doit bientôt périr, va comme amateur à la guerre, en partie de plaisir, avec ses amis de la cour, aux endroits les plus dangereux, et s'amuse à se faire blesser.

Corneille amoureux fit Chimène. Corneille escrimeur fit Rodrigue. Je veux dire escrimeur d'esprit et disputeur normand. Ses drames, sauf les moments sublimes, ne sont qu'escrime et polémique.

Le *Cid*, présenté comme une imitation de l'espagnol, allait droit à la reine. Il fut représenté chez elle au Louvre. Richelieu fut surpris. Cet incident si grave échappa à sa surveillance.

Le coup parti, tout fut fini; impossible d'y revenir. Dès la première représentation, les applaudissements, les trépignements, les cris, les pleurs, un frénétique enthousiasme. Joué au Louvre, joué à Paris, joué chez le cardinal même, qui le subit sur son théâtre, supposant très probablement que sa désapprobation souveraine, toujours si redoutée, tuerait la pièce, ou tout au moins verserait aux acteurs, aux spectateurs, une averse de glace ; que, les uns n'osant bien jouer ni les autres applaudir, le *Cid* périrait morfondu.

Phénomène terrible ! Chez le cardinal même et devant lui, le succès fut complet. Acteurs et spectateurs avaient pris l'âme du *Cid*. Personne n'avait plus peur de rien. Le ministre resta le vaincu de la pièce, aussi bien que don Sanche, l'amant dédaigné de Chimène.

Contre cette erreur du public, le tout-puissant ministre, n'ayant nulle ressource en la force, fut obligé de faire appel au public même, au public des lettrés contre celui des illettrés, aux écrivains contre la cour et la ville ignorantes. Une compagnie littéraire, à l'instar des académies italiennes, s'était formée vers 1629. Chapelain et autres bons esprits se réunissaient chez un protestant aimé de Richelieu, le savant Conrart. En 1634, le ministre eut l'idée d'en faire une société qui s'occupât de mots (jamais d'idées), qui consacrât ses soins à polir notre langue. Ce fut l'Académie française. Nul péril. L'innocente et honnête société devait la protection du cardinal à son fou Boisrobert, un bouffon de beaucoup d'esprit. Et elle avait pour chancelier un homme qui était tout à lui, Desmarets de Saint-Sorlin.

Le 10 juillet 1637, au moment où Richelieu recommençait encore contre l'Espagne une campagne laborieuse, au moment où la cour l'entourait de complots, son âme littéraire, plus occupée encore du succès de Corneille, éclata toute dans une solennelle ouverture qu'il fit chez lui de l'Académie française contre le *Cid* et le public.

L'Académie naissante ne se souciait nullement de débuter par contredire l'opinion. Il fallut les ordres précis et même une menace brutale du ministre, pour qu'elle obéît : « Je vous aimerai comme vous m'aimerez », dit-il. Évidemment il menaçait de supprimer leurs pensions.

On sait le jugement, faible et froid, médiocre, parfois judicieux, parfois timidement complaisant, que l'Académie publia, et l'insultante critique du ridicule capitan Scudéry, et les lâches injures de Mairet, jusque-là maître de la scène, qui s'avoua jaloux et releva encore par là le succès de Corneille.

Aurait-on pu en 1637, après le *Cid*, ce qu'on avait pu en 1626, punir de mort l'obstiné duelliste revenu pour se battre sous les croisées du roi? Non, l'édit était aboli, la scène avait vaincu les lois ; sur Richelieu planait Corneille.

La campagne s'ouvrait. De quel cœur la noblesse allait-elle se battre contre les descendants du *Cid*, ces Espagnols aimés et admirés? Français et Espagnols allaient penser également que l'ennemi n'était qu'à Paris, l'ennemi commun, Richelieu.

Tout en voulant apaiser le ministre et lui demandant pardon d'avoir réussi, Corneille allait de crime en crime. Pas une de ses pièces qui n'eût l'effet d'une conspiration. *Horace*, quoique dédié au cardinal, fut avidement saisi par les Romains du parlement, les Cassius de la grand'chambre et les Brutus de la basoche. *Cinna*, la *Clémence d'Auguste*, sous cet homme inclément, parut une sanglante satire. *Polyeucte* fut représenté au moment où le ministre venait de mettre à la Bastille le Polyeucte janséniste, l'abbé de Saint-Cyran. Les femmes de Corneille sont déjà les frondeuses, et ce sont elles qui firent celles-ci. La Palatine se croyait Émilie. Madame de Longueville disait de sang-froid, à Coligny, à La Rochefoucauld, ce que Chimène dit, dans son transport, ne se connaissant plus :

> Sors vainqueur d'un combat dont Chimène est le prix.

Mais la Chimène surtout, ce fut la reine. Avec ses trente-sept ans, notre reine espagnole, oubliée, peu comptée, un peu moquée pour ses couches douteuses, refleurit jeune et pure par la vertu du *Cid*. Sur elle, aux représentations, se fixent tous les yeux, à elle reviennent les bravos et l'enthousiasme public. Tout imite l'Espagne, se drape à l'espagnole, pour être bien vu de Chimène. Elle accepte ce rôle, et, quoique l'auteur inquiet ait dédié le *Cid* à la nièce du cardinal, la reine se pose sa patronne. Elle demande, obtient de Richelieu qu'on donne la noblesse au père de Corneille, et il n'ose refuser. Contradiction flagrante. Il le fait honorer, il le fait condamner, subissant malgré lui l'arrêt de l'opinion, très bien formulé par Balzac : « Si Platon le met hors de sa cité, il ne peut le chasser que couronné de fleurs. »

CHAPITRE XXIII

Danger de la reine. (Août 1637.)

La reine Anne d'Autriche, en 1637, n'était plus jeune. Elle était à peu près de l'âge du siècle. Mais elle avait toujours une grande fraîcheur. Ce n'était que lis et que roses. Née blonde et Autrichienne, elle brunissait un peu de cheveux, était un peu plus Espagnole. Mais, comme elle était grasse, son incomparable blancheur n'avait fait qu'augmenter. Flore devenait Cérès, dans l'ampleur et la plénitude, le royal éclat de l'été.

Elle fut plus tard fort lourde. Retz la trouve, à quarante-huit ans, « une grosse Suissesse ». Mais nous sommes encore en 1637.

Elle nourrissait un peu trop sa beauté, mangeait beaucoup et se levait fort tard, soit paresse espagnole, soit pour avoir le teint plus reposé. Elle entendait une ou deux messes basses, dînait solidement à midi, puis allait voir des religieuses.

Sanguine, orgueilleuse et colère, elle n'en était pas
moins faible; ses domestiques la disaient *toute bonne*.
Elle avait eu (jeune surtout) un bon cœur pour les
pauvres. Cœur amoureux, crédule et ne se gardant
guère. La Chevreuse, qui la connaissait, disait à
Retz : « Prenez un air rêveur; oubliez-vous à admirer
sa belle peau et sa jolie main ; vous ferez ce que
vous voudrez. »

Sa parfaite ignorance et son esprit borné la livraient
infailliblement aux amants par spéculation et aux
rusées friponnes qui s'en faisaient un instrument.

Par deux fois, dans deux grands dangers de la
France, on la mit en rapport avec l'ennemi. En 1628,
quand l'alliance monstrueuse de l'Angleterre et de
l'Espagne se faisait sous main contre nous, et qu'on
poussait Waldstein à l'invasion de la France, elle
sollicita le duc de Lorraine de nous abandonner,
c'est-à-dire d'ouvrir la porte à Waldstein (chose
avouée par un des Guises). Et, quand l'invasion se
réalisa, en effet, dans l'année 1636, où la grande
armée des voleurs impériaux entra par le Nord et
par l'Est, où commença en Lorraine et au Rhin l'immense destruction dont nous avons parlé, nous retrouvons notre grosse étourdie aux Carmélites, écrivant
aux Espagnols, qui viennent à dix lieues de Paris!...

Elle trahissait et elle flattait. Elle s'était rapprochée de Richelieu. Elle lui demandait des grâces.
Elle se laissa même aller, pour l'enivrer et l'aveugler, jusqu'à aller le voir chez lui à Rueil, où elle
accepta ses fêtes galantes et ses collations, les

concerts et les vers qu'il faisait faire pour elle.

Il n'était pas tout à fait dupe. Un si grand changement l'inquiétait plutôt. Et, à ce moment même, il accueillait l'idée d'un petit complot qui eût écarté mademoiselle de Hautefort, l'avocat de la reine, son vertueux espion. Saint-Simon et quelques autres avaient entrepris de changer les platoniques amours du roi et de lui faire aimer une fille plus jeune, La Fayette, moins jolie, toute brune, mais nature tendre, amoureuse, élevée, de celles qui ravissent les cœurs. Le confesseur du roi, le Jésuite Caussin, que l'on croyait un simple, entrait dans cette intrigue. Le fond du fond, ce semble, que Richelieu n'aperçut que plus tard, était que, La Fayette étant proche parente du Père Joseph, son succès près du roi eût fait l'élévation du fameux capucin, donc la chute de Richelieu.

Les choses allèrent très loin. La haine de la reine, un essai fort grossier qu'elle fit pour humilier la pauvre fille en surprenant cette nymphe idéale dans nos basses fonctions de nature, ne firent qu'irriter, échauffer le roi. Sa réserve, sa dévotion, cédèrent une fois dans sa vie. Il eut un vrai transport, et proposa à La Fayette de venir s'établir *chez lui*, dans son petit Versailles, et d'être toute à lui.

Elle aurait fort bien pu être reine de France. Le roi ne pouvait avoir qu'une épouse, non une concubine. Tous furent saisis, surpris, épouvantés.

Richelieu commençait à voir à qui l'affaire profiterait. Et les parents de La Fayette commencèrent à prendre peur, à craindre d'être sacrifiés, si le roi, toujours incertain, n'allait pas jusqu'au bout. Ils abandonnèrent La Fayette, firent dire par la jeune fille qu'elle voulait se retirer à la Visitation. Le roi pleura, mais de toutes parts on éveilla ses scrupules, on fit appel à sa dévotion. La Fayette pleura encore plus, mais s'en alla (19 mai 1637). Le Père Caussin, qui ne lâchait pas prise, insinua au pénitent royal qu'il pouvait sans péché continuer de la voir à la grille. Religieuse et toujours aimée, elle n'en eût été que plus puissante peut-être pour amener le roi où l'on voulait.

La reine triomphait du départ de La Fayette. Cependant, au mois d'août, elle fut frappée à son tour. Un avis positif permit à Richelieu de saisir enfin sa correspondance. On arrêta La Porte, qui ne la trahit pas. Ce fut elle qui trahit La Porte, avoua, et, de plus, se laissa dicter une lettre pour lui ordonner de tout dire. Amené devant le ministre, il nia fermement. On ne poussa pas trop. Richelieu se montra doux et courtois jusqu'à envoyer de l'argent à madame de Chevreuse, qui s'enfuyait et partait pour l'Espagne. Il fit visiter le couvent, ne trouva rien que haires, cilices et disciplines. Il est faux et absurde qu'en cette visite le chancelier ait fouillé la reine effrontément, mis la main dans son sein. Elle n'était pas même à Paris, mais à Chantilly, près du roi.

A quoi tint son salut? A ce qu'on ne trouva pas les pièces essentielles? A ce que mademoiselle de Hautefort alla déguisée à la Bastille, et avertit La Porte de ce qu'il devait dire? Il y eut tout cela, mais encore autre chose. La douceur de Richelieu pour La Porte (qui ne fut pas mis à la question), les éloges même que le ministre donna à sa résistance, à sa fidélité, montrent assez qu'alors il ménagea la reine. Pourquoi? Elle était à ses pieds et elle avait demandé grâce.

Il l'avait terrifiée d'abord, lui faisant croire qu'il avait trouvé tout. Et alors, perdant la tête, elle l'avait prié d'éloigner les témoins et de rester seul avec elle. Le manuscrit cité par Capefigue, quoique de la main du cardinal, est si naïf, qu'on n'y peut méconnaître ce que dut sentir la femme effrayée. Par sa trahison de La Porte, par celle qu'elle fit (plus haut) de la Fargis, on voit comme elle était peureuse. Elle fut d'autant plus caressante, plus qu'une reine, plus qu'une femme ne pouvait l'être avec sûreté: « Quelle bonté faut-il que vous ayez, monsieur le cardinal!... Tirez-moi de là; je ne ferai plus de faute à l'avenir. » Elle avançait, offrant sa main tremblante. C'était fait de la fière Chimène. Au vainqueur de dicter les conditions.

Au grand étonnement de la reine, Richelieu recula. Il ne prit point cette main, s'inclina humblement, et dit qu'il allait demander les ordres du roi. Que dire des contradictions humaines? La faveur que, cinq ans plus tôt, en novembre 1632, il avait cherchée, désirée, il la décline en 1637. Y vit-il une perfidie, un piège féminin pour le perdre? Ou peut-être, malade, vieilli, il se jugea, se contenta de tout pouvoir.

Revenu, rapportant l'ordre du roi, il la retrouve

humiliée, anéantie. Comme une petite fille, elle écrit devant lui une confession de ses rapports avec l'Espagne, une promesse de ne plus récidiver, de se conduire selon son devoir, *de ne rien écrire qu'on ne voye*, de ne plus aller aux couvents, du moins seule, et de n'entrer dans les cellules qu'avec telle dame qui en répond au roi.

Pièce grave, qui pouvait servir si l'on allait jusqu'au divorce. Mais, même en donnant cet acte contre elle, elle n'eut pas grâce entière du roi. Il ne lui parla plus. Tout le monde s'éloigna d'elle. Les courtisans qui entraient dans la cour de Chantilly tenaient les yeux baissés, afin qu'on ne pût dire qu'ils regardaient les fenêtres de la reine. Elle étouffait de honte et de douleur, et, les deux jours qui suivirent son pardon, chose inouïe pour elle, elle ne put manger.

Trois personnes lui restaient fidèles et travaillaient pour elle en dessous : d'abord deux femmes généreuses, Hautefort par dévouement, La Fayette par dévotion ; enfin le Père Caussin, qui, sous son air béat, saisissait adroitement toute occasion de faire scrupule au roi de vivre mal avec sa femme, de tenir sa mère en exil et de continuer la guerre. Pour s'amender des trois péchés, une chose suffisait : renvoyer Richelieu.

Les Jésuites, qu'on croit de si grands politiques, satisfont peu ici. Ils se montrent flottants et peu d'accord. Plusieurs étaient pour Richelieu. Plusieurs, un père Monod, qui gouvernait la régente de Savoie et qui influait sur Caussin, Caussin même, et d'autres sans doute, voulaient renverser Richelieu. Mais qui eussent-ils mis à la place? On a dit le vieux Angoulême, bâtard (fort méprisé) de Charles IX; j'ai grand'-peine à les croire si sots. Angoulême peut-être aurait suffi comme drapeau et mannequin; mais dessous, très probablement, était en embuscade le seul homme capable, le Père Joseph, que sa parente La Fayette eût mis sans peine au ministère.

Quoi qu'il en soit, ces souterrains, ces mines, poussés d'août en décembre, avaient réussi chez le roi. Il était pris. On le voit par une lettre craintive de Richelieu où il lui explique qu'à tort le Père Caussin *dit qu'il désire se retirer;* il le fera *quand la paix sera faite.* Humble manière de conjurer l'orage et de gagner du temps.

Il arriva pour Angoulême ce qui était arrivé pour les parents de La Fayette. Il s'effraya de cet honneur de succéder à Richelieu. La terrible réputation du cardinal le servit encore cette fois. Angoulême lui dénonça tout. Richelieu le mena lui-même au roi, demanda si vraiment c'était lui qui le remplaçait. Le roi balbutia, s'excusa. Et Richelieu resta plus maître que jamais.

C'était le 8 ou le 9 décembre. Tous les fils laborieusement ourdis par la cabale se trouvaient à la fois rompus. Tous les moyens humains, Caussin, Hautefort et La Fayette, les avertissements, les prières, les suggestions de l'amour et de la dévotion avaient échoué. Il fallait un coup d'en haut pour trancher le nœud, un miracle. Il se fit.

CHAPITRE XXIV

Conception et naissance de Louis XIV. (1636-1637.)

Les origines des grandes choses ne sont pas toujours claires. Le Nil cache sa source, et l'on peut disputer sur celles du Danube et du Rhin. Ne nous étonnons pas si les vraies origines du Messie de la monarchie sont restées un peu troubles, si son fameux Noël n'en est pas moins louche. Pour bien y voir, il manque l'étoile d'Orient.

Ce qui nous permet l'examen et même l'encourage, c'est la conduite du roi, qui se montra tellement désintéressé de la chose, subit patiemment le miracle, mais n'en fut pas mieux pour la reine, ne s'émut point de ses souffrances, enfin ne l'embrassa pas, comme c'était l'usage, après l'accouchement.

Le sceptique Henri IV s'était montré bien autre à la naissance de Louis XIII. Tout en le proclamant aussi un don de Dieu, il avait prouvé par sa joie qu'il se jugeait l'instrument du miracle; il avait embrassé la mère, versé des larmes paternelles.

Mais ici, rien pour la nature. Dieudonné est le fils de la raison d'État.

La date est importante et très délicate à fixer. Si l'on en croyait la dame qui écrit la vie de mademoiselle de Hautefort, celle-ci eût fait parler le confesseur au roi et décidé le rapprochement des époux la *veille d'une grande fête*, évidemment Noël (25 décembre 1638). Date improbable, qui, admise, ferait naître l'enfant avant terme, ce qu'on n'a jamais dit. Date plutôt certainement fausse; au 25, le confesseur Caussin était chassé; son successeur, donné par Richelieu, n'aurait pas conseillé au roi de se rapprocher de la reine.

Le calcul exact des neuf mois[1] nous reporte, au contraire, à une date bien plus vraisemblable, au 9-10 décembre, au moment de la grande crise, au jour où Richelieu vainquit Caussin et dut le faire partir le lendemain.

Il en advint à Paris en 1637 comme à Lyon en 1630.

L'enfant apparut au moment où la mère se croyait perdue si elle n'était enceinte. Il vint exprès pour la sauver. C'est l'*ultima ratio* des femmes, c'est le *deus ex machina* qui vient trancher le nœud qu'on ne peut dénouer.

Rappelons-nous les terribles secousses par lesquelles elle avait passé dans cette seule année 1637. Nous en

---

1. Voy. la note, page 601.

comprendrons mieux l'extrémité où elle se trouva en décembre. Elle s'était vue tour à tour très haut, très bas. D'espoirs en désappointements et de triomphes en chutes, elle avait trouvé finalement le fond du désespoir.

Le *Cid* en janvier a remis l'Espagne en honneur, à la mode. Chimène a glorifié, relevé Anne d'Autriche.

Mais un astre nouveau s'est levé, plus qu'une maîtresse, — une reine possible, la jeune La Fayette. Cela dure quatre mois. Volontairement l'astre s'éteint. La reine est rassurée (mai).

A tort. L'affaire du Val-de-Grâce la met à deux doigts de sa perte (août). Pardonnée, écrasée, elle a chance encore contre Richelieu, si Caussin, si les dames peuvent réussir auprès du roi. Mais Richelieu l'emporte.

Richelieu, irrité de nouveau en décembre, poussera son avantage, fera valoir pour le divorce les aveux qu'elle a faits, les pièces qu'elle a données contre elle.

Elle était descendue où peut descendre une femme. Elle s'était humiliée (et j'allais dire offerte), avait tendu la main. On avait reculé.

Cruel affront au sang d'Autriche! L'âge aussi, pour la première fois, dut lui venir à l'esprit, et la quarantaine imminente; surprise inattendue, amère...

Plus jeune, elle avait dit à ceux qui parlaient de le tuer : « Mais il est prêtre. » L'eût-elle dit alors après un si cruel dédain?

Peut-être elle s'en fût tenue, comme faible femme, au chagrin et aux pleurs. Mais ceux qui la poussaient (je parle des agents espagnols), ceux-là, dis-je, ne pouvaient s'en tenir là. Ils la voyaient bientôt à quarante ans sans avoir encore pris racine en France. Chose honteuse pour l'habileté du cabinet de Madrid d'avoir eu si longtemps ici une infante et de n'en avoir tiré aucun parti. La Fargis n'était plus là, comme à Lyon, pour pousser la reine aux aventures. Mais madame de Chevreuse, de son exil de Tours, venant au Val-de-Grâce, y venait-elle en vain? Le mot fort et amer de Gaston (Voy. 1631) indique assez que la Chevreuse lui disait ce que l'oncle de Marie de Médicis lui dit au départ : « Sois enceinte. »

On sait que bien souvent des femmes condamnées à mort usèrent de ce remède pour gagner du temps. Celle-ci risquait plus que la mort. Elle risquait non seulement de ne plus être reine de France et de rentrer dans l'ennui de Madrid, mais, par un procès scandaleux, d'irriter sa famille, déshonorée par elle, et de se trouver perdue même à Madrid. Si les confidents de la reine en mars 1631 n'osèrent cacher à Richelieu ni son avortement ni ce qui le provoqua, l'auraient-ils soutenue, couverte jusqu'au bout dans un procès poussé à mort par le ministre tout-puissant? Que de choses on eût sues! Quelle eût été l'indignation de la prude maison d'Autriche contre son imprudente infante, quand on eût vu combien la dévotion espagnole était une gardienne peu sûre, une duègne infidèle de la vertu des reines!

C'était justement cette duègne qui moyennait ici les choses. De quoi s'agissait-il? De sauver l'Église en

Europe, l'intérêt catholique, aussi bien qu'espagnol. Un tel but sanctifiait les moyens. Le Jésuite Caussin n'était nullement étranger, à coup sûr, à l'art que les grands casuistes professaient depuis quarante ans. L'ingénieux Navarro, le savant et complet Sanchez, les nombreux éclectiques, comme Escobar et autres, avaient creusé et raffiné, En cent cas l'adultère, pour une femme mal mariée, était un péché véniel.

Il est curieux de savoir quels serviteurs de confiance entouraient notre reine à ce moment. Son écuyer Patrocle la trahissait; elle ne l'ignorait pas. La Porte était à la Bastille. Bouvart, le médecin dévot, peu scrupuleux (qui ordonnait au roi une maîtresse), n'était pas très sûr pour la reine; il avait avoué l'avortement (1631).

Au total, l'homme sûr à qui la reine pouvait se fier était Guitaut, capitaine de ses gardes. Guitaut n'était pas jeune, et il avait souvent la goutte. Il devait être suppléé dans ces moments par celui qui avait la survivance de sa charge, son neveu Comminges, un beau jeune homme, brave et spirituel, vrai héros de roman (Voy. Arnauld d'Andilly). C'est lui, pendant la Fronde, à qui la reine donna la périlleuse commission d'arrêter l'idole du peuple, le conseiller Broussel. Mais Mazarin (jaloux sans doute) ne le laissa pas près de la reine, et l'envoya mourir en Italie.

La familiarité royale avec ces hauts *domestiques* était extrême alors. La disposition même des appartements était telle que les princes et princesses, à tout moment en évidence et dans les choses que nous cachons le plus, vivaient (tranchons le mot) dans un étrange pêle-mêle. L'exhaussement même de la royauté, la divinisation des personnes royales, qui eut lieu en ce siècle, les enhardissaient fort, et leur faisaient accorder aux simples mortels qui les entouraient une trop humaine intimité.

Mais laissons tout ceci. Sortons des conjectures, voyons les faits, les dates précises.

Le 8 décembre, Caussin fit près du roi la démarche dernière et le suprême effort contre Richelieu. Angoulême avertit celui-ci, qui, le matin du 9, vit le roi, le reprit, exigea la promesse qu'il renverrait Caussin. Le roi, reconquis et forcé, rentrant en esclavage, pour fuir la cour peut-être et les reproches muets de mademoiselle de Hautefort, pour s'excuser aussi à mademoiselle de La Fayette, partit de Saint-Germain, se proposant de la voir à Paris à la Visitation, mais de ne pas revenir, de continuer le faubourg Saint-Antoine et d'aller coucher à Saint-Maur, chez les Condé, amis de Richelieu.

Tout cela ne fut pas si prompt qu'on ne pût faire avertir La Fayette pour qu'elle retînt le roi, l'empêchât d'aller s'endurcir et s'obstiner dans ce désert, pour qu'enfin, dans ce jour suprême, s'il se pouvait, elle fondît son cœur.

La reine courut après le roi. Sous je ne sais quel prétexte d'affaires ou de dévotion, elle vint au Louvre attendre, souper, coucher et profiter peut-être de ce qu'aurait fait La Fayette.

La partie était extraordinairement montée. La reine

n'avait pas caché sa vive inquiétude. Des couvents étaient en prières (on le sut le lendemain).

La jeune La Fayette, innocente complice d'une affaire si peu innocente, fit d'autant mieux ce qu'on voulait. Elle tint le roi longtemps, très longtemps, deux heures, trois heures, quatre heures, tant que ce fut le soir. On devine bien ce qu'elle dit. Elle pria pour la reine, supplia, et pour le roi même, pour sa conscience et son salut. Noël allait venir. Pourrait-il bien, dans un tel jour où Christ vient apporter la paix, ne pas donner la paix à sa femme et à sa famille, à la France en péril s'il ne lui venait un Dauphin? Dernier point délicat où cette enfant de dix-sept ans ne put ne pas rougir. Une jeune sainte charmante, demandant, implorant un Dauphin pour la France, belle de sa honte et de son trouble, de son effort suprême pour obéir et dire ce qu'on lui faisait dire, c'était une scène plus forte que celle des pinces d'argent.

Louis XIII, qui semblait de bois, sortit pourtant si animé, qu'il s'en allait éperdu à Saint-Maur par une nuit glacée, un effroyable temps d'hiver. Le bonhomme Guitaut, qui, depuis quatre heures, se morfondait là à l'attendre, lui demanda lamentablement s'il était d'un roi chrétien de faire courir ses gens par ce temps-là. Le roi n'entendait rien. Deux fois, trois fois, il fit la sourde oreille, quoiqu'on lui dît et répétât que la reine, avec un bon feu, était au Louvre, qui bien volontiers lui donnerait à souper, à coucher. Enfin l'obstination de Guitaut l'emporta. Tout entier à ce rêve, à ces brûlantes paroles, à cette image d'ange enflammée du rayon de Dieu, il se laissa mener au Louvre. Tout était prêt, et il soupa. Le *Journal* de son médecin malheureusement ne va pas jusque-là; nous saurions quel fut le menu, quel le dessert, si les fameux *diavoletti* y furent servis, ou les breuvages d'illusion qu'on donnait au sabbat. Quoi qu'il en soit, le roi coucha au Louvre dans le lit de la reine, s'en alla le matin. Quand elle se leva pour dîner, un supérieur de moines se trouva sur sa route pour lui annoncer que la nuit un simple, un bon frère lai, avait su par révélation ce bonheur de la France. Et il lui dit en souriant : « Votre Majesté est enceinte. »

Toute la cour était pour la reine. On entoura le roi, on le félicita, on le persuada. Eh! que ne peut la Sainte Vierge? N'était-ce pas elle-même que ce jour-là il avait vue dans mademoiselle de La Fayette, toute divine et transfigurée? De là l'acte célèbre. Le 13 janvier, par un élan de chevalerie extatique qui revient, je crois, tout entier, à la gloire de la jeune religieuse, il mit le royaume de France sous la protection de la Vierge.

Neuf mois sont longs. La reine avait à craindre qu'en ces neuf mois un mot, une plaisanterie calculée de Gaston (qui, après tout, perdait le trône), n'assombrît fort le roi et n'éclairât les souvenirs confus qui lui restaient de cette nuit. La fille de Gaston, alors enfant, nous apprend que la reine la faisait venir, ne se lassait pas de la caresser, lui disant et lui répétant : « Tu seras reine, tu seras ma belle-fille », ou bien : « C'est ton petit mari. »

Cela calma Gaston, lui fit avaler l'amère pilule. Il avait fait une protestation secrète contre la légitimité de l'enfant. Mais il n'éclata pas, ne troubla pas le doux concert des félicitations dont on flattait l'amour-propre du roi. La Fayette soutenait sa foi, et, d'une bouche pure et non menteuse, affirmait, célébrait le miracle de la Vierge. Mais, plus directement encore, mademoiselle de Hautefort reprit et empauma le roi. Audacieuse de son dévouement, sûre d'ailleurs de ne risquer guère, la vive Périgourdine lui fit des avances innocentes. Elle le refit son chevalier. Il se remit à faire pour elle des vers, de la musique. Il aimait à la voir manger avec les autres demoiselles; il les servait à table; il parlait mal du cardinal. Bref, il n'oubliait rien pour plaire.

De temps à autre, pour l'éveiller un peu, elle le piquait, le querellait; il passait tout le temps à écrire ces petites disputes, les dits et les répliques.

On gagna ainsi les neuf mois. Enfin, le jour venu (5 septembre 1638), on aurait voulu que le roi fût ému, qu'il montrât des entrailles de père. La Hautefort ne s'épargna pas pour l'ébranler, le mettre en mouvement. Elle y perdit son temps. La reine eut beau crier. On eut beau même dire, à tort ou à raison, qu'elle était en danger. Le roi resta calme et paisible. Il ne fut pas pourtant inhumain pour l'enfant. La Hautefort, pleurant et lui reprochant sa froideur : « Qu'on sauve le petit, lui dit-il. Vous aurez lieu de vous consoler de la mère. »

Si je ne craignais de faire tort à ce pauvre roi, je

dirais que, malgré ses sentiments chrétiens, il se fût consolé sans peine de voir crever son Espagnole. La Française était là (non plus La Fayette impossible), mais cette vive Gasconne qui le tenait alors. La dame qui écrit son histoire assure que toute la nuit, pendant que la reine criait, il se faisait lire l'histoire des rois veufs, qui, comme Assuérus, épousèrent leurs sujettes.

CHAPITRE XXV

Misère. — Révoltes. — La question des biens du clergé. (1638-1640.)

L'enfant fut un garçon, donc un roi. Gaston perdit le trône. La France en fut folle de joie. Heureuse d'échapper à un autre Henri III, elle acceptait aveuglément les chances d'une royauté de femme, la sinistre loterie d'une régence étrangère où elle avait déjà gagné deux Médicis.

Richelieu demeura sans voix. Sa fatalité était désormais d'avoir pour maîtres l'infant de la maison d'Autriche, la régente espagnole. Dans le compliment sec, en deux lignes, qu'il fait à la reine, les paroles lui restent à la gorge : « Madame, les grandes joies ne parlent pas... »

L'avenir était très obscur. Richelieu, il est vrai, n'avait plus à craindre Gaston. Mais quels seraient les amants de la reine? C'était la question. Haï d'elle à ce point, pourrait-il lui faire accepter un homme à lui?

Un homme sans famille et sans racine aucune, un étranger, un prêtre, un aventurier sans naissance, lui valait mieux qu'un autre. C'est, si je ne me trompe, la raison principale qui lui fit adopter bientôt un Italien que lui-même lui présenta comme ressemblant à Buckingham, le fin, le délié, le beau Mazarini.

Il avait apparu, en 1630, comme on a vu, pour sauver l'armée espagnole. Cependant le Père Joseph l'avait fait accepter de Richelieu comme pouvant être utile à Rome, Mazarin étant *domestique* de celui des neveux du pape qui tenait le parti français. La mort du Père Joseph, en décembre 1638, rendit sa place vide; bientôt Mazarin succéda.

Joseph, cette année même, appuyé par sa jeune parente La Fayette, avait hardiment travaillé contre Richelieu. Il avait tiré du roi promesse de rappeler sa mère, et la demande au pape de le faire cardinal. Le pape n'osait. Il savait que Richelieu, sous main, contre Joseph, poussait le client de Joseph, ce Mazarin, qu'il croyait à lui maintenant, et qu'il voulait faire cardinal. Joseph vit bien qu'on l'amusait. Le désespéré capucin sentit que le chapeau, l'ambition de toute sa vie, ne lui viendrait jamais, et comprit que son Mazarin le lui soufflait.

Il étouffa, il étrangla; une attaque d'apoplexie le frappe en mai. Et chacun dit: « Il est empoisonné. » Il confirma ce bruit tant qu'il put en quittant l'hôtel du cardinal et se réfugiant à son couvent.

Richelieu l'y calma un peu en lui faisant venir la promesse tant désirée *pour la première vacance.* Mais le pape était averti. Joseph fut joué jusqu'au bout. Le roi seul était sérieux dans l'affaire, il insistait contre le ministre. Ordre aujourd'hui et contre-ordre demain. Le pauvre martyr n'y tint pas. Une mauvaise nouvelle qui vint de Rome l'acheva, et il mourut deux heures après (18 décembre 1638).

Entre la naissance du dauphin et la mort de Joseph, Richelieu régala la cour d'une grande fête. Il fit danser le *Ballet de la Félicité publique.* Chose hardie au moment où de toutes parts il avait des revers. Impuissance complète en Italie. En Espagne, un honteux échec, Condé, Sourdis en fuite. Au Nord, nouveau projet de conquérir les Pays-Bas avec le prince d'Orange, et, pour tout résultat, la reprise d'une petite place. Richelieu n'avait réussi que là où il n'était pas. Le général aventurier, Weimar, qui guerroyait aidé de quelque argent de la France, battu, battant, avait pourtant à la fin quatre fois défait l'ennemi, pris Brisach. Il songeait à se faire, entre nous et l'Empire, un petit royaume d'Alsace.

Richelieu assurait qu'il avait pris Brisach pour nous. Mais Weimar montra le contraire. Il garda sa conquête, et il allait devenir un danger pour la France quand une fièvre nous en délivra (18 juillet 1639). On admira encore que les ennemis de Richelieu mourussent ainsi toujours à temps.

L'invincible ennemi dont on ne pouvait se défaire, c'était l'épuisement du royaume, l'abîme de la misère publique qui se creusait de plus en plus. Le gouvernement était sérieux, nullement dilapidateur, le ministre économe, le roi avare. Il avait réduit à rien les libéralités royales. Les grands revenus de Richelieu ne paraîtront pas excessifs si l'on songe que sa maison était réellement un ministère des arts qui pensionnait les gens de lettres (nullement nourris par leurs ouvrages alors). Ajoutez-y les fêtes et diverses dépenses de représentation que Richelieu prenait sur lui. Au milieu de cette guerre dévorante, de cet effort immense pour refaire l'armée chaque année, il avait réussi pourtant à créer une marine. Dans tout cela, il y avait certes beaucoup à admirer, et les éloges de Balzac et tant d'autres ne sont pas entièrement déraisonnables. Madame de Motteville, comparant Richelieu à Mazarin, le voleur, le prodigue, si justement méprisé et haï, a été jusqu'à dire cette parole excessive et absurde : « Richelieu était adoré. »

Il dit dans ses *Mémoires* qu'il avait augmenté l'impôt *modérément*. Cela est vrai, relativement, eu égard à l'immensité des dépenses. D'année en année se succèdent des édits sages pour mieux régler la répartition des taxes. Mais toute cette sagesse devait échouer contre ce que nous avons dit ailleurs : *Il ne pouvait toucher au grand corps riche*, au clergé, pas davantage à la noblesse, obérée, ruinée, mendiante. Il s'efforçait d'atteindre la bourgeoisie par sa *taxe des gens aisés*, et par un examen sévère des exemptions sans titre et de la fausse noblesse.

La bourgeoisie propriétaire se revengeait sur ses fermiers, métayers, paysans, haussait les baux, suçait et resuçait la terre. En dernière analyse, c'était sur le cultivateur que l'impôt retombait d'aplomb.

En 1635 et 1639, les parlements de Toulouse et de Rouen révélèrent le cruel mystère de ce gouvernement. Même quand le chiffre des taxes n'augmentait pas, elles devenaient chaque année plus pesantes. Pourquoi? Parce qu'en chaque commune, ce que ne payaient pas les insolvables, les ruinés, les pauvres gens en fuite, ceux qui restaient solvables le payaient. Mais, écrasés par cette solidarité désolante, ils devenaient peu à peu moins solvables, grossissaient le nombre des ruinés et des gens en fuite. Des villages devenaient déserts.

On saisissait, on prenait, vendait tout, jusqu'aux jupes des femmes. Le parlement de Normandie dit qu'elles ne vont plus à la messe, n'osant montrer leur triste nudité. La saisie principale, malgré les ordonnances d'Henri IV, tombait généralement sur les bestiaux. On enlevait le troupeau du village. Et dès lors plus d'engrais, la terre jeûnait, ainsi que l'homme, ne se réparait plus. Le maigre laboureur semait chaque année dans un sol plus épuisé, plus maigre. Voilà la route où nous entrons, où nous irons de plus en plus. Vauban et Boisguillebert la déplorèrent sous Louis XIV. Mais on n'y va pas moins jusqu'en 89.

Une guerre sans élan moral, et faite à contre-cœur, ne se soutenait qu'à force d'argent. On n'entrait en campagne que par l'emploi nouveau de quelque expédient violent; une fois, en saisissant la rente et ne payant point les rentiers, qui s'ameutèrent et qu'on emprisonna. Une autre fois, on fait croire aux provinces, mangées, foulées par les logements de troupes, qu'en payant elles seront quittes de ces misères. Elles payent, et les soldats n'en sont pas moins logés chez l'habitant.

La *taxe des gens aisés*, acceptée au moment de l'invasion comme une rigueur passagère, subsista, s'étendit, et toute la bourgeoisie fut tenue sous la terreur d'un arbitraire infiniment élastique, qui croissait ou baissait à la volonté des commis. Ces commis gouvernèrent en 1637 sous le noms d'*intendants*, armés d'un pouvoir triple de justice, police et finances, suspendant, et entravant les anciens pouvoirs de Gouverneurs, d'États, de Parlements, supprimant brusquement les élus par qui Richelieu avait voulu d'abord régler l'impôt, mais dont l'action lente ne donnait pas les rentrées sûres, rapides, que demandait la guerre. Un seul roi reste en France, armé de trois pouvoirs, c'est l'intendant, l'envoyé du ministre; un homme généralement inconnu et de peu de poids, un cadet de famille de juges ou de la cour des Aides, de la Chambre des Comptes. Petit jeune homme en habit court, qui fera taire les robes longues, menacera les parlements, qui sait? par une accusation, fera mener à la Bastille monseigneur le Gouverneur même de la province et les plus grands noms de la monarchie.

Il est curieux de voir la versatilité de ce gouvernement. Richelieu, pendant six années, de 1630 à 1636, emploie toute sa vigueur à introduire partout l'*impôt levé par les élus*, par trois mille notables de France.

Il brise, pour y réussir, les résistances des États provinciaux et des Parlements.

La guerre venue, il quitte brusquement ce système et fait lever l'impôt (révolutionnairement, on peut le dire) par trente-cinq dictateurs sous le nom d'Intendants. L'ordre y gagne ; les pouvoirs locaux sont écrasés. Mais l'action violente, précipitée, d'un gouvernement si terrible, décide l'explosion du désespoir. Révoltes, non contre le roi, mais contre le fisc. Les *croquants* du Midi sont massacrés par La Valette, et les *nu-pieds* normands sont massacrés par Gassion, beaucoup pendus, plusieurs roués vifs à Rouen (1639-1640).

Tout cela fait, rien de changé. L'impossibilité de payer est la même. Et le roi, dans une ordonnance de novembre 1641, avoue, « les larmes aux yeux », ce sont ses termes, précisément les mêmes maux dont se plaignaient les insurgés, précisément l'horreur de cette solidarité de ruine qu'ont accusée les Parlements. Mais quel remède propose-t-il? Il n'ose articuler le seul qui serait efficace.

La grande question du monde en ce siècle et aux trois derniers, c'est celle des biens ecclésiastiques. Elle domine toute la Guerre de Trente-Ans. En Allemagne, en France, partout, c'est la question, plus ou moins formulée, ici parlante et là muette.

Il était évident que les biens donnés à l'Église avaient au Moyen-âge diverses utilités publiques, écoles, hôpitaux, entretien des pauvres, etc. L'État n'existant pas alors (à proprement parler), l'État réel, sérieux, était dans l'Église. Celle-ci, peu à peu, se dégagea des charges, garda les avantages, s'enfonça dans son repos, donnant pour tout secours à l'État... ses prières.

L'État, chargé de plus en plus par l'organisation de tous les services publics, et frémissant de faim, tournait tout autour du clergé, et rencontrait de toutes parts une merveilleuse clôture. Les grands sièges dont on parle depuis celui de Troie, l'Anvers du prince de Parme et l'Alesia de César, sont fort peu de chose à côté.

François Ier crut pénétrer dans la place par la connivence du pape. Ce fut le Concordat. Le roi mit les siens dans l'Église, paya en bénéfices des emplois, des retraites. Mais on put voir la vertu singulière des terres d'Église pour transformer les hommes. A peine mis dessus, les serviteurs du roi n'étaient que prêtres et défendaient les biens sacrés.

Au premier mot que L'Hospital risqua pour demander un état de ses biens (mai 1561), le clergé appela l'Espagne. Mais les huguenots étaient là. Il eut peur, il jeta un os, une rente d'un million à peu près pour la dette du roi à l'Hôtel-de-Ville. Somme minime au siècle suivant, où toute valeur avait changé.

Henri II et Henri IV imaginaient avoir trouvé une fente, une étroite fissure. Au nom de la charité, ils priaient que les abbayes reçussent, *comme frères convers*, de vieux soldats mutilés. Les pauvres diables y furent reçus si mal, qu'ils aimaient mieux s'en aller et tendre la main aux passants. Leurs places n'en furent pas moins remplies. Les grands abbés y mettaient leurs domestiques en retraite, leurs favoris, les parents de Jeannette.

Aux assemblées qui précédèrent le siège de La Rochelle, puis la rupture avec l'Espagne « pour délivrer l'archevêque de Trèves », le clergé donna quelque chose, comme une subvention de croisade. En 1638, Richelieu, aux abois, les dents aiguisées par la faim, et peut-être poussé par les conseils hardis du moine révolutionnaire Campanella, sembla déterminé à exiger davantage. On peut croire toutefois que, de longue date, il avait prévu ce moment, ayant encouragé un long travail, l'immense compilation des *Libertés gallicanes* de Pierre Du Puy. Ce savant archiviste, excellent instrument de guerre que possédait le cardinal, l'avait armé de pièces pour prendre la Lorraine. Et il lui prépara un arsenal d'actes et de vieux livres, réimprimés en trois in-folio, pour battre le clergé en brèche. Le sens total fut résumé hardiment par Du Puy dans ce grand axiome : « L'Église ne peut pas posséder. »

Contradiction étrange. En 1629, quand Richelieu crut devenir légat, il obligea le doyen de Sorbonne d'abjurer les doctrines gallicanes. Il les ressuscite aujourd'hui, en 1638. Il les pousse à leur dernière conséquence. On concluait à Rome qu'il voulait se faire patriarche. J'en conclus seulement qu'il périssait faute d'argent, et qu'il voulait rançonner le clergé. La dévotion du roi ne permettait pas une révolution sérieuse. Richelieu, pour gagner le roi, trouva un

Jésuite, Cellot, qui appuya Du Puy; un autre, Rabardeau, pour soutenir et autoriser cet épouvantail du patriarcat. Mais tout cela rassurait peu la conscience de Louis XIII.

Ce qu'on pouvait lui faire entendre, c'est que ce clergé économe, qui disputait une aumône à l'État, était effroyablement riche. Son revenu de trois cents millions d'alors a été évalué très mal douze cents millions d'aujourd'hui. C'est s'arrêter au pur rapport des valeurs métalliques. Mais il faut tenir compte aussi de l'avilissement des denrées (personne ne pouvant acheter dans cette misère), tenir compte de la position du seul riche, du seul acheteur, du seul qui eût de l'argent pour faire toute bonne affaire et pouvoir s'enrichir encore.

Pour parer le coup, Rome avait choisi pour nonce le doux, le charmant Mazarin. Celui-ci obtint en effet de Richelieu une surprenante reculade, un arrêt du conseil contre son propre livre, le livre qu'il avait commandé à Du Puy. Mazarin, par ce grand service, croyait charmer le pape, enlever le chapeau. Mais, en même temps, pour plaire à Richelieu, il l'engagea à envoyer à Rome un ambassadeur militaire qui poussât le pape, Rome étant du tempérament des belles qui ne haïssent pas une douce contrainte. Richelieu envoya d'Estrées, l'homme même qui avait chassé le pape de la Valteline. Enhardie par l'Espagne, Rome manqua à d'Estrées et rappela Mazarin. En octobre 1639, l'ambassadeur interrompit ses relations avec le Saint-Siège.

Donc la petite guerre commença. Déjà Richelieu avait créé des procureurs du roi dans les tribunaux ecclésiastiques pour les surveiller. Il fit décider par le Parlement que l'enquête ordinaire sur les mœurs des nouveaux bénéficiés se ferait par les évêques, non par les nonces de Rome.

Enfin le modéré Marca, jusque-là contraire à Du Puy, dépassa Du Puy en un point ; il enseigna que les églises, ayant droit d'élire leurs évêques, pouvaient donner ce droit au roi. Louis XIII aurait eu les pouvoirs d'Henri VIII. Ces évêques royaux, en concile, eussent pu créer un patriarche.

Le roi (le 16 avril 1639), acceptant, proclamant comme siennes les hardiesses de Du Puy qu'il a désavouées, déclare « que clergé *est incapable de posséder* et peut être contraint de vider tout immeuble un an après l'acquisition. Mais il veut bien ne pas le dessaisir ; il se contentera d'exiger les droits d'amortissement. »

Fière et redoutable menace, mais bien peu soutenue. Le 7 janvier 1640, on avoue platement que le roi s'en tiendrait à un petit don de trois millions.

Le roi est donc vaincu ? Du Puy ne l'est pas, et il continue la bataille, aidé surtout par l'ennemi, par les pamphlets papistes qui indignent le public, relèvent le courage du ministre. Trois millions ne sont plus assez ; il lui faut le *sixième du revenu* pendant deux ans (*cent millions de ce temps-là*), 6 octobre 1640. Une commission, créée par Richelieu pour établir ce droit, sur le refus des pièces, fait enfoncer les portes des archives que lui fermaient les agents du clergé. La bataille est bien engagée.

Et, à ce moment-même, Richelieu fait décidément le plongeon. Il se résigne à demander cinq millions et demi, une fois payés (1641).

Il marqua sa mauvaise humeur en faisant renvoyer dans leurs diocèses les cinq ou six évêques dont la résistance avait tout arrêté. Ils partent, mais vainqueurs. La question, dès ce jour, est finie pour jamais.

Le clergé sera quitte dès lors pour donner peu ou rien. Dès lors, le grand riche est exempt, et l'on ne prendra qu'aux pauvres.

Si Richelieu veut soutenir la guerre, si le gouvernement a des besoins croissants de toute sorte, qu'il demande à ceux qui n'ont rien.

Si l'on est obligé d'organiser la charité publique, en présence du nombre effroyable de ceux qui demandent l'aumône, les biens d'Église, fondés pour cet usage, ne contribueront pas. Vincent De Paul et autres chercheront des ressources fortuites pour les établissements nouveaux.

Ni Richelieu pour le gouvernement, ni Vincent pour la charité, ne feront rien de grand ni de solide.

Résumons en trois mots les trois chapitres précédents.

Richelieu, vaincu dans l'opinion par le drame espagnol et le succès du *Cid*, vaincu dynastiquement par la grossesse de la reine et l'enfant du miracle, reste vaincu encore dans la question d'argent par la résistance du clergé.

D'autant plus pesant il retombe sur le peuple, et d'autant plus maudit.

CHAPITRE XXVI

Richelieu relevé par les révolutions étrangères. — Les favoris,
Mazarin, Cinq-Mars. (1639-1641.)

L'Europe, épuisée, haletante, se mourait du désir de la paix. Mais la France malade, l'Espagne agonisante, l'Empire exterminé, ne s'y décidaient pas. Pourquoi ? Nulle question essentielle n'avançait, ni la question de propriété, ni la question religieuse. Pas un de ceux qui avaient pris ne voulait rendre. Le pape demandait un congrès, et lui-même le rendait impossible, en refusant d'y paraître si l'on admettait un seul protestant. On passa sept années à discuter la forme du congrès, à régler l'étiquette, les passe-ports, etc.

Notre campagne de 1639 ne valut guère mieux que les autres. Richelieu n'aboutit, avec sa principale armée et le roi en personne, qu'à donner à La Meilleraie, son parent, le petit succès de prendre Hesdin. Et l'on n'y arriva qu'au prix d'une diversion très malheureuse à l'Est, où on força le brave Feuquières d'attaquer sans avoir des forces, c'est-à-dire de se faire tuer.

Le favori de Richelieu, Condé, en Catalogne, eut échec sur échec. Si nous réussîmes en Savoie par la bravoure d'Harcourt et du jeune Turenne, ce petit succès fut terni par la spoliation de la duchesse de Savoie, fille d'Henri IV et sœur de Louis XIII, que l'on protégea comme on avait protégé la Lorraine, en occupant ses places, qu'on prit et qu'on garda.

La scène change en 1640. Mais comment? Par des circonstances extérieures, où, quoi que l'on ait dit, Richelieu eut bien peu de part.

L'Angleterre, alliée timide mais efficace de l'Espagne, tombe en pleine révolution. Le jugement commence sur le grand traître du parti protestant, déjà dénoncé par Gustave.

L'empire espagnol tombe en pièces. La France n'aura qu'à ramasser.

Je ne crois pas ce que dit Temple, que Richelieu ait donné deux millions aux Covenantaires pour renverser Charles Ier. Il n'avait guère d'argent. Mais la faveur marquée de ce roi pour l'Espagne, mais son opposition à notre invasion des Pays-Bas espagnols, jeta certainement Richelieu dans les résolutions les plus sinistres. Ses échecs au dehors, au dedans, l'avaient aigri. Il encouragea partout la révolution, employant désormais contre ses ennemis des moyens désespérés.

Notre succès en Catalogne fut très étrange. Nous réussîmes à force d'être battus. La résistance nationale que nous avaient faite les Catalans méritait des couronnes ; à la place, ils reçurent d'Olivarès des garnisaires. Il mit en logement chez eux une armée de brigands qui venaient d'Italie, habitués à tout prendre et tout faire. Les Catalans tuèrent leur vice-roi, appelèrent les Français, qu'ils craignaient d'autant moins qu'ils venaient de les battre.

Il n'y avait pas à marchander avec ce peuple, dans un si grand bonheur et si inespéré. C'est ce qu'on fit pourtant. Louis XIII accepta, non la protection d'une république catalane qu'ils auraient désirée, mais la royauté du pays, alléguant que la Catalogne avait appartenu aux Francs de Charlemagne.

La révolution de Portugal suivit de près. Elle fut toute spontanée. Richelieu y avait pensé, et il cherchait un prétendant. Mais l'explosion se fit d'elle-même et pour Bragance (1er décembre 1640).

Elle nous valut le gain de dix batailles, l'Espagne, étranglée désormais entre deux révolutions, nous laissa faire partout. Elle ne put empêcher ni Harcourt de prendre Turin, ni La Meilleraie de prendre Arras. Cette dernière affaire traîna pourtant et nous mit en péril. Pendant qu'on fait le siège en règle, à la façon de La Rochelle, en entourant la place d'une circonvallation de cinq lieues, les Espagnols ont le temps de ramasser des forces et d'assiéger les assiégeants. Enfin, sans la lenteur qu'ils mirent de leur côté à attaquer le secours qu'on envoya, il ne serait pas arrivé, et, malgré tant de circonstances favorables, nous aurions échoué encore.

L'intérieur change aussi bien que l'Europe. Richelieu met en scène deux acteurs nouveaux qu'il croit siens. Il donne au roi pour favori un joli page, un écolier à lui, le jeune Cinq-Mars. Et en même temps il établit en France le beau Mazarin, le futur mari de la reine.

La vengeance que l'Italie a tirée de la France pour avoir tant de fois trompé sa confiance a été d'y mettre la peste qui s'exhalait de son tombeau. Les plus grands corrupteurs des mœurs et de l'opinion nous sont venus toujours d'Italie, nombre d'aventuriers funestes, de *bravi* scélérats, de séduisants coquins. Les uns réussissent, et les autres avortent. Mais tous nous pervertissent. Concini règne ici sept ans, Mazarin quinze. Et le Corse Ornano, gouverneur de Gaston, s'il ne fût mort à temps, peut-être lui aussi eût été roi de France.

La France du dix-septième siècle procède de deux caducités, de la vide enflure espagnole, de la pourriture italienne. Aussi, dans la littérature, le moment vigoureux du siècle, son milieu est marqué des rides de la décadence. La préoccupation ridicule de la forme dépare, non seulement les Balzac et autres rhéteurs, mais les plus sérieux écrivains. Richelieu, si net et si fort, n'en est pas moins souvent burlesque. Saint-Cyran, ingénieux, parfois profond, se noie fréquemment dans un galimatias énigmatique. Qui pourrait lire Corneille, sauf ses quatre chefs-d'œuvre? Le grand succès de l'époque est *Clélie*, long, ennuyeux roman, écrit par une Sicilienne, mademoiselle Scudéry. Et la dictature littéraire est au salon d'une Romaine, née Pisani, madame de Rambouillet.

L'opéra nous vient d'Italie cette année même : ses machines d'abord pour les fêtes de Rueil ; puis la musique tout à l'heure, sous la régente et Mazarin.

Richelieu connut-il celui qu'il mettait en France ? Parfaitement. Il le crut un faquin, et c'est pour cela qu'il le prit. Il l'avait vu double et ingrat pour l'homme qui l'avait introduit, le Père Joseph. Il le savait très bas, propre aux coups de bâton. Il raille sa bravoure et ses reculades subites dans une lettre spirituelle (1639). A Paris, Jules Mazarin avait donné des conseils de vigueur et fait le Jules César, enhardi Richelieu à envoyer d'Estrées et menacer le pape. Mais, rappelé à Rome, il eut grand'peur. Richelieu l'en plaisante, voudrait qu'il prît cœur, qu'il restât. « Convenons, dit-il, qu'il n'y a que les Italiens pour savoir faire les choses, pour jeter en paix les parfums, les poudres odoriférantes, les fulminantes en guerre », etc.

Mazarin, dans sa poltronnerie, voulait que Richelieu cédât et qu'il reculât brusquement. Mais Richelieu persiste. Alors Mazarin n'y tient pas. Il se sauve de Rome sans dire adieu, se réfugie en France.

La peur était mêlée d'espoir et de spéculation. Le rusé avait calculé que son bon protecteur, le Père Joseph, étant près de mourir, il fallait se trouver là, prendre la place chaude et s'y fourrer. Il élut domicile chez son intime ami, Chavigny, qu'il trahit plus tard, comme Joseph. Chavigny, fils de Bouthilier, passait pour fils du cardinal. Ce ténébreux jeune homme, sombre reflet de Richelieu, malgré sa défiance et sa pénétration, accueillit le fourbe Italien. Il venait, disait-il, se donner corps et âme au grand maître de la politique, étudier sous un tel professeur. Richelieu, qui, dans sa grandeur, n'avait pas moins des côtés de pédant, le prit au mot sur cette éducation, l'accepta pour élève. Lui-même le disait à sa nièce un jour qu'elle sortait du théâtre : « Pendant que vous êtes à la comédie, je forme un ministre d'État. »

Quand Mazarin réfugié vint ainsi se mettre à l'école, Richelieu sentit le parti qu'on en pouvait tirer. Lui qui voyait tant d'hommes, il n'avait jamais vu un homme ni si fin ni si bas. S'il ne s'y fia pas, il crut du moins qu'avec un tel valet il n'y avait pas grand danger de révolte, qu'on le tiendrait tout au moins par la peur. Il résolut de le pousser, de le mettre au plus haut, insista près du pape, et tant qu'à la longue il arracha pour lui le chapeau. Mais je crois qu'il fit plus. Il y avait six mois à peu près qu'il avait donné au roi son joujou, le petit Cinq-Mars. Répugna-t-il à ce que Mazarin, bien vu dès longtemps de la reine, intéressant alors par son malheur, son dévouement pour nous, s'avançât, réussît près d'elle ? Les fêtes de décembre et janvier, les repas qu'on y fait, sont des temps d'attendrissement pour les dames qui aiment la table. Ce qui est sûr, c'est qu'elle fut enceinte de la nuit de Noël (1639), et qu'au 22 septembre suivant elle accoucha de son second fils, d'un prince tout à fait italien. C'est le frère de Louis XIV.

On a dit que ce roi fut fils de Mazarin ; à tort certainement; il fut Français, lesté d'Autriche. Mais son frère, le second duc d'Orléans, tout comme le premier, Gaston, ne fut rien qu'Italie, pour l'esprit, pour les mœurs. Il fut tout aussi Mazarin que Gaston était Concini.

Je sais bien les difficultés. Les contemporains croient qu'elle ne se donna à lui que plus tard. Il y eut tout au moins un entr'acte dans sa faveur. Richelieu l'avait présenté « comme ressemblant à Buckingham », et pour qu'il réussît. Ressemblance invincible, mais présentation trop suspecte. Il put être favorisé d'amour plus que de confiance. Lui-même fut peut-être effrayé du succès, et recula vers Richelieu.

Mais revenons au roi et à Cinq-Mars, histoire plus ridicule encore.

Louis XIII, on l'a dit, n'était pas Henri III. Je le crois bien. C'est un temps bien plus vieux. La virilité baisse encore. Tous les rois de l'Europe n'en peuvent plus, et, si Anne d'Autriche n'eût vigoureusement relevé la race, les nôtres en seraient venus au rachitisme de Charles II d'Espagne.

Cette misère physique et cet épuisement général se marque par l'usage très grand des excitants vieux ou nouveaux. Les écrivains du siècle buvaient beaucoup de vin; la plupart se grisaient (Voy. le dîner connu d'Auteuil). Le café va bientôt donner l'ivresse sobre. Le *scocolato* espagnol est reproché par Richelieu au cardinal son frère, comme une drogue nouvelle et funeste qu'il a apportée de Rome.

Mais, si les forces baissent, les passions restent, ou du moins les velléités. L'admiration de la beauté (admiration non pure, mais abstinente) est le vice singulier des princes du temps, tous Italiens dégénérés. Le faible et gras Jacques Ier (fils éreinté du chanteur Rizzio) n'a aucun besoin de maîtresse. Il lui suffit d'aimer une jeune âme, docile et imparfaite encore, que lui, maître Jacques, formera, rendra parfaite ; cette âme est Buckingham. Le *castoiement* (comme dit le Moyen-âge), le plaisir, non de châtier avec des coups, mais de gronder, de corriger, d'humilier, de faire pleurer, de se brouiller toujours pour se raccommoder sans cesse, c'est tout l'amusement de ces rois. Louis XIII (Orsini ?) n'avait d'autre plaisir. Jusque-là peu heureusement. Son premier ami, Baradas, jeune homme grand et fort, était un rustre qu'on ne pouvait mener ainsi. Saint-Simon fut trop nul. Et mademoiselle de Hautefort, au contraire, eut trop d'esprit gascon, de nerf et de saillie ; il n'y avait pas plaisir à la gronder ; elle rendait les coups ; elle ne pleurait pas, elle riait. Et c'était le roi qui s'en allait pleurer chez Richelieu.

Celui-ci, grand admirateur des Jésuites, et spécialement de leur pédagogie, n'ignorant nullement le secret de leur succès, comprit qu'au goût du roi c'était un vrai écolier qu'il fallait. Il le fallait joli, fantasque, vicieux, mais susceptible de réforme, tel que le roi entreprît de le *castoyer* et de le refaire. Son ami d'Effiat, en mourant, avait laissé un enfant charmant, le jeune Cinq-Mars, et une fille qui épousa La Meilleraie, parent de Richelieu. Cinq-Mars était presque allié de celui-ci. Il arrivait à dix-sept ans. Il allait porter l'épée et entrer dans les gardes. Nouvel amusement pour le roi, né caporal, et qui ne parlait que de soldats, même à mademoiselle de Hautefort. La vive demoiselle endurait cet excès d'ennui assez patiemment. Mais combien mieux le roi pouvait-il parler d'armes, de chasse et de tout à un jeune militaire! Donc, le cardinal le lança, bien instruit, bien stylé, pour *observer* le roi d'abord, et peu à peu pour lui plaire s'il pouvait.

Le roi vit bien venir la chose, et, trouvant cet enfant qui dormait ou faisait semblant dans les coins des appartements, il devina qu'il dormait pour le cardinal, pour écouter et rapporter. Cela même lui donna pitié de la jeune âme qu'on corrompait ainsi, et qui, logeant dans ce beau corps, devait être mieux douée de Dieu, appelée par lui à autre chose. De là, une tentation naturelle de convertir Cinq-Mars et d'en faire un honnête garçon, un parfait gentilhomme. Il était tard. Car l'étourdi était déjà fort engagé dans la jeune société noble du temps, le monde du *Marais*, comme on disait, autrement dit des élégants, des esprits forts, des gens qui ne croyaient à rien et ne se gênaient guère.

Cette préoccupation du roi commence vers juin 1639 au siège d'Hesdin, où mademoiselle de Hautefort n'avait pu venir. Il y prit habitude d'avoir toujours là Cinq-Mars pour le prêcher. Et voilà qu'il ne pouvait plus s'en passer. A la moindre absence, il criait: « Où est Cinq-Mars ? » Richelieu usa sur-le-champ de cette première fleur de passion. L'enfant gâté dit qu'il aimait le roi, mais voulait être seul, c'est-à-dire qu'il n'aimât plus la Hautefort. Cela promis, ce ne fut plus assez. Pria-t-il? pleura-t-il? On ne sait; mais le roi, pour l'apaiser, eut la faiblesse de promettre qu'il la chasserait de la cour. Chose plus facile à promettre qu'à faire. Car nulle précaution n'y servit; elle se mit, malgré tous les ordres, sur le passage du roi et fit rougir le pauvre sire.

Le cardinal, vainqueur, ayant un si bon instrument, et sachant que ces choses-là durent peu, poussait son petit homme au grand galop. Il l'engageait à exiger, faire le difficile et se faire valoir. Le roi, ayant voulu lui donner la place qu'avaient eue Saint-Simon, Baradas, le jeune insolent dit : « C'était bon pour eux, de petits gentilshommes. » Il fallut que le roi négociât avec le vieux M. de Bellegarde pour satisfaire sa volonté, qui fut d'abord d'être grand écuyer. Dans la langue de cour, ce petit polisson fut appelé *Monsieur le Grand*.

Louis XIII avait paru jusque-là un homme sec, mais assez raisonnable. Il avait eu deux lueurs poétiques, l'apparition première de mademoiselle de Hautefort et la transfiguration de La Fayette. Mouvements excusables de cœur, courts élans de jeunesse dans un homme né vieux, mais enfin tout cela était d'humanité, de nature, donc non ridicule. Un côté de son caractère qui l'était davantage, c'est qu'il avait du temps pour tout, sauf pour la royauté. Il écrivait des plans de campagne, envoyait de petits articles à la *Gazette de France*, faisait de petits airs et des chansons en bouts rimés. Son extrême désœuvrement lui donna parfois des curiosités peu royales, celle, par exemple, d'apprendre la cuisine : il prit des leçons pour savoir larder.

Pauvretés, ennui, innocence. L'excuse, c'était Richelieu, un autre roi, qui, en le consultant toujours avec respect, n'eût pas souffert qu'il fît rien de sérieux.

Ce qui le mit plus bas que sa lardoire, ce fut son radotage pour un enfant qui se moquait de lui. Il donna là des signes d'imbécillité caduque, à quarante ans. Les froideurs de Cinq-Mars, ses rebuffades, un simple oubli d'écrire dans les absences, faisaient pleurer le roi. Mais, quand on voit ses lettres à Richelieu pour faire chapitrer l'écolier, lettres si pesantes et si sottes, on est du parti de l'enfant, on trouve qu'à bon droit il fuyait l'éternelle gronderie et plus encore les burlesques tendresses de son royal jésuite. Mieux valaient les verges et le fouet.

Il échappait tant qu'il pouvait. Parfois, aux antichambres, ce garçon, que le roi eût voulu maréchal de France, passait le temps à lire le roman de *Cyrus* avec les valets. Parfois, la nuit, il se sauvait de Saint-Germain, galopait à Paris, au quartier élégant, à la place Royale, dans les belles ruelles et les conversations galantes. On l'y travaillait fort. Les dames politiques n'épargnaient rien pour le gâter, lui brouiller la cervelle, le rendre fou et traître. L'intrigante Marie de Gonzague en faisait son *Petit Jean de Saintré*, et par le roman le menait à l'histoire (la plus triste). Le roi avait beau le tenir, le garder, le coucher dans son lit, avec lui; il fuyait, s'évanouissait.

Cependant l'influence occulte se révéla. Il ne se tint pas satisfait d'un grand titre ni de la faveur. Il prétendit avoir part aux affaires. Richelieu fut bien étonné lorsque, le roi tenant conseil chez lui (il était malade à Rueil), Cinq-Mars resta, siégea. Le cardinal refusa de parler devant lui, et le lendemain le tança fort de son outrecuidance. Mais ceux qui menaient le jeune homme, loin de reculer, avancèrent, lui firent demander... quoi? un bijou? une armée! et dans le moment le plus difficile pour secourir notre camp d'Arras, menacé par les Espagnols. Le roi était si faible, que, sans Richelieu, il cédait. Du moins il lui donna à conduire le corps des volontaires, toute la jeune noblesse de France. Il eut un cheval tué, se crut Alexandre-le-Grand. Le roi ne souffrit plus qu'il se hasardât davantage.

Les Espagnols battus regagnaient par l'intrigue ce que perdaient leurs armes. La ligue universelle des femmes était pour eux. Marie de Médicis en Allemagne, aux Pays-Bas, la Chevreuse, à Madrid, à Londres, les filles d'Henri IV, Henriette, Christine, ne travaillaient pas seules. Le duc de Lorraine avait épousé (sa femme vivant encore) une Italo-Flamande, qui le mena aux genoux du roi pour rentrer chez lui et trahir. Le jeune Guise, archevêque de Reims, un brillant duelliste, s'était marié deux ou trois fois, et suivait la sagesse de la Palatine. Le duc de Bouillon, longtemps général de Hollande, et qui passait pour une forte tête, ayant vieilli dans les affaires, avait épousé sur le tard une catholique qui le fit catholique, le jeta dans tous les casse-cou.

En 1641, la partie fut liée à merveille. Madame de Bouillon fit de son vieux mari goutteux le centre, la clef de voûte d'une ligue universelle. L'empereur fournit des troupes, et l'Espagne en promit. Mais, pour donner à l'invasion étrangère un air national, un prince du sang, le comte de Soissons, réfugié chez Bouillon, prit le commandement de l'armée. Les émigrés français, de tout parti, devaient partir de Londres et faire une descente en France. Il leur semblait faire la guerre à coup sûr, ayant Paris d'avance, où le jeune Gondi eût surpris la Bastille, ayant la cour, les vœux de la reine, ayant le cabinet du roi et son secret par son enfant gâté, Cinq-Mars, à qui il disait tout. L'armée même que Richelieu leur opposait était en grande partie pour eux. L'armée, la France, tout le monde était gagné par le mot séducteur que l'ennemi avait mis sur son drapeau : La paix.

Richelieu, en si grand péril, fit d'abord procéder le Parlement contre Guise et Bouillon. Soissons étant prince du sang, on ne pouvait le juger, mais bien le faire tuer. Le dévot et scrupuleux Du Noyer, homme très discret, se chargea, dit-on, de négocier l'affaire. Il partit, emporta une forte somme pour payer l'assassin.

Des deux côtés, les choses se passèrent comme on

pouvait le prévoir. Soissons battit sans peine une armée qui voulait être battue. Mais, d'autre part, pendant que ce vainqueur, autre Gustave-Adolphe, regardait la déroute, il lui advint comme à Gustave, il fut frappé à mort sans que l'on sût par qui (6 juillet 1641).

Jamais mort d'homme n'eut un plus grand effet. Le général français étant tué, l'affaire changeait de caractère ; elle reparaissait tout à fait étrangère, c'était une invasion, et elle manquait. Sept mille Impériaux pour conquérir la France, ce n'était pas assez. Les Espagnols n'arrivaient pas. Et la descente des émigrés de Londres ne se fit pas non plus. Bref, Bouillon demanda pardon, et jura au roi une fidélité éternelle. Richelieu fit semblant d'y croire, et, pour l'éloigner de France, lui promit le commandement de l'armée d'Italie.

Il savait tout. Il les avait tous sous la main, et, s'il ne frappait pas, c'est qu'il n'y avait guère de témoins ni de preuves. Tous s'entendaient et tous étaient coupables. Le roi même l'était en un sens, par ses plaintes, ses protestations d'être excédé de Richelieu.

Cinq-Mars était dans l'affaire de Soissons. La reine en était-elle? On ne peut en douter quand on voit la subite, la violente irritation que Richelieu montra alors contre elle, et que n'explique aucun auteur du temps. Il fit écrire (et écrivit, dit-on) la pièce de *Mirame*, pleine d'allusions à la situation, à sa victoire sur tous ses ennemis, insultante surtout pour la reine, qu'on y reconnaissait dans mille traits injurieux. Il avait bâti tout exprès, au Palais-Cardinal, un théâtre qui ouvrit par *Mirame*, et qui resta le Théâtre-Français.

La reine y assista, la cour y assista, et personne n'osait y manquer. On subit le ministre, mais on punit l'auteur. Un silence de glace, un ennui calculé, lui revinrent de toute la salle et le morfondirent dans sa loge. On traita le malade comme étant mort déjà. Il sentit le froid du linceul, frissonna dans sa bière. Supplice inouï et cruel pour une âme brûlante, affamée d'immortalité : on affecta de l'oublier vivant.

CHAPITRE XXVII

Conspiration de Cinq-Mars et de De Thou. (1642.)

Les choses inclinaient vers leur terme (janvier 1642). Le cardinal était toujours malade, mais le roi beaucoup plus. Les médecins ne lui donnaient pas six mois à vivre. Pour une solution si prochaine, chacun songeait à se pourvoir.

C'était fait des ménagements. Richelieu fit exclure Cinq-Mars de tout conseil, et engagea le roi à retirer le dauphin des mains de la reine. Laisser le roi futur dans une main espagnole, c'était risquer de revoir l'étranger régner encore au Louvre, comme Henri V au temps de Charles VI.

Le très intelligent Fontrailles, notre auteur principal ici, assure que la reine en péril désirait qu'il y eût un complot, et y contribuait de son mieux, ne pouvant qu'y gagner, quel que fût celui qui pérît, Richelieu ou Gaston, l'un ou l'autre de ceux qui pouvaient à la mort du roi lui ôter la régence.

Était-elle capable d'un si grand machiavélisme? Par elle-même? Non, mais peut-être par la Chevreuse, qui lui donna alors un homme à elle, non pas pour conspirer, mais pour lier entre elles les conspirations différentes, s'entremettre de l'une à l'autre, et, du moins indirectement, pousser à l'action.

Bouillon, pardonné, exilé au généralat d'Italie, était plus que jamais poussé par sa femme orgueilleuse à se venger de Richelieu.

Cinq-Mars, chassé par lui du conseil, et avec outrage, pleurait et sanglotait, ne songeait qu'à le faire tuer.

Gaston allait être emmené par Richelieu à la guerre du Midi, mais sans emploi, sans titre. Il disait à Fontrailles : « Ne le tuera-t-on pas? » — On lui répondait : « Oui, devant vous, sur votre ordre, mais non autrement. »

Il n'était pas jusqu'au roi qui ne parût contre lui. Il ne cessait de dire qu'il voudrait *s'en défaire.* Mot équivoque, traduit diversement. A tout ce qu'on disait, il n'objectait qu'une chose : « Comment le renvoyer? Il est maître de tout... — Mais, Sire, on le tuera... — Un prêtre! un cardinal!... Je serais excommunié! » — A quoi un de ses mousquetaires, Troisville (homme estimé qui fut plus tard de Port-Royal), répondait en riant : « Ordonnez seulement, laissez-moi faire... Je m'en irai à Rome, où j'aurai mon absolution. »

L'homme de la Chevreuse, qui devint celui de la reine, l'intermédiaire des mécontents et le trait d'union des partis, était un homme de mérite, au fond sans importance, mais parent du duc de Bouillon, familier de Cinq-Mars, lié avec Fontrailles et les hommes de Monsieur.

Auguste De Thou, fils de l'illustre historien, était jeune, candide, dévoué, honnête, non sans élévation, et l'on s'étonne de le rencontrer avec ces gens-là. C'était un savant, comme son père ; il était conseiller et bibliothécaire du roi, mais de plus, intendant d'armée, ce qui le mêla aux grands seigneurs, à la jeune noblesse, avec qui volontiers il s'exposait en amateur. De nature tendre et généreux, il ne recula point devant l'occasion romanesque de se hasarder «pour une grande reine », si malheureuse, à qui on voulait ôter ses enfants. Il lia Cinq-Mars et Bouillon, jusque-là sans rapport, alla, vint, s'entremit, porta de l'un à l'autre des paroles, des propositions.

De Thou n'était nullement intéressé, point ambitieux. Mais c'était un homme déclassé, hors de tout, hors de la robe sans être de l'épée, n'ayant le pied ferme nulle part. Il était fils de l'*impartialité* historique et de l'indécision. Lui-même, s'il était quelque chose, il était l'agitation même. Ses amis l'appelaient en riant : « Votre *inquiétude*. »

Ce n'est pas un tel homme qui pouvait penser à un assassinat. Que voulait-il ? Rien que sauver la reine, finir la guerre européenne. Or on croyait à tort que la guerre c'était Richelieu, que l'Espagne voulait la paix.

La paix! quelle belle parole! dit Jean Gerson, comme elle emplit la bouche de miel!... Il faut se souvenir des terribles malheurs qui avaient dépeuplé des provinces entières. Cinq cent mille hommes étaient morts de misère en Lorraine et au Rhin. C'était le tour de la France du Nord. Les familles les plus honorables (et c'étaient les parlementaires, la bonne bourgeoisie) ressentaient cette douleur. Des femmes charmantes, excellentes, femmes de présidents, de simples conseillers, se réuniront bientôt autour d'un petit homme (resté si grand), Vincent De Paul, et elles envoyaient quelque secours, hélas! bien peu de chose, une goutte d'eau sur un grand incendie. La paix seule pouvait atténuer ces maux. Mais pouvait-on la faire? C'était la question.

Telle fut l'illusion de De Thou et d'autres parlementaires. Je ne leur reproche rien. Quoique leur conduite ait été tantôt coupable et tantôt ridicule, je comprends leur fluctuation. Ils ne sentirent pas assez, sans doute, que la France eût péri sans cette violente dictature, qu'elle eût été engloutie par Waldstein, puis par les menus brigands, les Gallas et les Jean de Werth; ils ne virent pas que Richelieu, malheureux à la guerre, nous aguerrit pourtant et prépara Rocroy. D'autre part, quand on sait, par l'horrible affaire de Loudun, la force et la furie que les tyrannies secondaires déployaient avec les pouvoirs de la grande tyrannie centrale, on excuse les parlementaires d'avoir (sans droit, sans mission, n'importe) tenté de suppléer les garanties publiques qui n'existèrent jamais dans ce misérable pays.

Pour revenir, le pauvre De Thou se vit mené plus loin qu'il ne croyait. Les hommes de Gaston, spécialement Fontrailles, homme d'esprit, sans conscience, un furieux bossu, dont Richelieu s'était moqué, organisaient deux choses. D'abord, le cardinal devant suivre le roi qui partait pour la guerre d'Espagne, il fut réglé qu'on le tuerait à Lyon; Gaston devait y aller tout exprès, et, brave cette fois, donner lui-même le signal. Mais, Richelieu tué, restaient ses hommes et ses parents, tant de gens qu'il avait placés, les Brezé, les La Meilleraie, les Chavigny, en tête les Condé, dont le fils venait d'épouser sa nièce. Les grands militaires de l'époque, Guébriant, Harcourt, Fabert, Gassion, tenaient personnellement à Richelieu, et se seraient ralliés aux Condé pour faire face à Gaston. Celui-ci, méprisé, n'avait pas grande chance hors de l'assistance étrangère. M. de Bouillon l'exigeait. Fontrailles tira de Gaston une lettre où il s'engageait à faire livrer aux Espagnols une place forte (c'était Sedan) pour les enhardir à entrer en France. La reine ne donna point de lettre, ne signa rien, resta derrière.

Les Espagnols hésitaient fort, pour cette raison. Ils voyaient la régence qui allait leur venir par Anne d'Autriche. Avaient-ils besoin de Gaston? Et, s'il réussissait par eux, ne publierait-il pas sa secrète protestation pour détrôner le fils de leur infante? Cependant les succès de Richelieu en Allemagne, une bataille qu'il gagna sur le Rhin, le voyage du roi pour prendre Perpignan, le Roussillon, la Catalogne, les décidèrent, et le traité se fit. Ils promirent secours à Gaston (mars 1642).

Comment De Thou resta-t-il dans l'affaire lorsqu'elle devenait si criminelle? Une lettre qu'il écrivit à sa mort nous le fait deviner. Il était alors amoureux d'une dame très aimée de la reine, jolie petite princesse à tête légère, madame de Guémené. Elle était janséniste, et refusait tout à De Thou. Il était roux, il était homme de robe, etc. Elle fut vertueuse pour lui, mais non pour Retz. Elle prodigua au prêtre libertin (et fort laid) ce qu'elle avait refusé à l'amour, au culte d'un homme supérieur qui, dans un meilleur temps, eût été peut-être un grand homme, qui avait mis son idéal en elle, et dont elle fut la suprême pensée.

Ce fut, je crois, le vain espoir de fléchir les rigueurs de cette cruelle qui aveugla De Thou, lui cacha l'énormité de sa faute et le rendit, non pas témoin seulement, comme on a dit, mais acteur très actif dans cette affaire coupable qu'il croyait celle de la reine.

Gaston, à son ordinaire, manqua de parole. Les conjurés l'attendaient à Lyon; il resta à Blois. Les deux malades, le roi en avant, le cardinal derrière à quelques lieues, continuèrent d'avancer au Midi. Mais, à Narbonne, le dernier, craignant, sur les rapports qu'il recevait, que le roi ne permît sa mort, dit ne pouvoir aller plus loin. Son incertitude était grande; tout en se disant incapable de bouger, il partit de Narbonne sans trop savoir où il irait. Le gouverneur de Provence le reçut dans un abri sûr, au château de Tarascon, d'où il pouvait toujours s'embarquer et gagner la mer, puis, en tournant l'Espagne, aller s'enfermer à Brouage, qu'il avait fortifié. Dans sa mortelle inquiétude, il fit prier le prince d'Orange d'intercéder pour lui, et fit dire au vaillant colonel Gassion que le moment venait où il faudrait *qu'on se déclarât*, qu'on distinguât ses amis de ses ennemis.

Le roi n'était pourtant nullement décidé contre lui. L'impertinence de Cinq-Mars, qui bravait, démentait les meilleurs officiers, provoqua une explosion, le roi lui dit : « Je vous vomis. » Souvent il lui ferma sa porte. Une défaite éprouvée dans le Nord, qui jeta la panique jusqu'à Paris, fit vivement sentir l'absence de Richelieu.

Cependant le roi semblait si malade, qu'on se croyait au moment décisif. De Thou, qui était à l'armée, pensa qu'il était bon que la reine s'assurât des chefs, et, comme il était difficile de deviner de loin quelles conditions ils feraient, il la priait de lui envoyer des blancs-seings qu'il pût remplir selon les circonstances. Elle l'aurait fait étourdiment. Brienne se donne l'honneur de l'en avoir empêchée. Je crois qu'auprès de Richelieu même elle eut un autre conseiller qui la renseigna et la dirigea. Mazarin très probablement. Il put lui faire entendre que les choses n'en étaient pas où on le lui disait, que le roi vivait, que Richelieu vivait et tenait encore les armées, que le danger d'ailleurs de la future régente était Gaston bien plus que Richelieu, que Gaston se noyait dans une entreprise manquée, qu'au lieu de se lier à lui il fallait l'enfoncer plutôt et aider au naufrage.

Selon Fontrailles, selon Voiture et autres, ce fut la reine *qui fit trouver* le traité. Chavigny, sans le dire, fit un jour entendre la même chose.

Elle envoya un homme sûr au cardinal (dit Montglat), et, sans doute par cette voie, lui donna connaissance du traité. La paix se fit entre eux à ce prix. Elle garda ses enfants.

Le roi malade avait quitté le siège et était revenu à Narbonne quand l'homme de Richelieu, son ombre, Chavigny, vint le trouver et lui dévoila tout. Le roi saute au plancher. Quelle preuve cependant? Chavigny ne lui donnait pas le traité (comme on l'a dit à tort); il apportait seulement l'affirmation de Richelieu. Le roi hésitait fort. Il fallut que l'on s'adressât à sa conscience. Chavigny alla trouver le confesseur, le Père Sirmond, le fit parler.

Sirmond, le cas posé, décida qu'en un grand péril de l'État un roi ne pouvait se dipenser d'agir préventivement, d'arrêter l'accusé.

Cinq-Mars eut un jour pour s'enfuir et n'en profita pas. En voyant Chavigny, il avait deviné sa perte. Il eut l'idée, à tout hasard, de le faire poignarder avant qu'il pût parler au roi. Mais déjà il était trop tard. Il aurait pu encore, en sautant à cheval, passer les portes de Narbonne. Mais il perdit la tête, et on eut le temps de les fermer.

On fit crier peine de mort pour qui cacherait Cinq-Mars. Une femme l'avait caché dans son lit même. Mais le mari alla le dénoncer. On arrête Cinq-Mars et De Thou. Ordre envoyé à l'armée d'Italie, où commandait Bouillon, pour l'arrêter et l'envoyer en France (15 juin 1642).

Ce qu'on craignait le plus, c'était que Gaston ne s'enfuît et qu'on n'eût pas son témoignage. Le roi, pour le tromper, lui écrivit que « c'était pour ses insolences » que Cinq-Mars était arrêté.

Richelieu était en péril peut-être autant que Cinq-Mars même. On voit, par ses notes écrites à Tarascon le 5 et le 7 juillet, qu'il faisait commencer le procès sans preuves ni témoins, donc sur la simple révélation verbale qui lui venait de la reine. Mais il ne pouvait avouer cette source. Il parle dans ses notes comme s'il eût *deviné* l'existence du traité. Il dit qu'il faut l'avoir, l'acheter à tout prix d'un confident de Gaston.

Avec un homme moins peureux que Gaston on n'eût rien obtenu, et Richelieu, n'ayant nulle pièce, eût été conspué, chassé pour calomnie, poursuivi à son tour. Mais Chavigny, qu'il lui envoya, le terrifia en assurant qu'on avait le traité, une copie du moins, « trouvée par des pêcheurs dans une barque échouée en Catalogne ». A lui, Gaston, de mériter sa grâce en délivrant l'original. C'est ce qu'il ne pouvait plus faire; dans sa peur, il l'avait brûlé. Mais il offrit d'y suppléer par la confession la plus complète; confession terrible, meurtrière, où il allait dire les péchés des autres, ne risquant pour lui que la honte; un fils de France ne peut aller en Grève.

Le roi avait comblé sa terreur en écrivant que, si sa confession était incomplète, *on le poursuivrait avec des troupes et qu'on l'enfermerait;* mais que, s'il disait tout, on le laisserait aller libre à Venise en lui faisant une pension.

Il parla tout au long, et chacun de ses mots tuait, — d'abord Cinq-Mars, Bouillon, Fontrailles, puis De Thou même.

La reine, sans le vouloir, ni le savoir peut-être, en mettant Richelieu sur la voie de tout découvrir, avait perdu De Thou. Il fallait bien au moins une tête à la justice. Or Gaston ne pouvait périr. Bouillon, arrêté, eut sa grâce en livrant sa place, Sedan. Fontrailles était en fuite. Si le roi sauvait Cinq-Mars, un seul mourait : c'était De Thou.

Pour elle, elle n'avait rien à craindre. Elle pouvait dormir paisiblement, attendre la régence. On la croyait perdue. Madame de Lansac, que Richelieu avait faite gouvernante du dauphin, vint triomphante le matin lui dire qu'on tenait Cinq-Mars et De Thou. Elle faisait la dormeuse entre ses rideaux. La Lansac les tira, mais la trouva fort calme. Elle connaissait bien De Thou, savait qu'il mourrait sans parler.

Quant à Gaston, ce qui aurait fait son supplice, c'eût été qu'on le mît en face de ceux qui s'étaient immolés pour lui et qu'il faisait périr. Mais les magistrats complaisants assurèrent qu'il n'y avait nul exemple qu'un fils de France fût confronté. On le fit venir à deux lieues de Lyon, et comme à la porte du tribunal, pour en tirer au besoin ce que demanderait le procès. Principal accusé, il ne figura que comme témoin, et ce témoin dispensa des pièces même, puisqu'on n'avait que des copies, des chiffons de papier, et sans caractère authentique.

Cinq-Mars essaya de nier, et attesta Bouillon qu'il croyait loin. A l'instant même, on le lui présenta pour le démentir. On l'avait pris caché dans une meule de foin et amené à Lyon, où Mazarin lui conseilla en ami de faire comme Gaston, de se sauver par la lâcheté. Le roi lui laisserait sa tête et ne lui prendrait que Sedan.

De Thou montra du courage, mais il aurait plus honoré sa mort s'il eût moins chicané sa vie par des fins de non-recevoir de procureur. Il se retrancha trop habilement sur une chose fausse, qu'il avait eu *une simple connaissance* de la chose, n'avait pu trahir ses amis. En réalité, il avait agi, dirigé même, indiquant tous les rendez-vous, y conduisant les conjurés, les faisant entrer, sans entrer lui-même et restant à la porte.

Amené, dit-on, devant Richelieu, il prétendit « avoir ordre du roi ». Nul écrit, à coup sûr; des paroles vagues, à la bonne heure.

De Thou fut bien jugé. Un cœur comme le sien ne pouvait manquer de le reconnaître. Lorsque Cinq-Mars et lui allèrent à la mort, leurs juges (dont était l'illustre Marca) étaient sur leur passage, et les condamnés les remercièrent de la juste sentence qui, lavés et purifiés, allait les envoyer à Dieu.

Cinq-Mars, si beau, si jeune, De Thou, si estimé jusque-là, si pur (moins une erreur), excitèrent dans la foule un intérêt extraordinaire. La maladresse d'un bourreau novice qu'on employa ajouta encore à l'émotion. Quand la tête de Cinq-Mars tomba, il s'éleva de toute la place un horrible cri de douleur. De Thou, manqué d'abord et très cruellement égorgé, jeta la foule dans un accès de fureur frénétique. Des pierres volèrent sur l'échafaud. Ce bon peuple de France maudit cette justice qu'il appelait vengeance, et pleura amèrement les coupables qui l'avaient trahi.

CHAPITRE XXVIII

Isolement et mort de Richelieu. — Mort de Louis XIII. (1642-1643.)

Richelieu avait fait lui-même sa dernière maladie. Par propreté galante, il avait supprimé un flux d'hémorroïdes, dérivatif utile de maux plus graves, qui le tenait en vie. Immédiatement un abcès parut à la main, au bras, d'autres ailleurs. Dès lors rien n'y servit; il eut beau faire : il était mort.

De toute façon, Cinq-Mars l'avait tué. Son maître le haïssait désormais sans retour. L'auteur primitif du complot avait été le roi. Tout avait commencé par ses paroles imprudentes, qui semblaient demander qu'on le délivrât de son ministre. Il avait été découvert par les aveux des accusés; et, lorsque, revenant au Nord, il lui fallut à Tarascon comparaître devant Richelieu, il y vint comme un accusé.

Malade, on le mit sur un lit en face du malade, et, quelque soin que prît le cardinal de le rassurer, de lui donner le change, ni l'un ni l'autre dès lors ne s'y trompa. C'étaient deux ennemis.

Le roi revint seul à Paris avec les mêmes hommes qui, même avant l'affaire Cinq-Mars, offraient, au premier ordre, de le défaire de Richelieu.

Dans ce triste château de Tarascon, plus tard fameux par les massacres, au bruit monotone du flot qui sanglote en passant, la petite cour du cardinal avait été un moment réduite à quatre hommes trop compromis pour le quitter vivant. Ses instruments d'abord et sous-ministres, Chavigny, Du Noyer, Mazarin. Le premier seul était bien sûr; seul il représentait, exécutait sa violente volonté. Du Noyer, le bœuf, le jésuite, ne pouvait manquer tôt ou tard, par sa dévotion, de tourner à l'Espagne, c'est-à-dire à la reine; c'est ce qui arriva. Pour Mazarin, le plus douteux de tous, il avait bien servi pour espionner Cinq-Mars, pour faire parler Bouillon; il marchait droit sous l'œil du maître; mais son zèle apparent, son patelinage italien, son caressant baragouinage, n'inspiraient pas, comme on va voir, grande confiance à Richelieu.

Le quatrième personnage, sur lequel il faut s'arrêter, était un homme de vingt ans qui n'avait rien de jeune. Très sinistre figure d'oiseau de proie, la plus bizarre du siècle. Point de front et nez de vautour; des yeux sauvages et fort brillants; rien d'homme, quelque chose de moins ou de plus, et d'une espèce différente. Animal féroce et docile, servile en ses débuts, plus servile à la fin. Ce personnage étrange, nourri par Richelieu dans sa ménagerie, va éclater dans l'histoire. C'est Condé.

Ces Condé étaient sombres et bas, et semblaient

toujours inquiets. Frappant contraste avec les Condé d'autrefois, avec celui des guerres civiles, celui de la chanson (le Petit Homme tant joli, qui toujours chante et toujours rit...). Mais ceux-ci étaient contestés. On a vu la terrible affaire du père du grand Condé, né en prison d'une mère accusée d'empoisonnement. On le disait l'œuvre furtive d'un page gascon qui se sauva. Henri IV, sans enfant alors, fit réformer le jugement de la mère, prit le petit pour vrai Condé et lui fit sa fortune en lui donnant mademoiselle de Montmorency.

Les deux époux se détestaient. Il n'aimait pas les femmes ; tous ses amours étaient dans l'Université de Bourges (Lenet). Cependant, quand il fut mis à la Bastille par le maréchal d'Ancre, il joua à sa femme le tour de dire qu'il ne pouvait se passer d'elle. Elle, glorieuse, mit son honneur à accepter, et elle s'enferma avec lui. Homme d'esprit, mais bas, sale, avare, portant sur le visage son âme d'usurier, il avait tout ce qu'il fallait pour éloigner une femme. Mais la prison, l'ennui, firent un miracle. Elle devint enceinte, et fit tout à sa ressemblance la très jolie madame de Longueville, la future reine de la Fronde. Puis un garçon, cette figure crochue du grand Condé ; enfin Conti, prêtre et bossu, que sa sœur fit général de Paris.

Les deux garçons naquirent amoureux de leur sœur. Condé, éperdument, jusqu'à lui passer tout, adopter ses amants, puis jusqu'à la haïr. Conti, sottement, servilement, se faisant son jouet, ne voyant rien que ce qu'elle lui faisait voir, dupé, moqué par ses rivaux. Condé le père maria son aîné, qu'on appelait alors

Enghien, à une nièce du cardinal, croyant que le ministre allait à sa Bourgogne ajouter je ne sais combien de gouvernements, refaire en lui Charles-le-Téméraire. Il lui devait déjà la dépouille de son beau-frère, Montmorency, décapité. Puissance merveilleuse des maris sur les femmes. Condé dressa la sienne à faire sa cour au cardinal, à lui faire visiter, pour affaire et pour intérêt, les juges qui avaient envoyé son frère à la mort.

Le serviteur du grand Condé, Lenet, nous apprend que cette famille, si mendiante auprès de Richelieu, tâchait pourtant à tout hasard de se créer contre lui des moyens de resistance. De temps à autre, sous différents prétextes, ils ajoutaient aux fortifications d'une bonne place qu'ils avaient en Bourbonnais au carrefour des routes de quatre provinces. Madame la princesse, par tout moyen, attirait la noblesse à sa cour. Quand le petit prince monta à cheval, on ouvrit à portée de la résidence un marché de chevaux pour que, sous ombre d'achats, les gentilshommes vinssent, montassent au château pour faire leurs hommages, devinssent clients de la maison.

L'enfant fut élevé d'une manière populaire et ambitieuse. On le mit au collège de Bourges, sous un Jésuite, parmi nombre d'enfants de gentilshommes qui s'attachèrent à lui. Il eut l'éducation variée, littéraire, que donnaient les Jésuites, sans fonds moral, mais bien combinée pour l'effet; les langues, les exercices publics, des thèses où l'écolier brillait. Mais, après le collège, son père voulut encore qu'il sût un peu d'histoire, de mathématiques. On entendait par là surtout la fortification, l'art de l'ingénieur. Son couronnement d'éducation fut d'être envoyé par son père pour tenir sa place en Bourgogne, pour s'informer de tout, et du militaire, et de la justice, pour caresser le Parlement.

Il fut du premier coup très brave (campagne d'Arras, 1640). Son père voulait le pousser au commandement et lui faire avoir une armée. C'est pour cela surtout qu'il lui fit épouser malgré lui mademoiselle de Brezé. Il avait vingt ans, elle douze. Il fut très dur pour elle, vivant à côté d'elle sans en tenir compte et tout à fait à part. En réalité, maladif (il fut un moment à la mort), ambitieux comme sa mère, avare comme son père, il visait de loin la grande héritière, mademoiselle de Montpensier, l'énorme fortune d'argent que feraient les biens d'Orléans par-dessus les biens des Condé et des Montmorency. Seulement le roi y consentirait-il ? Ce jeune homme d'aspect si sauvage, mais excellent calculateur, trouva moyen d'aller au cœur du roi en s'associant à sa mère, à sa sœur, dans leur zèle pour les carmélites. Il quêta pour leur faire avoir un reliquaire fort riche. Chose rare qu'un jeune militaire eût une dévotion si précoce.

Richelieu le voyait venir, et il en était indigné. Cette chasteté persévérante, ce divorce dans le mariage pour en préparer un plus riche, montraient en celui-ci un homme qui passerait son père. Il y avait là avarice, insolence, l'orgueil et la haine secrète qu'il avait sucés de sa mère, sœur de Montmorency. Quoi !

le sang de Richelieu était-il donc si vil, qu'un prince d'une princerie fort douteuse dédaignât d'y mêler le sien ? Qu'avait-elle fait, cette enfant innocente ? Était-ce sa faute si elle était nièce du plus grand homme de l'Europe, et si le prévoyant ministre refusait d'armer les Condé de ces moyens de guerre civile dont tant de princes en notre histoire ont si cruellement abusé ?

Les cardinaux sont protecteurs des trônes. Richelieu, comme cardinal, avait la prétention de ceux d'Espagne et d'Italie, qui passent devant les princes. Visité par la reine, il restait assis devant elle. La pourpre qu'il portait, lui et son frère, l'archevêque de Lyon, lui semblait l'égaler aux rois.

Haï de Richelieu et le lui rendant bien, Enghien eut pourtant la prudence de se garder de l'affaire de Cinq-Mars. Il ne varia pas, ne douta pas un moment de la victoire du cardinal, à ce point qu'il quitta le siège, laissa le roi et vint à Tarascon.

C'était s'offrir à Richelieu. Mais celui n'en était pas moins envenimé. L'injure faite à son sang lui cuisait d'autant plus qu'il se sentait mourir. Que serait-ce après lui si, lui vivant, on méprisait les siens ? Il voulut à tout prix que le rang supérieur des cardinaux, admis par les Condé, les menât à avouer qu'il n'y avait point mésalliance du sang d'un cardinal au sang d'un prince. Pour la même raison, Enghien se réservait cette cause de divorce. Quand il passa à Lyon, il évita de voir l'archevêque, frère de Richelieu et cardinal, n'accepta pas la fête qu'il avait préparée, ne coucha pas chez lui. Richelieu, porté aux eaux de

Bourbon, semblait près de sa fin. Il n'en fut que plus furieux, ne put se contenir; devant ses domestiques, « il jura si terriblement qu'ils en eurent horreur ».

Le père d'Enghien cependant avait pris peur. Il envoie son fils demander pardon. Mais nul moyen d'apaiser le cardinal. Il en était à regretter Gaston. Il ne le laissa pas aller à Venise, lui fit dire qu'il pouvait rester à notre frontière de Savoie. Visiblement il aimait mieux son mortel ennemi que les Condé ingrats.

Enghien, désespéré, faisait sa cour à madame d'Aiguillon, la très puissante nièce, la priait de dicter ce qu'il avait à faire. Elle lui dit : « Aimez votre femme. » Il obéit sur l'heure, vole à Paris, et aime. La petite femme fut enceinte.

Mais ce n'était pas tout. Il fallut boire le fond du vase, le plus amer. Richelieu ne le tint pas quitte qu'il n'allât faire excuse à Lyon au cardinal, et, pour mieux mater le jeune homme, le rancuneux ministre envoya son frère en Provence, afin que d'Enghien, qui courait après, eût tout le royaume à traverser.

Tel est le chemin de la gloire. A ce prix d'Enghien espérait obtenir une armée. Mais on pouvait sans peine augurer qu'un jeune homme, chaste par avarice et servile par ambition, ne ménagerait rien, et que, s'il avait des succès, il en abuserait cruellement pour brouiller, troubler le royaume.

C'est dans ces pensées sombres que Richelieu revenait vers Paris, rapporté par ses gardes, revenait vers la mort. Il rapportait ce sentiment amer que le roi dont il avait tant honoré le règne était son plus grand ennemi, entouré de ses ennemis, et peut-être de ses assassins.

Le roi n'allait guère à Rueil, et Richelieu n'osait aller à Saint-Germain. Il voyait le roi entouré précisément des officiers qui avaient offert de le tuer à Lyon. Il priait, insistait, pour qu'on les éloignât, déclarant qu'autrement il ne pouvait entrer qu'avec ses propres gardes. Précaution fort raisonnable, mais que le roi trouvait injurieuse. Longue fut cette négociation. Elle fut poussée à bout par l'insistance de Chavigny, que le roi n'aimait pas, mais que dès lors il prit en grippe, et qui décidément, comme on verra, fut perdu pour tout l'avenir.

Chavigny, fils de Bouthilier et d'une mère aimée de Richelieu, passait pour fils du cardinal, et il était la seule personne à qui il se fiât. Il le méritait en réalité, l'ayant servi en ce dernier moment, comme il avait besoin de l'être, avec un âpre dévouement, sans réserve, sans considération de l'avenir ni de sa fortune. Richelieu le croyait un grand esprit, « et le plus grand du monde », dit Tallemant. En réalité, c'est lui qui lui donna le conseil de ménager Gaston, de le garder contre la reine et les Condé, de le retenir à portée pour pouvoir, au jour nécessaire, les neutraliser les uns par les autres.

Quant à Mazarin, le rusé s'est posé, donné à l'histoire comme l'élève chéri de Richelieu, une espèce de fils adoptif. Le croire serait faire peu d'honneur à la pénétration du grand ministre, à son expérience des hommes. Il voyait, comprenait très bien où visait cette glissante couleuvre dans ses douces ondulations et son frétillement. Mais il était tellement seul! Il ne voyait guère mieux autour de lui. Il flottait entre deux pensées, l'éloigner, l'employer. Parfois il voulait l'envoyer au pape, le tenir hors de France; il demanda aux commis de la marine s'il y avait un vaisseau prêt. « Pas encore, mais bientôt », dirent-ils.

D'autre part, le sachant si lâche, il crut le gouverner encore après sa mort, et le tenir par Chavigny. Il voyait celui-ci antipathique au roi, et pensait que peut-être Mazarin (créé par Chavigny) lui demeurant uni, l'un ferait passer l'autre, que l'Italien compenserait la roideur du Français par ses grâces et par sa bassesse.

Dans les instructions qu'il laissait par écrit au roi, et où il lui formait son conseil, il y donna place à Mazarin, mais en réalité Chavigny aurait dominé, ayant deux voix, celle de son père Bouthilier et la sienne. On pouvait croire que l'homme de travail, l'universel commis, Du Noyer, qui faisait la grosse besogne dans une docilité servile, continuerait de labourer sous Chavigny et Mazarin, qui, ayant besoin l'un de l'autre, continueraient d'ensemble la pensée de Richelieu.

Voilà tout ce que le mourant put prévoir, arranger dans l'intérêt public. Il ne lui restait plus qu'à s'acquitter de la grande et commune fonction humaine. Il s'en tira fort honorablement, mourut d'une manière conséquente à sa vie, en théologien catholique et en controversiste, faisant honneur à ses livres (qu'il aimait plus que chose au monde) par la fermeté de sa foi. Assisté du curé de Saint-Eustache, qui l'engageait à pardonner à ses ennemis, il dit cette parole noble et, je crois, vraie : « Je n'en eus pas d'autres que les ennemis de l'État. »

Que ses actes le jugent. Ne nous amusons pas à ces portraits où, pour concentrer les *grands traits*, on fait abstraction des détails nombreux et complexes où est justement la vie propre, l'intime individu. Encore moins nous jetterons-nous dans les vagues comparaisons qui obscurcissent en voulant éclaircir. Richelieu, quoiqu'on l'ait tant dit, ne ressemble guère à Louis XI. Et combien moins au dernier roi de France qu'on appelle la Convention !

Qu'il ait eu un génie systématique et centralisateur, cela est vrai. Moins pourtant qu'on n'a dit, car ce qu'il fit de plus grand dans ce sens (la création des *intendants*), cela, dis-je, se fit le lendemain de l'invasion, sous l'empire d'un besoin pressant, non d'après une idée préméditée. Celle-ci même était contraire à celle que Richelieu essayait de faire prévaloir depuis plusieurs années (la levée de l'impôt par les *élus*).

En cela, comme en bien d'autres choses, il fit tout autre chose que ce qu'il avait projeté. Mais la grandeur visible de son âme et de sa forte volonté, l'immensité de son labeur, la dignité sinistre de sa fière attitude, couvraient, sauvaient les sinuosités, les misères infinies de ses contradictions fatales.

Le premier homme d'un mauvais temps ne peut guère être que mauvais. En celui-ci, il y eut des laideurs, des caricatures, le prêtre cavalier, les ridicules d'un pédant de Sorbonne, d'un rimeur pitoyable ; plus, des échappées libertines, communes chez les prélats d'alors, mais plus choquantes dans un homme d'un si terrible sérieux.

Il eut des âcretés de prêtre. Il eut, comme politique, des furies de joueur acharné à gagner *quand même*, qui met sa vie sur une carte, la vie des autres aussi. Et cependant fut-il vraiment cruel? Rien ne l'indique. Les quarante condamnés qui périrent sous lui, en vingt ans, furent mal jugés sans doute (comme on l'était alors, par des commissions), mais n'en étaient pas moins coupables, et la plupart étaient des traitres qui nous livraient à l'étranger.

Il ne pardonna guère. Mais il n'eût pardonné qu'aux dépens de la France.

Il aimait fort ceux qu'il aimait. Il n'oublia jamais un bienfait, et il n'y a jamais eu meilleur ami. Même à l'égard de ceux qu'il n'aimait pas, il essayait parfois de se dominer à force de justice. Fontenelle cite de lui un fait très beau et curieux.

Richelieu, comme auteur, avait une misérable jalousie de Corneille, et, comme politique (on l'a vu), il avait reçu de lui, au jour de ses revers, le plus sensible coup, l'Espagne glorifiée par le *Cid*.

Toutes les pièces de Corneille semblaient des dénonciations indirectes de guerre au tout-puissant ministre. Il le pensionnait cependant et le recevait même. Un jour, il le voit arriver d'un air fort abattu, triste, rêveur. « Vous travaillez, Corneille? — Hélas! je ne puis plus, monseigneur. Je suis amoureux. » Et il explique qu'il aime, mais une personne si haut, si haut placée, qu'il n'a aucun espoir. « Et qui encore? — La fille d'un lieutenant général (des finances) de la ville d'Andely.

« N'est-ce que cela? » dit Richelieu. C'était justement le moment où l'on venait de jouer *Cinna*. Richelieu prit l'âme d'Auguste. Il fit écrire au père de venir sur l'heure à Paris. Le bonhomme, étonné, effrayé, se présente. Et le ministre lui fait honte de refuser sa fille au grand Corneille. Celui-ci fut marié de la main de son ennemi.

Il mourut tellement redouté qu'on n'osait nulle part dire qu'il fût mort, même dans les pays étrangers (Montglat). On aurait craint que, par dépit, par un terrible effort de volonté, il ne s'avisât de revenir.

Le roi le haïssait. Et il eut même, à sa dernière visite où Richelieu mourant lui renouvela le don du Palais-Cardinal, l'indignité de s'en emparer sur-le-champ et d'y mettre ses gardes. Et, avec tout cela, il lui obéit de point en point après sa mort, refusant tout aux prisonniers, aux exilés, si durement que, madame de Vendôme priant pour son mari, il lui dit : « Si vous n'étiez femme, je vous mettrais à la Bastille. »

De toutes les personnes persécutées, la plus suspecte au roi, c'était la reine. Des trois ministres, Du Noyer, Mazarin, Chavigny, le premier se crut fort par les prédilections dévotes du roi pour sa dévotion ; il commença à travailler sourdement pour la reine. Il comptait arriver par elle à l'archevêché de Paris. Cela le perdit près du roi, qui le traita si mal, qu'il lui fallut demander sa retraite.

Mazarin, Chavigny, ne se maintinrent qu'en paraissant très contraires à la reine. Monsieur, flétri naguère, déclaré incapable de toute charge et mal voulu du roi, n'eût pu songer à la régence.

Ils dirent au roi habilement que, si on la faisait régente, il fallait la lier et la subordonner, lui mettre sur la tête un conseil souverain, et *non destituable* : Monsieur, Condé, Mazarin, et le père et le fils, Bouthilier, Chavigny. Tout se déciderait à la pluralité des voix. Le tout, ordonné par le roi, formulé en déclaration, enregistré au Parlement.

Mais, en même temps, Mazarin faisait dire à la reine, par le nonce Grimaldi, que cette ordonnance, si sévère pour elle, en réalité la sauvait, lui assurait le point essentiel : *que son mari mourant ne l'écartât pas de la régence*, parût l'en juger digne. Avec cela, elle allait être maîtresse et ferait ce qu'elle voudrait.

Le flot montait si fort pour elle que le roi, vers la fin, n'eut plus la force de soutenir la digue. Les prisonniers sortirent, les exilés revinrent, toute la vieille cabale à la file. On fit scrupule au mourant de persister jusqu'à la fin.

Tout d'ailleurs le fuyait, lui échappait. Enghien, à qui il venait de donner la grande armée du Nord, s'offre secrètement à la reine. A Saint-Germain et à Paris, on travaille pour elle les Gardes-suisses et les

Gardes-françaises. On lui offre d'occuper le Palais avant même que le roi n'expire, de crainte que Monsieur n'y soit le premier. Quand le roi enfin meurt (14 mai 1643), le château où il meurt est déjà à la reine, et le Parlement, et la ville. Le roi femelle occupe tout.

CHAPITRE XXIX

Louis XIV. — Enghien. — Bataille de Rocroy. (Mai 1643.)

La régente espagnole ouvre son règne de quinze ans par un chemin de fleurs. Ce peuple singulier, qui parle tant de la loi salique, est tout heureux de tomber en quenouille. Sans qu'on sache pourquoi ni comment, cette étrangère est adorée.

Elle est femme et elle a souffert. Les cœurs sont attendris d'avance. Elle est faible. Chacun espère en profiter. Ce sera un règne galant. Mais où sera la préférence? Cette loterie d'amour autorise l'infini des rêves. Quel qu'il soit, le nouveau Concini ira plus loin que l'autre avec une Espagnole fort mûre qui va tourner à la dévotion, aux scrupules, à la fixité des attachements légitimes. Que sera-ce si elle finit par devenir fidèle, pour la ruine de la France?

En attendant, tout tourne à son profit. Les favoris du dernier règne, les Condé, gagnent une bataille à point pour elle, et font à Rocroy la brillante préface du règne emphatique de Louis XIV. C'est l'enfant qui en a la gloire, c'est la sage régente. Heureuse reine qui gagne des batailles en berçant son fils!

Le jeune duc d'Enghien, nous l'avons vu, assez mal vers la fin avec Richelieu, avait, par sa dévotion, gagné le cœur de Louis XIII, celui du grand commis Du Noyer, si avant dans le parti dévot, qui, seul avec le roi, faisait le travail de la guerre. On avait tout l'hiver arrangé ce travail de manière à préparer une campagne au duc d'Enghien. Il en fut justement comme en 1638, où l'on avait grandi La Meilleraie à l'armée du Nord, en immolant Feuquières à l'armée de Lorraine. De même, cette fois, on mit toutes les forces à l'armée royale que menait Enghien. Aucun renfort à l'armée d'Allemagne, où Rantzau, Guébriant, venaient de gagner des batailles, de sauver les Suédois, de résister aux efforts combinés des Impériaux et Bavarois. La fameuse armée de Weimar, achetée par nous et si bien menée par Guébriant, s'usa, tomba à six mille hommes qui se maintinrent à grand'peine en Alsace.

Enghien eut seize mille fantassins, sept mille chevaux, surtout des mentors admirables, vieux soldats de Gustave-Adolphe. Le succès était vraisemblable. Il était nécessaire. C'était réellement la seule forte armée de la France, la seule qui la couvrît de l'ennemi.

La France, qu'on dit si incrédule, si sceptique et si positive, a pourtant toujours besoin d'un miracle, du miracle humain, le héros. Il lui faut adorer quelqu'un ou quelque chose qui lui semble au-dessus de l'homme Nous avons déjà, pour François de Guise à Metz et à

Calais, observé la fabrique, les recettes pour faire des héros. Quand ce royaume énorme, qui s'est fait de douze royaumes, centralise sa force pour un général favori, il ne peut guère manquer de frapper un grand coup. Le miracle se fait.

Un héros est tombé du ciel. Le peuple est à genoux.

Si un malencontreux critique cherche les cordes et les machines qui, par derrière, ont aidé au miracle, c'est un envieux, un dénigreur; on lui en sait très mauvais gré.

Lisez le grand Bossuet, lisez l'historien de famille, l'homme d'affaires des Condé, Lenet, vous verrez qu'Enghien seul nous fit la victoire de Rocroy. Lenet craint tellement que ses lieutenants y aient la moindre part, qu'il les note en passant de stigmates fâcheux. Il voudrait flétrir même la probité de Gassion.

Nous avons ailleurs heureusement des sources plus sûres, des détails plus exacts, plus dignes de l'histoire.

Les Espagnols, sachant le roi à l'extrémité, crurent que le moment était bon, laissèrent là la Hollande, et, ramassant toutes leurs forces sous deux excellents généraux, D. Francisco de Mello et le vieux comte de Fontaine, firent mine d'entrer en Picardie, mais tournèrent, percèrent les Ardennes, enveloppèrent Rocroy.

Le roi et Du Noyer, qui devaient mêler à tout leur médiocrité, avaient eu soin, en lançant le duc d'Enghien, de le paralyser, Ils lui avaient adjoint un *sage* général (frère de Vitry, qui tua d'Ancre), camarade fort aimé du roi, qu'il voulut faire maréchal avant sa mort,

Hallier ou L'Hospital. Son *sage* conseil était qu'on s'affaiblît en mettant des secours dans cette méchante petite place, qu'on jetât là des gens pour les faire prendre, et qu'on évitât la bataille. On eût été ensuite poussé à reculons par l'Espagnol, qui, avançant toujours, ayant sur nous l'avantage de l'offensive, nous eût de proche en proche découragés, déconcertés, battus.

Un conseil fut tenu, et heureusement les maréchaux de camp qui avaient fait les guerres d'Allemagne et vu Gustave-Adolphe, le très avisé Gassion, le ferme et fort Sirot, dirent qu'il fallait combattre.

Un mot de ces deux hommes. Lorsque le grand Gustave débarqua en Allemagne, le premier homme qu'il vit au rivage fut ce petit Gascon, Gassion, qui venait se donner à lui. Il fut le plus ardent de tous les amoureux de ce géant qui ravissait les cœurs et les grandissait à sa taille.

Il plut fort à Gustave. « Va-t'en à Paris, lui dit-il, achète-moi des Français. » Gassion en ramena une centaine qui firent bonne figure au sublime moment de Lutzen.

Quant au Bourguignon Sirot, un peu vantard, quoique si brave, il contait volontiers qu'il avait fait le coup de pistolet avec trois rois, et même avec celui que personne n'osait regarder. Il avait mis, disait-il, une balle dans le chapeau de Gustave, ramassé ce chapeau que Gustave laissa derrière lui.

Richelieu, qui connaissait les hommes, prit à lui ces deux-ci, et en même temps un brave ivrogne

allemand, le célèbre Rantzau, qui se ménageait peu
et laissait un membre à chaque bataille.

Pour revenir, ces hommes d'expérience, et qui ne
s'étonnaient de rien, comprirent que cette armée,
comme ordinairement celles d'Espagne, n'était pas
espagnole, sauf quelques milliers d'hommes, un petit
bataillon. C'était un mélange italien, allemand, wallon, flamand. Ils insistèrent pour la bataille. Et le duc
d'Enghien se mit avec eux. Un nouveau règne commençait, celui de la reine, point du tout amie des
Condé. Il y avait à parier qu'on ne donnerait plus à
celui-ci une occasion pareille. L'Hospital se trouva tout
seul de son avis. Le roi, son protecteur, étant mort,
son autorité n'était pas forte. Le maréchal d'hier eût
eu mauvaise grâce de s'obstiner contre des gens qui
avaient tant vu et tant fait.

Le roi avait laissé carte blanche à L'Hospital et au
conseil du prince. Mourant, il avait eu, dit-on, pressentiment de la bataille. Il crut la voir. Il dit agonisant : « Ils sont aux mains. Enghien les bat... Apportez-moi mes pistolets. »

Il meurt le 14 mai. La bataille a lieu le 19.

Les Espagnols étaient fort tranquilles autour de
Rocroy, leurs corps dispersés, et bien loin de croire
que la France, malade et alitée sans doute avec le roi,
vint les déranger là. Du reste, ils étaient couverts de
tous côtés par ces bois infinis de petits chênes qu'on
appelle la forêt des Ardennes, et dont le triste Rocroy,
sur sa basse colline, est une clairière peu étendue.
Pour y venir, par où qu'on vienne, il faut arriver à la

file par les étroites avenues de ces bois. Opération assez scabreuse. Gassion se la réserva, passa le premier avec quinze cents chevaux. Pendant que les Espagnols, un peu étonnés, s'appellent, se réunissent, Enghien passe, et tout passe, si bien que, quand l'armée d'Espagne se trouve enfin en ligne, la française lui fait vis-à-vis. Autre surprise pour eux. Ils avaient cru d'abord que Gassion venait seulement pour se jeter dans la place. Mais voici l'armée tout entière. On se canonne, on se salue (18 mai).

La nuit, un transfuge nous apprit que, le lendemain matin, les Espagnols, déjà plus forts que nous, recevraient de surcroît une petite armée de mille cavaliers, trois mille fantassins. Nouvel argument pour Gassion, et décisif pour la bataille.

Le 19, vers trois ou quatre heures, à l'aube, Enghien, fort gai, passa au front des troupes, n'ayant que sa cuirasse, sur la tête force plumes blanches. Pour mot d'ordre de la bataille ; il donna son nom même, Enghien.

Les Espagnols ne bougeaient. Nous marchâmes. Et la bataille fut en un moment gagnée à la droite, perdue à la gauche.

A droite, Gassion et le duc marchèrent vers un petit rideau d'arbres où les Espagnols avaient caché mille mousquetaires pour nous fusiller en flanc quand nous irions à eux. Gassion les tailla en pièces, et, ce bois bien purgé, tomba sur la cavalerie ennemie, enfonçant le premier rang, le renversant sur le second et mettant tout en fuite. Grande tentation pour le prince d'imiter l'autre Enghien de Cérisoles, de se lancer à la poursuite. Gassion ne le permit pas, n'alla que bride en main, se rallia, se ramassa.

A l'autre aile, L'Hospital fut battu, blessé, son lieutenant pris, et, chose plus grave, notre canon aussi.

Cette aile paraissait si malade qu'Enghien, qui vit de loin le désastre, envoya dire à la réserve, que Sirot commandait, de marcher au secours. Le vieux soldat comprit que, s'il obéissait, si ses troupes venaient à la file, il ne ferait qu'ajouter au désastre et serait battu en détail. Il dit : « Il n'est pas temps. »

Un officier de cette aile battue vint pour la seconde fois ébranler Sirot : « Monsieur, la bataille est perdue... Retirons-nous... — Monsieur, rien n'est perdu. Car Sirot reste encore. »

A ce moment, l'ennemi fondit sur lui, le trouva tout entier et ferme. Sans reculer d'une semelle, il tint, étant bien sûr que Gassion venait. Celui-ci, en effet, ayant terminé sa besogne, c'est-à-dire passé sur le corps de toute la fausse Espagne (l'infanterie d'autres nations), revint en face de Sirot, et chargea par derrière ceux qui le chargeaient par devant. Ces vainqueurs de notre gauche furent vaincus à leur tour.

Restait la vraie Espagne, la fameuse infanterie, comme un gros hérisson de piques, où on ne mordait pas. On y donna de tous côtés, et, pour l'entamer sûrement, on y fit sur un flanc une percée à coups de canon, par où on y entra. D. Francisco échappa. Mais le vieux comte de Fontaine, qui avait la goutte et qui se faisait porter ici et là dans sa chaise l'épée à la main, ne la posa pas, fut tué.

On ne fit pas la faute de Ravenne, où Gaston de Foix s'obstina à massacrer et périt. Nos Français, qui, dès ce jour, avaient pris l'avantage et pour jamais, respectèrent, admirèrent ces pauvres diables, qui avaient la mort dans le cœur.

L'infanterie française resta, reste la première du monde. Et cela indépendamment de ses généraux. Il y parut bientôt. Quiconque l'eut avec soi vainquit. Harcourt, un bon soldat et général passable, fut assez pour battre Condé dès que celui-ci n'eut plus avec lui l'invincible infanterie. Dans la comédie de la Fronde, on vit, chose plus comique encore, Mazarin général et vainqueur de Turenne. L'espiègle avait volé l'épée de la France endormie.

CHAPITRE XXX

L'avènement de Mazarin. (1643.)

Ce grand bonheur fit deux malheurs. Il créa un héros insatiable et insupportable, monté sur des échasses et prêt à tout tuer pour la moindre prétention d'orgueil ou d'intérêt. D'autre part, il glorifia l'avènement de Mazarin, il sacra le roi des fripons.

C'est une grande simplicité de croire qu'un événement aussi prévu que la mort du roi ait trouvé la reine au dépourvu, qu'elle n'ait su où donner de la tête, qu'elle ait sérieusement offert le pouvoir à celui-ci, à celui-là. Toute l'affaire était certainement réglée d'avance. Et par quoi ? Par son indolence qui lui disait qu'un lit tout fait lui valait mieux pour s'allonger, dormir, qu'un arrangement nouveau qui l'obligerait de vouloir, de penser.

Elle voyait prêts à partir de Londres, de Bruxelles ou Madrid, je ne sais combien d'exilés, se disant tous martyrs de la cause de la reine, et venant exiger la couronne de ce martyre. Comment les satisfaire? Son oreille était tout ouverte à celui qui lui enseignait les douceurs de l'ingratitude.

Mazarin ici était admirable. Il a bien varié, mais jamais sur ce point. Son caractère offre la beauté d'un type bien soutenu qui ne se dément pas. Ingrat pour ses auteurs, Joseph et Chavigny qui le créèrent en France, il se tira d'affaire deux fois pendant la Fronde par le même moyen, ingrat pour Condé, puis pour Retz. Enfin il couronne sa vie par le plus fort, l'ingratitude pour la reine, sa vieille amoureuse.

Rappelons ses précédents. En 1631, il plut; Richelieu, en le présentant, fit valoir qu'il ressemblait à Buckingham. En 1639, réfugié et fixé en France, il fut favorisé, ce semble, au moins un moment. En 1642, il devint maître de la reine, *après le traité d'Espagne*, dit Tallemant, ce qui signifie, selon moi, *quand il lui conseilla de révéler le traité*, pour obtenir de garder ses enfants.

Les hommes de Richelieu, odieux, détestés, les Chavigny, les Bouthilier, se trouvaient impossibles. Mazarin était étranger, sans racine ici et prêt à partir dès qu'il aurait mis la reine au courant. Il faisait ses paquets. Bon moyen pour rester.

Mais que n'eût-on pas dit si l'on eût prévu Mazarin? La reine parut fort incertaine. Elle consulta beaucoup, hésita beaucoup, alla jusque dans l'Oratoire demander à Gondi, père de Retz, s'il voulait le ministère. En attendant, elle suivait les avis d'un simple, un vieux bonhomme d'évêque de Beauvais.

Une concurrence plus sérieuse pour Mazarin fut celle de la maison de Vendôme, de leur cadet Beaufort. Ce petit-fils de Gabrielle en avait la beauté. Il était jeune, brave, tout fleuri, en longs cheveux d'or, un Phébus Apollon. C'est celui qui bientôt sera *le Roi des Halles*, dont les poissardes raffolaient.

Facilité brillante pour le galimatias, éloquence grotesque, un torrent de non-sens. Il ne lui manquait rien pour charmer une sotte.

Femme avant tout et tendre, la reine eut un moment pour lui. Le jour même de l'avènement, elle l'avait près d'elle, et, pour faire retirer la foule qui l'étouffait, elle employa Beaufort, qui, pour son coup d'essai de maladresse, parla comme le maître de la maison, et se fit une affaire avec le vieux Condé. Ce fut encore à lui qu'elle se remit pour aviser à la sûreté du roi et l'amener à Paris dans ce moment douteux où elle pouvait craindre encore les tentatives du parti d'Orléans.

Donc, Beaufort, un moment, eut l'attitude et l'apparence du favori, du préféré. Deux choses l'empêchèrent d'en avoir le réel. D'abord, il fut conquis à grand bruit par Vénus, la Vénus effrontée du temps, madame de Montbazon, beauté superbe et colossale, qui reconnut bientôt les petits moyens de Beaufort, et dit partout que, pour les dames, *cet innocent* n'avait aucun danger.

Moins jeune, Mazarin valait mieux. Mais il ne parut pas d'abord, et resta derrière le rideau jusqu'à ce que la reine fût régente absolue.

Gaston, assez piteusement, puis Condé, renoncèrent à l'autorité que leur donnait le feu roi; les autres à plus forte raison. M. Talon, avocat général, *requit* qu'elle fût régente, mais libre de se faire assister par qui elle voudrait, et « sans être obligée de suivre la pluralité des voix ».

Donc, le tour était fait. Deux heures après, Condé vint dire à Mazarin, « prêt à partir », que la reine le faisait chef du conseil, gardant aussi Chavigny et son père, le chancelier Séguier, le même qui avait fait contre elle l'enquête de 1637.

Coup mortel pour Beaufort et les Vendôme, les amis de la reine. Quand ils lui demandèrent explication, elle dit que Mazarin ne lui ferait point oublier ses amis, qu'il était au courant des choses, étranger, donc peu dangereux, qu'il était amusant, mais surtout *désintéressé*.

Ce désintéressement alla au point, et ce pauvre homme resta si pauvre qu'au bout de peu d'années, quand on le chassa et qu'il voulut rentrer, il put lever une armée de son argent.

Pour revenir à l'avènement, Mazarin commença dès lors l'éducation de la reine, enfermé toutes les soirées avec elle pour lui apprendre les affaires. La cour, la ville, ne jasaient d'autre chose.

La nouvelle de Rocroy, qui arriva deux jours après pour faire une fête publique, était à point pour Mazarin. Il se serrait sous les Condé. Il écrivit au jeune vainqueur qu'il ne serait que son chapelain, et ferait tout ce qu'il voudrait. Le vieux Condé, sa femme, lui rendaient le service d'exclure du ministère le seul homme qu'il craignît pour concurrent, le très capable Châteauneuf, prisonnier si longtemps pour la cause de la reine. Lorsque madame de Chevreuse, l'ancienne amie de cœur, revint, proposa Châteauneuf, Mazarin répondit que la princesse de Condé ne laisserait jamais arriver celui qui avait fait couper la tête à son frère, M. de Montmorency.

Il y avait un autre homme que Mazarin brûlait de perdre, celui naturellement à qui il devait le plus, son bienfaiteur, fils de son bienfaiteur, Chavigny (fils de Richelieu?). On l'entama par son père officiel, Bouthilier, que l'on renvoya du conseil. Puis madame de Chevreuse imposa à Mazarin d'éloigner Chavigny, et, quoique son cœur en saignât, il fallut immoler son ami.

Pour avoir un ministère harmonique et bien homogène, il fit bientôt contrôleur des finances un Italien, Émeri de Particelli, homme d'esprit, d'expédients, qui, jeune, avait eu le malheur d'avoir affaire avec la justice et d'être pendu à Lyon en effigie. C'était le temps où Mazarin, alors soldat du pape, commençait ses campagnes en pipant et volant au jeu.

Pour faire accepter ce gouvernement de *Trivelino principe*, il y eut une profusion de grâces extraordinaire, un débordement de faveurs, un déchaînement de prodigalités. Les admirateurs des faits accomplis appellent cela la détente *naturelle* du règne tendu de Richelieu; ils diraient presque *légitime*. Nul doute cependant que, si la reine n'eût pas pris son amant si bas, si elle n'eût pas appelé au suprême pouvoir ce bouffon italien, elle eût eu moins à faire et à donner pour se faire pardonner son choix. Châteauneuf, à meilleur marché, eût été chef du ministère. Il ne déplaisait pas aux ennemis de Richelieu, et il avait été jadis l'ami du grand ministre; il avait sa tradition.

Mais il faut avouer que la reine fut embarrassée pour excuser son choix, et qu'il lui fallut l'expier, l'excuser, l'acheter, en jetant tout à tous, livrant la France en proie.

Mazarin n'y eût pas suffi s'il n'eût trouvé moyen de se débarrasser de tous les amis de la reine. C'est à quoi le servit admirablement leur imprudence, celle de Beaufort et de sa Montbazon, qui irritèrent à plaisir les Condé, surtout la sœur du héros, madame de Longueville. Et cela au moment où Rocroy faisait le frère et la sœur rois de la cour, rois de l'opinion, où la reine et Mazarin étaient leurs protégés. Madame de Longueville, la belle, la prude, la précieuse, une déesse de l'Empyrée, du haut de son nuage, favorisait fort Coligny. La Montbazon eut la malice de se procurer deux lettres de cette divinité, où elle descendait de l'autel, s'humanisait pour son adorateur. Dès lors, explosion. Les écritures confrontées chez la reine, à l'honneur de madame de Longueville (cependant un ami de celle-ci crut prudent de brûler les lettres). La Montbazon condamnée aux excuses par la reine (donc, par Mazarin). De là, une rage extraordinaire. Je ne sais combien de gentilshommes, jusqu'à quatorze princes, viennent offrir leur épée à la Montbazon contre le ministre.

Non pas que cette belle eût vraiment tant de chevaliers. Mais on était déjà assommé de la tyrannie des Condé et de leur ami Mazarin, de la vertu immaculée de madame de Longueville, de sa princerie prétentieuse. Dans sa modestie fausse, on sentait déjà l'insolence du héros que l'on attendait.

L'ancienne cabale de Monsieur, abandonnée par lui, les Fontrailles et les Montrésor, maintenant amis de Beaufort, et que la cour appelait les *Importants*, avaient, dès Richelieu, leurs traditions violentes, la politique d'exécution pour trancher les nœuds embrouillés. Ils furent d'avis de tuer ce nouveau Concini, sûrs que la chose serait reçue avec applaudissement. D'accord avec les dames de Chevreuse et Montbazon, ils mirent cela en tête de l'*innocent* Beaufort. L'affaire était très bien montée et infaillible. Elle manqua par madame de Chevreuse, qui, pour éviter un combat, avertit un intime ami qui commandait au Louvre de faire le sourd s'il y avait du bruit aux portes. Mazarin averti obtint de la reine qu'elle fît arrêter Beaufort et ses amis. Elle obéit, et donna l'ordre, en pleurant à chaudes larmes sur Beaufort, comme sur un amant sacrifié. Mais déjà Mazarin avait le pouvoir d'un mari (2 septembre 1643).

CHAPITRE XXXI

Gloire et victoire. — Traité de Westphalie. (1643-1648.)

Puer triumphator. C'est la devise d'une médaille qui ouvre le grand règne. Le nourrisson royal reçoit les clefs de trente villes ou villages du Rhin, où l'on n'entra que pour sortir. C'est de cette fumée que Mazarin nourrit la France et la tint cinq longues années immobile pendant qu'il la saignait à blanc.

Sous Richelieu, on n'en pouvait plus; son sage et économe surintendant Bullion ne savait comment vivre. Mais l'homme de Mazarin, Émeri, le sait; Fouquet tout à l'heure le saura en doublant, triplant les dépenses. Des emprunts usuraires, l'impôt vendu d'avance, toutes les ressources de l'avenir compromises ou détruites, un gouvernement de joueur qui ne ménage rien, de joueur furieux, mais non pas tant aveugle qu'en jetant l'or par les fenêtres, il ne remplisse aussi ses poches.

Ce gouvernement trouve, en pleine famine, cinq

cent mille écus pour créer l'Opéra. Quel besoin plus urgent? Il faut en effet des surprises, des changements à vue, des rêves et des illusions, tous les mensonges de la scène, pour distraire d'une réalité désespérée.

La grande scène du temps, le triomphe du faux, c'est la guerre. Le machiniste, c'est Condé.

Sans Condé, Mazarin n'eût pu se soutenir. Il fût mort étouffé dans le mépris public. La bassesse frappante dans sa figure de beau laquais, son langage grotesque, son insolence alternée de tristes reculades, ses petites noirceurs de femme pour brouiller les gens entre eux, tout cela l'eût bientôt perdu, malgré la reine. On savait trop comment il fallait lui parler. Miossens, à qui il avait promis de le faire maréchal, le rencontre sur le Pont-Neuf, l'arrête, lui promet cent coups de bâton. « A la bonne heure, dit-il, voilà qui est parler! » Il signe sa nomination. Miossens est *maréchal d'Albret*.

Pour qu'il durât, il fallait qu'on pût dire : « C'est un lâche, un fripon, un escroc. Mais il *réussit*. » Lui-même n'eut pas d'autre idéal. Quand on lui proposait un général, il ne demandait pas s'il était brave, habile, mais seulement : « Est-il *houroux* (heureux) ? »

Être heureux, c'était chaque année frapper un coup brillant qui saisit l'opinion. A quel prix? Peu importe. En concentrant tout sur un point, dans une seule armée, et laissant le reste au hasard, par un grand sacrifice d'hommes, chaque année on frappait ce coup. Une bataille sanglante, de nom sonore, occupait l'opinion. Qu'elle restât stérile, sans résultat, qu'elle fût même suivie de revers, cela n'y faisait rien. On avait le coup de trompette, le changement à vue, et le miracle d'opéra.

La chose était plus facile qu'il ne semble. Il était arrivé en petit à Richelieu ce qui arriva plus tard en grand à la Révolution, de mourir à la peine, mais en mourant de laisser une épée, l'épée enchantée, infaillible, pour gagner les batailles. En 1635, au début de la guerre, Richelieu n'avait eu personne. Mais, en huit ans, par les plus dures épreuves et de sanglants revers, un personnel s'était créé d'officiers admirables et de passables généraux, plus, le maître des maîtres, le modeste, le grand Turenne.

Il était jeune encore et en sous-ordre. Ce n'était point du tout l'homme qu'il fallait à Mazarin. Il lui fallait non seulement un heureux capitaine, mais un très grand acteur, qui, d'instinct, de passion, avec une terrible âpreté, jouât chaque printemps la scène émouvante que l'on attendait.

A vingt-deux ans, Condé avait déjà tout de la guerre, le brillant, le sérieux, l'élan et la réflexion; de plus, la chose rare, très rare dans un jeune homme, une ténacité indomptable, une résolution fixe et forte qui l'enracinait au champ de bataille. Tout cela parut à Fribourg.

Néanmoins la justice exige qu'on fasse une distinction quand on le compare aux maîtres de la Guerre de Trente-Ans, aux persévérants militaires qui, toute leur vie, restèrent sur le terrain, et créèrent l'art de la guerre; je parle des Mercy, des Turenne. Il fut un général d'été.

Je m'explique. Ces savants généraux, les martyrs de leur art, avec des armées peu nombreuses qu'il leur fallait industrieusement nourrir, abandonnés pendant de longs hivers, firent face à des difficultés incroyables, et souvent à force de vertus militaires, de talent, de génie, n'arrivèrent qu'à être battus. N'importe, en suivant bien leurs campagnes, leur science profonde, leur divination surprenante des pensées de l'ennemi, étonnent, remplissent de respect. On admire jusqu'à leurs revers.

Telle ne fut pas la carrière de Condé. On le lançait aux beaux moments, à l'instant favorable de la belle saison, avec de grands moyens, qui, amenés par lui subitement, jetés sur le terrain, emportés dans sa fougue, relevaient tout, opéraient la victoire.

Il ne faut pas dire seulement que les Condé étaient en faveur. Ils étaient maîtres et se donnaient les moyens qu'ils voulaient. Le vieux Condé profitait des victoires de son fils pour grossir, gonfler sans mesure sa monstrueuse fortune. Sous Richelieu, au moment où il attrapa la dépouille de Montmorency, il demandait humblement, à genoux, des terres, des abbayes, toute espèce de choses lucratives. Sous Mazarin, Condé, mendiant fier et redoutable, exigea qu'à sa Bourgogne on joignît le Berry et l'énorme gouvernement de Champagne, long de cinquante lieues. Son gendre, Longueville, avait la riche Normandie. Mais ce n'était pas assez. Il rêvait le Midi, rêvait l'amirauté, la mer aussi bien que la terre. Il n'y avait pas à marchander; il avançait toujours, il voulait tout.

La grosse armée, l'armée privilégiée, celle qu'on nourrissait (les autres jeûnaient), était chaque année celle du duc d'Enghien. En mai ou juin, emmenant une troupe leste, un gros renfort, parfois de huit ou dix mille hommes, plus un tourbillon de noblesse, tous les jeunes volontaires de France, il partait de Paris, volait à l'ennemi. Une telle mise en scène exigeait un succès immédiat. Donc, sans tourner ni rien attendre, souvent par le point difficile, on attaquait sur l'heure, et on l'emportait à force de sang.

C'est l'histoire uniforme de Fribourg, de Nordlingen, de Lens.

La boucherie de Fribourg dura trois jours. Condé, qui avait en face la très petite armée du grand général Mercy, voulut attaquer par le côté le plus glorieux, c'est-à-dire par l'inaccessible. Il refusa, comme indigne d'un prince, l'offre qu'on faisait de le conduire derrière et de lui faire tourner l'ennemi. Il amena tout son monde heurter aux palissades impénétrables de Mercy, qui, derrière, tuait à l'aise. Des masses énormes périrent là (3 août 1644). La nuit Mercy se déroba, et avec une habileté, un ordre admirable, se posta mieux encore sur la Montagne-Noire, qui domine Fribourg. Nouvelle attaque infructueuse. Condé revient tout seul à petits pas, tous ses amis tués. A l'un d'eux qui vivait encore : « Ce n'est rien, dit-il, nous allons recommencer et nous y prendre mieux. » Alors, sept fois de suite, on charge, quoi?... du bois, les abatis dont Mercy s'était entouré, et l'on se retire à grand'-peine.

Mercy était si bien où il était, qu'il n'en eût bougé de sa vie. Il laissait les Français triompher de leur échec et s'empester de leurs propres morts. A la longue, craignant pour ses vivres, il marcha, mais si bien, choisissant son terrain si habilement, qu'on ne pouvait le joindre qu'en marchant à la file. On le fit. On reçut de ce prétendu fugitif une charge terrible, où il nous prit plusieurs drapeaux.

Cela s'appelle la victoire de Fribourg.

Nous perdîmes bien plus que Mercy. Mais il y eut un résultat moral. L'Europe fut effrayée de la docilité du soldat français qui avait obéi à ce point-là, s'aheurtant sans murmure à une chose impossible. Et on fut effrayé du courage tenace, froid et furieux, impitoyablement cruel, de cet homme de vingt ans qui enterrait là un monde de soldats, de noblesse, tous ses amis, plutôt que de lâcher prise. Toutes les petites villes du Rhin, dans cette terreur, ouvrirent, et Mayence même, qu'on rendit, il est vrai, bientôt.

Pendant ce temps, échec en Italie, échec en Catalogne. On ne parla que de Fribourg.

L'anniversaire de la bataille, le 3 août (1645), même histoire à Nordlingen. Turenne languissait très faible et venait d'avoir un revers quand le secours lui vint, mais conduit par celui qu'on chargeait tous les ans de gagner la bataille. Mercy, cette fois encore, sut nous faire combattre quand et où il lui plut. Une fois, à l'improviste, il nous coupe la route, nous canonne derrière un marais. Une autre fois, trompés encore, nous le voyons qui nous attend dans un poste très fort, sur une colline. On l'attaque sur l'heure, de peur qu'il ne se fortifie. Le terrain est mal reconnu. Enghien, repoussé à gauche, tire des troupes de sa droite, et tant, que la droite affaiblie entre en pleine déroute. Nos cavaliers coururent jusqu'à deux lieues. La gauche, formée de nos Allemands, restait seule entière sous Turenne. Enghien, désespéré, la prend, et charge avec succès. Mercy était tué. On ne sait autrement comme eût tourné l'affaire (3 août 1645).

La perte fut égale, quatre mille hommes de chaque côté. Et l'ennemi s'en alla fièrement, sans être molesté, ayant détruit nombre de nos canons. Tous nos officiers généraux tués ou blessés. On n'en fut pas moins joyeux à la cour, la reine surtout. Mazarin fut plus grave. Chaque victoire de Condé augmentait sa servitude, l'exigence et la rapacité de cette famille. On ne savait plus trop, à force de donner, s'il resterait au roi quelque chose.

Enghien était un maître insupportable, même pour ceux qui l'avaient fait, qui avaient commencé sa gloire. Sur une observation de Gassion, il lui adressa devant toute l'armée ces paroles brutales qui resteront sur sa mémoire : « Ce n'est pas à vous à raisonner, mais à obéir. Je suis votre général, et j'en sais plus que vous. Je vous apprendrai à obéir comme au dernier goujat. »

La vengeance de Gassion, qui lui avait donné sa victoire de Rocroy, fut de le faire vaincre encore. Dans la campagne de Flandre, que le duc d'Orléans commença et où Enghien eut l'adresse de le remplacer, Gassion prit Furnes pour lui et l'aida à prendre Dunkerque (11 octobre 1646) en le couvrant de sa personne contre les Espagnols qui venaient dégager la place.

Un an après, il fut tué. Ce grand homme de guerre, nullement courtisan, et protestant jusqu'à la mort, n'en avait pas moins été honoré de Richelieu. Il l'appelait *la Guerre*. Il ne fut, ne voulut jamais être autre chose. Sa vie passa comme un boulet de fer, n'ayant molli jamais. Il n'eut aucune connaissance des femmes, ne fut jamais amoureux que du grand Gustave. Quelqu'un voulait le marier. « Je n'estime pas assez la vie, dit-il, pour vouloir la donner à personne. »

Puisque nous sommes à parler de grands guerriers, parlons de Mazarin. Ancien soldat du pape, voici qu'il fait la guerre au pape (Innocent X). Non sans cause, vraiment. Le pape ne veut pas faire cardinal un sot moine, frère de Mazarin. Celui-ci, qui n'a pas d'argent pour nourrir nos armées, en trouve pour une si belle cause. Il arme une grande flotte à Toulon, il y met six mille hommes, et expédie le tout, non pas à Rome même, il est vrai, mais à côté, sur un point que tenaient les Espagnols. Quelle joie d'effrayer Rome! quelle gloire pour les Mazarini restés là-bas! Malheureusement tout manque. L'amiral est tué. Le vent éloigne les vaisseaux. La petite armée mazarine s'enfuit par la Toscane. Énorme dépense perdue.

Croyez-vous que cela l'arrête? Que fait l'argent à un grand cœur? Il recommence, et il en vient à bout. La signora Olympia, qui régnait pour le pape, apaise ce conquérant à bon marché, lui jette le chapeau.

L'amiral tué était beau-frère d'Enghien. Celui-ci demande sa succession comme chose due, l'amirauté et La Rochelle. Mazarin, fort embarrassé, ne trouve qu'un expédient, c'est de faire la reine amirale. Enghien, devenu Condé alors, ne se paye point de cela. Il insiste, il exige. La brouille est imminente.

Mazarin timidement avait imaginé de lui créer un concurrent. Il avait envoyé en Catalogne Harcourt, illustré par Turin. Bien armé et bien appuyé, il eut quelques succès, mais vint échouer devant le roc de Lérida, place déjà funeste aux Français. Les amis des Condé crièrent qu'il y fallait Condé. Il se laissa persuader. Mazarin malicieusement l'y envoya. Il y avait plus d'un obstacle. Le principal, c'est que les Catalans ne voulaient plus de nous. Ils savaient qu'au congrès de la paix européenne Mazarin offrait tous les jours de les livrer, voulait les vendre. Donc, la Catalogne tourna. L'Aragon arma contre nous. Condé, avec sa confiance ordinaire, ouvre la tranchée avec des violons. Le commandant de Lérida, aussi poli que brave, envoie au prince des glaces pour le bal et des oranges tous les jours. D'autres oranges pleuvaient comme grêle, et l'on n'avançait pas. Le fer de nos mineurs rebroussait sur ce roc. L'armée d'Aragon s'avançait. Bref, la chaleur venait, les maladies. Condé désespéré fut obligé de s'en aller; et, pour se soulager le cœur;

égorgea tout dans une petite ville qu'il prit sur son passage. Il eût bien mieux aimé égorger Mazarin.

Avec nos fameuses victoires, il était évident que l'Espagne avait pourtant l'avantage. Deux ou trois fois, nous nous étions heurtés à cette porte redoutable, Lérida, et toujours en vain. Nous ne nous relevâmes que par les révolutions imprévues de Naples et de Sicile, dont l'Espagne vint pourtant à bout. Résurrections tardives des nationalités antiques. Le sublime corroyeur de Sicile qui menait tout, périt. Et de même, Mazaniello, le pêcheur roi de Naples. Elle appela les Français, qui y coururent sous Guise, plus fou que le pêcheur. Mazarin promit tout, ne tint rien, et fit le plongeon.

Ce grand ministre, aussi longtemps qu'il eut un sou, voulut la guerre européenne, la continuation du gâchis militaire où il pouvait, de cent façons, escroquer, faire sa main. Mais enfin Émeri lui dit qu'il avait tout vendu, que personne, à aucun prix, ne voulait plus prêter, qu'il fallait s'arranger. Mazarin, dès ce jour, se sentit pour la paix un cœur humain, chrétien. Il l'avait jusque-là effrontément retardée de toutes ses forces. Nous avions fait attendre tout le monde au congrès, où nous siégeâmes les derniers, et fîmes mille insolences calculées pour rompre tout. Nous y suivimes la maxime admirable que notre ambassadeur rappela à celui de Suède, « qu'on était convenu de se relâcher sur l'intérêt public, à proportion qu'on serait satisfait sur ses intérêts particuliers ».

Je reviendrai sur ce grand replâtrage où tout le monde, excédé et lassé, se désista de ce qu'il avait si longtemps défendu. Nous gardâmes les conquêtes de Richelieu sur l'Empire, quelques morceaux d'Alsace. Mazarin resta un grand homme et un politique profond, qui avait finalement étendu le royaume.

Mais pouvait-on garder ce qu'on avait pris à l'Espagne? La question restait tout entière. Elle ne fut nullement tranchée par la bataille de Lens, une des meilleures de Condé qui firent admirer le plus et son tact militaire et son héroïque intrépidité.

Avec cela, il avait le cœur gros, et il en voulait mortellement à Mazarin, croyant qu'il l'avait perfidement envoyé contre ce roc de Lérida pour s'y casser le nez.

Un soir, à je ne sais quelle comédie où était le prince, un impertinent siffle. On voulait l'empoigner. Il s'évanouit dans la foule en décochant ce trait : « On ne me prend pas... Je suis Lérida. »

Cette rage de Condé n'a pas peu aidé à la Fronde.

CHAPITRE XXXII

Le Jansénisme. — La Fronde. (1648.)

La France de Mazarin, décorée au dehors des drapeaux de Rocroy, et au dedans dévastée, ruinée, me rappelle ces vieux palais délabrés de Venise dont le perron triomphal de vingt marches de marbre et dont la porte aussi me semblaient faire bonne figure sous leurs armes héroïques. Mais au rez-de-chaussée, jadis plein d'amiraux, de vaillants capitaines, vous ne trouviez que trois coquins qui y prenaient le frais. Par un escalier magnifique, vous montiez, l'odorat saisi (chaque palier servant de latrine). Et, dans cette saleté, sous des toiles d'araignée, quelque bon vieux tableau pourtant, tout noirci, se montrait encore. En cherchant bien, vous trouviez dans un bouge un escroc d'intendant avec un brocanteur, vendant les derniers meubles. A force de monter, vous auriez découvert dans quelque galetas l'héritier, le jeune maître, joli garçon malpropre et mal peigné, vautré tout le jour sur un lit dont les draps passent à l'état de dentelle, à quoi travaille de son mieux le jeune seigneur, prenant plaisir à agrandir les trous, y passant le pied ou la jambe, où enfin se levant le soir pour s'amuser à quelque farce où il jouera Mascarille ou Scapin. On travaille du reste à son éducation. L'*abbate* le régale de contes gras, et le soir l'intendant, s'il ne lui fait pas courir les filles, le travestit en fille et le mène je n'ose dire où.

Nous venons presque de redire, mot à mot, ce que La Porte, valet de chambre dévoué, confident de la reine, raconte de l'éducation que Mazarin donnait au jeune roi, de l'abandon, de la misère où il était, du plaisir qu'il avait à jouer les valets, etc., etc.

La reine disait en 1643 que Mazarin n'était pas dangereux pour les femmes, qu'il avait *d'autres mœurs.* Deux ans après, elle lui confie son fils.

La lutte du pauvre valet de chambre pour garder cet enfant (dans l'abandon dénaturé où le laisse sa mère), pour en faire un honnête homme, malgré tout le monde, est une chose très belle à lire.

La Porte essaye d'apprendre un peu d'histoire de France au roi de France; il lui lit Mézeray. Mais Mazarin se fâche. On verra ce qu'il lui apprit.

Le jeune roi était très beau, bien né et bien doué, sans grand éclat d'esprit, mais d'un bon jugement. Il préférait La Porte, malgré toutes ses sévérités. Il leur fallut chasser cet honnête homme pour que l'enfant cédât aux vices.

On verra, La Porte chassé, comment allèrent les

choses, et dans quel bourbier allait tomber l'enfant si de bonne heure il n'eût eu des maîtresse. Les femmes le sauvèrent de l'effroyable éducation de Mazarin.

La révolution de la Fronde, songeons-y bien, fut une révolution morale. On a fort obscurci ceci. Mais il faut le tirer à clair. Plus on était dévot au culte, à l'idolâtrie royale, moins on pouvait laisser cette innocente idole, sur qui portait la destinée d'un peuple, aux mains d'un homme dont la reine elle-même ne contestait pas l'infamie.

La Fronde, au total, fut la guerre des honnêtes gens contre les malhonnêtes gens.

Lenet, l'homme des princes et l'ennemi des parlementaires, qui ne déguise pas leurs sottises, déclare pourtant qu'ils furent en général « des hommes de *grande vertu* ».

Que la corruption d'idées entrât dans ces familles, même celle des mœurs chez les jeunes magistrats qui imitaient la cour, je ne le nie pas. Mais les habitudes étaient honnêtes et régulières, et la vie sérieuse, laborieuse. Et tranchons tout d'un mot dont on sentira la portée : la *vie noble*, la fainéantise, avait tout envahi; les *magistrats seuls travaillaient*.

Regardez sur la Seine, au quai de la Cité, en vue de la Grève, une vieille maison triste et tournée au nord. Là demeurait celui dont les Mémoires se moquent, le courageux Broussel, un bon, digne et grand citoyen.

Harlay et Molé, intrépides, n'en ont pas moins molli, on l'a vu et on va le voir, au vent corrupteur de la cour. Leurs enfants en furent cause, et leurs mauvaises affaires, et leur besoin d'argent. Ils avaient cent mille francs par an. Broussel n'eut pas de tels besoins; il avait quatre mille livres de rente, et ne voulut point davantage. Avec cela, il éleva une grosse famille et vécut honorablement.

Ce n'était plus le temps des grands jurisconsultes. On n'aurait plus vu des princes d'Empire régler des successions d'États indépendants sur la consultation d'un avocat de Paris. Un radotage immense d'ordonnances non exécutées entravait, embrouillait le champ légal, laissait aux juges un arbitraire sans bornes. Pauvres, ils donnaient à qui ils voulaient des millions, et voyaient la cour à leur porte. Jamais le Parlement n'eut plus besoin de probité.

Broussel ferma sa porte, ou ne l'ouvrit qu'aux pauvres. Il avait alors soixante-quatorze ans, donc trente-six en 1610, à la mort d'Henri IV. Il en garda l'impression, et pour toujours resta l'adversaire de la cour, l'ennemi des ennemis de la France. A sept heures du matin, ce doyen des grondeurs venait siéger au Parlement, auprès du rêveur Blancménil, pur, utopiste et fou, non loin de l'ambitieux et très dissimulé Longueil, du président Charton, honnête, borné et violent, d'une vulgarité proverbiale, qui finissait toujours par un mot attendu et risible : « J'dis ça. »

Broussel n'était pas ridicule. Tous ses avis étaient marqués d'un caractère de simplicité forte et courageuse, nullement exagérée, quoi qu'on ait dit. C'est le défaut contraire qui le fit échouer, lui et le Parlement.

Les révolutions étrangères qui avaient lieu alors, loin d'enhardir, terrifièrent ces pauvres gens de bien. Celle d'Angleterre leur fit horreur en leur montrant le billot de Charles Ier. Celles de Naples et de Sicile leur firent peur; ils crurent voir de la Grève ou de la Grenouillère sortir un Mazaniello. Bref, leur modération les mena, par une voie étrange, au terrorisme; quand les princes égorgèrent Paris, ils se trouvèrent sans force, sans espoir ni ressource que de subir le Mazarin.

Broussel était-il janséniste? Je ne le vois pas. Mais il l'était de mœurs. L'austérité du jansénisme, sinon son dogme, avait fait d'honorables progrès dans le Parlement.

Cette fronde religieuse avait précédé la fronde politique, et indirectement y aida fort. Le jansénisme était l'aîné. Déjà alors il était constitué. Il avait son Pathmos au monastère des vertueuses et disputeuses dames de Port-Royal. Son saint Jean fut le grand martyr Duvergier de Hauranne, le prisonnier de Richelieu. Sa nuit de Pentecôte est celle où, le corps du martyr étant encore exposé à Saint-Jacques, la mère Angélique arme son chapelain d'un rasoir, et lui dit: « Je veux, je veux les mains de M. De Hauranne, les mains qui consacraient le pain de Dieu pour moi. » Il obéit. Le sacrilège pieux s'accomplit dans l'église. Et, du moment que la relique est déposée à Port-Royal, les langues se délient, le génie polémique, jusque-là contenu dans les énigmes de De Hauranne, éclate, strident et provocant par la voix des Arnauld.

Le manifeste fut le beau livre, grave et fort, incisif, contre la *Fréquente communion*, contre la prostitution quotidienne que les Jésuites faisaient de l'hostie, faisant litière du corps de Jésus et le prodiguant aux pourceaux. L'effet fut saisissant, le contraste violent et terrible, le Calvaire retrouvé pour l'effroi des marchands du Temple, la pâle tête du Crucifié et sa sainte maigreur foudroyant l'embonpoint ventru du Père Douillet. Les Jésuites tombent à la renverse. Éperdus, sachant trop que leur galimatias ne les sauvera pas de ce livre, ils trottent à Saint-Germain, vont pleurer chez la reine, chez le bon cardinal. De fripons à fripons, on s'aide et on s'entend. Ce Mazarin, qui fait la guerre au pape pour que son frère ait le chapeau, dès qu'il ne s'agit que de Dieu, est plus Romain que Rome; il lâche et cède tout. Scandaleuse ignorance de la tradition de la France dans un homme qui la gouvernait. Il fait décider par la reine qu'un Français doit aller à Rome, et soumettre sa doctrine au pape, c'est-à-dire aux Jésuites, contre qui son livre est écrit.

La Sorbonne réclame. Le Parlement réclame, toutes les chambres du Parlement veulent s'unir, s'assembler. Alors notre homme prend peur. Vite il s'explique, excuse sa sottise par une sottise : il n'a pas voulu soumettre un Français au jugement de l'étranger, mais *éclaircir à l'amiable* un point de théologie (1644).

Il faut la guerre pour pêcher en eau trouble. Mazarin vivait de la guerre et d'une victoire annuelle de Condé, qui lui donnait la force, à l'intérieur, de faire la guerre aux bourses.

1° Guerre aux propriétaires. Il trouve un vieil édit fait le lendemain de l'invasion de Charles-Quint, quand on venait de craindre un siège, lequel défend d'étendre les faubourgs. Mais Paris, en cent ans, avait grossi, grandi, débordé de tous côtés. Les pauvres logeaient dans cette banlieue, sous des maisonnettes de boue qu'ils se faisaient eux-mêmes. Un matin, les gens du roi, avec des troupes, viennent *toiser* ce Paris nouveau qu'on va abattre si l'on ne paye sur l'heure. L'effet fut si terrible, que Mazarin d'abord eut peur et recula. Condé lui mit du cœur au ventre par sa bataille de Nordlingen. Mazarin reprend le marteau. Tous ces infortunés accourent au Parlement, pleurent, se mettent à genoux, prient qu'on ne les jette pas dans la rue pour camper l'hiver sous le ciel. Un homme s'attendrit, le président Barillon, vieil ami et défenseur de la reine dans ses adversités. Il plaide pour ces pauvres propriétaires mendiants, et le soir il est enlevé avec quatre ou cinq autres, enfermé, non en France, mais à Pignerol, sous la neige et le vent des Alpes, et il y meurt en quelques jours (1645).

On se le tint pour dit. Le Parlement, tout à coup raisonnable, enregistre devant le roi, non seulement la ruine de Paris, mais une fournée de dix-huit autres édits.

2° Cet impôt et dix autres, spécialement un emprunt forcé, ayant mis à sec les propriétaires, on passe aux *non propriétaires*. On frappe une *entrée sur les vivres* (1646). Bel impôt, disait Émeri (l'homme de Mazarin), impôt égal pour tous, qui fait payer les riches. Comme si c'était même chose pour celui qui n'a rien et qui cherche chaque jour le pain qu'il mettra sous la dent! La Sicile avait armé pour l'impôt des farines, Naples pour celui des fruits, le dernier aliment du pauvre (1647). Paris, sans un pareil motif, n'eût pas eu le mouvement universel et violent qui décida les Barricades. L'*entrée* sur les consommations rendit la tyrannie sensible, expliqua la révolution. Paris, sans idée, sans parti, dans la torpeur de la misère, se réveilla par l'estomac.

Mazarin, cette fois, ne craignit pas le Parlement. Il croyait tenir les magistrats par leur fortune même et l'avenir de leurs enfants. La Paulette, la garantie qui leur assurait la succession des charges achetées, expirait le 1er janvier 1648. Ils avaient tout à craindre. Ils n'en défendirent pas moins courageusement toute une année le pain du peuple.

L'inquiétude était générale dans une classe nombreuse, et vraiment la plus respectable. Il y avait en France quarante-cinq mille familles qui, directement ou indirectement (veuves, enfants, parents, alliés), pouvaient être ruinées par le refus de cette garantie. Mazarin employa ce moyen de terreur, il refusa la garantie, envoya le roi au Parlement, et fit enregistrer de force sept édits qui créaient de nouveaux magistrats ou bien affamaient les anciens. On ne leur continuait les charges achetées qu'en les empêchant d'en vivre, les laissant quatre années sans gages. Beaucoup ne vivaient d'autre chose; on leur ordonnait de mourir de faim.

Toutes les compagnies souveraines de Paris, soumises au même retranchement, les Aides, les Comptes et le Grand-Conseil, envoient demander au Parlement association, *union*. Une assemblée générale se formera par députés dans la Chambre de saint Louis, et l'on y appellera les députés du Corps de ville. Le but est posé nettement : la réformation de l'État (13 mai 1648).

Que la Chambre des Comptes, celles des Aides, ces compagnies paisibles, eussent quitté leurs dossiers, leurs calculs, pour commencer la guerre; que l'instrument de la cour, le Grand-Conseil s'unît avec le Parlement! cela renversait toute idée, c'était la fin du monde. Les choses mortes elles-mêmes, les papiers et les chiffres, s'étaient levés d'indignation et avaient pris la voix.

CHAPITRE XXXIII

Le premier âge de la Fronde. — Les barricades. — La cour, appuyée par la Fronde, arrête Condé. (1648-1649.)

Une chose grave à observer dans l'histoire des révolutions, c'est de savoir si les acteurs parlent avant ou après le repas. Aux assemblées publiques, les séances du soir, pour cette raison, sont toujours orageuses. Anne d'Autriche dînait à midi et dînait fort (Motteville). De là, ses paroles violentes, ses hasardeux *spropositi*, qui, dans une révolution plus sérieuse, l'eussent mise sur la voie de Charles Ier.

Au début de la Fronde, elle lança, à l'étourdie, un mot qui pouvait faire crouler le trône, faire regarder en face l'infaillibilité royale : « Dites-moi, avant tout, prétendez-vous borner les volontés du roi ? »

Qu'eût répondu Cromwell? Heureusement pour elle, elle avait affaire à Talon. Ce bon avocat général, au nom des magistrats, recula ; il frémit « d'*entrer en jugement* avec le souverain. Ils ne peuvent, ils ne doivent décider une telle question, pour laquelle il faudrait *ouvrir les sceaux et les cachets de la royauté, pénétrer dans le secret de la majesté du mystère de l'Empire.* »

Le galimatias de Talon couvrit l'imprudence de la reine. Elle put, à son aise, braver, gourmer le Parlement, lui donner des nasardes. Un jour, elle voulait le faire pendre. Et quand ? Précisément au jour où peut-être, sans lui, le peuple aurait forcé le Louvre.

On dit que le Parlement fit la Fronde. Il serait bien plus vrai de dire qu'il l'empêcha et la fit avorter. La question, sans lui, se serait posée autrement. La reine, allant tous les lundis ouïr la messe à Notre-Dame, y trouvait à la porte un peuple de femmes qui lui criaient : « A Naples ! » la menaçant d'une révolution radicale et napolitaine. La presse fut tout d'abord très franche et très sincère. Nombre de petits livres racontèrent la vie intime de la reine sous Louis XIII. Mais le Parlement tint pour elle et tâcha de la protéger. En laissant courir les mazarinades, il châtia, et même de mort, les écrits trop sincères. Il voulut à tout prix sauver le *secret de la majesté du mystère de l'Empire.* Deux imprimeurs auraient péri en Grève si le peuple ne les eût sauvés.

Donc, contemplons, sans trop nous émouvoir, une révolution sans issue, sans résultat possible, dont la stérilité confirma la France dans l'amour du repos *quand même*, la résignation à la mort, que dis-je ? l'amour pour la mort même et pour l'anéantissement. Rien autre chose qu'une répétition un peu vive de la danse éternelle, du triste menuet que le Parlement exécute devant la royauté, s'avançant deux pas, reculant de trois, enfin tournant le dos.

Le Parlement, sans bien s'en rendre compte, trahit le peuple, lui-même amusé et trahi par ses chefs, le président Molé, et le très remuant, très brouillon Retz, coadjuteur de l'archevêque de Paris. Le vieux Molé, mené par ses enfants, jouait sa compagnie en parlant fort et haut pour elle, mais, en toute chose grave, suivant l'intérêt de la cour.

Mazarin attendait l'armée. Après un petit essai de violence qui ne réussit pas, il sentit qu'il n'y avait rien à faire qu'à mentir et plier, gagner du temps. La reine eut beau pleurer toute une nuit. Il céda, toléra l'arrêt d'*union*, permit aux compagnies de s'assembler, de réformer l'État.

Le pouvaient-elles réellement? Une constitution, bâtie en l'air, sans base (ni élection, ni jury, etc.), écrite sur le sable par des gens qui avaient acheté leurs charges, serait-elle sérieuse?

Ils y écrivirent, il est vrai, les deux garanties principales, *celle de la personne* (nul arrêté sans être interrogé dans les vingt-quatre heures); *celle des biens*, nul impôt sans vérification parlementaire.

Mais, même dans les choses bonnes, leur incapacité parut. En vertu du dernier article, ils firent précisément ce que désirait Mazarin, annulèrent ses traités avec les financiers. La cour n'osait faire la banqueroute. Le Parlement la fait pour elle, la sanctifie, la canonise par le grand mot du bien public. Mazarin avait emprunté à tout le monde et ne pouvait ni ne voulait payer. Le Parlement, tête baissée, se jette sur les financiers, sans voir que derrière eux se trouve la masse des petites gens qui, par leurs mains, ont prêté à l'État. Dispense de les rembourser. Bref, le gouvernement est libéré, et la reine, plus douce, commence à croire qu'il y a quelque bien dans la révolution.

Une autre faute insigne du Parlement, c'est de vouloir supprimer les *intendants*, la grande création du dernier règne. Ces rois commis, il est vrai, étaient lourds, et, sous Mazarin, aussi voleurs que leur maître. Cependant, en les supprimant, qui eût pris le pouvoir? Les gouverneurs de province, les vieilles puissances féodales qu'avait écrasées Richelieu.

Avec quelques concessions, Mazarin endormait le Parlement, quand la question suprême fut précisée, formulée par le vieux conseiller Broussel : 1° *remise au peuple d'un quart des tailles;* 2° *l'intérêt de tous les parlements mêlé*, et soutenu par le Parlement de Paris; refus de celui-ci d'être seul garanti pour la possession de ses charges (4 août 1648).

La ruse était vaincue par la sincérité. Mazarin fit le mort. Il attendit son salut de l'armée. Quoiqu'il fût mal avec Condé, une victoire de Condé le relevait. On pouvait l'espérer. Car l'Espagne, accablée par ses quatre révolutions (Portugal, Catalogne, Naples, Sicile), obligée de faire face de tous côtés, n'avait pas grande force en Flandre. L'archiduc, étant sans argent, sans vivres, sans munitions, fut lent à se mouvoir. Condé put faire une marche hasardeuse en défilant par les marais; il eut le temps de faire six lieues de circonvallation pour prendre une ville. L'archiduc cependant, lui ayant pris Lens, l'avait obligé (19 août) à une retraite difficile qui fut près d'être une déroute. Le 20, il l'attaqua. Condé certainement était prié, pressé par la cour de livrer bataille. Voyant les Espagnols quitter leur bonne position et venir à lui, il hasarda de faire ce que fit le roi de Suède à Lutzen; il commanda aux Français de recevoir le feu et de ne pas donner à l'ennemi le temps de recharger. Notre infanterie égala la suédoise. La première ligne fut rompue. Lui-même attaqua la seconde dix fois de suite, et fut admirable de valeur et de présence d'esprit. Victoire complète, cinq mille prisonniers, trois mille morts.

La reine, ivre de joie, ayant reçu soixante-treize drapeaux espagnols, ne daigna plus rien ménager et se moqua des peurs de Mazarin. Celui-ci voulut toutefois que, si on se jetait dans les hasards de violence, on ne le fît que sur l'avis de l'homme qu'il détestait le plus, Chavigny (fils de Richelieu?), sur qui il pût se rejeter si la chose tournait mal.

Chavigny avait soufflé le feu de son mieux dans le Parlement. Consulté pour l'éteindre, il fut pourtant fidèle aux traditions violentes de l'autre règne, et dit, ce que voulait la reine, qu'il fallait arrêter les chefs.

Cela était très hasardeux. La reine en chargea non le vieux Guitaut, mais son neveu, un jeune homme à elle, Comminges (dont nous avons parlé), et le chargea de lui donner, au péril de sa vie, cette jouissance et cette vengeance personnelle. En sortant à midi du *Te Deum*, elle lui dit d'une voix émue : « Va, et que Dieu t'assiste ! »

Il n'y avait pas loin à aller. Des six qu'on devait arrêter, le plus populaire, Broussel, demeurait à deux pas, sur la Seine, au port Saint-Landry. Il n'avait pas été au *Te Deum* de la bataille (*De profundis* des libertés publiques). Il venait de faire son sobre repas; il était au milieu de sa famille, cinq enfants dont deux jeunes demoiselles à marier. Comminges entre et montre son ordre; il faut partir, Broussel doit le suivre tel qu'il est, en pantoufles. L'aînée des demoiselles prie en vain. Comminges n'entend rien et l'enlève.

Il était fort aimé, ses domestiques poussèrent des cris affreux. Il n'en avait que deux : une vieille servante qui, par la croisée sur la Seine, appela les mariniers, et un petit clerc, qui se mit à courir après la voiture de Comminges, criant : « Aux armes ! aux armes ! on enlève M. Broussel ! » Rue des Marmousets, un banc de notaire fut jeté par la fenêtre, et ailleurs autre chose, si bien qu'au quai des Orfèvres le carrosse tomba en pièces. Comminges prit celui d'une dame qui passait. Le maréchal de La Meilleraie, soldat brutal à qui ce gouvernement d'Arlequin venait de donner les finances, craignant les pierres, fit tirer aux fenêtres. Une femme et deux hommes furent tués. Alors ce fut une grêle. La Meilleraie ne s'en tira qu'en tuant encore un crocheteur d'un coup de pistolet.

A point se trouvait là le coadjuteur de l'archevêque, Gondi (ou Retz), qui confessa le crocheteur agonisant dans le ruisseau. Le peuple fut touché, et pria le prélat d'aller au Louvre et de demander Broussel.

C'est justement ce qu'il voulait. Il s'était mis là tout exprès, dans ses habits pontificaux, devant la statue d'Henri IV, pour bénir et prêcher la foule. Les Gondi, créés par Catherine et conseillers principaux de la Saint-Barthélemy, durent à ce grand exploit d'être à peu près héréditaires dans l'archevêché de Paris. Mais ce dernier Gondi eût voulu davantage, être en même temps gouverneur de Paris, unir les deux puissances. Il travaillait la ville par les curés, qui, dans cette grande misère, maîtres absolus de l'aumône, distributeurs de pain, de soupes, etc., traînaient après eux des masses affamées. Avec un archevêque gouverneur de Paris, ils croyaient y régner, comme au temps de la Ligue. Cela les rendait aveugles et sourds quant aux mœurs du petit prélat. Fanfaron, duelliste, plus que galant, basset à jambes torses, laid, noiraud; un nez retroussé. Mais les yeux faisaient tout passer, étincelants d'esprit, d'audace et de libertinage. Peu furent cruelles à ce fripon; il supprimait les préalables et sauvait l'ennui des préfaces.

Il croyait qu'au Palais-Royal on solliciterait son secours. Mais la reine se moqua de lui. Il eut le chagrin et la rage de prêcher la paix en s'en allant, quand il voulait la guerre. Il calma un moment le peuple, mais pour mieux l'exciter la nuit.

La cour avait fait dire que les bourgeois s'armassent. Ils arment le 27, contre la cour. Malheur à ceux qui ne l'eussent fait! Le peuple était levé, et il fit un ouvrage énorme, *douze cents barricades en douze heures*. Il n'avait guère besoin de Retz. Ce fut toutefois une de ses maîtresses, la sœur d'un président, femme d'un capitaine bourgeois, qui, ayant chez elle le tambour du quartier, le fit battre et donna l'exemple. Un des amis de Retz, capitaine aussi de quartier, le maître des comptes Miron, battit le tambour de son côté. La journée fut lancée.

Le Parlement, la veille, avait décrété contre Comminges. Le 27, à six heures, la cour, audacieuse et timide, prenant l'heure matinale et croyant que Paris n'est pas levé encore, envoie le chancelier casser l'arrêt. La foule est déjà là. On le poursuit, on le pousse. Il se cache. Il était mort s'il ne se fût jeté dans un hôtel; le chef de la justice fut trop heureux d'entrer dans une armoire.

La Meilleraie le dégage. Poussé lui-même, en grand péril, le maladroit, d'un coup de pistolet, tua une femme qui portait une hotte. Le peuple s'empara, au quai de la Ferraille, de tout ce qui tomba sous sa main.

Cependant le Parlement en corps va au Palais-Royal redemander ses membres à la reine. Elle venait de dîner. Rouge, emportée, elle dit avec un geste de furie : « Je les rendrai, mais morts. » Et elle passe dans sa chambre grise, claquant la porte au nez du Parlement.

Ils reçurent cela tête basse. Mais il fallait retourner. Pour faire ouvrir la première barricade, ils mentirent, dirent que la reine donnait espoir, et ils mentirent aussi à la seconde. A la troisième, un garçon rôtisseur, mettant sa broche au ventre du président Molé, lui dit : « Retourne, traître ! Tu seras massacré si tu ne nous ramènes Broussel ou Mazarin ! »

Vingt ou trente conseillers s'enfuirent par les ruelles. Le reste retourna. Mais cette femme insensée, pleine de viande (et peut-être de vin), parlait de faire accrocher aux fenêtres cinq ou six des parlementaires qui venaient la sauver. Les princesses, qui se mouraient de peur, se mirent à genoux devant elle, et Monsieur même. Mazarin tremblait et priait. Ce qui la décida, ce fut la reine d'Angleterre, qui avait déjà vu de pareilles fêtes à Londres, et dit que Mazarin touchait au destin de Strafford.

Il se le tint pour dit, fit sceller une lettre de cachet pour délivrer Broussel. Et, pendant que le peuple était tout occupé de cette lettre et de sa victoire, notre homme, déguisé sous la perruque et l'habit gris, avec des bottes de campagne, alla respirer hors Paris.

Le 28, à dix heures, ramené dans le carrosse du roi, Broussel fit son entrée. Les barricades tombaient devant lui, et le peuple attendri baisait ses mains et ses habits. Le bon vieillard pleurait à chaudes larmes. Il reprit place au Parlement, en grande modestie, et proposa qu'on décrétât la suppression des barricades.

Funeste excès de confiance. Le peuple, tout en obéissant, sentait trop que rien n'était fait. Mazarin ôta dix millions de tailles. Mais l'armée revenait. Quand il l'aurait en main, que ferait-il? Au moment même, le peuple prit une masse de poudre qu'on tirait de la Bastille. La cour arme pendant qu'il désarme, et déjà prépare au jour de la paix le moyen de le massacrer.

Les scrupules des parlementaires faisaient obstacle à tout. Blancménil, mandé par Retz à un conciliabule de résistance, vint, mais dit : « Les ordonnances veulent qu'un magistrat n'opine que sur les fleurs de lis, en public, et sans consulter. »

Mazarin avait tout rejeté sur Chavigny. Il le fit arrêter (13 septembre). Cela étonna, effraya les amis qu'il avait au Parlement, et le président Violé, renvoyant terreur pour terreur, demanda qu'on renouvelât l'ordonnance contre Concini pour défendre aux étrangers de se mêler du gouvernement.

Le Parlement sortit comme d'un songe. Il saisit, il comprit enfin ce que la foule disait depuis un mois : « Il faut aller au Mazarin. »

Le peuple des barricades, le 28 août, avait manqué d'un chef. Molé, Retz, l'avaient amusé. Cette révolution, aveugle et sans yeux, n'ayant de chef sincère qu'un pauvre octogénaire, détournée de son but par l'intrigue des curés, ayant pour centre un avorton de prêtre, ne pouvait qu'être une triste contre-épreuve d'un triste original, la tragi-comédie de la Ligue. L'ascendant des donneurs d'aumônes la baptisait assez de son vrai nom, une insurrection de misère et la révolution du ventre.

Cependant le jour même un élément nouveau surgit. Le Parlement, apportant à la reine ses remontrances, trouve près d'elle l'insolence, la violence, la brutalité militaire. Ce jour, 22 septembre, Condé était revenu. Il menace le Parlement. Il suivait son instinct, la haine de la loi. Car lui-même ne savait pas encore ce qu'il ferait. D'une part, il avait besoin de Mazarin pour dépouiller son frère Conti, en hériter, le jeter dans l'Église et lui donner le chapeau. L'avarice le mettait du côté de la cour. Mais l'ambition lui faisait écouter les paroles de Retz, qui le tirait au Parlement, et le mena la nuit chez Broussel. Enfin le prince à double face comprit que pour forcer le Parlement à accepter un chef militaire, pour s'emparer de la révolution, vierge encore et trop scrupuleuse, il fallait d'abord être du parti de la reine, assiéger et forcer Paris.

C'est le vrai sens de la conduite de Condé. Mazarin eût voulu éviter la violence. Il traita à Munster, 24 octobre, et, le même jour, il fit accepter les articles du Parlement. Mais le premier était la diminution de l'impôt, la défense de le vendre d'avance aux partisans.

Article violé aussitôt qu'accepté. Donc, point de paix. L'armée enveloppe Paris, insultant, ravageant comme en pays ennemi. La reine, à trois heures du matin, le 6 janvier 1649, emmène le roi hors de sa capitale. Elle est libre, elle est gaie et toute à sa vengeance. Ordre au Parlement d'aller siéger à Montargis.

Le Parlement, toujours inconséquent, n'ouvre point la lettre royale, et il envoie au roi. Il proteste de sa soumission, et il arrête qu'on se munira d'armes et de subsistances. Il en charge l'Hôtel-de-Ville, dévoué à la cour, prêt à trahir Paris.

Comment résister à Condé? La première idée de Retz fut d'appeler contre lui les Espagnols; la seconde fut de lui opposer sa sœur même, madame de Longueville, qui tenait sous la main, gouvernait Conti, son jeune frère, fortement épris d'elle. — Idée sotte. La sœur et Conti n'avaient de crédit, d'importance, que comme un reflet de Condé.

N'importe. Le généralissime sera le bossu Conti, ou bien plutôt sa sœur, alors enceinte, qui campe et accouche à l'Hôtel-de-Ville.

Cet hôtel, fort petit alors, entasse et réunit je ne sais combien de puissances contraires, — d'abord la trahison, le prévôt des marchands; — madame de Longueville, le roman et le bel esprit; — madame de Bouillon, ou l'intrigue espagnole; — enfin le pauvre vieux Broussel et quelques conseillers chargés de surveiller. Ce sera bien merveille si ces influences opposées ne s'annulent l'une par l'autre. Nous sommes sûrs d'avoir une révolution parleuse et sans action.

La fuite du roi avait effrayé le Parlement, mais point le peuple. Il n'eut que de la fureur, nul abattement. Donc, on pouvait tourner bien autrement les choses, briser l'Hôtel-de-Ville d'abord, y mettre une autorité sûre, au lieu de le remplir de femmes, et, tout en armant Paris, acheter l'armée allemande que commandait Turenne. Paris l'eût eue pour un million (et qu'est-ce qu'un million pour Paris?). Il n'en coûta pas la moitié à Condé et à Mazarin pour la débaucher

Le Parlement, en tout cela, agit faiblement, gauchement. Le blâme en est surtout au vrai chef de Paris, à son petit prélat, son tribun tonsuré, qui sous sa calotte couvrait plus d'esprit que de sens, plus de saillies que de cervelle.

Leur langage à tous est curieux dès qu'on parle du peuple. Condé dit : « Si je ne m'appelais Louis de Bourbon... Mais je suis prince du sang, et je dois ménager le trône. » Retz dit : « Si je n'étais le chef du clergé de Paris... » Il a peur évidemment d'aller trop loin et de faire tort à l'hérédité épiscopale de la dynastie des Gondi, surtout de manquer le chapeau.

Le siège de Paris dura trois mois (janvier, février, mars). Peu de combats, beaucoup d'intrigues. Le peuple, au début, avait reçu, adopté avec enthousiasme le beau et blond Beaufort, échappé de prison, brave et sot, étourdi, bavard, ne sachant couvrir sa nullité de discrétion et de silence. Ses non-sens et son ineptie ne déplurent pas au peuple. La candeur apparente lui fait pardonner tout.

Paris était trahi dans les deux sens, pour la cour, pour l'Espagne. Le prévôt des marchands et autres étaient pour Mazarin. Madame de Bouillon, souveraine absolue de l'esprit de son mari, ne voulait rien que recouvrer Sedan, et croyait l'obtenir en faisant peur des Espagnols. Elle obtint de Bruxelles, non un ambassadeur, mais un moine qu'elle habilla en cavalier et fit recevoir du Parlement (19 février 1649). Cet envoyé assura hardiment que le roi d'Espagne avait tant de respect pour le Parlement de Paris, qu'il le voulait arbitre de la paix générale, juge entre les couronnes. Le Parlement ne mordit pas à cet excès de flatterie. Il était inquiet. Huit jours auparavant, la cour avait déclaré qu'on se passerait de lui, que les tribunaux inférieurs jugeraient sans appel, et que l'*on convoquerait les États généraux*. Cet épouvantail des États, la menace de la suppression des charges qui faisaient leur fortune, décourageaient fort les Parlementaires.

Le héros, d'autre part, Condé, qui n'avait pas fait grand exploit, inclinait lui-même à la paix. Le 5 mars, on ouvre des conférences. Et, brusquement, le 11, le président Molé déclare au Parlement qu'il a signé le traité.

Il avait signé sans pouvoir. Avec un autre maître plus sérieux que le Parlement, il l'aurait payé de sa tête. Il était évident qu'en précipitant les choses on livrait tout. Mazarin, qui tenait le roi, n'avait qu'à donner des paroles; nulle garantie; la Fronde étant dissoute, il allait se moquer de la crédulité des négociateurs.

Il eût fallu attendre encore. Les provinces plus lentes se décidaient, suivaient Paris. Les parlements accédaient un à un. M. de La Trémouille promettait d'envoyer du Poitou dix mille hommes, et Longueville autant de la Normandie. On eût pu, par cette terreur, obtenir quelques garanties. Ce traité finit tout. L'armée de Turenne, voyant mollir Paris, traita avec la cour et s'arrangea pour quelque argent avec Mazarin et Condé.

La France put savoir alors ce qu'il en coûte d'avoir fait un héros, un prince à la Corneille, vivant dans le sublime, ne parlant aux mortels que du haut des trophées. Sa sœur, madame de Longueville, de même était passée à l'état de déesse. L'un et l'autre, dans l'Empyrée, ne distinguaient plus les humains de si haut qu'avec un sourire de mépris. Les grands attendaient à leur porte, et des heures. Quand on était reçu, c'était avec des bâillements.

En réalité, que voulait Condé? Se faire le chef de la noblesse contre la cour? Les nobles trouvaient dur d'être traités ainsi. Commencer une nouvelle Fronde? Il eût fallu ménager les Parlements; il menaça les députés de celui d'Aix de les faire périr sous le bâton. Visait-il à une principauté indépendante, comme plus tard il la voulut des Espagnols? ou bien songeait-il à enlever à Monsieur la lieutenance générale? Il est difficile de deviner ce qui se passait dans cette tête bizarre. Il ne tenait à rien. On vit plus tard qu'il eût très volontiers changé de religion, s'offrant alors d'une part à Cromwell pour se faire protestant et avoir une armée anglaise, de l'autre au pape pour qu'il l'aidât à se faire élire roi de Pologne.

Les Condé en 1609 avaient dix mille livres de rente, et en 1649, outre les terres de Montmorency, ils tenaient une partie énorme de la France : 1° par le grand Condé, ils avaient la Bourgogne, le Berry, les Marches de Lorraine, une place dominante en Bourbonnais qui surveillait quatre provinces; 2° par Conti, la Champagne; 3° par Longueville, mari de leur sœur, la Normandie; 4° enfin l'amirauté, et Saumur, place dominante d'Anjou, étaient au frère de la femme de Condé; ils vaquèrent par sa mort et furent revendiqués par eux comme un héritage de famille. Plus tard, ils négocièrent pour la Guyenne et la Provence.

Cette furieuse faim des Condé, qu'on ne savait comment apaiser, servit d'excuse à Mazarin pour se créer aussi quelque établissement. La reine comprit bien qu'un contrepoids devenait nécessaire, qu'à la dynastie des Condé il fallait opposer la dynastie des Mazarin. Jusque-là c'était un homme seul, sans famille, sans racine en France. Un matin, il fait arriver sept nièces à la fois. La première sera pour Mercœur, l'un des Vendôme; la seconde, pour le fils du duc d'Épernon. Ce pauvre homme pour doter l'une trouve six cent mille livres. Pour l'autre, il s'attire sur les bras la haine de tout le Midi que foulait d'Épernon, il hasarde la guerre civile.

Condé lui fit beau jeu, allant de sottise en sottise. Pour une question de tabourets, il blesse toute la noblesse. Pour faire donner une place à Longueville, il met la main sur Mazarin, lui tire la barbe et lui dit : « Adieu, Mars! » Enfin il se fait fort de donner un amant à la reine, l'oblige par menace de recevoir un fat, Jarzay, qui lui fait sa déclaration. Brouillé avec la cour, le sage prince se brouille encore avec la Fronde. Mazarin lui fait croire que les frondeurs veulent l'assassiner. Condé accuse Retz et Beaufort, sur ce prétexte absurde, au moment où ils auraient pu l'appuyer contre Mazarin (décembre 1649).

On croit écrire l'histoire de Charenton, mais moins folle encore que honteuse. Le procès de Condé tombe au milieu d'un soulèvement des rentiers, contre lesquels le Parlement autorise une suspension de payement. Et ce procès révèle une création nouvelle de Mazarin, qui depuis a fleuri, celle des agents provocateurs et des témoins gagés.

Condé avait tenu, dans l'affaire de Jarzay, la conduite d'un fou furieux. Il dit : « Je le ramènerai, le tenant par le poing; je forcerai la reine à le recevoir. » Cet excès d'insolence la décida. Elle écrivit à Retz de venir la trouver la nuit. Elle lui offrit le cardinalat, s'appuya de cette Fronde, tant détestée, contre le tyran commun. On résolut d'arrêter les trois princes, Condé, Conti et Longueville. On y fit consentir Monsieur.

Mais Mazarin n'eût pas trouvé la pièce bonne s'il n'y eût mêlé une farce. Il tira de Condé, sous un prétexte, sa signature pour une arrestation, s'amusa à lui faire ordonner sa captivité.

Ce grand acte se fit fort aisément et sans cérémonie. Les princes vinrent d'eux-mêmes se mettre dans la souricière. Arrêtés par Guitaut et Comminges, ils furent menés la nuit par une petite escorte de vingt hommes à Vincennes (18 janvier 1650).

La sœur de Condé, la fière madame de Longueville, naguère si populaire, fut trop heureuse de se sauver. Mais, avant de partir, elle eut le temps de voir l'allégresse publique, les transports du peuple et les feux de joie.

CHAPITRE XXXIV

Second âge de la Fronde. — La cour, appuyée par la Fronde, chasse Condé.
(1650-1651.)

Le héros sorti de la scène, elle appartient aux héroïnes. Nous allons voir les femmes, à peu près seules, mener la guerre civile, gouverner, intriguer, combattre. Grande expérience pour l'humanité. Belle occasion d'observer cette translation galante de tout pouvoir d'un sexe à l'autre. Les hommes traînent derrière, menés, dirigés, en seconde ou troisième ligne. A la tête de chaque parti je vois ces nobles amazones, les Clorindes et les Herminies.

S'il n'y a pas beaucoup de suite, si tout remue, varie, ne vous étonnez pas. Elles sont filles d'Éole et tournent volontiers au vent de la passion. Ne les blâmons pas trop. Le vrai tort est à la nature. Ces brillantes guerrières n'en sont pas moins soumises aux révolutions de Phébé. La femme la plus héroïque est pourtant sous le poids d'une fatalité naturelle;

délicate de corps, d'imagination vive, faible souvent, et parfois lunatique.

La première héroïne, comme toujours, est madame de Chevreuse, mère complaisante, qui, fournissant sa fille au jeune prélat de Paris, plus que personne mène la Fronde. A elle l'honneur principal de cet acte hardi, l'arrestation du grand Condé.

Mais la plupart des femmes sont du parti de celui-ci. Son malheur, un roman tout fait, remue les cœurs généreux et sensibles. La gloire sous les verrous! Le héros pris en trahison et prisonnier de qui? De l'abbate Mazarini. Toute la dépouille des Condé distribuée aux sbires du favori, la Normandie à Harcourt, la Champagne à L'Hospital, etc. Une alliance monstrueuse entre le roi et le peuple. La reine maintient la Bastille dans les mains du fils de Broussel; elle donne aux magistrats les hauts emplois, et, ce qui est plus fort, aux rentiers même la surveillance des rentes! Renversement de toutes choses! La noblesse de France ne va-t-elle pas se soulever?

Mais rien ne bouge. Ni les clientèles militaires de Condé, ni ses nombreuses seigneuries, ni ses places, ses gouvernements, ne prennent parti. Bien loin de là, madame de Longueville, qui croit remuer la Normandie, y est repoussée partout. Elle fuit aux Pays-Bas, tourne à l'est; elle englue Turenne, mais ni lui ni elle ne peuvent rien qu'en s'adressant aux Espagnols, pour qui madame de Bouillon travaille de son mieux à Paris.

Pendant que la belle amazone perd son temps,

chevauche et parade, un secours plus direct et bien plus énergique fut donné à Condé du côté où il eût espéré le moins, de sa maison de Chantilly. Il y avait laissé sa vieille mère et sa jeune femme, son fils âgé de sept ans. Mazarin hésitait à faire arrêter ces deux femmes, craignant l'opinion. La mère vint se cacher à Paris, et, un matin, apparut dans le Parlement, suppliante, versant force larmes, descendant aux prières, aux flatteries et jusqu'aux bassesses.

Mais le plus étonnant fut le courage inattendu de la femme de Condé, cette jeune nièce de Richelieu, tant méprisée, avec qui il coucha par ordre, et dont l'enfant fut fils des volontés absolues du ministre. Elle s'était confiée à un homme de capacité, l'auteur des beaux *Mémoires*, Lenet. Il la sauva de Chantilly avec son fils, la mena d'abord à Montrond, place forte des Condé, puis, craignant d'y être assiégé, droit à Bordeaux. Le parlement de Guyenne était brouillé à mort avec le Mazarin, qui soutenait le gouverneur, cet Épernon à qui il s'obstinait d'allier sa famille. Grande fut l'émotion de la ville et du Parlement de voir cette dame de vingt-deux ans, sous les habits de deuil, cet enfant innocent, qui, porté dans les bras, les prenait par la barbe de ses petites mains, leur demandant secours pour la liberté de son père. Le cortège de la princesse n'y gâtait rien, formé de grandes dames, jeunes pour la plupart et charmantes.

L'explosion fut vive, comme toujours dans les foules du Midi. Mais le récit même de Lenet laisse voir parfaitement le peu de fonds qu'avait ce semblant de révolution populaire. Le peuple misérable espérait avoir par les princes des débouchés à l'étranger qui feraient mieux vendre les vins et l'aideraient à vivre. Il domina le Parlement, emporta tout par la terreur. Bouillon et La Rochefoucauld, les conseillers de la princesse, étaient d'avis de laisser mettre en pièces un envoyé du roi. Lenet craignit que cet acte, un peu vif, ne la rendît moins populaire. Deux ou trois fois le peuple faillit égorger le Parlement, dont la minorité fut tenue sous le couteau. L'Espagne promettait de l'argent, et l'on avait la simplicité de la croire. Elle donna à peine une petite aumône. Cependant Mazarin, ayant paisiblement occupé et la Normandie et la Bourgogne, les gouvernements des Condé, s'acheminait vers la Guyenne avec l'armée royale. Les Bordelais se montrèrent intrépides, un peu troublés pourtant de voir que les soldats allaient vendanger à leur place. Tout cela se mit à la paix. La princesse ne se maintenait plus que par l'appui des va-nu-pieds, qu'elle faisait boire et danser la nuit, et qui lui hurlaient aux oreilles cent choses sales contre le Mazarin; ils les lui faisaient répéter, à elle et à son fils. Cet avilissement où elle tombait lui fit désirer la paix à elle-même, accepter la permission de sortir de la ville qu'on lui donnait, avec de vagues promesses de la liberté de Condé (3 octobre 1650).

Bien loin de les tenir, Mazarin, au contraire, éloigna ses prisonniers de Paris, les transporta au Havre. La fortune semblait travailler pour cet homme. Dans cette année où il avait tout oublié, tout négligé pour l'affaire de Bordeaux, presque perdu la Catalogne, compromis la Champagne même, délaissée sans défense, il fut sauvé de l'invasion par un événement fortuit, l'obstination héroïque d'un certain Marois, qui arrêta quarante jours les Espagnols devant Mouzon, une mauvaise place, à peine fortifiée. Ils rentrèrent en quartier d'hiver. Mazarin eut beau jeu pour guerroyer seul à coup sûr. Maître de tout, rien ne l'arrête. Il ramasse en décembre tout ce qu'il a de forces au Nord, avec son armée de Guyenne. Son homme, Du Plessis, entraînant sous ses yeux cette grosse avalanche, fond sur Rethel, la prend avant que les Espagnols eussent remué. Turenne, qui était avec eux, ne venait pas à bout de leur lenteur. Ils viennent tard et mal. Mazarin veut, exige que Du Plessis attaque; il lui faut, à tout prix, rapporter à Paris une belle bataille contre les amis de Condé. Dérision de la fortune: c'est Turenne qui est battu. Mazarin a défait Turenne (15 décembre 1650)!

Ingrat de sa nature, Mazarin s'était méconnu, avait tourné le dos aux frondeurs dès qu'il eut mis ses prisonniers loin de Paris. Son succès de Bordeaux, sa victoire de Rethel, lui portèrent à la tête. Il crut décidément qu'il n'avait que faire d'eux. Qui cependant avait gardé Paris pendant sa longue absence, qui, sinon les chefs de la Fronde, sinon Retz, la Chevreuse? Ils avaient endormi et trahi la révolution, sur l'espoir du cardinalat promis par Mazarin à l'amant de mademoiselle de Chevreuse.

Une chose parut cependant, c'est qu'à ce moment

même où Mazarin paraissait le plus fort, rapportait dans Paris les drapeaux espagnols, il n'y avait de force réelle que dans la Fronde, trahie, vendue, tournant au vent des intérêts de ses chefs.

En un mois, ce vainqueur, ce héros monté sur sa victoire, a perdu pied ; il glisse, il enfonce, il se noie.

Le 30 janvier 1651, sur quelques mots hardis du Parlement, notre homme, se croyant très fort, compare cette compagnie au Parlement de Londres ; il s'emporte devant Monsieur, parle de Cromwell et de Fairfax. La reine, violente d'elle-même et violente de servilité pour son heureux vainqueur, folle de son laurier de Rethel, met les ongles au nez de Monsieur, qui se sauve éperdu, jure qu'il ne remettra jamais les pieds « chez cette furie ».

On saisit ce moment. Retz et les amis de Condé s'étaient réconciliés. Conti devait payer la liberté que lui rendait la Fronde en prenant une fille salie, la jeune Chevreuse, avec qui vivait le coadjuteur. La vieille Fronde de Retz et des Chevreuse adopte la nouvelle Fronde des amis de Condé, des gens d'épée, des nobles. Ce monstre des deux Frondes, associant deux choses hostiles et inassociables, naquit dans le lit de mademoiselle de Chevreuse, par les soins de sa mère, qui la livrait et faisait de sa honte le lien des partis.

Quoi qu'il en soit, le monstre hétérogène n'en éclata pas moins avec une invincible force. Les gens d'épée, en nombre, s'assemblent. Au Parlement, sur cette injure de Cromwell et Fairfax, s'élève l'aigre cri des Enquêtes, et bientôt le tonnerre du peuple. Mazarin, sans savoir comment, se sent levé de terre, et si léger qu'il ne tient plus à rien. Bref, le 6 février, il perd la tête, il part seul du Palais-Royal; seul, lorsqu'il pouvait sans obstacle emmener le roi. Les portes étaient ouvertes, nul obstacle. Par excès de prudence, il jugea qu'une femme, un enfant, retarderaient sa fuite, en rendraient le succès douteux.

Comme on admire toujours ce qui réussit, plusieurs sont parvenus à trouver dans cette lâcheté une politique profonde. Qui ne voyait pourtant que les portes, ouvertes le 6, pourraient être fermées le 9, le jour où il avait remis la fuite de la reine et du petit roi?

En contant cette belle histoire, on est tenté de croire qu'il n'y a plus de mâles en France, plus de virilité que sous la jupe. Il faut une femme pour dire qu'on doit fermer les portes de Paris; c'est la jeune Chevreuse. Il faut une femme, celle de Monsieur, pour signer l'ordre; il n'ose le faire. On s'agite, on s'éveille, on s'arme la nuit du 9; on pénètre au Palais-Royal. Mais une femme suffit pour finir tout et endormir le peuple. La reine, avertie, a le temps de débotter l'enfant royal, de le remettre au lit. Il dort ou fait semblant. Les innocents bourgeois admirent ce bel enfant, leur roi (déjà si bon acteur); ils retiennent leur souffle, s'en veulent d'avoir troublé ce sommeil d'innocence, et, s'écoulant sur la pointe du pied, maudissent ceux qui les ont trompés et leur font passer la nuit blanche (9 février 1651).

Mazarin courait vers le Havre, voulant devancer les

frondeurs et lui-même délivrer les princes. A quoi bon? Ceux-ci voyaient bien qu'il agissait contraint, forcé. Ils rentrent dans Paris, et ils le trouvent charmé de les revoir. Condé sortait refait et rajeuni par son malheur, embelli du roman de sa vaillante petite femme. Les plus hardis des siens lui parlaient d'enfermer la reine et de se faire régent, roi. Mais Mazarin en fuite avait, comme les Parthes, décoché derrière lui un trait aigu qui vint passer à travers les partis, les disjoindre, les affaiblir tous.

Deux assemblées existaient à Paris, dont on pouvait tirer parti contre le Parlement. La noblesse était réunie aux Cordeliers, et le clergé aux Augustins. La première assemblée comptait huit cents messieurs des plus gros bonnets du royaume, princes, ducs, seigneurs. Les voilà qui raisonnent, qui cherchent aux vieux temps, qui se rappellent les hauts *plaids* féodaux qui gouvernaient jadis, qui se demandent comment le gouvernement est maintenant aux mains sales des gens de chicane, des procureurs crottés. Ils en viennent à cet axiome : « La loi est au-dessus du roi, au-dessus de la loi les États généraux. »

Chose admirable. Le clergé fait écho. Il adopte, sans sourciller, le principe révolutionnaire. Évidemment la facilité des États de 1614, le peu de peine que les privilégiés avaient eue à les éluder, les enhardirent cette fois, et ils n'hésitèrent pas à prononcer le mot qui, dans un autre temps, leur eût fait dresser les cheveux.

Mort, bien mort était donc le maître (nous voulons dire le peuple, nous voulons dire la France), pour que les valets orgueilleux, les dilapidateurs de cette pauvre maison ruinée, risquassent de prononcer le nom redouté du défunt et de danser sur son tombeau!

L'effet fut excellent. Le faquin l'avait bien prévu de la frontière, quand il envoya ce mot d'ordre. Le Parlement informe sur les injures de la noblesse. La noblesse veut jeter le Parlement à l'eau (mars 1651).

La reine prisonnière se retrouve si bien maîtresse, qu'elle ne daigne consulter Monsieur, et seule change le ministère (3 avril). Qui pourra y trouver à dire? Elle prend justement pour ministres les ennemis de Mazarin, entre autres Chavigny, un ami de Condé. Elle lâche aux Condé la Guyenne, tout à l'heure la Provence. Elle lâcherait le royaume pour brouiller Monsieur et Condé, briser l'unité des deux Frondes.

Condé sorti de sa prison tel qu'il y est entré, borné, brutal, aveugle, aide à cela, bien loin d'y mettre obstacle. Il oublie que la vieille Fronde lui a seule ouvert la prison. Il ne veut plus que son frère paye la rançon convenue, qui était d'épouser la maîtresse du coadjuteur. On rompt brusquement et avec outrage avec les deux Lorraines, les Chevreuse, mère et fille. Les valets, les agents populaires du parti Condé, un savetier, Maillard, à la vue de ces deux infantes, crient dans les rues ce que Paris savait. La demoiselle s'évanouit presque. Du sang, il faut du sang, et « le sang de Bourbon n'est pas trop pour laver l'affront fait au sang de Lorraine ». Il eût fallu que le coadjuteur pût faire assassiner Condé. Il répugnait au guet-apens. Toute la réparation qu'il imagine, c'est de remplir le Parlement de gens armés à lui et de coupe-jarrets, qui, au besoin, pourraient faire un massacre. Les Condé filèrent doux. Les deux dames aux tribunes purent à leur aise triompher. Conti plia les épaules en passant devant elles. Son savetier reçut quelques coups de bâton. Retz, en contant cet exploit immortel, termine par ce grotesque mot : « L'événement pouvait être cruel, me perdre de fortune et de réputation... Je ne m'en suis pourtant pas fait reproche. Car ce sont de ces choses que la politique condamne et *que justifie la morale.* »

Ce prélat respectable était alors de nouveau recherché par la reine, qui le caressait fort dans sa jeune Chevreuse, « qu'elle baisait sur les deux joues ». Il allait la nuit au palais en cavalier et en plumet. On le rattrapait par l'espoir du chapeau, et par une idée qu'on lui croyait fort agréable, comme devant venger les Chevreuse, l'assassinat du grand Condé. La reine n'était pas moins altérée de vengeance. Condé la jetait dans le désespoir en l'attaquant sur Mazarin, révélant ses correspondances, la montrant gouvernée par lui dans ses actes et dans ses paroles, cachant ses envoyés aux greniers du Palais-Royal.

Jusque-là, Mazarin n'avait jamais paru féroce, il semblait moins violent que la reine. Cependant la persévérance avec laquelle celle-ci négocia la mort de Condé avec la Fronde fait croire qu'il n'en repoussait pas l'idée. Elle ne faisait rien de sa tête, rien sans l'ordre du maître absolu. Ne pouvant vaincre les répugnances de Retz, elle lui envoya, pour le convertir, d'abord ceux qui s'offraient pour faire le coup, Hocquincourt et Plessis, enfin M. de Lyonne, agent direct de Mazarin, qui lui fit honte de sa timidité. Ces braves n'osaient agir, à moins que Retz n'assurât que son peuple, le peuple frondeur, les sauverait du peuple des Condé.

Au total, la manœuvre générale de la cour atteste la direction du grand maître en friponnerie, qui du Rhin menait le Palais-Royal. La reine avait d'abord tout lâché à Condé pour le perdre auprès de la Fronde ; puis, tourné aux frondeurs, pour tuer ou arrêter Condé. Retz ayant refusé, on fit croire à Condé que c'était Retz qui demandait sa mort.

D'autre part, celui-ci nous explique à merveille qu'il n'était guère moins faux et guère moins hypocrite. Il était prélat populaire tout le jour et frondeur; la nuit, il était cavalier empanaché et royaliste, conseillant au Palais-Royal les mesures qui devaient le lendemain annuler tout l'effet des mensonges et du bavardage qu'il allait faire au Parlement.

J'ai trop grand mal au cœur à conter tout cela. Il faut lire les *Mémoires* du prélat, le voir triompher de sa honte, dire comment, sous les yeux de sa Chevreuse, il disputait le pavé à Condé. Où cela, je vous prie ? Au sanctuaire de la Justice même, dans la première cour du royaume et sur les fleurs de lis. Le prince, retiré à Saint-Maur et ne se sentant plus appuyé dans Paris que par des criailleurs gagés, revient pourtant avec ses gentilshommes menacer le coadjuteur. Celui-ci est en force. Il ne craint pas de pousser aux dernières épreuves la patience de Condé. Quatre mille épées sont tirées. Les amis de Condé essayent d'étouffer, d'étrangler le petit prélat entre un mur et une porte. Enfin, par un miracle, les épées rentrent au fourreau. Le galant prêtre peut retourner vainqueur à Notre-Dame et triompher chez la Chevreuse.

Condé a perdu terre. Il ne lui reste plus que la guerre civile, l'appel aux révoltes de provinces, déjà manquées et improbables, l'appel à l'Espagne impuissante, à l'Empereur, à Cromwell ou au Diable.

La Fronde ayant rendu à Mazarin le service de chasser Condé, il pouvait à son aise se moquer de la Fronde, manquer aux paroles données, bafouer Retz et le Parlement, rire du public, à qui on a promis les États généraux.

Ces tours de gobelet n'étaient pas difficiles. La fatigue était excessive. La France, accablée, alourdie, ne sentait plus sa tête, n'avait plus conscience d'elle-même, et de bon cœur consentait à être trompée. Jamais escamoteur n'eut spectateurs si débonnaires.

A treize ans et un jour, le roi était majeur et capable de gouverner. Précocité miraculeuse de la dynastie des Capets! Louis XIV, né le 5 septembre 1638, a atteint ses treize ans. Il entend régner désormais. Quel besoin d'États généraux? Un bon roi, pour son peuple, est la première des libertés.

Le 8 septembre 1651, grande fête. Amples distributions de vivres. Le vin pleut sur les places, et les saucissons pleuvent; on se bat pour les ramasser. Le beau jeune roi, à cheval, ayant son petit frère à côté (un joli visage de fille), s'en va au Parlement avec la reine, Monsieur, toute la cour. Il remercie la reine, la fait chef du conseil, innocente Condé (absent cependant par prudence), mais déclare Mazarin coupable et seul coupable. Lui seul a fait le mal dans la régence. Défense au susdit Mazarin de revenir jamais dans le royaume. Le roi entend qu'il soit banni et proscrit éternellement.

Le second acte de la Fronde finit en 1651, comme le premier en 1649.

Impuissante deux fois, la cour n'a garrotté le lion à la première, ne l'a chassé à la seconde, que par le secours des frondeurs. C'est la révolution, quoique avortée au premier acte et agonisante au second, qui reste encore plus forte et plus vivace, plus prête à l'action. C'est par elle que l'enfant royal peut rentrer dans Paris, et, par ordre de Mazarin, amuser les frondeurs de la proscription de Mazarin.

Douce situation pour celui-ci, qui, d'avance, par la force du peuple, a brisé l'épée de Condé. Que lui reste-t-il, sinon de faire encore comme il a toujours fait pour ceux qui l'ont servi, de perdre Retz et d'être ingrat?

CHAPITRE XXXV

Fin de la Fronde. — Combat du faubourg Saint-Antoine. (1651.)

La Fronde est réputée, non sans cause, pour une des périodes les plus amusantes de l'histoire de France, les plus divertissantes, celle où brille d'un inexprimable comique la vivacité légère et spirituelle du caractère national. Cent volumes de plaisanteries! toute une littérature pour rire! Des bibliothèques entières de facéties! n'est-ce pas régalant? Et on en retrouve tous les jours. En voici quelques-unes qu'un jeune savant, M. Feillet, vient de retrouver à la Bibliothèque :

« Il n'y a point de langue qui puisse dire, point de plume qui puisse exprimer, point d'oreille qui puisse entendre ce que nous avons vu (à Reims, à Châlons, Rethel, etc.). Partout la famine et la mort, les corps sans sépulture. Ceux qui restent ramassent aux champs des brins d'avoine pourrie, en font un pain de boue. Leurs visages sont noirs; ce ne sont plus des hommes, mais des fantômes... La guerre a mis l'égalité partout; la noblesse sur la paille n'ose mendier et meurt... On mange les lézards, des chiens morts de huit jours... » — Ailleurs, en Picardie, on rencontre un troupeau de cinq cents enfants orphelins et de moins de sept ans. — En Lorraine, les religieuses affamées quittent leur couvent pour mendier. Les pauvres créatures se donnent pour un morceau de pain (1651).

Nulle pitié. Une guerre exécrable, acharnée sur les faibles. Une chasse épouvantable aux femmes. En pleine ville de Reims, une belle fille chassée par les soldats dix jours de rue en rue, et, comme ils ne l'attrapent pas, ils la tuent à coups de fusil. Près d'Angers, à Alais, à Condom, sur toutes les routes de Lorraine, tout violé, femmes et enfants, et par des bandes entières, à mort! Elles expirent, noyées dans leur sang.

Quoi de plus gai? Le duc de Lorraine, ce chevalier errant qui préféra la guerre au trône, régale les nobles dames de ces récits honnêtes; son armée galante, dit-il, est la providence des vieilles, etc. (Voy. Haussonville.)

Condé, sur un grand champ de mort, avait montré une étrange gaieté : « Bah! ce n'est qu'une nuit de Paris. »

Qui donne les détails de famine que l'on a vus plus haut? Principalement les missionnaires envoyés de Paris par Vincent De Paul pour porter à ce pauvre peuple les aumônes des dames charitables. Secours minimes, en tout, six cent mille livres en six années.

En Picardie, on donne trois cents livres par mois pour dix-huit cents personnes; donc, pour chacune, trois sous et demi par mois.

Vincent fut admirable, quelque peu qu'il ait fait. Ce qui étonne seulement, c'est qu'ayant tant de cœur, dans ces extrémités qui font tout oublier, il n'oublie pas son caractère de prêtre, et fait de la confession catholique une condition de l'aumône. A sa recette des soupes économiques que l'on distribuera aux pauvres, il ajoute qu'en distribuant on leur lira des prières en latin, des *Pater*, des *Confiteor*, des *Ave*, des *Credo*, et qu'on les leur fera « répéter et apprendre par cœur ». Mais quoi! si cet homme affamé est luthérien, calviniste, anglican, faut-il qu'il meure? faut-il qu'il abjure pour manger?

Les dames continuent glorieusement leur généralat. Elles remontent à cheval, et elles donneront des quenouilles aux hommes lassés ou pacifiques, entre autres au grand Condé. L'intrigue de Paris, l'ennui du Parlement, ses duels ridicules avec le petit prêtre, tout cela l'avait rendu malade : « J'ai assez, disait-il, de la guerre des pots de chambre. » Il était réellement un sauvage officier de la Guerre de Trente-Ans, et il se fut déprincisé pour s'en aller, comme le duc de Lorraine, avec une bonne bande de voleurs aguerris batailler en Allemagne. Ne le pouvant, tenu, lié par sa maîtresse, madame de Chatillon, qui muselait ce dogue, il eut accepté volontiers l'offre du Mazarin de le laisser, roi du Midi, dormir tranquillement en Guyenne. Mais sa sœur ne le voulait pas. Il eût fallu que madame de Longueville sortît du roman, tombât au réel, rentrât en puissance de mari, dans l'ennui de la Normandie. Donc, quand Condé fut en campagne, sa sœur et ses amis firent entre eux un traité où ils l'abandonnaient, s'il faiblissait, et lui substituaient, comme général, son petit frère bossu, Conti, élevé pour l'Église, uniquement dévot aux beaux yeux de sa sœur.

Condé céda, et madame de Longueville emmena triomphante ses deux frères, La Rochefoucauld, enfin ses lieutenants, à la conquête du Midi.

Mais, contre son drapeau de couleur isabelle, la reine, au nord, déploie le drapeau blanc, et, favorisée par la Fronde, mène une armée au delà de la Loire. Elle n'avait que quatre mille soldats, il est vrai, aguerris, de plus le roi, la jeune et blonde image de la royauté pacifique, et du repos futur pour lequel soupirait la France. Condé vit aller en fumée tout ce que ses amis lui promettaient pour l'entraîner. Tout sur la route suivit l'enfant royal. Les recrues ne tinrent pas devant notre vieille infanterie de Rocroy, qu'alors menait Harcourt. Condé n'eut un petit secours des Espagnols qu'en leur livrant une place près Bordeaux et se brouillant avec ce Parlement. Celui de Paris n'osa refuser d'enregistrer la déclaration qui le disait traître et l'allié de l'étranger.

Ceci le 4 décembre 1651. Et, le 18, le Parlement apprend par une lettre polie de Mazarin, que, pour reconnaître les obligations qu'il a au roi et à la reine, il vient les délivrer; il a levé une bonne armée de dix mille hommes et la conduit en France.

Levé? avec quoi, s'il vous plaît? Avec son argent personnel, sur la fortune d'un homme arrivé sans un sou en 1639. L'examen des registres de son banquier Cantarini venait d'établir qu'il avait volé neuf millions (quarante, tout au moins, d'aujourd'hui).

L'homme qui offrait d'assassiner Condé, Hocquincourt, avait levé et conduisait cette bande, sous la noble *écharpe verte* de Giulio Mazarino.

Le Parlement a condamné Condé le 4. Le 30, il condamne Mazarin, qui vient faire la guerre à Condé. Le Parlement veut qu'on arme les communes pour arrêter le Mazarin, mais défend de prendre l'argent nécessaire pour cet armement. Il ordonne aux troupes de marcher, et prohibe les moyens de pourvoir à leur subsistance, etc. Sous sa grande fureur (simulée? ou sincère?), un sentiment contraire va se fortifiant, le désir de la paix. Un serviteur de Monsieur ayant hasardé le simple petit mot d'*union* entre Monsieur et le Parlement, ce mot, qui rappelait la Ligue, eut un effet terrible. « La tendresse de cœur pour l'autorité royale », la pensée de ces temps maudits, firent repousser, détester l'*union*.

Pour achever la Fronde, en étouffer le faible souffle, un pesant éteignoir tombe dessus, le chapeau rouge, qui coiffa Retz, l'anéantit. Mazarin avait cru en faire la feinte seulement pour le perdre dans le peuple. Mais le pape haïssait Mazarin. Il fit Retz cardinal, pensant le faire plus fort ; et ce fut le contraire, il le tua deux fois : dans la cour, dans le peuple (18 février 1652).

Le héros, le vainqueur de ce moment, c'est Mazarin. Il va de succès en succès, Condé de revers en revers. On se dispute en France la main de ses nièces, ses pas victorieux sont marqués par des mariages. Les Épernon déjà sont à lui. Les Vendôme ont ambitionné de mêler le sang d'Henri IV au sang des Mancini. M. de Bouillon, pour son aîné, pour l'héritier de sa principauté, recherche une autre nièce ; ce qui donnera au Mazarin le frère de M. de Bouillon, Turenne, pour arrêter Condé. Celui-ci, perdu en Guyenne, ne se voyant au Nord qu'une petite armée d'Espagnols que conduisaient fort mal deux étourdis, Beaufort et Nemours, traverse toute la France et reprend son armée. Voilà Condé devant Turenne.

Condé avait trouvé un auxiliaire inattendu. Une femme encore avait pris la grande initiative. Mademoiselle de Montpensier, fille de Monsieur, mais fort indépendante de son père par sa fortune immense, était dépitée à vingt-cinq ans de n'être pas mariée. Elle avait le cœur haut, la grande émulation des reines célèbres, les Christine de Suède et les Henriette d'Angleterre. Elle voulait un trône, et d'abord elle s'était proposée à l'empereur. A la rigueur, elle eût descendu à prendre l'archiduc pour régner sur les Pays-Bas. Mais son rêve favori, c'était le mot d'Anne d'Autriche sur Louis XIV, avant sa naissance et pendant la grossesse : « C'est ton petit mari. » L'enfant avait quatorze ans, elle vingt-cinq. Et cette grosse différence allait encore augmentant; Mademoiselle perdait de sa première fleur; son teint rougissait trop, son grand nez devenait rosé. Donc, elle imagina, dans sa sagesse, que le meilleur moyen d'épouser le roi, c'était de le battre; que Condé, chassant Mazarin, payerait sa vaillante alliée en la faisant asseoir sur le trône de France.

Pour mettre les choses au pis, la princesse de Condé, souvent malade, ouvrait une autre chance; si Condé était veuf, qui épouserait le héros, sinon l'héroïne qui l'aurait soutenu? Donc, en se jetant dans la guerre, cette intelligente Clorinde pouvait y gagner deux maris.

C'est dans ses *Mémoires* qu'il faut lire la grotesque épopée, son intrépidité dans une occasion sans péril. Elle y montra du moins que, pour vouloir, oser et se mettre en avant, il suffit de ne rien savoir, de ne rien voir, de peu comprendre. Elle ferma les portes d'Orléans, et donna à Louis XIV, pour premier début de son règne, la mortification de reculer devant une femme, la chance d'être vaincu, peut-être enlevé par Condé, ce qui fut très près de se faire (La Porte).

Condé eut un grand avantage, il entra à Paris. Il croyait dès lors tenir, dominer, entraîner Monsieur et le Parlement. Mais son étonnement fut grand en voyant, au Parlement, et à la Cour des Aides, où il alla, les magistrats lui reprocher en face et son traité avec l'Espagne, et l'argent de l'Espagne qu'il venait de recevoir, et son audace à se représenter devant les tribunaux qui venaient de le déclarer coupable de lèse-majesté. Il se troubla, s'emporta, mais ne put rien nier. Un simple président des Aides l'accabla, lui parlant de par la loi, de par la France, bravant la sinistre figure qui respirait le meurtre. Il fut bien clair dès lors que les magistrats sentaient derrière eux la bourgeoisie armée, qu'ils repousseraient Mazarin, mais n'adopteraient pas Condé, et que, si celui-ci mettait dans Paris sa petite armée étrangère, ce serait à force de sang.

C'est ce qui rendait si bonne et si forte la position de Mazarin. Le ministre italien semblait encore, ayant le roi de son côté, contre l'allié de l'Espagne et l'armée espagnole, représenter le vrai parti français. La question de nationalité, mise en jeu, prime toujours et domine la question de liberté. Plus d'un frondeur sincère, plutôt que d'ouvrir Paris aux drapeaux de Philippe IV, l'aurait ouvert au Mazarin.

Celui-ci était fort tranquille. Il avait sous la main Turenne, et plus loin La Ferté avec une seconde armée. Le duc de Lorraine vint un moment aider les princes, mais fut aisément renvoyé, ou par terreur ou par argent. N'ayant de bien que son armée, il hésitait beaucoup à la risquer en agissant contre Turenne. Il partit le 10 juin.

Condé, désespéré, retomba sur Paris, son unique ressource, étant sûr de périr s'il n'en venait à maîtriser la ville, à s'y loger militairement, à l'exploiter à fond par sa fausse Fronde, mi-canaille et mi-gentilshommes, faux savetiers, faux maçons qu'il jetait dans le peuple, et qui, sous cet habit, étaient de vieux soldats, nés et habitués dans le sang et tout prêts aux plus mauvais coups.

Déjà cette terreur avait réussi contre Monsieur. Un de ces maçons de Condé tira sur lui deux coups de pistolet par-devant tout le peuple aux portes du Palais de Justice. Monsieur s'enfuit à toutes jambes. Depuis ce temps, il aima fort Condé et ne put lui rien refuser.

Monsieur dompté, il fallait dompter le Parlement. Le 25 juin, une foule immense assiège le Palais. Le peuple veut qu'on en finisse. D'abord, malentendu entre des compagnies bourgeoises, qui tirent l'une sur l'autre. Les gens de Condé en profitent. Ils nettoient le grand escalier à coups de pistolet, tuent trente personnes, en blessent un nombre infini dans cette foule compacte. Les magistrats veulent sortir. On leur saute à la gorge. On les fait rentrer pour voter. On bat, on gourme, on traîne les conseillers plus morts que vifs. Les arrêts désormais seront rendus dans le désert, sans président ni conseillers, par quelques jeunes gens des Enquêtes.

Ce qui rend ceci plus horrible, c'est ce qu'explique fort bien Mademoiselle, la grande alliée de Condé. En frappant ce coup sur le Parlement pour l'empêcher de traiter, il voulait traiter lui-même. Il prêtait une oreille crédule aux vaines propositions dont l'amusait le Mazarin. Mais celui-ci employait ce temps; de tous côtés il rassemblait des troupes, fortifiait Turenne.

Une révélation curieuse nous montre qu'à ce moment il était occupé de l'intérieur de la petite cour, autant et plus que de Paris. Le jeune roi avait quatorze ans. On pouvait le croire assez près d'une crise de nature qui donnerait prise sur lui. Sa mère le garderait-elle ? ou Mazarin s'en emparerait-il ? C'était déjà la question.

Mazarin avait honteusement, indignement négligé l'enfant, et il portait la mère sur ses épaules. Il était excédé des assiduités d'une grosse femme de cinquante ans. Tendre, en réalité trop tendre, elle avait pris dans son absence assez patiemment les galanteries hypocrites du facétieux Retz. Cela eût été loin si elle n'eût su qu'on en répétait tous les soirs la comédie chez les Chevreuse. Bref, Mazarin, à son retour, ne fut plus le doux, le charmant cardinal, l'ancien Mazarin, mais un rude et brusque mari, ne daignant même ménager les convenances du rang, et disant à la pauvre reine devant témoins : « Il vous sied bien, à vous, de me donner des avis ! »

Il n'avait rien fait jusque-là pour gagner le jeune roi. Il le laissait sans argent dans la poche, ne renouvelait pas même ses habits, si bien qu'à quatorze ans il avait ceux de douze, beaucoup trop courts. Il n'aimait que sa mère, était très caressant pour elle. A vrai dire, elle achetait cela par une complaisance sans bornes, faible et molle, soumise à ses moindres caprices. On pouvait croire qu'elle voulait le garder dépendant, à force de tendresse. La grande affaire de cour tant disputée entre les dames, la question de savoir laquelle donnerait la chemise au lever, avait été tranchée ; elle ne la prenait que des mains de son fils. Déjà grand, il voulait, exigeait qu'elle le baignât avec elle. Il le voulut un jour, ayant très chaud, au risque de sa vie, et, sans le médecin, elle hasardait la chose, plutôt que de lui résister.

Déjà il recherchait les dames, se plaisait au milieu des filles de la reine. Il y avait à parier qu'il choisirait bientôt, qu'il aurait quelque favorite. Mais s'il avait un favori ? C'est à quoi songea Mazarin. A la Saint-Jean (précisément la veille du massacre fait au Parlement), Mazarin invite l'enfant à dîner. On dînait vers midi. Il revint à sept heures du soir. Que se passa-t-il dans cette longue fête ? On ne le sait ; mais il revint triste, dit La Porte ; il voulut se baigner, et La Porte « vit bien de quoi il étoit triste ».

La Porte sut les choses, mais non pas les personnes. L'enfant ne dénonça pas « l'auteur du fait », celui avec qui le pervers avait cru le lier par une complicité de honte. Je ne vois près de Mazarin de jeunes gens que ses neveux. L'un fort petit, élevé aux Jésuites, dans leur collège de Clermont. L'autre, déjà hors de pages, n'avait que deux ans de plus que le roi, et pouvait être un camarade. Il était fort aimé de tout le monde pour sa douce et jolie figure, et pour un charme d'esprit et de bonté. Ces deux neveux périrent très misérablement. Le petit, que son oncle avait mis au collège pour se populariser, fut berné par ses camarades sur une couverture, mais tomba par terre, fut tué. L'autre, cette brillante fleur d'Italie par laquelle il croyait tenir le roi, périt victime de l'impatience qu'il avait de l'avancer. Il l'exposa au combat du faubourg Saint-Antoine, l'y fit lieutenant général à dix-sept ans, et au moment il fut tué.

Pour revenir, La Porte comprit bien que, de toute façon, il était perdu, qu'il parlât ou ne parlât pas. Mais cet homme honnête et courageux, qui avait risqué sa vie pour la reine, s'immola encore, l'avertit. Il était sûr que, dans sa misérable servilité pour Mazarin, elle ne garderait pas le secret. Et, en effet, bientôt La Porte fut chassé en perdant (sans indemnité) la petite charge qui était l'unique patrimoine de sa famille.

Elle profita de l'avis toutefois. L'enfant, fort différent de son jeune frère, aimait les femmes et n'aimait qu'elles. Sa mère paraît l'avoir confié de bonne heure à la maternité galante d'une dame fort laide, madame de Beauvais, sa première femme de chambre, pas jeune et qui n'avait qu'un œil. Elle n'en fut pas moins, dit Saint-Simon, la première aventure du roi.

Voilà donc la situation à la Saint-Jean. Admirable de tous côtés. Sodome à Saint-Germain. Et au Palais, l'avant-goût du carnage qui eut lieu quelques jours après. Ici la boue, et là le sang.

Pendant qu'un prêtre, puis un chartreux, et encore une belle dame, maîtresse de Condé, négocient pour lui à la cour, Mazarin a enfin ses deux armées et peut agir. Condé va se trouver à Saint-Cloud pris entre les deux. Il entreprend de filer sous les murs et d'aller se poster au confluent de Charenton. Opération scabreuse devant un général aussi attentif que Turenne, qui, de Montmartre, de Ménilmontant, de Charenton, pouvait à chaque pas le foudroyer. Condé remit tout à la chance, et compta sur son danger même, pensant qu'il déciderait Paris à le recevoir. Mais le contraire advint. Il frappa à toutes les portes. Aucune n'ouvrit. A la porte Saint-Denis, Turenne était là, pouvait l'écraser de boulets. Il lui tua peu d'hommes d'arrière-garde, et le laissa passer jusqu'à la porte Saint-Antoine.

Condé envoyait coup sur coup presser, prier Monsieur. Sa fille aussi priait, pleurait. Monsieur faisait le malade, et tous les gens de sa maison riaient, pensant que Condé serait tué. Cependant Monsieur, sentant bien qu'il se compromettait par son inaction, sans agir, écrivit. Il donna une lettre vague à Mademoiselle pour l'autoriser à demander à l'Hôtel-de-Ville les *choses nécessaires*. Avec ce mot, l'audacieuse princesse pouvait ce qu'elle voulait. Le gouverneur de Paris L'Hospital et le prévôt des marchands lui étaient fort contraires. Ils voulurent ajourner. Leur résistance ne dura pas le temps d'une messe basse qu'elle prit en passant par morceaux. La Grâce agit, surtout par les cris de la Grève, où l'on entendait nettement : « Entrons, noyons ces Mazarins. »

Donc Mademoiselle emporta ce qu'elle voulait, un secours pour Condé, et, le plus difficile, sa retraite à travers Paris. Elle avance bravement au bruit des canonnades dans la rue Saint-Antoine, rencontrant des morts, des blessés, la plupart ses amis. Elle s'émeut, mais sans se troubler.

Condé a fait des efforts surhumains, mais fait des pertes énormes. Il trouve Mademoiselle établie dans une maison tout près de la Bastille. Elle lui offre de lui ouvrir Paris. Il refuse de reculer. « Il était dans un état pitoyable. Deux doigts de poussière sur le visage, ses cheveux mêlés, sa chemise sanglante, sa cuirasse pleine de coups, l'épée nue à la main (ayant perdu le fourreau)... Il pleurait... » Mademoiselle, pendant qu'il retourne au combat, lui envoie des renforts, fait filer les bagages, reçoit, fait soigner les blessés. Mais tout cela ne suffisait pas. Une seule chose pouvait sauver celui-ci, c'était que la Bastille prît parti, tirât de ses tours et le reçut sous son canon.

Les Broussel tenaient la Bastille. Un fils du vieux Broussel en était gouverneur. Se décida-t-il en ce jour sans l'aveu de son père, sans l'aveu des frondeurs, des Miron, Charton, Blancménil, de la vieille et pure Fronde? Je ne le pense pas. La désertion du cardinal de Retz, qui s'était fait ermite à Notre-Dame depuis qu'il avait le chapeau, n'avait pas enterré avec lui le parti. Il existait disloqué, discordant. On le voit bien, malgré l'ombre fatale que jette ici la partialité des *Mémoires*. A croire ceux-ci, Mademoiselle a tout fait. Qui lui permit de faire? Celui qui lui baissa le pont-levis et qui la mit dans la Bastille. Et qui celui-là? C'est la Fronde.

La vieille Fronde avait à choisir entre la brutalité

militaire du parti de Condé et l'infamie de Mazarin. Elle choisit, et sauva Condé.

Il était temps. Car on voyait la seconde armée royaliste qui, de la Seine, venait pour prendre en flanc Condé, déjà trop faible contre celle de Turenne. Encore dix minutes, il était perdu.

On voyait tout cela des tours distinctement. Et le fils de Broussel fut trop heureux quand Mademoiselle lui montra l'ordre, faux ou vrai, de Monsieur pour tirer *sur l'ennemi.*

Quel ennemi?

Les canons braqués sur la ville furent tournés vers Charonne, où était le roi. Qui allait tirer sur le roi?

Ce fut un conseiller nommé Portail, donc le Parlement, qui tira.

Il n'y eut que trois volées et trois petits boulets. Mais, si la Fronde n'eût été déjà divisée et morte par l'abandon de Retz, ce n'était plus la Fronde, mais la révolution d'Angleterre. Et c'était le *Long Parlement.*

CHAPITRE XXXVI

Fin de la Fronde. — Le terrorisme de Condé. — Second massacre de l'Hôtel-de-Ville. (1652.)

Au messager qui porta la nouvelle et lui montra les tours couronnées de fumée, Condé dit : « Tu me donnes la vie. » Et il faillit l'étouffer de ses embrassements.

Ce feu ne pouvait guère pourtant intervenir de près dans le combat. Il n'eût pas empêché Condé d'être écrasé au pied des tours. Il ne portait qu'au loin. Il était admirable pour frapper à Charonne sur le roi et sur Mazarin.

Cela même effraya. On le prit comme la voix de Paris, comme menace de la grande ville, comme signification définitive que la Fronde adoptait Condé, que la révolution ne reculerait plus, mais se transformerait et frapperait la royauté.

Mazarin fut surpris, atterré. A toutes les portes, il avait cru avoir des gens à lui. Il était sûr d'entrer, et ne songeait qu'à amener la reine et les dames en triomphe. Il resta aplati, ne profita pas de ses forces. S'il eût permis à Turenne, de droite, à La Ferté, de gauche, de pousser leurs armées, de s'unir en formant un coin, ils entraient infailliblement; ils perçaient à travers Condé, perçaient jusqu'à Paris, ayant de moins en moins à craindre les boulets qui volaient par-dessus leurs têtes. Ils auraient ri sous ces canons tirés dans les nuages, et trouvé à la porte Saint-Antoine un monde de gens impatients de la leur ouvrir. Mais Mazarin perdit la tête. Turenne, je crois, garda la sienne. Pour la seconde fois, il épargna Condé. Froid, calme et prévoyant, il se soucia peu, pour faire triompher Mazarin, de marquer dans l'avenir sa maison, celle de Bouillon, du sang d'un prince, et du carnage horrible où allaient périr pêle-mêle nombre des grands seigneurs de France.

La porte Saint-Antoine s'ouvrit, non sans peine, à Condé. Il y fallut des prières, des menaces, et l'intérêt aussi qu'excitait sa bravoure héroïque. « Voulez-vous faire périr Monsieur le Prince ? » Cela emporta tout.

Mais, à la porte Saint-Denis, on n'entra que de force et en cassant la tête à l'officier bourgeois qui commandait, d'un coup de pistolet.

L'entrée ne fut pas gaie. C'étaient des vaincus qui entraient et qui venaient chercher asile. Une armée moitié espagnole, et des faux Espagnols de Flandre. Des files de bagages infinis et des blessés sans nombre, un encombrement désolant. Rien de moins rassurant, d'ailleurs, que de mettre dans une ville si riche tant d'hommes de pillage et de sang. On les logea entre Saint-Victor et Saint-Marcel, dans un faubourg muré, gardé par la Seine et la Bièvre ; on pouvait dire qu'ils étaient dans Paris et qu'ils n'y étaient pas. Mais les bourgeois ne s'aperçurent que trop du voisinage de ces troupes mal disciplinées, battues, mais impudentes et de mauvaise humeur, qui n'auraient pas mieux demandé que d'avoir sur leurs hôtes le succès qu'elles n'avaient pas eu sur l'ennemi.

Condé trouva la ville fort changée et fort partagée. La Fronde même, qui venait de le sauver, n'était nullement d'accord pour lui. Sans parler de la Fronde inerte du cardinal de Retz, caché à Notre-Dame, il y avait la Fronde orléaniste, attachée à Monsieur ; la Fronde royaliste, qui voulait le retour du roi et de la cour, et n'excluait que Mazarin. Celle-ci, c'était vraiment presque toute la ville. Peu voulaient Mazarin, et peu voulaient Condé.

Condé n'avait qu'une chance, frapper un coup sanglant, se relever par la terreur, compromettre Monsieur. Qui fit croire à Condé que cet excès d'ingratitude de frapper qui l'avait sauvé, de punir Paris, son asile, de sa généreuse hospitalité, lui porterait bonheur ? On l'ignore. Peut-être un sot et dur soldat, de ces ignorants capitaines bornés comme un boulet. Ou bien serait-ce l'homme de Richelieu, élevé aux choses violentes, le malencontreux Chavigny, un fils de la fatalité, né pour aller de faute en faute, de malheur en malheur, qui mourut peu après, fort pénitent, fort janséniste. Il serait mort, dit-on, des reproches que lui fit Condé d'avoir traité pour lui; mais, qui sait? ces reproches avaient peut-être un autre sens.

Le prévôt des marchands avait convoqué à l'Hôtel-de-Ville une assemblée pour le 4 juillet, six magistrats et six bourgeois de chaque quartier, de plus tous les curés, redevenus, comme Retz, grands amis de la paix. Les magistrats frondeurs étaient sûrs d'y être envoyés, et l'on pouvait prédire que la majorité serait frondeuse. Mais frondeuse de quelle nuance! De celle qui voulait le *roi sans Mazarin*.

Cette Fronde-là avait sauvé Condé, mais elle ne voulait pas éterniser pour lui la guerre.

Le 3 juillet, Condé prit son parti, et chargea ses soldats de *faire peur* à cette assemblée. Il fit louer le soir chez les fripiers deux cents habits d'ouvriers dont il affubla pareil nombre de ses tueurs les plus déterminés. On loua à la Grève quelques chambres, où l'on pratiqua dans les murs des meurtrières qui répondraient juste aux fenêtres de la salle de l'Hôtel-de-Ville, qui étaient en face. On jeta un mot d'ordre dans la population misérable du quartier, les maçons sans ouvrage, les bateliers qui ne naviguaient plus : on dit partout la nuit qu'il fallait en finir avec les Mazarins. La chaleur était grande. Pour donner l'élan à l'affaire, on eut soin d'amener en Grève cinquante pièces de vin à défoncer.

Talon, un honnête homme et un consciencieux magistrat, affirme qu'un des amis du prince, M. de Rohan, sut la nuit cet affreux secret; que, le 4 au matin, il pria, supplia Condé de ne point faire cette chose insensée et horrible. Elle devait lui donner un jour de force, mais le lendemain l'horreur universelle (la haine de Paris, qui s'ouvrirait au Mazarin). Pouvait-il bien d'ailleurs envelopper dans ce carnage les plus ardents frondeurs, les gens de son parti, du parti qui venait de lui sauver la vie en le couvrant du feu de la Bastille?

Le second de Broussel, Charton, allait se trouver là. L'aîné des barricades, Miron, celui qui le premier fit battre le tambour au jour où naquit la Fronde, Miron allait aussi en aveugle à la mort. Mais, outre ces frondeurs, il y avait des gens, le conseiller Ferrand, l'échevin Fournier, qui étaient purement et simplement amis des princes et des séides de Condé. N'était-ce pas une chose énorme et monstrueuse de ne pas les avertir? On eût ébruité le secret, dira-t-on. Mais il était déjà communiqué à tant de gens! Rohan ne fut pas écouté. Apparemment les conseillers du prince jugèrent qu'en cette vieillesse des partis les amis trop anciens sont tièdes, cependant exigeants, et qu'on est trop heureux de ces purgations fortuites qui expulsent un sang refroidi.

Soit que le secret transpirât, soit pressentiment vague, plusieurs hésitaient d'y aller. Un marchand de la rue Saint-Denis, fort estimé, aimé, était retenu par sa femme. Il dit : « Je suis nommé; c'est mon devoir d'aller. » Mais il se confessa et communia, pensant aller à la mort.

Les deux princes arrivèrent fort tard à l'assemblée

(Conrart dit à six heures). Condé sans doute priait, poussait dès le matin Monsieur, peu curieux de cette fête. Un trompette du roi arriva en même temps pour demander qu'on remît l'assemblée. Elle s'insurgea contre, et parut très frondeuse, mais non dans l'intérêt des princes, demandant seulement « que le roi rentrât sans Mazarin ». Les princes mécontents se levèrent, descendirent.

Est-il sûr qu'ils aient dit à la foule : « Ce sont des Mazarins, faites-en ce que vous voudrez ? » On l'a dit, mais j'en doute. Ce signal de mort était superflu. Condé, croyant peut-être se laver les mains de la chose en la rejetant sur un autre, avait logé le Roi des Halles, le mannequin Beaufort, dans une boutique des ruelles qui vont à la Grève pour surveiller l'exécution. Chose curieuse qu'atteste Conrart, malgré les cinquante tonneaux de vin, l'affaire ne prenait pas. Quelques coups de fusil partirent bien de la Grève, tirés en haut, donc innocents. Le peuple était plutôt triste, et plus sombre que furieux. « Les plus méchants n'attaquaient point. » Qui voulut fuir d'abord échappa sans grande peine.

Mais il se trouvait là aussi des gens moins incertains, venus de chez Condé, et de ses propres domestiques. Ses soldats déguisés, qui buvaient depuis le matin avec les bateliers, ne souffrirent pas non plus que la chose avortât. Ils attaquèrent en hommes d'expérience, d'une part tirant d'en face par les trous faits exprès sur les larges fenêtres de l'Hôtel-de-Ville; d'autre part attaquant d'en bas, de près et du plus grand courage, les défenses improvisées que les archers de la ville avaient faites au vestibule et à l'entrée du fameux escalier. Ces archers, peu nombreux, et n'ayant guère de poudre, firent cependant une très belle résistance, tirant quatre par quatre, et chaque fois tuant quatre soldats. Ceux-ci étaient désespérés; ils entrèrent en fureur. L'un d'eux, ayant déjà trois balles, s'acharnait de son bras mourant à arracher un pieu; il fut tué dessus à coups de hallebardes, d'épées et de poignards.

Le gouverneur de Paris, L'Hospital, le prévôt, tous les royalistes, craignaient beaucoup, mais non pas les frondeurs. Des hommes idolâtrés du peuple, le président *J' dis ça* (Charton), le bouillant colonel et maître des comptes Miron, n'imaginèrent pas un moment qu'on voulût s'attaquer à eux. Charton se mit sur la fenêtre, cria qu'on s'arrêtât, qu'il répondait de tout; mais on tira sur lui. Il descendit, il s'offrit pour otage. En un moment, il fut coiffé de cinq cents coups, s'arracha à grand'peine et se cacha aux lieux d'aisances. Miron fut moins heureux encore. Il entreprit de se faire jour pour aller faire armer ses gens et délivrer l'Hôtel-de-Ville. « Vous périrez ! lui dit-on. — Il n'importe que je périsse en faisant mon devoir. » A peine sur la Grève, il crie : « Je suis Miron. » Il est jeté à terre par un savetier qu'il avait naguère empêché de tuer un magistrat. Un cuisinier et un petit laquais de Condé frappent dessus; il est percé de coups.

Les amis que Condé avait dans l'assemblée, fort

étonnés de voir massacrer les frondeurs, se hâtent de faire un écriteau en grosses lettres, y écrivent *Union*, espérant désarmer l'émeute. Mais l'émeute était ivre de vin, de sang, n'y voyait plus. Ferrand, l'un d'eux, qui descendit, fut tué à côté de Miron.

Cependant Condé et Monsieur étaient entourés de personnes qui priaient, suppliaient, pleuraient pour qu'on envoyât au secours. Le laquais d'un des partisans dévoués de Monsieur, qui était à l'Hôtel-de-Ville, arriva jusqu'au prince. Il le trouva paisible qui sifflait. « Monseigneur, ils vont tuer mon maître! » Le voyant sourd, paralytique, aveugle, il perdit tout respect, l'empoigna par le bras, croyant le faire lever... Mais toujours ce bras retombait.

Un homme cependant arrive essoufflé. « Le feu est à l'Hôtel-de-Ville! » Monsieur dit à Condé : « Mon cousin, ne pourriez-vous pas aller mettre ordre à cela? — Monseigneur, dit Condé, je ne m'y entends point. Je me sens poltron pour ces choses. — Eh bien, dit Mademoiselle, j'irai. Il faut sauver le gouverneur et le prévôt. — J'irai avec vous », dit Condé. Mademoiselle l'en empêcha. Elle n'alla pas jusqu'au bout. Au pont Notre-Dame, on lui dit qu'ils étaient enragés à ce point qu'ils avaient tiré sur le Saint-Sacrement qu'un curé apportait en Grève. Ses gens la supplièrent de ne pas avancer.

Le feu n'avait pas pris. Il n'y eut qu'une grande fumée dont les enfermés étouffaient. D'autre part, un curé parvint jusqu'à Beaufort, et lui fit honte de ce mélange horrible où il confondait ses amis. Il avança alors, sauva quelques personnes. Mais ce qui fut plus efficace, c'est que, les furieux soldats de Condé ayant été tués ou blessés en grand nombre, il ne restait guère sur la Grève que de la canaille. Ces meurt-de-faim, fort peu passionnés, imaginèrent qu'il y avait là une grosse affaire pour eux à dépouiller les richards, qui seraient trop heureux de n'être que volés. Ils montèrent, trente d'abord d'un même flot. Et ils trouvèrent l'affaire encore meilleure. Ces gens, qui n'attendaient que la mort, non seulement se laissèrent voler très volontiers, mais leur proposèrent des traités, deux cents francs, trois cents francs pour être ramenés chez eux. Ce commerce honteux, misérable, de vies humaines, qui s'était fait à la Saint-Barthélemy, se revit dans Paris. Les défenseurs payés se croyaient si autorisés d'en haut, qu'ils ne faisaient difficulté de dire leurs noms, leurs métiers, leur adresse, et venaient froidement toucher le lendemain le prix convenu de la veille.

Mademoiselle, qui, dans tout cela, montre un cœur de princesse, et point du tout un cœur de femme, donne la belle excuse qu'elle fit chercher un trompette pour l'envoyer devant et obtenir passage, mais qu'il ne s'en trouva pas dans tout Paris. Elle était revenue au Luxembourg. Son père, après avoir eu peur d'agir, commençait à avoir peur de n'agir pas. Il l'obligea de retourner. Il était minuit, et tout fini. Elle ne rencontra guère de vivants, mais des morts empilés dans une charrette, et si négligemment jetés que les jambes et les bras roidis passaient d'ici et de là. « Je ne fis que changer de portière, dit-elle, de crainte que les pieds ou les mains ne me donnassent par le nez. » La nuit était très belle, fort chaude. Cette fille sensible rit fort en rencontrant des marchandes en chemise qui causaient sur la porte avec leurs bons amis en costume plus simple encore. La Grève était moins gaie. « Je ne vis jamais, dit-elle, un lieu plus solitaire. » Beaufort la fit passer sur les poutres fumantes. Elle trouva dans un cabinet le prévôt, et le sauva d'un danger qui n'existait plus.

Il était presque jour. Paris se reconnaissait. On commençait partout à raconter la chose. Et tout tombait sur Condé. « Il y eut un mouvement d'horreur », dit Joly. — Et Mademoiselle elle-même : « Ce fut le coup de massue pour le parti. » Et le prudent Omer Talon ne fait pas difficulté de dire : « Le coup le plus barbare, le plus sauvage qui se soit fait depuis l'origine de la monarchie. »

Condé fit l'expérience du changement terrible qui s'était fait pour lui. Son partisan, le conseiller Leboult, vint trouver les deux princes à la tête de plusieurs des victimes échappées, et, quand ils le pressèrent d'articuler qui l'on croyait coupable, il dit fermement : « Vous. » A quoi Condé ne dit rien autre chose, sinon « que personne ne dirait cela qu'il ne le fît périr ».

Un autre de ses partisans, le conseiller Croissy, se déclara hardiment contre lui quand il voulut faire recevoir son ami Rohan duc et pair. Condé en vint à bout par la menace, et, comme il raillait Croissy en sortant et disait qu'après tout il n'agissait que pour chasser les Mazarins, Croissy, en levant les épaules, lui dit : « Je voudrais que personne n'eût pas plus d'intelligence que moi avec lui. » Mot sanglant qui notait cette duplicité exécrable : un massacre opéré pour traiter plus facilement, et la Fronde égorgée pour pouvoir mieux trahir la Fronde.

L'indignation, l'horreur de son propre parti, l'obligèrent de donner quelque satisfaction à l'opinion. Il fit dire aux églises qu'on révélât ce qu'on saurait des auteurs du massacre. Ils n'étaient pas difficiles à trouver. On prit tout d'abord le petit laquais et le cuisinier de Condé. On les avait vus frapper Miron à terre. Le rapporteur de l'affaire trouve un matin écrit sur sa porte : « Si vous les faites mourir, vous êtes mort ! »

Mais, en les défendant, Condé se fût séparé de la Fronde. L'assemblée, chargée de nommer un nouveau prévôt, nomma Broussel à l'unanimité, et l'une des victimes échappées du 4, Charton, brouillé avec les princes et désormais leur ennemi, eut presque autant de voix que Broussel. Celui-ci, octogénaire, maladif et de plus en plus, était incapable d'agir. Sa fermeté, sa probité connue, portent à croire cependant qu'il n'accepta qu'autant que l'on ferait justice. Les deux meurtriers furent pendus.

La désertion avait réduit Condé de cinq mille hommes à deux mille cinq cents. Et il n'osa plus même les tenir campés à Saint-Victor, où les bourgeois, pillés et irrités, eussent fini par les assommer. Les bouchers et nombre d'hommes pareils, pour garantir Retz, disaient-ils, avaient fait du cloître Notre-Dame une place d'armes. Les tours étaient pleines de poudres, de balles et de grenades. La terreur, lancée par Condé, lui revint à lui-même. Il offrit aux bourgeois de faire pendre ceux qu'ils voudraient, et finalement éloigna ses soldats et les mit hors Paris en jurant qu'ils ne prendraient pas un épi de blé.

Cependant le massacre avait eu son effet. Les négociations furent plus faciles. Mazarin se prit platement à croire que Condé était fort, qu'il était maître de la ville, et, comme le prétexte unique et dernier de la résistance était sa présence à la cour, il fit encore la comédie de se retirer pour un temps.

Condé semblait fou de fureur, de dégoût de lui-même. Pendant que la grande folle Mademoiselle essaye de le soutenir d'argent, il se rue dans l'orgie avec une comédienne, si bien qu'il en tombe malade. On croit relire l'histoire de Charles IX, qui se tue sur Marie Touchet.

Il put s'apercevoir que le respect était perdu. Rieux, un de ses partisans, lui résistant en face, il lui donne un soufflet, réclaqué sur-le-champ à la joue de Condé. On les prit tous les deux au corps, ce qui n'empêcha pas qu'ils ne pussent encore échanger les gourmades.

Tout le monde, sous ses yeux, avait quitté la *paille*, signe de son parti, pour mettre au chapeau le *papier*, le signe royaliste. Paris et lui étaient las l'un de l'autre. Les Espagnols avaient payé le duc de Lorraine pour venir le secourir. Il partit de bon cœur pour aller le rejoindre. Il enviait la vie errante de ce massacreur mercenaire, joyeux, plaisant dans les horreurs d'une guerre anthropophage.

Voilà Condé et Mazarin partis. Et Condé est perdu. Mazarin même, quoique, tenant le roi, il tienne tout, aurait peine à se relever (comme on verra) sans l'épée de Turenne.

Que reste-t-il de la Fronde? Rien matériellement qu'une prodigieuse misère. Et moralement ? Pis encore : le dégoût de l'action, l'horreur d'agir jamais.

Est-ce tout? Oui, pour le présent. Pour l'avenir et pour l'effet lointain, une chose reste : *une langue*, un esprit.

Si l'on nous passe une comparaison un peu trop familière et basse, si l'on veut, mais nette, et qui explique tout, la France avait eu jusque-là comme ce frein charnu de la langue qu'on coupe quelquefois aux enfants pour leur donner la liberté d'organe. La Fronde nous coupa le filet.

On put croire que la France allait être lancée cent ans plus tôt dans une audace extraordinaire d'esprit. Mazarino avec son baragouinage avait déchaîné la verve comique, et le burlesque même. L'idolâtrie royale fut atteinte un moment, et ce fut un fou rire d'avoir vu les visages sous les masques, surpris les dieux dans la bassesse humaine, l'Olympe sur la chaise percée. On ne s'arrêta pas au mari de la reine. La reine elle-même, « la bonne Suissesse », comme dit Retz, que le peuple appelait sans façon *Madame Anne*, fut chansonnée, et, bien plus, racontée. Le *Rideau du lit de la reine*, c'est le titre d'un de ces pamphlets. Mais voici le plus fort. Richelieu sort de son tombeau. Son petit *Journal* (d'une authenticité terrible, signé de la griffe du lion) dit au nom de l'histoire la comédie intime, bien plus forte et bien plus comique que n'auraient pu l'imaginer le faible Marigny et le bonhomme Scarron.

L'autel n'impose pas beaucoup plus que le trône. Les *esprits forts*, brûlés naguère, sont en faveur de la Fronde, hors la Fronde. Ils se prélassent au Louvre. L'intime ami du cardinal de Retz, le joyeux Brissac, qui, la nuit, court les rues avec ses amis, las de battre le guet, trouve plus amusant de battre Dieu. Voyant le Crucifix, il y court l'épée haute, en criant : « Voilà l'ennemi ! »

Le favori de Richelieu, Bautru l'athée, n'en est pas moins toujours chez la dévote reine, comme un animal domestique, chien ou chat favori. Ses bons mots sont célèbres. Un jour, à la procession, il ôte son chapeau devant le Crucifix. « Quoi ! dit-on, vous, Bautru ? — Oh ! dit-il, nous nous saluons, mais nous ne nous parlons pas. »

Est-ce Vanini qui ressuscite ? ou bien déjà Diderot ? Rien de tel. Les grandes révoltes sont ajournées. La petite affaire janséniste va absorber les plus hardis.

Tant d'agitations inutiles ont excédé l'esprit public. C'en est fait de la comédie pour quelque temps. On souffle les chandelles, et la farce est jouée. L'auditoire est heureux d'être mis à la porte. Il bâille et va se mettre au lit. Les bouffons de la pièce, pamphlétaires, satiriques, rieurs gagés, n'y gagnant plus leur vie, tournent bientôt au madrigal, plus lucratif, soupirent à tant par vers, et riment pour les ballets du roi.

Ce roi jeune et galant, qui danse le *Zéphyr*, qui à lui seul joue les *Jeux et les Ris;* qui tout à l'heure sera Phébus ou le Soleil (soleil d'amour des Mancini, des La Mothe et des La Vallière), voilà l'idole de la paix, le culte nouveau de la France. Si elle est vraiment amoureuse, elle est femme, et ne rira plus.

Qui trouvera-t-on qui rie encore? qui garde l'esprit de la Fronde? un seul homme peut-être. Dans un triste hôtel du Marais, non loin de Marion De Lorme et de la jeune Ninon, l'Homère grotesque, le Virgile cul-de-jatte, Scarron, fait le *Roman comique.* Rieur obstiné, intrépide, il rit sur son grabat, sur ses propres ruines, sur les ruines du monde. Il se divertit à conter la vie aventureuse d'une société de carnaval, aussi morale, aussi rangée que l'administration de Mazarin et de Fouquet. Peinture divertissante et basse; mais plus basse, de beaucoup, est la réalité de ce temps-là, lorsque Ragotin trône au Louvre.

La meilleure farce, au reste, de Scarron, c'est celle qu'il a faite sans en deviner la portée. Je parle de son mariage. La jeune Aubigné, qu'il nourrit, qu'il élève (jolie petite prude qu'il prend, ma foi, pour lui), comme il rirait s'il prévoyait qu'il la prépare pour le grand roi! Tant pis pour celui-ci, qui n'y pense que trente ans trop tard. Scarron doit passer avant lui.

Que fût-il devenu, le pauvre homme, si d'avance il eût lu les deux inscriptions qu'on voit aux voûtes de la chapelle de Versailles, et qui disent si bien les deux religions de l'époque : le *roi* dieu du peuple, et *madame Scarron* dieu du roi !

Intrabit in templum suum dominator. Le roi entrera dans son temple.

Rex concupiscet decorem tuum. Ta beauté remplira le roi de désir et de concupiscence.

Voilà pourquoi la foule, en ces derniers temps de Louis XIV, s'obstinait, dit Racine, à demander et faire jouer les farces de Scarron. On l'évoquait pour voir cette vengeance de la Fronde. Scarron ne revint pas. Il eût trop ri. Il eût eu l'aventure de l'Arétin, qui, dans un tel accès, tomba à la renverse et se cassa la tête. Il fût mort une seconde fois.

CHAPITRE XXXVII

Turenne relève Mazarin. — Règne de Mazarin. (1652-1657.)

Les *Mémoires* véridiques du modeste Turenne et ceux de son jeune lieutenant York (depuis Jacques II) nous apprennent que, sans la fermeté de ce grand militaire, la cour et Mazarin lâchaient pied, cédaient tout. N'étant reçus ni à Paris, ni à Rouen, *ni dans aucune ville de France*, sans lui ils fuyaient jusqu'à Lyon.

C'est-à-dire que Paris, que la France, qui vomissait Condé, ne voulait pas pour cela ravaler Mazarin. Excessif était le dégoût, et la nausée mortelle. Pour qu'on subît cette odieuse médecine, il fallut un peu d'aide. Il fallut la douce contrainte d'une exécution militaire par trois armées (de Turenne, de Condé et des Lorrains), qui fit de la banlieue, à dix lieues à la ronde, un désert comparable à ceux de Picardie et de Lorraine.

Turenne, qui s'efface partout ailleurs, dit ici nettement (et je le crois) qu'il eut les grandes initiatives du temps :

1° Il arrêta la cour, effrayée de l'entrée des Espagnols qui venaient secourir Condé ; *il l'empêcha de fuir* (juillet 1652).

2° Mazarin, s'éloignant encore pour apaiser et faire céder les résistances de Paris (août), Turenne prit toute précaution pour que cet éloignement ne fût pas définitif et *pour assurer son retour.*

3° Il inquiéta les Espagnols qui n'allèrent pas plus loin que Laon. Il prit une bonne position à Villeneuve-Saint-Georges, et y *tint un mois en échec Condé, et les Lorrains* (septembre).

4° Enfin, il donna à la cour, à la reine et au jeune roi le courage de *rentrer dans Paris*, qu'ils redoutaient toujours. A ce point qu'arrivés aux portes, et sachant que Monsieur y était encore, la peur qu'ils eurent de ce peureux leur eût fait rebrousser chemin si Turenne n'avait insisté, se mettant au même carrosse, et les couvrant de la présence du redoutable général qui venait de primer Condé (21 octobre).

La chose réussit. Le peuple applaudit fort le roi. Déjà le clergé de Paris, Retz en tête, les corps de métier, l'avaient prié de revenir. Le 22, le Parlement est mandé au Louvre, dans une salle pleine de soldats et sous l'œil de Turenne. Là, ce beau jeune roi, qui la veille avait été si près de rebrousser chemin, fait lire aux magistrats, vaincus sans combats, la défense de se mêler d'aucune affaire publique, ni spécialement de ses finances, ni entreprendre contre ceux à qui il confie l'administration. C'est la proclamation solennelle et définitive de la monarchie absolue, du grand règne, et de l'âge d'or, qui, parti de la banqueroute, aboutit en un demi-siècle à la sublime banqueroute des trois milliards qui rasa le pays.

Le cardinal de Retz, qui, dès septembre, a reçu le chapeau, est accueilli, caressé et choyé. La reine lui déclare que lui seul a mis le roi dans Paris (éloge vrai, il divisa la Fronde). Et lui seul est frappé. Le 18 décembre, on le met à Vincennes. Alors Mazarin, rassuré, hasarde de rentrer à Paris (février 1653).

Ce qui rend dans tout cela l'initiative de Turenne bien étonnante, c'est que *seul* à la cour il s'obstina pour Mazarin. La reine était entourée de gens lassés et excédés de lui. Elle avait sous la main un homme digne et capable, Châteauneuf, qui l'eût remplacé. L'aimait-elle encore véritablement? Elle venait de sentir son ingratitude, sa perversité (dans la tentative de lui enlever le jeune roi par le goût des plaisirs honteux). Dès son premier voyage, elle avait paru vacillante. Combien plus au second! Par quoi la tenait-il? Très probablement par le mariage. Mangeuse et fort sanguine, sensuelle et dévote, le tempérament, les scrupules, la ramenaient à cet homme méprisé, odieux, dont elle avait besoin. Elle le dit nettement dans une lettre comme les femmes n'en écrivent guère (Voy. Ravenel, Walckenaër (*Sévigné*) et Cousin (*Hautefort*). Elle y avoue « qu'elle n'en peut plus... Et il sait bien de quoi ».

Turenne, très bon observateur, vit cela, et conclut

que, de toute façon, Mazarin finirait par revenir. Il craignit de compliquer la résistance militaire par une révolution de cour.

Cela semblait d'un esprit positif, d'une politique prudente, basse, il est vrai, mais sûre. Si ce coquin était indispensable, si le salut, la paix, étaient en lui, il fallait bien le prendre. Mais on eût pu cependant objecter que Turenne, en portant si haut le drapeau de Mazarin, en voulant même, à son départ, *qu'on déclarât qu'il reviendrait,* se créait, par la force de ce nom détesté, une difficulté très réelle et au roi un obstacle. Il n'y parut pas dans le Nord, mais beaucoup dans le Centre, et encore plus dans le Midi. Tandis qu'on avait si peu de forces devant l'invasion espagnole, il fallut employer des troupes en Bourbonnais, et bien plus en Guyenne, où la résistance contre Mazarin dura un an encore. Pourquoi? Il s'obstinait, dans ce grand péril de la France, à faire recevoir à Bordeaux le fils du duc d'Épernon, plus détesté que Mazarin même, mais qui devait épouser sa nièce!

Hors de la guerre, Turenne était un très pauvre homme, tout à fait terre à terre, et s'il ne fit jamais de mauvaise manœuvre, il fit bien des fausses démarches.

A lire ce qui précède, on le croirait un Machiavel, un égoïste et hardi courtisan, qui eût calculé que, cadet et pauvre, simple vicomte de Turenne, il arriverait plus tôt au commandement général des armées en se donnant pour maître un étranger isolé, méprisé. Mais ce n'est pas cela. Ses vrais motifs furent autres, tout militaires. Pour les comprendre, il faut connaître les hommes de la Guerre de Trente-Ans.

Turenne et sa petite armée étaient une même personne, presque autant que l'armée de Lorraine et son duc, l'aventurier célèbre. Chacun des avis de Turenne et de ses conseils à la cour fut absolument relatif à la position et au salut de cette armée. Quand il empêcha en juillet la cour de fuir à Lyon, on allait l'affaiblir encore, lui prendre une escorte de deux mille hommes; et cette armée, ainsi mutilée, frappée moralement par l'abandon du roi, eût bientôt cessé d'exister. Quand il exigea en octobre que le roi hasardât de rentrer à Paris, ce fut, dit-il, parce que, sans cela, il n'y eût eu pour l'armée « ni argent ni quartier d'hiver. Les officiers quittoient déjà tous les jours, faute de subsistances ».

Comprenons bien ce que c'est que Turenne.

Les très bons portraits qu'on en a donnent une tête assez forte, médiocre, bourgeoise, où personne ne devinerait le descendant des Turenne du Midi, ni le frère de M. de Bouillon. C'est un terne visage hollandais (il l'était de mère et d'éducation), qui tournerait au bonasse s'il n'avait la bouche fort arrêtée, réservée, mais très ferme.

Cet homme de si grande résolution était hésitant de parole, trivial, ennuyeux, filandreux. L'état d'infériorité où il fut longtemps, comme cadet et bas officier dans les armées de la Hollande, resta en lui toute sa vie. Il était fort modeste, fort serré, non avare, mais extrêmement économe. Ses lettres de jeunesse le disent assez. Il y parle et reparle de son habit *qui passe*. Lui-même il était né râpé.

Son flegme était extraordinaire, et rien, pas même la plus brusque surprise, ne l'en faisait sortir. Tout le monde sait l'anecdote suivante, qui, du reste, lui fait honneur. Il se levait de fort bonne heure. Un matin qu'il prenait l'air à la fenêtre, un de ses gens, voyant un homme accoudé là en bonnet de coton, le prend pour son camarade, et lui applique amicalement un énorme soufflet au bas du dos. L'homme se retourne, et c'est Turenne. « Monseigneur, s'écrie le frappeur à genoux, j'ai cru que c'était *Georges*... — Mais, quand c'eût été *Georges*, dit Turenne en se frottant, il ne faut pas frapper si fort. »

L'homme était excusable. Et tout le monde croira voir *Georges* si vous mettez à ses portraits un bonnet de coton.

En ce temps d'emphase espagnole et de héros à la Corneille, la prose apparut dans Turenne. On y vit que la guerre était chose logique, mathématique et de raison, qu'elle ne demandait pas grande chaleur, tout au contraire, un froid bon sens, de la fermeté, de la patience, beaucoup de cet instinct spécial du chasseur et du chien de chasse, parfaitement conciliable avec la médiocrité de caractère.

Les *Mémoires* de Turenne n'indiquent pas qu'il ait jamais eu une émotion, jamais aimé, jamais haï. On dira que ce sont des *Mémoires* militaires, et qu'il n'a voulu qu'expliquer ses opérations. Cependant il est surprenant de voir que même les maîtres de son art, le grand Gustave, l'habile et savant général Mercy (son vrai maître en réalité), n'obtiennent à leur mort, d'un écrivain si prolixe, pas un mot de sympathie. Une ligne pour Gustave dans une lettre, une pour Mercy dans les *Mémoires*, et voilà tout. Cependant, à Nordlingen, si Mercy n'eût été tué, Turenne n'eût pas sauvé Condé, et la bataille était perdue.

Il est bien entendu que les effroyables événements qu'il traverse, l'état du peuple que son armée dévore, lui sont parfaitement indifférents. Il y a de temps en temps une ligne funèbre, mais rien de plus. « Pas un paysan dans les villages » (d'Alsace, p. 363). — On passe cent villages sans rencontrer un homme » (en Palatinat, p. 342). — « Dans ce pays (de Moselle), il n'y a pas de quoi nourrir quatre hommes » (p. 399).

Quant aux environs de Paris, on sait, mais non par lui, dans quel état ils se trouvaient, pillés et repillés, ravagés, affamés, outragés par les trois armées, puis empestés des cadavres innombrables d'hommes et de chevaux. Les belles dames de Paris s'en vont, en se bouchant le nez, à travers les charognes, faire collation dans ces armées, et Turenne fait taire le canon quand Mademoiselle va visiter Condé. Mais ces galanteries ne diminuent point l'horreur de la guerre. « Depuis cinq ans, ni moisson ni vendange (Voy. Feillet). Nous rencontrons des hommes si faibles, qu'ils rampent comme des lézards sur les fumiers. Ils s'y enfouissent la nuit comme des bêtes, et s'exposent le jour au soleil, déjà remplis et pénétrés de vers. On en trouve gisant pêle-mêle avec leurs morts, dont ils n'ont pas la force de s'éloigner. Ce que nous n'oserions dire, si nous ne l'avions vu, ils se mangent les bras et les mains, et meurent dans le désespoir. »

Le duc de Lorraine, en ces choses, était admirable. Il disait que son armée ne pouvait manquer de vivres, parce qu'au besoin elle mangeait les morts ou les blessés. Il était bon et indulgent pour les jeux du soldat. Un de ces jeux, à Lagny, c'est de rôtir un enfant dans un four; ailleurs, de voir lequel du mari ou de la femme, tous deux fouettés d'épines à mort, mourra le premier dans son sang. Cette armée était gaie, comme son chef, et facétieuse. On s'y amusait fort. Une des raisons décisives qui firent quitter Paris à Condé, nous assurent les plus graves témoins, c'est qu'il s'amusait beaucoup plus dans cette vie d'agréable aventure.

Turenne n'aimait pas les gaietés excessives, non par souci du peuple, mais parce qu'elles ensauvagent le soldat et le rendent indisciplinable. Il aimait les hommes rangés, laborieux, patients, à son image, et il les faisait tels pour l'intérêt du service. Aux batailles et aux campements, il ne se fiait pas aux bas officiers, comme les Espagnols, ni dans les sièges aux ingénieurs, comme les Hollandais. Il allait le matin à la tranchée; il y allait le soir, et il y retournait pour la troisième fois après souper. Lui-même, il instruisait sans cesse les capitaines de ce qu'il y avait à faire. C'était un maître autant qu'un général. Il les formait soigneusement, ne les traitait nullement comme des machines. Parfois même cet homme serré, économe, pour s'assurer d'un officier qui pouvait être utile, allait jusqu'à ouvrir sa bourse personnelle et le remontait de son argent.

Il connaissait parfaitement l'ennemi, et devinait heure par heure ce qu'il faisait ou voulait faire. Il comprit en juillet 1652, quand, avec sept mille hommes, il marcha contre trente mille, que les Espagnols ne voulaient pas sérieusement l'invasion, qu'ils ne voulaient pas faire Condé roi de France, qu'ils ne s'amuseraient pas à conquérir ici pour rendre bientôt, et qu'ils tenaient bien plus à reprendre leurs places de Flandre. Il savait qu'au moment où ils faisaient Condé leur général, ils s'en défiaient, et que l'assurance même de Turenne à marcher si faible contre eux augmenterait leurs soupçons. Ce qui pouvait y ajouter, c'est que tous deux entretenaient (par pur amour de l'art) une correspondance. Turenne n'avait pas un succès que respectueusement il ne fît juge son ancien général des soins qu'il prenait pour le battre.

Si Condé méritait d'être puni pour avoir passé aux Espagnols, il le fut à coup sûr. Ils le firent général, mais en le liant, l'entravant. Des lieutenants comme un gouverneur des Pays-Bas, ou un duc de Lorraine, ne pouvaient obéir. Et d'ailleurs la vieille tactique espagnole des temps de Charles-Quint, leur méthode des campements romains, retranchés chaque soir, mettait obstacle à tout. La hiérarchie était inflexible, l'étiquette immuable, à l'armée tout comme à Madrid. Un jour que Turenne observait leur camp de très près, ses lieutenants s'étonnèrent de voir un homme si sage se hasarder ainsi. Il répondit : « Soyez tranquilles. Le commandant de ce quartier, Fernand de Solis, n'entreprendra rien de son chef. Il enverra demander permission au général Fuensaldagne, lequel ne fera rien sans en avertir l'archiduc. Mais l'archiduc a tant d'égards pour le prince de Condé, qu'il le fera prier de décider avec lui en conseil de guerre sur ce qu'on pourrait faire. Donc, nous avons le temps d'observer. Nous ne risquons rien, sauf peut-être un coup de canon. »

Ce fut encore bien pis quand Don Juan d'Autriche, le fils du roi d'Espagne, vint succéder à l'archiduc. A chaque campement, en arrivant, il se mettait au lit. L'occasion la plus favorable de livrer bataille fut perdue une fois, parce qu'on n'osa pas l'éveiller.

Turenne crut qu'en combattant des gens si sages on pouvait être hardi. En 1653-1654, n'ayant encore que des moyens très faibles, il prit les places de Champagne que possédait Condé, et qui étaient le vrai chemin de l'invasion, comme il l'explique. Puis, lorsque Condé, fortifié de deux armées, espagnole et lorraine, essaya par la Picardie ce qu'il ne pouvait plus par la Champagne, Turenne audacieusement (et seul de son avis) ne couvrit point Paris. Il passa derrière l'ennemi, et se mit entre lui et les Pays-Bas. Cependant, à Péronne, Condé crut pouvoir l'accabler. Mais le général espagnol, qui avait peut-être défense de livrer bataille, exigea un conseil de guerre. Or, pendant le conseil, Turenne, qui avançait toujours, était déjà en sûreté.

Ses misères n'étaient pas finies. Dans les années qui suivent, il opéra avec des armées bien plus fortes. Mais son indigne maître, Mazarin, comprit si peu le signalé bonheur qu'il avait eu d'être sauvé par un tel homme, qu'il lui donna toujours pour égaux dans le commandement : le médiocre La Ferté, qui arrivait toujours trop tard, s'étonnait, s'embrouillait ; bien plus, le brutal Hocquincourt, un soldat inepte et perfide, dont le mérite unique était d'avoir offert d'assassiner Condé et d'avoir ramené Mazarin.

On voit très bien, dans les récits, quoique modestes et fort doux de Turenne, jamais accusateur, combien ces généraux de Mazarin lui furent embarrassants et dangereux. En 1654, la grande armée des Espagnols voulant reprendre Arras, Turenne exigea, décida qu'on forcerait leurs lignes. La Ferté, Hocquincourt, ne s'en souciaient pas, et croyaient la chose impossible. Ils s'y prirent de manière qu'elle le devint presque en effet. L'attaque générale devait se faire la nuit ; ils n'arrivèrent qu'au jour. Mais déjà Turenne seul avait forcé les lignes et défait l'ennemi.

Cela ne décourage pas Mazarin. Il maintient La Ferté pour commander avec Turenne. Il en résulte à Valenciennes (1656), qu'ils assiégeaient, le plus terrible événement. Les Espagnols, ayant rompu la nuit les écluses des marais voisins, attaquent, à la faveur de cette inondation, le corps de La Ferté, ne rencontrent nulle garde avancée, prennent le général, tous les officiers, tuent quatre mille hommes. Tout cela en un quart d'heure. Jamais le sang-froid de Turenne ne parut davantage. Lui seul, il n'eut pas peur, n'éprouva aucun trouble, retira son canon, et s'en alla au petit pas. L'armée croyait rentrer en France, et déjà le bagage en avait pris la route. Mais Turenne le fit arrêter, resta en pays ennemi, campa près du Quesnoy. Les ennemis, ayant eu du renfort, semblaient devoir venir à lui. Les nôtres étaient d'avis de ne pas les attendre. Turenne ne bougea, attendit. Les Espagnols respectèrent son repos.

Notons un fait piquant. Dans une occasion (*Mém. d'York*, page 589), Turenne a peur, Mazarin n'a pas peur. Les prêtres et les femmes ne craignent rien. Il s'agissait de passer une rivière sous le feu de l'ennemi; mais devant la rivière il y avait encore des marais et des retranchements, des fossés, et l'on n'arrivait au passage que par une étroite chaussée. Mazarin soutenait que, le roi étant là en personne, on devait braver tout, passer. Turenne objecta qu'on perdrait trop de monde. Mais cela n'eût guère arrêté s'il n'eût montré la chose comme absolument inutile, parce qu'on pouvait passer plus bas.

Était-ce humanité? Non, prudence et bon sens. Des romanciers ont travesti Turenne en je ne sais quel philanthrope, un Fénelon guerrier. Il n'y a rien du tout de cela. La réalité est que la Guerre de Trente-Ans, ayant perdu ses fureurs, ses chaleurs, ayant usé cinq ou six générations de généraux, de plus en plus indifférents, sans passions et dégagés d'idées, a fini par produire l'homme technique ou l'art incarné, lumière, glace et calcul. Nulle émotion ne reste plus.

C'est la guerre quasi pacifique, mais non moins meurtrière.

Un froid mortel saisit; une Sibérie à geler le mercure. On voyage dans la nuit des pôles, plus lumineuse que le jour, où l'on voit des batailles de glaces heurtant les glaces, de cristaux brisant des cristaux. Un grand désert. Plus d'hommes, et pas même de morts. Et même on ne s'en souvient plus.

CHAPITRE XXXVIII

Paix des Pyrénées. — Triomphe et mort de Mazarin. (1658-1661.)

Mazarin, on l'a vu avant la Fronde, avait pendant cinq ans exploité le royaume par la force d'opinion que lui donnait alors une victoire annuelle de Condé. Pendant sept ans (après la Fronde), il se releva, brilla, grandit par les solides résultats des succès de Turenne. Il en tira cette gloire qu'à la dernière campagne l'Espagne, sérieusement menacée de la perte des Pays-Bas, rechercha, demanda (1658) la paix que Mazarin avait d'abord offerte.

Donc, par deux fois le génie militaire couvrit devant l'Europe la honte d'un gouvernement vil, trompa sur son habileté.

Ce qui est évident, c'est qu'au temps du plus grand péril (1652), et constamment dans les années qui suivent, Mazarin subordonna entièrement les affaires de la France : 1° au placement de sa famille, au mariage de ses nièces; 2° à son avarice, à la création d'une énorme fortune, la plus monstrueuse qu'aucun ministre eût eue jamais. Ni Concini ni Luynes ne sont rien à côté.

Pour faire cardinal son frère, il avait presque fait la guerre au pape, et ce frère, un moine imbécile, il le fit vice-roi de Catalogne. Pour cette position si importante, si précieuse, qui nous mettait au cœur de l'Espagne, on eût dû ménager le peuple catalan à tout prix.

Pour marier une nièce au fils du duc d'Épernon, il aigrit, prolongea la guerre de Guyenne, la résistance de Bordeaux.

Pour décider le prince de Conti à épouser une autre Mancini, il donna à ce prince, élevé pour l'Église, contrefait, qui, d'ailleurs, n'avait point vu la guerre, l'armée des Pyrénées, celle qui, par la Catalogne et l'Aragon, devait prendre l'Espagne corps à corps.

Une autre nièce épouse le frère du duc de Modène, qui, avec la Savoie, nous fait attaquer et manquer Pavie. C'est par un mariage semblable que le prince Thomas de Savoie gagne le cœur de Mazarin. Son fils, le comte de Soissons, épouse Olympe Mancini, dont il aura le prince Eugène, le futur fléau de la France.

Au total, il avait sept nièces, qui toutes eurent des dots énormes, la moindre six cent mille livres (d'alors) et le gouvernement d'Auvergne. La plus riche, dont le mari s'appela duc de Mazarin, eut, à la mort de l'oncle, un million et demi de rentes (six millions de rentes d'aujourd'hui).

M. de Sismondi, savant économiste, s'efforce d'expliquer comment la France, après la guerre civile, *put se remettre* sous Mazarin. Vaines explications. Les faits montrent qu'*elle ne se remit pas du tout.*

Huit ans après la Fronde, l'année même où meurt Mazarin (1660), les rapports cités par M. Feillet nous apprennent cette chose lamentable que *non seulement aux provinces frontières* (Bourgogne, Picardie, Champagne, Lorraine), mais dans *celles de l'intérieur,* par exemple dans l'Angoumois, la misère était la même qu'*aux environs de Paris.* Les pauvres mangeaient encore, comme au temps de la Fronde, les bêtes jetées à la voirie, les disputaient aux chiens.

On a vu l'impuissance, l'insuffisance et la misère des secours qu'essaya d'organiser l'excellent Vincent De Paul, les trois sous *par mois* qu'on donna dans l'année la plus dure aux populations les plus affamées. Ajoutez-y les soupes économiques (d'herbe et d'eau claire, c'était à peu près tout), les *magasins charitables,* où chacun doit porter ce qui ne lui sert pas. La liste des objets donnés est curieuse ; on rirait si l'on ne pleurait : « Dix-neuf lanternes, vingt-six douzaines de chapelets, des vieux peignes, vingt-trois seringues, etc., etc. » (Feillet).

Du jour où Richelieu voulut toucher aux biens d'Église, ne put et recula, la charité, aussi bien que l'État, devait perdre à jamais l'espoir. Et les petites aumônes tirées par cette Église si riche du bon cœur de nos dames et de leurs petites économies, ne purent être que ridicules devant le monstrueux fléau qui peu à peu but le sang de la France.

Quel fléau ? Deux pompes aspirantes d'incalculable force.

1° La grande pompe centrale du fisc, l'exploitation violente de la France par un coquin pour un coquin. Je parle de Mazarin et de Fouquet, à qui il confia les finances.

2° La pompe universelle de toutes les tyrannies locales. Elles ressuscitent sous un gouvernement faible et fripon, qui se sent trop coupable pour accuser aucun coupable; les campagnes livrées aux seigneurs, avides, nécessiteux et luxueux. Nous aurons pour l'Auvergne le récit aimable et badin du jeune abbé Fléchier, qui montre en ce pays la sauvage horreur du temps féodal, aggravée des caprices d'une tyrannie malicieuse, dont les temps barbares n'eurent jamais l'idée.

Que les peuples soient exploités, volés, c'est la chose ordinaire. On n'y ferait pas attention s'il n'y avait eu ici dans le vol une lâche audace, une intrépidité de bassesse, qu'on nous passe ces mots, toute nouvelle et originale, qui ne s'est peut-être vue qu'une fois.

On vit en huit ans cette chose surprenante, miraculeuse, absurde : *un homme qui était maître et roi*, prenait ce qu'il voulait, *et qui pourtant volait le roi*, c'est-à-dire se volait lui-même.

Il était l'État en réalité (autant que le fut jamais Louis XIV). Et en même temps il faisait des affaires avec l'État, s'était fait financier, partisan, munitionnaire. Il trafiquait des vivres, spéculait sur l'artillerie, gagnait sur la marine. Il avait pris à son compte la dépense de la maison du roi.

Quoiqu'il eût tant d'esprit pour l'intrigue et le *ravaudage* (dit si bien Retz), il n'avait ni intelligence ni connaissance de la France qu'il exploitait. De sorte qu'à chaque instant, sans tact ni pudeur, à l'aveugle, il faisait des choses immondes. Il avilit les charges, les dignités, en les vendant et les multipliant. « Il aimait mieux faire dix ducs et pairs que donner dix écus. »

Peu avant sa mort, il promet un siège de président à un homme aimé de la reine. L'homme vient le remercier : « Oui, mais j'en veux cent mille écus. » La reine eut beau faire et beau dire ; il n'en démordit pas, disant toujours : « J'en veux cent mille écus. » Tout en disant cela, il mourut. Et on l'eut pour rien. (Montglat.)

On ne pouvait arriver à lui, à moins d'être joueur. Il était fort adroit aux tours de carte, et n'avait jamais pu se corriger d'avoir la main trop vive et trop habile. On dit qu'il choisissait les pièces fausses ou rognées pour les passer au jeu.

Il inventa un jeu nouveau, la spéculation sur la guerre. Il ne comprenait pas d'abord grand'chose aux affaires militaires. Ce qui le prouve, ce sont ses choix ridicules et d'avoir égalé un Hocquincourt au premier général du siècle. A mesure cependant qu'il aperçut qu'il avait en Turenne un génie infaillible, un joueur qui gagnait toujours, il voulut être de la partie ; il joua sur Turenne, s'associa d'avance à ses victoires, se fit son fournisseur de vivres, réalisa sur ses conquêtes de gigantesques bénéfices.

Vers la fin, il avait fait encore un pas. Il avait pris un intérêt dans l'entreprise honnête des pirates et des flibustiers qui faisaient la course sur le commerce des Hollandais, nos alliés. Excellente spéculation. On prit en moins de rien trois cents vaisseaux. La Hollande indignée envoya le grand Ruyter, qui prit tout simplement une petite représaille, deux vaisseaux seulement. Mazarin redevint souple, aimable, offrit satisfaction, promit mille choses qu'il ne donna jamais.

On a parlé beaucoup de l'habileté de Mazarin, de sa subtile politique, de sa fine diplomatie, de sa persévérance à continuer la tradition d'Henri IV et de Richelieu. On le redit, parce qu'on l'a dit. Ce sont choses convenues que tout le monde répète. Examinons pourtant. Henri IV et Richelieu cultivèrent, ménagèrent, se rallièrent les petites puissances. Le premier s'assura des Suisses, et fut étroitement uni avec les Hollandais. C'est avec ceux-ci que Richelieu eût voulu partager les Pays-Bas. Mazarin se brouilla avec les uns et les autres.

Dans la crise si grave où la rivalité maritime commençait entre l'Angleterre et la Hollande, c'était le moment ou jamais de s'attacher celle-ci. Mazarin ne voit là qu'une facilité de pirater. Noble commencement de cette longue série de sottises par lesquelles Louis XIV réussit à rattacher solidement la Hollande à l'Angleterre.

Cromwell, tout Cromwell qu'il pût être, avec sa république viagère, n'avait pas fait grand'chose, tant que l'invincible Ruyter promenait sur les mers le pavillon de Hollande. Cromwell était près de sa mort, et Charles II de sa restauration. L'Angleterre allait retomber. Qui fonda sa grandeur? La politique profonde de Mazarin, hostile à la Hollande, la politique profonde de Louis XIV, qui fait de notre ancienne et de notre meilleure alliée une chaloupe à la remorque du vaisseau britannique.

Littérairement, à coup sûr, la diplomatie française est charmante. Les dépêches de Mazarin, de Lyonne, etc., ne sont guère au-dessous des lettres de madame de Sévigné. Est-ce assez pour justifier l'admiration sans bornes qu'on a montrée pour cette diplomatie aux derniers temps? Regardons, je vous prie, surtout les résultats.

On pouvait s'y tromper en avril 1657, à la mort de l'empereur Ferdinand III. La France ne put faire élire son candidat, le duc de Bavière. Mais les princes du Rhin et autres, s'alliant à la France et à la Suède, n'élurent l'Autrichien Léopold qu'en lui faisant signer l'engagement « de ne donner aucune aide aux Espagnols ».

Ce succès de la France, poussant ceux-ci au désespoir, pouvait les décider à l'alliance monstrueuse de Cromwell, à unir le drapeau de l'État *catholique* entre tous à celui de la république *puritaine*. On assure qu'ils offraient au Protecteur d'assiéger avec lui Calais pour y faire rentrer les Anglais, les rétablir en France, guérir la plaie dont l'orgueil britannique saignait depuis cent ans.

Cromwell, dont le ferme et froid regard voyait très bien, malgré les succès de Turenne, l'épuisement réel de la France, la faiblesse misérable d'un gouvernement dilapidateur, demanda à Mazarin ce qu'il lui donnera à la place. Et celui-ci est trop heureux que l'Anglais accepte Dunkerque, Mardick et Gravelines, trois ports pour un, que Mazarin se fait fort de conquérir sur l'Espagne pour les lui donner.

Traité, au fond, fort triste, qui faisait de la France la servante de l'Angleterre, lui faisait employer son sang à conquérir pour sa rivale. Avec quel résultat? D'établir les Anglais sur le continent. — Non pas à Calais, il est vrai, mais à deux pas de Calais.

Qui ne voit que Dunkerque, en Flandre, mais si près de la France, n'était guère moins dangereux, permettant également la descente d'une armée qui pouvait à son choix tomber sur nous ou sur les Pays-Bas.

Le but de Mazarin, dit-on, était d'abaisser à la fois l'Espagne et la *Hollande*. Son traité avec l'Angleterre eût eu le résultat d'humilier la première sur terre, la *seconde sur mer*. Politique admirable, zélée pour la marine anglaise!

Turenne eut des succès rapides. Il gagna sur les Espagnols la bataille des Dunes (14 juin 1658), qui nous donna le bel avantage de mettre les Anglais dans Dunkerque. Puis, on prit Gravelines, Ypres, Oudenarde, Menin. On était maître du chemin de Bruxelles.

Si l'on y eût été, si l'on eût procédé sérieusement à la conquête des Pays-Bas, on aurait vu bien vite les résultats du traité qui mettait l'Anglais à Dunkerque. Il eût fait volte-face, n'eût jamais permis un tel agrandissement de la France, et, profitant de la descente qu'il avait par nous sur le continent, notre excellent ami nous eût pris par derrière.

La mort de Cromwell qui survint (septembre 1658) put rassurer sur ce danger. Et, d'autre part, une victoire du Portugal sur l'Espagne encourageait notre conquête. La grande barrière des Pays-Bas avait été brisée par la prise de tant de places. Mais ce fut alors qu'on traita.

La France, naguère alliée de Cromwell, retomba dans ses attractions catholiques, dans le vieux rêve de ses reines, toujours le mariage espagnol. Marie de Médicis y avait tout sacrifié. Combien plus Anne d'Autriche, Espagnole elle-même, et dont le fils était Espagnol par sa mère ? La femme née de Louis XIV, prédestinée et légitime, était l'infante, sa cousine.

Autant Anne le désirait, autant Philippe IV. Il aurait fait ce mariage à tout prix. On pouvait croire qu'une telle union fortifierait l'ascendant moral, déjà si fort, des Espagnols, tant moqués des Français, mais toujours copiés. Du reste, cet excellent père, pour procurer ce grand mariage à sa fille, faisait bon marché de l'Espagne même. N'ayant qu'un fils à la mamelle, très frêle et maladif, il envisageait sans effroi l'hypothèse où sa fille (malgré la renonciation qu'elle fit) hériterait de l'empire espagnol. Cette nation si fière n'eût plus été qu'une dépendance de la France (Motteville).

Les Castillans haïssaient moins celle-ci. Leur haine et leur furie était toute contre les Portugais, leurs vaillants frères qui les battaient. Ils croyaient, le lendemain de la paix avec la France, exterminer le Portugal, comme ils avaient déjà soumis les Catalans.

Mazarin, par une suite de fautes, avait perdu la Catalogne. Il sacrifia le Portugal. C'est la base réelle de son traité des Pyrénées (7 novembre 1659).

Encore un sacrifice du faible au fort, le sacrifice d'un allié aussi précieux contre l'Espagne que l'était la Hollande contre les Pays-Bas espagnols.

L'abandon de la Catalogne et du Portugal, celui de Naples et de la Sicile dans leur grande crise de 1647, c'étaient les solides services par lesquels Mazarin pouvait se vanter d'avoir ressuscité l'Espagne, si elle ressuscitait jamais.

Il prévoyait, dit-on, que l'infante ou ses enfants hériteraient. — Oui, soixante ans après et au prix d'effroyables guerres. Les deux pays étaient quasi exterminés, un des morts se coucha sur l'autre. Résultat si lointain, si coûteux, d'avantage si contestable, qu'on a tort d'en tant triompher. Que l'Espagne devînt si française, cela n'a guère paru en 1808, et depuis.

Ce qui poussa Mazarin à abandonner le Portugal, et à précipiter le mariage (plus que les Espagnols qui le désiraient tant), c'était la pénurie d'argent. On avait touché le fond et le tuf. Le financier de Mazarin, le petit Fouquet, son noir diablotin (qu'on voit à Versailles), était à bout de ses tours. Un nouveau gouffre s'était ouvert, qui mangeait autant que la guerre. Ce gouffre était le jeune roi. Depuis deux ou trois ans, ses divertissements, fêtes, bals, concerts, carrousels, avaient pris un vol effréné. Le colossal recueil des dessins des *Ballets du roi* que possède la Bibliothèque, fait deviner combien il en coûtait pour ces folles représentations.

Mazarin le tenait par cet étourdissement des fêtes. Ses nièces en faisaient l'ornement. L'une d'elles, Olympe Mancini, qui avait pris le cœur du roi, en était l'âme et la déesse. Mazarin, nous dit-on, en fut très affligé. Je ne le pense pas. A cette même époque, il faisait les plus grands efforts pour en faire une (Hortense) reine d'Angleterre, tentant le vénal Charles II par une dot de six millions. Et l'on veut qu'il n'ait pas saisi l'espoir de faire Olympe reine de France! L'obstacle réel fut Anne d'Autriche. Il avait tout fait pour éloigner d'elle son fils, et lui ôter toute influence. Elle le punit, ce jour-là, de son ingratitude. Sa fierté espagnole se releva. Elle dit : « Si mon fils est assez bas pour faire cela, je me mettrai contre lui avec mon second fils, à la tête de tout le royaume. »

Il ne resta à Mazarin qu'à faire le magnanime. Il écrivit au roi, contre ce mariage, les belles lettres de désintéressement austère qu'on a tant admirées.

Je laisse les amateurs de négociations s'amuser à celles du mariage d'Espagne, qui était fait d'avance par la violente envie que les deux partis avaient de le faire à tout prix. La France y garda les conquêtes de Richelieu, l'Artois, le Roussillon, mais peu ou rien des conquêtes de Mazarin. Elle rendit les places fortes de Flandre, le prix des victoires de Turenne.

Condé rentra et recouvra ses biens, mais non pas ceux de ses amis, qui restèrent sacrifiés. Il se retrouva prince du sang, gouverneur de Bourgogne, mais perdu pour tout l'avenir.

On assure que Mazarin, en rendant tant de places de l'intérieur des Pays-Bas, eût pu obtenir de garder Cambrai, mais que l'Espagne le gagna en lui donnant l'espoir de le soutenir au premier conclave, de lui donner la papauté. Rien d'invraisemblable en cela. L'habitude si longue qu'il avait de tromper, de mentir et trahir, put le rendre prenable à ce vain leurre qui, dans son état de santé, devenait pourtant ridicule.

Rien de plus gai que Mazarin au moment où il signe le grand traité à la Bidassoa. Il écrit à Paris : « Tout va être fini. Je ne ferai pas grand séjour dans le pays basque, à moins que je ne m'amuse à leur voir pêcher la baleine, à apprendre le basque ou à sauter comme eux. »

Cependant le sauteur, au milieu de ces joies, est pincé par la goutte. La poitrine se prend. Il continue au lit sa vie habituelle. Le lit du moribond, couvert de cartes, est la table du jeu, le comptoir à vendre les places. Cartes et sacrements allaient pêle-mêle. La seule réparation de ses vols qu'il imagina, ce fut de tout offrir au roi, bien sûr qu'il refuserait. Ce refus le tranquillisa entièrement, et il continua en toute sécurité son jeu et ses dévotions. Tous en furent édifiés, et trouvèrent qu'il faisait une bonne fin. Du moins, conséquente à sa vie. Il vécut, mourut en trichant (9 mars 1661).

Il croyait tricher l'avenir. Heureux joueur, il avait eu la partie toute faite. L'augure de sa jeunesse s'était trouvé rempli. Il avait apparu, à vingt-cinq ans, sur un champ de bataille, criant : La Paix! la Paix! ce qui fut le premier escamotage de sa vie. Aux grands et sérieux travailleurs qui sont morts à la peine en lui préparant tout, il escamote encore la gloire de la paix triomphante de Westphalie, des Pyrénées. Richelieu travailla, Mazarin recueillit. L'un fit l'administration, l'armée, la marine, et mourut justement la veille de Rocroy. L'autre gâta tout et réussit en tout. Grand par Condé et plus grand par Turenne, affermi par l'orage même et l'avortement de la Fronde, il a ce dernier bonheur qu'on fait honneur à son génie de la paix forcée et fatale où l'on tomba par lassitude. Ce piédestal lui reste. Il garde, après la mort, ce masque de l'ange de la paix.

Vraiment, est-ce une paix? Elle arrivait trop tard. L'Allemagne, agonisant sur ses ruines, ne trouva pas la paix dans le traité de Westphalie. L'Espagne, finie et défunte, n'était plus en état de ressentir la Paix des Pyrénées. Et la France elle-même, qui entre par là dans un procès de cinquante ans pour la succession d'Espagne, la France va trouver dans cette paix et la guerre fiscale au dedans et la guerre sanglante au dehors.

J'ai dit ailleurs (page 329) ce que je pensais du prétendu système d'équilibre au dix-septième siècle. J'ai hasardé de dire aussi que Richelieu n'y comprit rien, croyant que les protestants, si faiblement liés (par les idées), faisaient un contrepoids au parti catholique, fortement lié (par les intérêts). Du reste, quand on voit dans ses *Mémoires* les conditions misérables, accablantes, qu'il fait au Palatin pour le rétablir sur le Rhin, sa partialité pour la Bavière, on sent qu'une telle paix n'eût été qu'une amende honorable des protestants demandant grâce à genoux, la corde au cou, et que, bien loin d'établir l'équilibre, elle aurait fait dans l'avenir leur irrémédiable déchéance.

On peut prévoir que, si ce grand, ce ferme Richelieu se tient si peu dans l'équilibre, la France des Louvois, des Chamillart, etc., ira de plus en plus gauchissant d'un côté, jusqu'à verser tout à fait dans l'ornière de la *Révocation*. Louis XIV succède à Philippe II, et la France à l'Espagne. Elle marche à la même ruine.

Cela se voit de loin, et dès le commencement. Le beau roi de seize ans, revenant de la chasse, en bottes à l'écuyère et le fouet à la main, défend au Parlement de demander jamais aucune économie. Il commence la guerre à l'argent. Avec Fouquet, plus tard avec Louvois (malgré les efforts de Colbert), il ouvre contre la France la campagne victorieuse où il vint à bout définitivement de la fortune publique, emportant pour dernier trophée l'immortelle banqueroute de trois milliards à Saint-Denis.

Toute autre nation, après les Mazarin, les Fouquet, les Louvois, tant de guerres, tant de gloire, tant de héros, tant de fripons, resterait assommée à ne se jamais relever. Et celle-ci pourtant dure encore.

Ce brevet d'immortalité, cette Jouvence nationale, comment les expliquer? Le pauvre Sismondi se gratte ici la tête, et ne trouve rien, sinon que peut-être, à force de tuer, les hommes étant plus rares, le salaire croissait pour les survivants, qui souffraient un peu moins. Je ne vois point cela. Vauban et Boisguillebert semblent dire plutôt le contraire dans les lugubres épitaphes qu'ils font de la France de Louis XIV.

La seule explication, je l'ai trouvée dans un auteur anglais du dix-septième siècle, qui, traversant nos plaines à cette époque, vit, non sans peur, une grande foule déguenillée de gens étiques, une ronde de vingt ou trente mille gueux, qui dansaient de tout leur cœur. Ces squelettes, n'ayant pas soupé, au lieu de se désespérer, faisaient un bal le soir. C'était une armée de Louis XIV.

Oublier, rire de tout, souffrir sans chercher de remède, se moquer de soi-même et mourir en riant, telle fut cette France d'alors. La chanson continue, et la comédie vient. Les grands consolateurs sont nos comiques.

Leur instrument, la nouvelle langue française, née des *Mazarinades*, y est déjà étincelante. Elle est dans le *Roman comique*. Elle est dans les *Mémoires* de Retz, qu'il commença certainement à Vincennes (1652). Elle va éclater dans le pamphlet mordant, puissant, victorieux, de la Fronde religieuse, les *Provinciales* (1657). Et déjà aux portes est *Tartufe* (1664).

Adieu le gaulois. Salut au français.

La belle forte langue du seizième siècle, qui si souvent vibre du cœur, était un peu pédante. Elle s'accrochait dans les plis de sa robe, se retardait dans les aspérités (pittoresques, admirables) dont elle est hérissée. Ce n'était pas langue de gens pressés, de gens d'affaires, de combattants qui visent à frapper vite, et ne demandent à la parole que vigueur et célérité.

C'est là le sérieux de la Fronde. Elle ne laisse nul résultat visible, palpable, matériel. Elle laisse un esprit, et cet esprit, logé dans un véhicule invincible, ira, pénétrera partout. Elle a fait, pour l'y mettre, une étrange machine, la nouvelle langue française.

Cette langue a subi une transformation chimique. Elle était solide, et devient fluide. Peu propre à la circulation, elle marchait d'une allure rude et forte. Mais voici que, liquéfiée, elle court légère, rapide et chaude, admirablement lumineuse. Si quelques capricieux (des Montesquieu, des La Bruyère) en exploitent surtout l'étincelle, le grand courant, facile et pur, n'en va pas moins d'une fluidité continue, de Retz en Sévigné, et de là en Voltaire.

La Fronde avait fait cette langue. Cette langue a

fait Voltaire, le gigantesque journaliste. Voltaire a fait la Presse et le journalisme moderne.

Mais faut-il dire que cette puissance soit celle d'une langue nationale? Non, c'est la langue européenne, acceptée par la diplomatie de tous les peuples, reine hier par Voltaire et Rousseau, et aujourd'hui si absolue que les autres langues vaincues subissent peu à peu sa grammaire.

Ce terrible engin d'analyse éclaire tout, dissout tout et peut tout mettre en poudre, broyer tout formalisme, lois, dogmes et trônes. Son nom, c'est : *La raison parlée.*

Un si fort dissolvant, que je ne suis pas sûr que même, pendant le beau et solennel récitatif de Bossuet, on n'ait pas ri sous cape. La France était, n'était pas dupe. Les deux choses sont peut-être vraies, et pourraient bien se soutenir. L'enfant est grave en berçant sa poupée (sincère même), la baise et l'adore, mais il sait bien qu'elle est de bois.

Fatalité de la lumière! Elle va pénétrant, par cette maudite langue française, qu'on n'arrêtera pas. Plus d'asile aux ténèbres. Plus de mystère, et plus de sanctuaire obscur. La *Nuit divine* (d'Homère) est supprimée. Une telle langue, c'est la guerre aux dieux.

APPENDICE

I. — LE SENS DU VOLUME.

Les trente années que contient la première partie de ce volume me sont venues obscures, profondément énigmatiques. Y ai-je introduit la clarté?

Nulle œuvre de critique ne m'a coûté davantage. Je ne trouvais plus là la netteté et la franchise de mes hommes du seizième siècle (que je regretterai toujours). Les figures dominantes qui ouvrent le dix-septième, le *roi-homme* et le *grand ministre*, sont des caractères infiniment mixtes, qui demandent constamment à être examinés de près, discutés et interprétés. Les situations aussi sont compliquées et troubles. Ni les hommes ni les choses ne se prêtent aux solutions absolues et systématiques que l'on a données jusqu'ici.

Il faut, dans cette époque, plus que dans aucune autre, distinguer, spécifier, marcher la sonde à la main. L'histoire, de la place publique, du grand jour des révolutions, tombe aux *cabinets des princes* ou des ministres-rois. Elle doit aller doucement et tâter dans l'obscurité.

Mais, cela fait et cet objet obscur une fois bien saisi et serré, il faut le mettre en pleine lumière sans tergiversation.

Trois questions dominantes, à la fin de cette enquête, se sont posées d'elles-mêmes, et les réponses sont sorties des faits sans que je m'en mêlasse, par la force de la vérité.

I. Henri IV resta-t-il flottant jusqu'à sa mort? S'arrêta-t-il au système mécanique de balance et d'équilibre, qui fut réellement l'idée de Richelieu, et que les *Mémoires* de Sully, écrits sous Richelieu, nous donnent comme l'idée d'Henri IV?

A quoi je réponds : *Non*. A partir de 1606, sous une apparente fluctuation, Henri IV est fixé, les faits disent assez dans quel sens. Au départ de 1610, ses trois armées en marche ont trois généraux protestants.

II. La seconde question, le mystère de sa mort, par ceci même est résolue. A partir de 1606, dans ses quatre dernières années, ses ennemis, de leur côté, ne flottèrent plus; ils virent très bien en lui, sous son masque indécis, leur ruine certaine si on le laissait vivre, et ils ne perdirent pas un jour pour conspirer sa mort. Le Louvre y travailla autant que l'Escurial.

III. La politique d'Henri IV fut-elle reprise en France et continuée?

Nullement. La cour du Louvre, principale ennemie d'Henri IV, déjà tout espagnole de son vivant, fut de plus en plus la cliente de l'Espagne après sa mort. Richelieu, qui heureusement nous arrêta sur cette pente, trouvant la situation gâtée et la France rivée dans cette fatalité d'intolérance qui la menait à la catastrophe de la fin du siècle, ne lutta contre l'Espagne qu'en limitant, en écrasant les dissidents, au lieu de les employer contre elle.

Enfin, pour résumer, Henri IV et Richelieu allaient tous deux à l'unité nationale (suprême condition de salut), mais par des moyens différents, le premier par l'emploi, le second par la destruction des forces vives.

Je sais la différence qu'on établit, il les écrasa politiquement, les ménagea religieusement. Belle distinction, bonne pour les esprits qui ignorent que la vie est une, et qui en séparent idéalement les manifestations. De quelque façon que ce fût, les protestants périrent moralement; l'émigration commença, et ceux qui n'émigraient pas furent tranquilles, il est vrai, ne contrarièrent point Richelieu, Mazarin, personne. Pourquoi? Ils étaient morts.

Est-ce à dire qu'il fallait laisser en France une république protestante? Non, on pouvait l'éteindre, mais par d'autres moyens. Si Richelieu eût été libre, quoiqu'il haït les protestants, il les eût ménagés, calmés et rassurés. Il les aurait tournés vers la mer, la guerre maritime, la guerre d'Espagne-Autriche. Enrégimentés sur le Rhin, dispersés sur les mers à la poursuite des galions, revenant chargés de dépouilles, ou fondant une France l'épée à la main dans l'Amérique espagnole, ils ne se seraient guère souvenus de leurs assemblées inutiles, ni des masures qu'ils appelaient places de sûreté.

Richelieu ne put rien faire de tout cela. Après un petit moment d'audace contre le pape, ses ennemis le ramenèrent par sa chaîne, l'obligèrent de ruiner La Rochelle, les marins qu'il eût employés contre eux, les finances qu'il commençait à rétablir. Ils le tinrent là près de deux ans, pendant qu'ils faisaient tout ce qu'ils voulaient en Allemagne.

Il se garde bien d'avouer que ces fautes lui furent imposées. Il les dit siennes, et veut avoir toujours régné, fait tout et mené tout. Les historiens docilement l'ont pris au mot et accepté la glorification testamentaire qu'il fait de sa politique. Il convient à ces grands acteurs de faire ainsi leur portrait héroïque, de se couronner de lauriers, de ramener, s'ils peuvent, toutes leurs courbes à une droite idéale. Mais c'est à l'histoire de retrouver leur marche sinueuse, leurs tours et leurs détours sous la pression des événements, sans tenir grand compte des systèmes arrangés après coup par lesquels ils voudraient dominer encore l'opinion et duper la postérité.

II. — MES CONTRADICTIONS.

En voici une que je livre à la critique. J'ai dit du bien et du mal d'Henri IV dans le volume précédent et dans celui-ci. Je maintiens l'un et l'autre; le mal, le bien sont vrais et mérités. Ce caractère est tel, mêlé, varié, inconsistant et double, double de nature et de volonté. Il a cela même de curieux que c'est quand il se fixe au bien qu'il se masque le plus, et sa meilleure époque est tout enveloppée de mensonge.

Beaucoup de gens y étaient pris, ses amis surtout (bien moins ses ennemis, qui ne furent pas dupes et le tuèrent). En 1600, lorsqu'il veut agir sérieusement en faveur des huguenots, il les mystifie et les humilie dans la dispute de Mornay et Du Perron, flatte le clergé catholique. De même, lorsqu'il vient de leur accorder le temple de Charenton (1606) et d'arrêter avec Sully sa guerre pour secourir les protestants d'Allemagne, il caresse les Jésuites plus que jamais et fait au ministre Chamier une réception sèche et dure, qui dut charmer Cotton et tous les catholiques. La brochure de M. Read (sur Chamier) peint au vif Henri IV. Elle fait comprendre comment les protestants durent méconnaître, tant qu'il vécut, un ami qui craignait tant de paraître tel. Dans le fond, il était pour eux (surtout dans les dernières années). C'est le témoignage que lui rend un grand historien non suspect : « Les Réformés avaient vu mourir avec lui deux choses : l'une l'*affection* qu'il étoit certain qu'il avoit pour eux; l'autre étoit la *bonne foy* dont il se piquoit plus que nul autre prince, et qui le rendoit si exact observateur de sa parole, qu'on trouvoit plus de faveur dans l'effet qu'il n'en avoit fait espérer par la promesse. » (Élie Benoît, *Histoire de l'Édit de Nantes*, II, p. 4.)

La critique peut continuer d'imputer à mon *injustice*, à ma *légèreté* les inconsistances et les variations de la nature humaine.

J'ai dit et j'ai dû dire que Louis XII fut en France bon et honnête, perfide en Italie; qu'Henri III, infâme à vingt ans, mais épuisé à trente, était alors probablement moins libertin qu'on ne l'a dit. Quelle contradiction y a-t-il en cela?

III. — LES SOURCES DE L'HISTOIRE D'HENRI IV.

Le livre de M. Poirson a paru en janvier 1857; le mien arrive en mai. J'ai admiré plus que personne ce livre rare, si consciencieusement élaboré, en contraste parfait avec tant d'œuvres de légère improvisation. J'en ai peu profité. Pourquoi? Parce que le grave historien, en racontant si bien le roi, a presque partout caché l'homme, cet homme « ondoyant et fuyant », comme aurait dit Montaigne. L'ostéologie d'Henri IV et ses muscles aussi sont au complet; j'y voudrais encore son sang, les battements de son cœur, sa vie nerveuse et ses saillies. Il fut homme autant que personne, et les faiblesses humaines ont influé sur lui comme sur tous. Une ligne sur Gabrielle, c'est peu, trop peu, en vérité.

Péché d'omission. Mais de commission, je crois qu'il n'y en a guère. C'est un livre bâti en quinze ans à chaux et à ciment qui restera et ne bougera point.

« Le titre est bien modeste. Il ne promet que l'*Histoire d'un règne*, mais il donne en réalité un immense tableau de l'époque. Sciences, lettres, arts, inventions, tout le développement de la civilisation y est étudié, creusé, fouillé à fond, autant que la politique, l'administration, les finances, la diplomatie. C'est l'encyclopédie du temps (environ un quart de siècle). L'auteur est gallican, partisan de la tolérance et de la liberté religieuse. Je ne partage ni son admiration sans limites pour Henri IV, ni ses sévérités pour les protestants. Mais je n'en fais pas moins un cas infini de son livre. Tout le monde sera frappé de l'excellente critique et de la vigueur d'esprit avec laquelle il a jugé l'Espagne et le parti espagnol, la Ligue. Il a montré parfaitement tout ce que celle-ci avait d'artificiel. La construction fantasque de M. Capefigue est rasée, et il n'en reste pas une pierre. »

A ces lignes, que je publiais en janvier même, une étude attentive me ferait ajouter beaucoup. Chacun de ces chapitres (sur les bâtiments, par exemple, sur les canaux, etc.) est un travail soigné, achevé, plus complet et plus instructif que les grands ouvrages spéciaux qu'on a écrits sur les mêmes matières.

La France d'alors y est sous tous les aspects. Ce qui y manque un peu, c'est Henri IV, l'Henri IV que nous connaissons. Quoi! Henri IV a été ce grave politique, ce roi accompli, presque un saint? Quoi! il faudrait biffer toute la tradition? Il faudrait effacer, entre autres témoignages, le plus beau livre du temps, les *Mémoires* de d'Aubigné? M. Poirson n'y voit qu'une satire. Et sans doute le vieillard chagrin, dans son triste exil de Genève, sous la bise du Rhône, a été aigre. Il aura, je le crois, exagéré, défiguré, sans s'en apercevoir, quelques détails, mais sciemment menti? jamais! Ce livre reste, comme un jugement héroïque du noble seizième siècle sur son successeur le dix-septième, diplomatiquement aplati.

M. Poirson, honnête, austère et décidé à être juste, n'a nullement négligé les sources protestantes, telles que Du Plessis-Mornay et La Force. Je voudrais seulement que, dans les éditions subséquentes, il mît en meilleur jour les griefs des protestants, griefs si graves et qui excusent entièrement l'*esprit inquiet* et l'incessante agitation qu'on leur a tant reprochés. S'ils se montrèrent si difficiles au moment de l'Édit de Nantes, on le comprend fort bien quand on voit qu'ils venaient d'avoir encore un massacre en Bretagne. Manquèrent-ils au siège d'Amiens, comme on l'a dit? Point du tout. D'Aubigné (*Histoire*, p. 455) assure qu'on y vit 1,500 gentilshommes huguenots. Il faut lire leurs griefs dans les procès-verbaux de leurs assemblées, soigneusement extraits par Élie Benoît, *Histoire de l'Édit de Nantes* (6 vol. in-4°). Ce grand et important ouvrage est de la fin du siècle, mais il est tiré entièrement des pièces originales.

Encore un point de dissidence. Je ne vois nullement que Villeroy et Jeannin aient suivi constamment une politique anti-espagnole.

A cela près, nos études communes sur les mêmes sources nous conduisent aux mêmes jugements. Sur les lettres d'Henri IV, sur Angoulême, De Thou, Nevers, Cheverny, L'Estoile, etc., j'adopte et signerais ses judicieuses notices.

Je le remercie surtout pour ce qu'il dit de Sully. Il a senti à merveille que les *Économies royales* ne sont pas seulement un des bons livres du temps, mais l'ouvrage capital et, d'un seul mot, le *livre*. C'est un vrai fleuve de vie historique, qui donne tout, et le matériel et le moral, la politique et les finances, les caractères et les passions, les choses et les hommes, enfin l'âme. Persistance admirable du seizième siècle, qui, si tard, dans une époque ingrate, dure, vit, palpite encore, en ce livre naïf et fort, jeune de verve et vieux de sagesse, admirable de plénitude.

Par d'Aubigné et par Sully, je sors du grand seizième siècle, que j'étudiai et enseignai tant d'années.

Le profond changement qui se fait au passage est marqué bien naïvement par d'Aubigné. Rude cascade! Sous Henri IV, il rêve les martyrs et Coligny, médit du roi hâbleur. Mais Henri IV frappé, il l'est lui-même, il tombe de la chute à la chute!... Cela ne s'arrêtera pas. Les temps même de Richelieu, tant glorieux qu'on les veuille faire politiquement, seront encore une chute morale.

C'est le 12 décembre dernier (1856) que j'écrivais ceci, par un temps doux et maladif, en présence des notes nombreuses que mon père m'avait copiées de d'Aubigné, avant sa mort (1846). Ces notes, d'une écriture forte et pesante de vieillard, consciencieusement exacte, monumentale et pourtant très vivante, plus digne des pensées qu'aucune impression ne sera jamais, m'ont fait entrer bien loin dans le cœur le seizième siècle. A grand'peine, je leur dis adieu.

Chaque lettre de cette écriture, accentuée de l'amour et de la religion de mon livre futur (qu'il ne devait pas lire), me frappait d'un double regret : de laisser cette histoire et de laisser ces manuscrits.

Je ne vois plus là-bas, à cette table près de la fenêtre, ce vénérable auxiliaire si ardemment zélé pour l'œuvre qui m'échappe aujourd'hui. Nous passâmes ensemble trente années de travail entre l'étude solitaire et les pensées de la patrie, parmi les bruits publics de la tribune et de la presse, toutes ces voix de la France qui parlaient et se répondaient. Ce temps n'est plus, et après l'avoir quitté, quitté cette personne qui était moi, je dois quitter ce qui en reste, ces papiers, les mettre sous la clef, — avec un fragment de mon cœur.

IV. — SUR LE MARIAGE ET LA MORT D'HENRI IV.

Tous louent Sully et peu le suivent. Moi, j'ai osé le suivre dans ses assertions les plus graves, dans celles où il s'est montré un courageux historien, un homme et un Français. En présence des montagnes de mensonges que bâtissaient tant d'autres à la gloire de Marie de Médicis, Sully a peint fidèlement le déplorable intérieur du roi, l'insolence de Concini, les offres fréquentes d'Henri IV de renoncer à ses maîtresses si on renvoyait cet homme, l'attente où il était de sa mort et sa conviction que la mort lui viendrait de là.

« Est-ce clair? » On peut dire ce mot à chaque ligne.

Ou le mot de Harlay, levant les mains au ciel : « Des preuves? des preuves?... Il n'y a que trop de preuves. »

Sur la lutte du mariage français et du mariage étranger j'ai suivi uniquement Sully, les lettres du roi et celles du cardinal d'Ossat. Sur les *cavaliers servants*, je suis Sully encore, avec le manuscrit du fonds Béthune qu'a copié M. Capefigue. Tout cela est extrêmement cohérent, de cette vraisemblance frappante et saisissante qui fait qu'on crie : « C'est vrai ! »

L'étonnante fluctuation où le roi se trouvait alors, entre ses deux mariages et ses deux religions, l'envoi du capucin Travail (le P. Hilaire) à Rome pour défaire le mariage florentin au moment où il se faisait, tout cela est fort clair, même à travers la mauvaise volonté, l'obscurité calculée de d'Ossat.

La Conspiration des poudres et autres petites affaires de ce genre durent faire douter Henri IV de l'avantage qu'il y avait à tant caresser ses ennemis. Le nonce romain de Bruxelles se trouva compromis dans cette affaire anglaise, comme il l'avait été dans le complot de 1599 pour assassiner Henri IV. Lui-même, allant en Poitou, vit s'évanouir tout ce que le clergé lui faisait croire de l'opposition protestante. Le roi et La Rochelle s'embrassèrent en 1605. Et le roi (1606) accorda aux huguenots le temple de Charenton. La belle histoire que M. Read nous a donnée de ce temple indique toute l'importance d'un tel fait, qui, à lui seul, était une révolution. Il disait assez haut ce que le roi voulait faire en Europe.

C'est à cette année 1606 que la dame d'Escoman, dans sa déposition, rapporte le pacte conclu pour tuer le roi entre sa furieuse maîtresse et d'Épernon, seigneur d'Angoulême et patron de Ravaillac, qu'il employait à Paris à solliciter ses procès.

Quoi de plus vraisemblable? C'est cette année que l'on sut définitivement que le mariage italien ne retiendrait pas Henri IV, comme on l'avait cru d'abord. *Le tuer ou le marier*, tel avait été le dilemme en 1600. Le mariage étant inutile, on résolut de le tuer.

Il faut être sourd, aveugle et se crever les yeux pour ne pas voir, entendre cela.

Le recueil de mensonges qu'on appelle *Mercure français* part du procès de Ravaillac, qu'on voulait mutiler et fausser, et de la déposition de la d'Escoman, qu'on voulait étouffer en la défigurant.

La réfutation que ce *Mercure* fait de la d'Escoman est bien plaisante. On ne doit pas la croire, *car elle est bossue et boiteuse.* On ne doit pas la croire, *car elle est pauvre*, et elle a un enfant à l'Hôtel-Dieu. *Elle a été condamnée pour adultère*, le crime universel alors. *Elle a pris pour Ravaillac un autre homme.* Qui l'affirme? On ne le dit pas; apparemment ce sont les gens que la reine envoya pour voir la d'Escoman et la déconcerter chez la reine Marguerite. Le *Mercure* est pourtant forcé d'avouer que Marguerite était frappée de la déposition de cette femme, qui ne se démentait pas, ne variait pas, « répétait de mot en mot ».

Peu m'importe que la d'Escoman ait été boiteuse, pauvre, etc. Elle n'en est pas moins un témoin grave quand elle se concilie si bien avec Sully. Elle s'accorde également avec le factum de Dujardin-Lagarde, qui fut pensionné par le roi pour l'avis véridique donné à Henri IV. (*Archives curieuses*, XV, 150.)

Le peuple crut la d'Escoman et Lagarde. Il crut que d'Épernon, Guise, Concini (Henriette et la reine même) avaient trempé dans le complot, ou du moins en avaient connaissance. On put savoir dans tout Paris la profonde douleur qu'exprima le président Harlay devant les amis de L'Estoile, quand il vit que la première personne du royaume, l'autorité elle-même, était tellement compromise. La confiance qu'exprime L'Estoile dans la déposition de la d'Escoman, c'était le sentiment populaire. J'en juge par un mot foudroyant du capucin Travail, le P. Hilaire, l'un des meurtriers de Concini, qui crut qu'en réalité rien ne changerait si l'on ne tuait aussi la reine mère, et qui en fit la proposition à Bressieux, écuyer de Marie de Médicis. Celui-ci refusant : « N'importe, dit Travail, je ferai en sorte que le roi ira à Vincennes, et pendant ce temps-là *je la ferai déchirer par le peuple.* » Le peuple la croyait complice de la mort d'Henri IV. (*Revue rétrospective*, II, 305.)

Ceci fait comprendre les craintes de d'Épernon et sa tentative pour terroriser les États et le Parlement en 1614, quand le témoin Lagarde se présenta aux États (p. 24-25), — et les craintes de la reine mère, sa fuite de Blois en novembre 1618 (p. 132), quand elle apprit que de Luynes avait fait arrêter la Du Tillet, maîtresse de d'Épernon, compromise dans l'affaire de Ravaillac (Voy. les *Mémoires* de Richelieu). Elle crut certainement que de Luynes, instruit de ses menées secrètes, allait lui faire faire son procès.

V. — GALILÉE. — GUSTAVE-ADOLPHE

Les années pénibles que je traverse sont cependant illuminées par deux grandes lumières, des plus pures et des plus sublimes, Galilée et Gustave-Adolphe. (Voir le chapitre XVIII.) De l'Italie, du Nord, cette consolation me venait en débrouillant l'énigme laborieuse de la politique française et de la Guerre de Trente-Ans, et elle m'a bien soutenu. Par un contraste singulier, dans cette époque pâlissante où l'homme, de moins en moins estimé et compté, semble s'anéantir dans la centralisation politique, ces deux figures subsistent pour témoigner de la grandeur humaine, pour la relever par-dessus les âges antérieurs.

Leur originalité commune, c'est que chacun d'eux est au plus haut degré le *héros*, le miracle, le coup d'en haut, ce semble, la révolution imprévue. Et, d'autre part, ce qui est bien différent, *le grand homme harmonique*, où toutes les puissances humaines apparaissent au complet dans une douce et belle lumière.

Chacun d'eux vient de loin, et le monde s'y est longtemps préparé.

Toutes les nations d'avance avaient travaillé pour Galilée. La Pologne (par Copernik) avait donné le mouvement; l'Allemagne, la loi du mouvement (Keppler); la Hollande, l'instrument d'observation, et la France celui du calcul (Viète). Florence fournit l'homme, le génie qui prend tout, se sert de tout en maître. Et Venise donna le courage et la liberté.

Jamais homme ne réalisa une chose plus complète. Ordinairement il faut une succession d'hommes. Ici le même trouva en même temps : 1° *La méthode*, entrevue par les médecins, mais que Descartes et Bacon cherchent encore vingt ans plus tard. Galilée la proclame par le plus grand triomphe qu'elle ait eu dans le cours des siècles. — 2° *La science*, une masse énorme de faits, un agrandissement subit des connaissances, une enjambée de compas qui alla de la petite terre et du petit système solaire aux milliards de milliards de lieues de la voie lactée. — 3° *Le calcul* des faits, la mesure des rapports de ces astres entre eux. — 4° *Les applications pratiques*. Il montra tout de suite le parti qu'en tirerait la navigation.

Mais ces résultats scientifiques étaient moins importants encore que les conséquences morales et religieuses. L'homme et la terre n'étaient plus le monde. Même le système solaire n'était plus le monde. Tout cela désormais subordonné, mesquin, misérable et minime. Que notre petit globe obscur décidât, par ses faits et gestes, du sort de tous les mondes, cela devenait dur à croire. Du ciel ancien, plus de nouvelles. Sa voûte de cristal était crevée, et elle avait fait place à la merveille d'une mer insondable, d'un mouvement infiniment varié, mais infiniment régulier. — Théologie visible? Bible de la lumière, ravissement de la certitude! L'universelle Raison révélée dans l'indubitable, et supprimant le doute. La promesse de la Renaissance s'accomplissait déjà : « Fondation de la *Foi profonde*. »

Du reste, au premier moment, personne n'y prit garde, excepté le bon et le grand Keppler, celui qui avait le plus servi et préparé Galilée, et qui le remercia pour le genre humain.

Gustave-Adolphe fut-il le Galilée de la guerre? Non, pas précisément. Il en renvoie l'honneur à son maître, Jacques de La Gardie, originaire de Carcassonne. Mais, dans cet art, celui qui applique avec son génie, dans des circonstances toutes nouvelles et imprévues, n'est guère moins inventeur que celui qui a trouvé l'idée première. Donc, nous n'hésitons pas à proclamer Gustave un héros très complet en qui se rencontra tout ce qui est grand dans l'homme : 1° *L'invention*, ou du moins un perfectionnement inventif et original de la vraie guerre moderne, guerre spiritualiste où tout est âme, audace et mouvement. — 2° *L'action*, l'héroïque application de l'idée nouvelle, application heureuse et éclatante, du plus décisif résultat. — 3° L'admirable beauté du but, la guerre pour la paix, la victoire pour la délivrance, l'intervention d'un juste juge pour le salut de tous. — 4° Et, pour couronnement sublime, l'auréole d'un caractère plus haut encore, plus grand que la victoire.

Il est intéressant de voir le double courant qui fait le héros, qui harmonise cette grande force individuelle avec le mouvement du monde, de sorte qu'il n'est pas excentrique, et qu'il est libre cependant, non dépendant de la force centrale. C'est sa beauté profonde d'avoir cette dualité. — Celui-ci est Suédois Il est homme d'aventures. Son rêve n'est pas l'Allemagne, mais la profonde Russie qu'il voulait conquérir, et le chemin de l'Orient. C'est bien là, en effet, la propre guerre suédoise. Petit peuple, si grand! le seul qui ait le nerf du Nord (et bien plus que les Russes, population légère, d'origine et de caractère méridional). Le vrai monument de la gloire suédoise, ce sont ces entassements de terre au pied des forteresses russes qu'ont bâties les prisonniers suédois. Les Russes, qui connaissaient ces hommes, n'osèrent jamais en rendre un seul, rendant villes, provinces, et tout ce qu'on voulait, plutôt qu'un seul Suédois. Les os des prisonniers y sont restés, et témoignent encore de la terreur des Russes. — Mais, pour être Suédois, Gustave n'en est pas moins Allemand (par sa mère), protestant (de religion et de mission spéciale), enfin Français par l'éducation militaire. Nul doute que notre Languedocien, qui forma dix années Gustave dans les guerres de Pologne, de Russie, de Danemarck, n'ait influé beaucoup sur son caractère même. L'étincelle méridionale n'est pas méconnaissable dans ses actes et dans ses paroles. C'est la bonté, l'esprit d'Henri IV, sa parfaite douceur. Du reste, tout cela transfiguré dans le sublime austère du plus grand capitaine, qui donna tout à l'action, rien au plaisir, et qui toujours fut grand. Un seul défaut (et d'Henri IV aussi), d'avancer toujours le premier, de donner sa vie en soldat, par exemple le jour où, contre l'avis de tout le monde, il passa seul le Rhin.

On prodigue le nom de héros, de grands hommes, à beaucoup d'hommes éminents, à la vérité, mais pourtant secondaires. Cette confusion tient à la pauvreté de nos langues et à un défaut de précision dans les idées. Du reste, les hommes supérieurs ne s'y trompent pas, et n'ont garde d'aller sottement se comparer au vrai héros. Turenne, l'illustre stratégiste, Condé, qui, par moments, eut l'illumination des batailles, le pénétrant et judicieux Mercy, le froid et habile Marlborough, le brillant prince Eugène, auraient cru qu'on se moquait d'eux si on les eût comparés au grand Gustave. Au nom du *roi de Suède*, ils ôtaient leur chapeau. C'était un mot habituel entre eux : « *Le roi de Suède* lui-même n'eût pas réussi à cela... Il aurait fait ceci », etc., etc. On voit que la grande ombre planait sur toutes leurs pensées.

ÉCLAIRCISSEMENTS

Chapitre Ier, page 3. — *Le journal des digestions de Louis XIII.*
Dans un gouvernement idolâtrique, fondé sur la divinité de l'individu, ce point est grave. Je n'y insiste pas. On rirait et rien n'est plus triste. — L'historien, le politique, le physiologiste et le cuisinier étudieront avec profit ce monument immense, 6 vol. in-folio d'une fine écriture : *Ludovic-trophie*, par Hérouard, médecin du roi, seigneur de Vaugrineuse (*mss. Colbert*, 2601-2606). J'en cite une seule journée, qui donne l'impression qu'eut l'enfant royal de la mort de son père :

« M. le Dauphin, l'ayant sceu, en pleura, et dit : Ha ! si je y eusse esté avec mon espée, je l'eusse tué. Chascun se vint offrir à lui de la chambre de la royne. — Raisins de Corinthe et à l'eau rose, asperges et salade, potage, hachis de chapon... deux cornets d'oublies, quatre prunes de Brignolle, figues sèches, du pain, beu de la ptisane, dragée de fenouil, puis mené, etc. Et chez lui à neuf heures : pissé jaune paille, puis devestu, mis au lit. Pouls solide, égal, pausé. Chaleur doulce. Prié Dieu. Dit vouloir coucher avec M. de Souvré : « Pour ce qu'il me vient des songes. » La royne l'envoie querir pour le faire coucher dans sa chambre...

« Le xv, esveillé à six heures et demie... A sept heures un quart, levé, bon visage, guay, pissé jaune, peigné. Vestu d'un habillement bleu. A huit heures et demie, dejeuné, ne sceut mangé, beu de la ptisane. Il avoit du ressentiment, et si l'innocence de son asge lui donnoit par intervalles quelque gaieté. Mené à la messe. A neuf heures et demie, disné ; raisins de Corinthe, asperges, salade, potage, chapon bouilli ; pris un peu d'un gasteau feuilleté, bu du vin blanc... *Intrepidus.* »

A ces notes curieuses sur le caractère de l'enfant royal, on peut joindre les lettres du nonce, qui font très bien connaître la mère. Elles racontent, entre autres choses, les violentes scènes qui eurent lieu (en 1622) entre elle et le prélat Ruccellaï, un Italien qu'elle avait favorisé beaucoup, et qui avait été supplanté dans sa faveur par le jeune Richelieu. Pour obtenir de Louis XIII qu'il chasse Ruccellaï, elle soutient qu'il a fait semblant d'être amoureux d'elle; que, sous prétexte d'admirer ses dentelles, il s'est émancipé, etc. C'est la scène de Tartufe et d'Elmire, mais plus comique, la reine étant d'âge très mûr, très lourde d'embonpoint. Tout cela est écrit en chiffres comme le plus terrible mystère. (Voy. nos *Archives, Extraits du Vatican, Nonciatures*, carton L, 389).

CHAP. III, page 60. — *Le roman d'Henri IV, de Sully, d'Olivier de Serres*, le Bon Seigneur, etc.

Ce beau livre d'Olivier, le *Théâtre d'agriculture et ménage des champs*, est beaucoup plus économique que patriarcal et philanthropique. Les journaliers n'y sont pas trop favorisés. Le seul conseil de mettre les deux tiers du domaine en forêts et prairies, s'il eût été suivi, eût considérablement diminué le travail des cultivateurs salariés. — Voir sur la condition des paysans le grand travail de M. Bonnemère, qui donne tous les textes, l'ingénieux ouvrage de M. Doniol, en les rapprochant de l'excellente *Histoire de l'administration* de M. Chéruel, etc., etc. Ils font toucher au doigt comment la richesse, et la subsistance même, vont diminuant dans tout ce siècle. Quelle terrible distance des *Économies* de Sully au livre de Vauban, si triste, à ceux de Boisguillebert, si cruellement désespérés!

CHAP. V, page 62. — *Du sabbat au Moyen-âge et du sabbat au XVIIe siècle. — L'alcool et le tabac.*

Je reviendrai sur la *casuistique* et les *couvents;* et, quant à la *sorcellerie*, je donnerai mes sources et ma critique, quand le Diable expire à Loudun sous l'horreur et le ridicule. — Sur le tabac, voy. la brochure de M. Larrieu et la lettre, si instructive, que M. Ferdinand Denis a jointe à l'opuscule de M. Demersey (1854). Oviedo, Thévet, Cartier, Lérit, sont les premiers qui en fassent mention. Le Portugais Goes avait rapporté le tabac à Lisbonne; il le donna à notre ambassadeur Nicot, qui l'apporta en France comme une herbe propre à déterger et calmer les blessures. Elle fut présentée à Catherine de Médicis, qui accepta d'en être la marraine, et voulut bien qu'on l'appelât *Catherinaire* ou

Médicée. On a vu sa vogue déjà fatale en 1610. Le fisc s'en empara bientôt. Richelieu dit en 1625 (*Lettres*, II, 165) qu'on en apporte deux millions de livres, qu'on en déclare moins de la moitié, et que l'État peut en tirer par an quatre cent mille livres. Il a rapporté jusqu'à nous un milliard et demi. Mais qui calculerait ce qu'il nous a fait perdre par la vaine rêverie, l'inaction et l'énervation ! C'est un secours pour le travailleur en plein air dans des lieux humides, pour le marin peut-être; mais pour tous les autres un fléau, une source de nombreuses maladies du cerveau, de la moelle et de la poitrine, d'une entre autres, la plus triste, de cracher toujours et partout.

Chap. IX, page 139. — *Si l'on veut ignorer Richelieu, il faut lire ses Mémoires.*

Cela est dur et peut paraître exagéré. Mais, en réalité, ils sont fréquemment contredits par ses lettres, par les écrits contemporains, par les faits même. C'est en réalité un très long factum marqué souvent d'une grande hauteur de vues et de raison, mais calculé, pénible, artificieux, qui veut harmoniser pour la postérité une vie fort peu d'accord avec elle-même. On dit qu'au siège de La Rochelle, dans ce long blocus d'hiver où il se consumait, il commença à vouloir qu'on écrivît ses actes, c'est-à-dire qu'on les expliquât. C'est là sans doute l'origine des *Mémoires*, qu'il a inspirés, presque dictés, revus avec soin. Le premier point, c'était de faire croire qu'à son premier ministère, sous Concini, il était déjà anti-espagnol. Chose absolument impossible; les pièces de Simancas, citées par Capefigue, montrent que Concini et sa femme étaient intimes avec l'Espagne; ils venaient de faire le double mariage espagnol; la dépêche de Richelieu à Schomberg n'est qu'un leurre pour amuser les Allemands. Le second point, c'était d'éreinter La Vieuville, celui qui rappela Richelieu au ministère et que Richelieu fit chasser; c'était de lui ôter l'honneur d'avoir eu l'initiative d'une politique française. Le troisième point, c'est celui où il se donne l'honneur d'avoir voulu le siège de La Rochelle. Sans doute comme prêtre, comme controversiste, il haïssait les protestants; cela est sûr. Et il est sûr encore que ses instincts de gentilhomme et d'homme d'épée lui auraient fait désirer d'imiter les fameuses croisades de Ximenès, la conquête de Grenade, les exploits de Lépante. Tel fut le fond de sa nature. Mais son très lumineux esprit (et dirai-je, son âme française) le firent vouloir, contre sa nature, l'alliance avec l'Angleterre, la Hollande, le Danemarck et les protestants d'Allemagne, ce qui impliquait des ménagements pour les protestants de France. Les papiers de Bérulle, extraits par

Tabaraud, montrent très bien (et les offres continuelles de Richelieu aux protestants montrent encore mieux) qu'il leur fit, malgré lui, cette guerre demandée par Bérulle et tous nos Français espagnols, guerre qui détruisait ses projets, irritait l'Angleterre, la Hollande, ses alliés naturels. Tabaraud est précieux ici. Panégyriste de Bérulle, il prouve innocemment, mais prouve que Bérulle eut l'honneur principal de cette énorme sottise, d'avoir travaillé, préparé la destruction de La Rochelle, l'amortissement des protestants qui eussent si bien servi contre l'Espagne. Le duc de Rohan put tirer quelque argent des Espagnols, et même en 1628, quand on le traqua avec six armées, il fit un misérable et coupable traité avec l'Espagne. Mais, dans cette grande faute, il était seul ou presque seul, nullement suivi de son parti. Je parlerai plus tard de tout cela. Je dois l'ajourner, n'ayant pas encore le troisième volume des *Lettres de Richelieu* que publie M. Avenel. Excellent et rare éditeur. Son Introduction est écrite dans une sage mesure que les biographes ne gardent presque jamais pour leur héros. Il dit très bien que Richelieu, si actif au dehors, ne put faire réellement que peu de chose à l'intérieur, qu'il n'avait point d'entrailles, qu'il n'aimait point le peuple. Les notes, non moins judicieuses, par lesquelles M. Avenel éclaire et interprète les pièces, contiennent, outre les renseignements, de précieuses remarques de critique. En 1626, par exemple, il observe sur la forme même des lettres de Richelieu *qu'alors il n'était pas maître encore, mais le premier entre les ministres*, ce qui confirme ce que les papiers de Bérulle nous apprennent de l'importance qu'avait celui-ci et de la sourde lutte qu'il soutenait contre Richelieu à la cour, au conseil (par Marillac et autres).

Chap. XIII, page 222. — *Les marchés d'hommes, la loterie, les joueurs.*

Nous possédons une curieuse histoire de la Loterie : *Del giuco del Lotto, opera del conte Petitti di Rotero*, in-8°, 1853, *Torino*. Elle commence en Italie au quatorzième siècle, en Flandre en 1519, en France en 1539. L'auteur, admirateur des gouvernements protecteurs de la loterie, etc., n'en donne pas moins les faits les plus intéressants sur les résultats moraux de cette institution fiscale. En Lombardie, à Venise, les boulangers cuisent moins de pain la veille du tirage. — Voy. aussi Delamare, *Police*, Savary, *Dict. du Commerce*, l'*Encyclopédie* (par matières), le *Répertoire* de Favart-Langlade, et Boulatignier, *de la Fortune publique*. Savary nous apprend que Saint-Sulpice, les Théatins, les Filles-Saint-

Thomas, furent bâtis à l'aide des loteries ecclésiastiques. Le nom originaire de la loterie, à Gênes, est *Giuco del Seminario*. — Quant à l'histoire du Jeu en général, j'ai eu un moment la tentation de la faire en recueillant les textes innombrables que me fournissaient surtout les Mémoires du dix-septième siècle, le grand siècle du Jeu. Gourville spécialement est ici inappréciable. Qu'il est fier! qu'il est noble! Comme il sent bien sa dignité de *beau joueur*, de croupier, d'homme de tripot! Son assurance impose. La vertu, la probité, la morale des petites gens, sont honteuses et baissent les yeux.

Chap. XIII, page 224. — *Richelieu envisage la vie* (de celui qui gouverne) *comme un jeu de hasard. Il faut qu'il ait de la chance, et qu'il sache user de sa chance.*
Cette parole eût dû rester présente à ceux qui admirent avec raison les monuments de la politique d'alors, mais s'en exagèrent la portée systématique, la suite, la conséquence. Nous avons fait effort dans ce volume pour faire apprécier dans son vrai caractère la volonté très forte, mais non pas fixe, de Richelieu, et les variations fatales que lui imposèrent les événements. — Mazarin va plus loin. Tout en passant sa vie à calculer son jeu, à négocier, *ravauder* (comme dit Retz), il attribue tous ses succès à sa bonne fortune. Il se moquait de ceux qui se creusaient la tête pour en chercher les causes et croyaient qu'il avait des secrets, des recettes à lui. Il ne réclamait qu'un mérite, d'*être heureux*.
D'autre part, nous lisons dans les *Mémoires* de Retz qu'un jour la reine lui disant : « Le pauvre cardinal Mazarin est bien embarrassé », il aurait répondu : « Donnez-moi le roi pour deux jours, vous verrez si je le serai. »
Retz a raison. Avoir le roi en main et jouer sur cette carte, c'est dans ce temps *être heureux* à coup sûr et d'avance gagner la partie. Donc il faut que l'histoire suive attentivement l'*heureux* joueur, n'oublie jamais l'intrigue de cour qui est alors le point principal, s'y place, regarde de là et l'administration intérieure, et la politique extérieure, s'attache au roi, à la chambre du roi, « aux douze pieds carrés qui, disait Richelieu, lui ont donné plus de besogne que toute l'Europe ».
Cette méthode, absurde en d'autres siècles, comme nous l'avons dit ailleurs, est au dix-septième non seulement la meilleure, mais la seule possible. Elle en est la boussole. Autrement on se noiera dans l'océan des actes et des paroles, dans la richesse souvent stérile des vaines négociations, des dits et contredits sans résultat, des

longs efforts pour de petits effets, d'essais et d'idées avortées. Ces récits, ces écrits, ces dépêches, vous tentent trop souvent par le mérite littéraire, la forme agréable, le charme, la clarté du détail. L'ensemble n'en est pas moins obscur. On est porté à chaque instant à se méprendre et à donner aux choses une valeur propre, une portée qu'elles n'ont pas. Heureusement une éclaircie se fait du côté de la cour, un rayon du *Soleil* (le roi), et l'on voit que l'œuvre compliquée, laborieuse d'en bas, n'est qu'un petit reflet capricieux de l'Olympe d'en haut.

Chap. XIII et XV, pages 219-244, etc. — *Waldstein.*
Quelle pitié de voir Schiller poser ce spéculateur en face de Gustave-Adolphe ! Waldstein est grand comme fléau, mais sa spéculation était fort simple, et la prime effroyable qu'il donna au soldat devait lui attirer tous les soldats de la terre. Gustave, le maître à tous, trop grand pour dénigrer personne, *ne faisait pas cas des talents militaires de ce Waldstein.* Il fit de petites choses avec des moyens énormes. Son attitude d'acteur, sa tragi-comédie de solitude dans la foule, de taciturnité, etc., fait rire le grand Gustave. Il l'appelle sans façon *le fat* (Narren ?) ou peut-être *le sot.* Mais tout cela imprime une respectueuse terreur au pauvre dramaturge. Il copie avec une admiration bourgeoise les vieux récits allemands sur les magnificences de l'illustrissime coquin. Sa table était de cent couverts ; il avait tant de carrosses. Son maître d'hôtel *était de première qualité,* etc. — Pauvretés pitoyables. Ce qui est pire dans le livre de Schiller, ce qui fausse l'histoire à chaque instant, c'est un déplorable effort d'impartialité entre le bien et le mal. Reproche, au reste, qu'on peut faire à plus d'un Allemand, entre autres à notre aimable, savant, ingénieux Ranke, qui nous a tant appris. Son *Histoire de la papauté* (je parle de l'original, et non, bien entendu, de la perfide traduction), avec tant de mérites divers, a le tort de grossir énormément beaucoup de petites choses. Rome d'abord. Dans sa pitoyable décadence, elle redevient le centre du monde. C'est comme un cadran solaire en bois de sapin qui dirait : « Le soleil tourne à cause de moi. » Mais, non, Rome ne s'y trompe pas. Elle est moins occupée des visions ambitieuses des Jésuites, ou du grand mensonge des missions que de son piètre intérêt italien. — Les Jésuites, de même, sont surfaits par Ranke. Leurs rêves d'Armada, de conquête d'Angleterre, etc., les montrent constamment chimériques. La dissidence de ceux d'Allemagne et de France, celle des Jésuites français entre eux, que je note dans ce volume, n'est pas propre non plus à nous faire admirer la

sagesse de l'ordre. Possevin, leur rusé savantasse, me paraît, en conscience, un bien petit héros. — Les Jésuites ont une chose dont on doit tenir compte : c'est la lente et patiente préparation de la Guerre de Trente-Ans par la captation des familles nobles et princières, par la séduction des mères et la conquête des enfants. Ils obtinrent une variété imprévue de l'espèce humaine, *le bigot*, vrai coup de génie, comme celui de l'horticulteur qui a trouvé la rose noire, sans parfum ni feuilles, un bâton. Ce bâton, c'est Ferdinand II. On ne savait pas bien en détail comment ils s'en servirent. Nous savons maintenant comment ces Pères, tenant en haut l'empereur, leur terrible marionnette, purent faire en bas de la démocratie pour l'extermination du peuple. Leurs apôtres, dans le carnage de Bohême, étaient des bouchers bien pensants, de pieux laquais, de dévots tailleurs, etc. On massacrait, d'une manière intelligente, jamais dans des lieux contigus, mais éloignés les uns des autres, toujours aux moments imprévus. Cela désorientait la résistance. Chacun, abattu, inquiet, se disait cependant : « Le mal est encore loin. » Chacun croyait avoir un meilleur numéro dans cette loterie de la mort. 11,000 communes sur 30,000 périrent entièrement; les autres à moitié. Le pays offrait une profonde solitude. Les gens armés qui se hasardaient à le traverser rencontraient parfois sur le soir des paysans autour du feu, préparant leur souper, et un homme dans la marmite. Voir le livre important, si solide et si neuf : l'*Histoire du cabinet autrichien*, de A. Michiels.

Ceci n'est que le premier acte de la Guerre de Trente-Ans, le moment du *bigot*. Voici venir le second acte; c'est le *marchand d'hommes*, Waldstein, le spéculateur en armées. Tout échappe aux Jésuites. Ils n'avaient pas prévu cela. Les voilà étonnés, effarés, comme un hibou qui aurait couvé un vautour. Lorsque Waldstein a été éreinté par Gustave, ils le font assassiner. Et alors ils reprennent force. Par grande habileté? ils n'en ont pas besoin, ayant pour eux la miraculeuse vertu d'une révolution territoriale qui offre à chacun le bien du voisin.

Chap. XIV, page 226. — *De quoi vivait Richelieu ?*

La belle publication de M. Avenel (*Lettres de Richelieu*) étant peu avancée encore, c'est à lui-même que j'ai demandé des renseignements. Personne, à coup sûr, ne connaît mieux cette époque. Mais nous n'avons pas de document qui éclaircisse ce point. J'ai été réduit aux trois volumes *manuscrits de la Bibliothèque*, tellement insuffisants. — L'ouvrage estimable sur l'*Administration de*

Richelieu, dont je parle dans le texte, est celui de M. Caillet. M. Caillet est savant, exact, judicieux (sauf le chapitre de l'éducation auquel je reviendrai). — Du reste, ce qui fait sentir partout les embarras financiers de Richelieu, ce sont ces licenciements de troupes aux moments les plus graves, mesures absurdes si elles n'avaient été commandées par la nécessité.

Chap. XIV, page 231. — *Sa grande ordonnance gallicane, rédigée en* 1627, *abandonnée en* 1629.

Quand il la fit faire par Marillac, elle était tout à fait en harmonie avec ses actes d'alors, l'invasion de la Valteline, la reconstruction de la Sorbonne, la défense de communiquer avec le nonce, etc. En janvier 1629, il la fit recevoir au Parlement, voulant montrer encore les dents au pape, lorsqu'il allait le secourir, afin de le convaincre d'autant mieux de la nécessité de gagner un homme à la fois si utile et si redoutable; qui, dans un pli de sa robe, apportait la guerre et la paix. Le sens était : « Je maintiens l'ordonnance, prêt à la sacrifier si l'on me fait légat à vie. » Il paraît que la cour de Rome sut le leurrer un an de plus, et tirer de lui un démenti de l'ordonnance gallicane, la démarche violente contre Richer, vieux chef des gallicans. Cette démarche publique semblait river pour toujours Richelieu dans l'ultramontanisme. Rome alors se moqua de lui, croyant qu'il ne pourrait changer. Mais il changea encore en 1638, quand il lança Du Puy et son livre des *Libertés gallicanes*. Court moment, il est vrai. Il ne pouvait lutter sérieusement contre Rome sans troubler la conscience d'un roi si maladif, craintif de la mort, de l'enfer. — J'insiste sur ces *contradictions successives* de Richelieu, et aussi sur ses *contradictions simultanées* (par exemple, ses trois traités en sens contraire d'avril 1631, voy. p. 231. Personne n'a cherché davantage à sauver l'apparence, à garder la fière attitude d'un homme tout d'une pièce et d'immuable volonté. Le fameux *Testament*, les longs et laborieux *Mémoires*, sont combinés pour cet effet. Ils réussissent à donner l'admiration et le respect du grand labeur, de l'effort soutenu d'un homme qui fait route à travers tant d'obstacles; mais ils ne trompent nullement sur la fixité de sa politique. — Les *Mémoires*, bien examinés, discutés et serrés de près, faiblissent spécialement en trois points essentiels : 1° Ils exagèrent les fort petits succès des campagnes d'Italie, si misérables en comparaison des conquêtes du seizième siècle. Ici, quels résultats? On secourt Casal, on prend Pignerol, on laisse périr Mantoue, et on se coule à fond dans l'opinion des Italiens. L'effet du *Pas de Suse* eût été grand, si l'on n'eût, sur-le-champ, rentré en France et bientôt licencié trente régiments. — 2° Les *Mémoires* feraient croire que Richelieu de bonne heure agit sérieusement avec Gustave (ce qui est faux, il ne pensait alors qu'au Bavarois). Ils feraient croire du moins qu'il lui procura sa trêve de Pologne. Mais tout le monde y travaillait, surtout la Hollande; et le seul qui réussit, ce fut Gustave, par une victoire qui découragea les Polonais. — 3° Richelieu s'efforce d'obscurcir, d'abréger, d'effacer ce qui, au fond, est le plus admirable en lui, sa lutte désespérée contre l'intrigue espagnole des deux reines.

Chap. XVI, pages 253-267. — *Lutte de Richelieu contre les deux reines, maladie de Lyon, Journée des Dupes*, etc.

La sécheresse des *Mémoires* est ici surprenante. Richelieu court comme sur du feu. Bassompierre, Brienne, Mareuil, Gaston, donnent quelques détails accessoires, extérieurs, et point du tout le fond. Nul moyen de comprendre la *crise de Lyon* ni la *Journée des dupes*. Après cette journée (10 novembre 1630), on tire le rideau, on fait semblant de croire qu'elle finit tout, et l'on ne dit plus *rien pendant cinq mois*, sauf la fuite de Gaston et le traité de Suède. Ce traité sert de remplissage; on le place en janvier, quoiqu'il n'ait été alors que rédigé, projeté; il ne fut conclu qu'en avril. Ce silence de cinq mois, *d'une demi-année presque*, est évidemment convenu. C'est un mystère d'État.

Par un arrangement tacite, chacun a mieux aimé éluder, esquiver. Cela rend curieux. Mais, très probablement, ce sont des choses terribles et périlleuses.

Richelieu cependant avait la mauvaise habitude d'écrire, d'écrire toujours. Il ne rédigeait pas tous les soirs exactement, comme Mazarin, une note des faits de la journée. Il s'est fié généralement à la grosse compilation de ses *Mémoires*, qu'il faisait faire. Mais, pour cette période si grave dont ses *Mémoires* parlent à peine, il ne s'est fié qu'à lui-même. Un terrible petit *Journal*, écrit par lui, en est resté. Il a été publié en 1649.

Comment cette pièce fut-elle déterrée, publiée ? Je suppose qu'au moment où Condé se brouilla avec la cour, à la fin de 1649, et se lia intimement avec l'héritier de Richelieu (en le mariant), qu'à ce moment, dis-je, Condé reçut de ce jeune duc le redoutable manuscrit de famille, et le lança dans le public par les imprimeurs hardis de la Fronde.

Son authenticité ne peut pas être contestée. 1° Quoique ce soient de simples notes sèches et brèves, parfois obscures, quand on a beaucoup lu Richelieu, il est impossible de l'y méconnaître. Les faiseurs de la Fronde eussent fait un livre plus piquant; mais, entre eux tous, ils eussent travaillé des années sans rien faire qui, de près ou loin, rappelât ce terrible petit livre. — 2° C'est un *memento* personnel, extraordinairement sérieux, d'homme d'action, qui se parle à lui seul; il est si occupé du fond, si inattentif à la forme, qu'il en oublie la grammaire; souvent il commence par la première personne, il dit *je*, puis il continue par la troisième, et dit *le cardinal*. — 3° Les rapports d'espions et de gens gagés qui lui révèlent les détails d'intérieur font penser aux pièces de police qu'on trouva au 9 thermidor chez Robespierre. Mais ce qui ajoute aux révélations qu'obtient Richelieu un caractère bien plus naïf, inimitable et impossible à feindre, ce sont les mots imprudents de la reine, ses échappées colères, ses petites bouderies, les faiblesses, les violences par lesquelles elle se perdait. — Non seulement les faits dominants y sont fortement indiqués, mais on y trouve marquées de légères nuances, peu importantes pour le résultat total de l'histoire, fort importantes pour la critique qui y sent le détail vivant et le trait précis de la vérité (par exemple, la malveillance que les reines, liguées contre Richelieu, gardaient l'une pour l'autre, p. 34 de l'éd. des *Archives cur.*, t. V). — 5° Enfin, ce qui est bien plus décisif que tout détail, c'est la force avec laquelle cette pièce essentielle vient juste s'encastrer dans la lacune, et s'adapter par tous ses angles aux angles précis du lieu vide, lequel, si vous ne l'y mettez, restera comme un trou impossible à combler, et, bien plus, une énigme irrémédiablement obscure.

Maintenant la reine avorta-t-elle réellement, comme les médecins et les femmes de la reine le dirent à Richelieu, ou l'enfant vécut-il? Dans cette dernière hypothèse, il faudrait faire remonter bien plus haut le commencement de la grossesse. Cet *aîné* de Louis XIV aurait pu être alors le fameux *Masque de fer*. L'histoire de celui-ci restera probablement à jamais obscure. Des écrivains, du reste fort légers, de peu d'autorité (Delort, madame Campan, etc.), en ont parlé, je crois, pour l'obscurcir et pour donner le change. On en pensera ce qu'on voudra. Mais on ne me fera pas croire aisément qu'on eût pris des précautions tellement extraordinaires, qu'on eût gardé à ce point le secret (toujours transmis du roi au roi, et à nul autre) si le prisonnier n'avait été qu'un agent du duc de Mantoue! Cela est insoutenable. Si Louis XVI dit à Marie-Antoinette qu'on n'en savait plus rien, c'est que, la connaissant bien, il se souciait peu d'envoyer ce secret à Vienne. — Il est même douteux que, si le prisonnier eût été, comme d'autres pensent, un *cadet* de Louis XIV, un fils de la reine et de Mazarin, les rois qui succédèrent eussent gardé si bien le secret; mais très probablement l'enfant fut un *aîné*, et sa naissance obscurcissait la question (capitale pour eux) de savoir si Louis XIV, leur auteur, avait régné légitimement.

Chap. XVI, page 264. — *Joseph tenait le fil des destinées de Richelieu.*

Le *véritable Père Joseph*, de Richard, est un livre léger, fait un demi-siècle après, et qui, dans certains points, mérite peu de confiance. Cependant l'auteur écrivait d'après des manuscrits que nous n'avons plus, surtout d'après les *Mémoires d'État* de Joseph. Il y a nombre de faits fort vraisemblables, ailleurs obscurs et à peine indiqués, ici très clairs et mis en pleine lumière. Au reste, quoiqu'à l'exemple de tous les biographes il donne à son héros une importance exagérée, il ne surfait pas du moins sa vertu. Richard est amusant. Il semble nous promettre de beaux secrets de la politique du temps : « On voit bien l'aiguille au cadran, dit-il; mais, si l'on voyait les roues et les ressorts cachés ! » Le dessous est beau en effet. Il montre son Joseph marchant toute sa vie de trahison en trahison. Il trahit Ornano. Il décide Gaston à trahir Chalais. Il habille un jeune comte en capucin pour aller à Bruxelles et surprendre les lettres qui mèneront Chalais à la mort. En 1632, il conseille de faire mourir Montmorency, de ne pas tenir parole à Gaston. Il trahit deux fois Richelieu, et en signant le traité de Ratisbonne (1630), et en tirant parole du roi de faire revenir sa mère, malgré le ministre (1638).

Sur tout cela, Richard le croit le grand homme du temps. — L'ouvrage n'est pas moral, mais il est curieux. Richard, qui probablement copie le plus souvent Joseph, éclaire beaucoup de choses sans le savoir, sans soupçonner la portée de ce qu'il dit. On suit très bien chez lui la lutte discrète, la haine cachée des deux grands *amis* l'un pour l'autre, la duplicité de Joseph, qui, comme ministre de Richelieu, conseille des choses violentes et hasardeuses, mais qui, en dessous, travaille souvent le roi en sens contraire, qui parle pour et contre Gaston, pour et contre Marie de Médicis, etc.

Chap. XVIII, page 286. — *Gustave-Adolphe.*

C'était ici le lieu d'en parler; mais j'ai dû à ce grand homme le respect d'en traiter à part dans l'*Appendice*. Je ne pouvais d'ailleurs, dans une histoire de France, l'envisager que de profil. La vieille histoire d'Arkenholz, sortie des pièces et des récits originaux, est toujours excellente. Elle nous a sauvé beaucoup de pièces importantes qui, je crois, n'existent plus ailleurs. Je parle de celles qui racontent la mort de Gustave, le sac de Magdebourg, etc.

CHAP. XX, page 327. — *Mort de Waldstein.*

Un récit curieux et inédit de cet événement est celui que l'abbé Fontana écrit à monseigneur Panzirole la même année 1634. Il l'appelle *Valestayn*. Mais le célèbre général signait lui-même *Waldstein*. — Il y donne d'abord la version officielle des impériaux, avec des circonstances nouvelles, puis il ajoute : « Plusieurs répandent que la trahison de Waldstein n'est point avérée ; que ce sont ses ennemis, les Espagnols et Bavière (sans doute le duc de Bavière), qui ont tout fait pour le faire paraître coupable. » (*Extraits des Archives du Vatican*, conservés à nos *Archives de France*, carton L, 386.)

CHAP. XX, page 338. — *Il fut trompé par le jésuite Sublet.*

Richelieu doit être jugé relativement aux difficultés infinies de sa position. La dévotion du roi, ses ménagements pour Rome, l'espoir de devenir légat, lièrent le ministre aux Jésuites, et l'empêchèrent d'être ce que la fierté de son génie l'aurait fait être, un gallican, un sorboniste (lui, fondateur de la Sorbonne nouvelle). Ce qui étonne le plus, c'est que, dans sa politique et son intérieur même, il les subit par l'ascendant croissant d'un homme affilié à la Société, d'un sot fieffé, dangereux, haineux, venimeux, mais le scribe des scribes et d'un travail énorme : Sublet Du Noyer. Richelieu le fit, en 1633, secrétaire d'État de la guerre, le chargea fort imprudemment d'inspecter nos places en 1636, crut aux rapports de l'ignorant, ce qui nous valut l'invasion et les faciles succès de l'ennemi, qui vint presque à Paris. Cette bévue, qui devait le faire chasser, fut au contraire récompensée. Il fut chargé de fortifier des places, de diriger des sièges, d'organiser la marine : il eut la surintendance des bâtiments et manufactures, la surveillance de l'imprimerie royale, etc. Richelieu, accablé, malade, ne s'occupait plus que de l'extérieur, et bien plus encore des complots dont il était environné. Sublet régna, à tort et à travers ; il a laissé partout des marques de son génie, l'érection des églises jésuites à pots de fleurs, la destruction des œuvres les plus hautes de la Renaissance, spécialement de la sublime *Léda* de Michel-Ange, l'unique tableau qu'il eût peint à l'huile, qui était à Fontainebleau. Cet animal, chargé de recevoir le Poussin que Richelieu appelait de Rome et logeait aux Tuileries, eut l'impertinence de lui tailler la besogne, exigeant qu'il lui fît tant de chefs-d'œuvre par mois. Le Poussin se sauva à Rome. — L'attraction des sots pour les sots rendait Sublet très cher au roi. Ils disaient leur rosaire ensemble. Cela enhardit fort le petit homme, si bien qu'en dessous il commençait tout doucement à trahir le roi pour la reine, croyant être par elle archevêque de Paris. Le mourant le mit à la porte. Et la reine, une fois régente, ne se souvint plus de Sublet, qui prit la chose à cœur, et, comme le pauvre Père Joseph, creva d'ambition rentrée (1645).

Chap. XXII, page 369. — *Les Carmélites.*
Ici, et plus haut, pages 270-271, je suis la *Vie* anonyme de madame de Hautefort, publiée par M. Cousin. — On lui a très amèrement et très justement reproché son culte pour les Chevreuse, les Longueville, etc. Il est triste, en effet, de voir cet ancien et illustre maître, éloquent initiateur de la jeunesse au stoïcisme de Kant et de Fichte, de le voir, dis-je, aux genoux de ces coureuses dont les intrigues noyèrent la France de sang. Elles avaient de l'esprit, je le veux bien. Qui n'en avait? Elles parlaient à merveille. « Celui qui parlerait mal à la cour, dit La Bruyère, aurait le mérite d'un savant dans les langues étrangères. » — Avec tout cela, M. Cousin a publié des textes inédits dont on doit profiter, révélé des faits curieux. On ne connaissait bien ni madame de Hautefort, ni mademoiselle de La Fayette, ni même la reine Anne. La fameuse affaire du Val-de-Grâce n'était pas bien éclaircie. On sait maintenant (*Chevreuse*, p. 52) que, le jour de l'Assomption, la *reine communia et jura par l'Eucharistie* qu'elle avait dans l'estomac *qu'elle n'avait pas correspondu avec l'Espagne.* Puis elle avoua *qu'elle avait menti et s'était parjurée*, qu'elle avait averti son frère de l'envoi d'un espion français en Espagne, et des traités que l'Angleterre et le duc de Lorraine allaient faire avec la France pour que l'Espagne pût les empêcher.

Partout ailleurs, la partialité de M. Cousin pour la galante reine est bien naïve. Il doute du succès de Buckingham auprès d'elle. Et pourquoi? Parce que Tallemant n'en a rien dit (il a omis bien d'autres choses), parce que La Rochefoucauld n'en a rien dit. Mais La Rochefoucauld, le chevalier personnel de la reine, si dévoué qu'elle voulait se faire enlever par lui à Bruxelles, n'avait garde de parler d'une telle aventure. Retz, qui la conte, la tenait de la meilleure source, de la Chevreuse, de celle même qui livra la reine à Buckingham dans le jardin du Louvre. — M. Cousin, dans un autre passage (*Hautefort*, p. 28, etc.), dénature les faits et les obscurcit par une simple interversion chronologique. Il parle de la retraite de La Fayette, de la grossesse de la reine, de la naissance de Louis XIV (1638) *avant de parler* du danger de la reine, de l'affaire du Val-de-Grâce, de l'expulsion de Caussin, etc. C'est placer les causes après les effets. On n'y comprend plus rien. Dès que l'on rétablit les dates dans leur ordre sévère, la clarté reparaît. C'est parce qu'en 1637 elle se crut perdue par deux fois (en août au Val-de-Grâce, et le 9 décembre par l'échec de Caussin), c'est pour cela qu'on fit le 9 la tentative extrême. Sa grossesse, qui date de cette nuit, fit son salut et lui donna quinze ans de règne. — Une chose singulière et qu'on peut vérifier à Westminster sur l'effigie de Buckingham, c'est que Louis XIV ressemblait (un peu lourdement, il est vrai) à ce bel Anglais, mort dix ans avant sa naissance. Dira-t-on que la reine, qui toute sa vie garda ce souvenir, l'eut présent à l'esprit au moment de la conception? Du reste, si elle fut enceinte en 1628 du fait de Buckingham, comme elle le craignit (Voy. Retz), il ne serait pas étonnant que l'enfant de 1638 lui eût ressemblé. Le premier amant (dit M. Lucas, *Hérédité*) détermine souvent le type des enfants futurs qui naîtront de ses successeurs.

Chap. XXIV, page 388. — *Le calcul de neuf mois.*

Louis XIV naîtra le 5 septembre 1638. Anne d'Autriche a-t-elle conçu le 5 décembre 1637? Non. Les mois n'ont pas tous trente jours. Il faut ajouter six jours pour les six mois qui ont trente et un jours; mais, comme le mois de février n'en a que vingt-huit, il faut ôter de ces six jours, c'est-à-dire n'en *ajouter que quatre au calcul total*. — Donc, en ajoutant au 5 décembre quatre jours, on obtient le 9 décembre, la veille de l'exil du jésuite Caussin, le jour même où Richelieu lui fit prononcer son exil, et où la reine, ayant échoué dans cette dernière intrigue, n'eut plus de salut que dans une grossesse.

Chap. XXV, page 397. — *Misère du peuple. Révoltes. Richesse du clergé.*

Les tableaux de l'administration de Richelieu, que nous trouvons dans les ouvrages généraux de MM. Avenel (Introd.), Chéruel, Bailly, Doniol, Dareste, etc., ne pouvaient être que sommaires. Pour la première fois, les faits, les dates, ont été réunis et donnés au complet avec de nombreuses citations des actes, dans l'ouvrage spécial de M. Caillet. Je l'ai eu constamment sous les yeux en écrivant ce chapitre. On y suit à merveille les tergiversations et les contradictions de Richelieu, et pour la levée de l'impôt (par élus, par trésoriers, par intendants), et pour ses tentatives de faire aider l'État par le clergé. M. Caillet ne tire aucune conclusion. Celle qui ressort des faits, c'est que, Richelieu étant définitivement repoussé, et le clergé (le grand propriétaire de France) ne donnant rien qu'un *don gratuit* minime, ni l'État ni la Charité ne pourront se constituer. Richelieu mourra à la peine, Vincent de Paul fera très peu de chose (six cent mille livres en six années pour des millions d'affamés). Puis va venir Colbert qui mourra à la peine. L'État s'enfonce dans la mendicité. La bureaucratie progresse, dans l'extermination du peuple Mais ce n'est pas assez. C'est quand la terre elle-même semble exterminée et ne produit plus, qu'arrive, par les grandes famines, la révolution de 89. — Sur les révoltes des *Va-nu-pieds* de Normandie, des *Croquants* de Guyenne, voir les textes intéressants réunis par M. Bonnemère, *Histoire des paysans*. Gassion, qui extermina les premiers, ne put s'empêcher d'admirer leur valeur héroïque. Voir aussi l'importante *Histoire du Parlement de Normandie*, par M. Floquet, et spécialement son *Diaire du voyage du chancelier Séguier*, à Rouen.

Chap. XXVI, page 417. — *Richelieu admirateur de la pédagogie des Jésuites.*

Et cependant il ne suit pas leur plan d'études dans son collège. On disait et on dit encore qu'ils enseignaient *les sciences* aussi bien que les langues. Les langues, c'est-à-dire le latin (peu ou point de grec), s'enseignaient en six classes et au moins en six ans ; et, *dans une seule*, entrent la rhétorique et la théologie ; ils enseignent un peu de philosophie, de mathématiques et de physique. Le plan que Richelieu traça pour son collège modèle de Richelieu diffère essentiellement, en ce qu'à chaque classe et chaque année, de la sixième à la philosophie, les sciences sont toujours enseignées, et en français. A la classe du matin, quand l'attention des enfants est neuve et fraîche encore, on leur enseigne l'histoire, la géographie, la physique, la géométrie, la musique, la mécanique, l'optique, l'astronomie, la politique et la métaphysique. A la classe du soir, ils se délassent par les poètes et les orateurs, les auteurs épistolaires, les livres de dialogues, la prosodie et la grammaire. Enseignement tout à fait différent des Jésuites ; celui de Richelieu y donne la grande part, *plus de la moitié*, aux sciences, qui, dans les collèges de La Flèche ou de Clermont, n'entraient au total *que pour un douzième.*

L'originalité réelle de leur collège de Clermont (rue Saint-Jacques) était surtout en ceci, qu'il y avait à peu près autant de maîtres que d'élèves, *trois cents Jésuites*, profès ou aspirants, pour *quatre cents écoliers*. Je parle des écoliers *internes* seulement, des seuls auxquels on fît attention, et qui étaient les enfants des plus grandes familles. La mécanique de leurs collèges était très forte, en ce sens que le même professeur suivait l'enfant de classe en classe, le prenait en sixième et le menait en rhétorique. L'élève maltraité ne pouvait dire : « Dans un an, je suis quitte de ce professeur. » S'il déplaisait malheureusement, si son maître le prenait en grippe, on le fouettait six ans de suite. Cela rendait peureux, flatteur ; on craignait extrêmement un maître à perpétuité. Les enfants pauvres, les boursiers, sous cette perspective, et suivis ainsi de la verge, devaient travailler ou périr. La vieille Université de Paris, qui fouettait tant, reproche cependant aux Jésuites de ne fouetter que les pauvres, ces malheureux boursiers, tenus au collège par leur subsistance.

« Voilà qui est bien dur, diront les mères. Et comment tant de grandes dames confiaient-elles à ces terribles Pères leur douce progéniture ? » Rassurez-vous. Autant leur mécanique, vue par là, était dure, autant, d'un autre côté, elle était douce. Tous les Jésuites n'étaient pas professeurs, beaucoup étaient *amis*. L'amitié était là une position, un métier, une profession spéciale. Parmi ces Jésuites non enseignants, mais amateurs, qui causaient, conseillaient, observaient, se promenaient, faisaient de la littérature, l'enfant pouvait se choisir *un ami*. Quoi de plus rassurant pour la pauvre mère qui amenait son nourrisson et s'en allait en larmes, que de le confier à ce bon Père qui en faisait son pupille, se chargeait de le recommander, d'intervenir pour lui, d'adoucir le pédant, de sauver un enfant si tendre ! « N'ayez pas peur, madame. Tout cela est pour nos boursiers, des enfants rudes qui ne vont que par là... Mais ce beau cher petit seigneur ! j'en réponds, et rassurez-vous », disait le Père. — Un père ? bien mieux, une mère tendre qui partageait ses jeux mieux que n'eût fait sa mère, l'aidait dans son devoir, le menait au jardin, et cueillait avec lui des fleurs. Inutile de dire que cet homme charmant devenait pour l'enfant un confident aimé, indispensable ; l'écolier le cherchait, dès qu'il était libre, lui disait toutes ses pensées. L'*ami* savait le fond du fond, dix fois plus que le confesseur. Il renseignait parfaitement la Compagnie, et sur l'enfant, ses qualités, ses vices, ses tendances, son caractère, et sur tout ce que l'enfant pouvait savoir ou entrevoir des secrets de sa famille. Le connaissant à ce point-là, il avait sur lui les plus fortes prises, s'en emparait de plus en plus. Tellement qu'au grand étonnement de la mère, quand elle venait voir son enfant, il était froid, rêveur, distrait, visiblement ennuyé d'elle, et fort impatient d'aller *jouer* avec son *ami*. Mais on jouait bien moins qu'on ne causait. Les Jésuites étaient fort caillettes, commères intarissables, aussi bavards que curieux. — Il y avait, en cette institution, du bien, du mal. Sans nul doute, la société douce et bonne d'un homme d'esprit peut affiner bien vite ; c'est ce qu'il y a de plus fort pour mûrir en serre chaude et donner de prompts résultats. La concurrence était extrême et poussée par tous les moyens. On faisait de petits parleurs, des académiciens de douze ans et des acteurs de treize pour les comédies de collège.

Voilà le bien, si c'en est un. Le mal était ceci : Dans l'éducation ordinaire, un même homme étant obligé d'alterner la rigueur et l'indulgence, cumulant les deux rôles de Grâce et de Justice, neutralise par l'une les effets de l'autre ; il influe moins comme homme que comme doctrine et ne prend d'autorité que celle de la raison. Mais ici, l'homme de la Grâce n'ayant point à sévir jamais, étant toujours un camarade aimable, un aide utile, un protecteur surtout, défendant l'enfant de la peur, infailliblement gagnait tout le cœur de la petite créature. Ce qui en advenait, on le sait trop.

Si des résultats moraux et de l'éducation nous passons à l'instruction, examinons quelle était la valeur réelle de leur enseignement. On le devine par leurs très médiocres commentaires sur les auteurs anciens. Grande chute ! quand on arrive là en sortant de la vigoureuse et mâle érudition du seizième siècle, qui retrouva parfois l'âme même de l'Antiquité. A qui fera-t-on croire que de plats écrivains, grotesques et ridicules, comme ils furent généralement, ont pu être de vrais interprètes du noble génie antique ? Cent ans avant Pascal, Rabelais note d'un trait vigoureux l'aurore de cette belle littérature (*la Savatte de pénitence, la Pantoufle d'humilité*, etc.). Elle fleurit de plus en plus. N'inventant plus rien, on édite, on ramasse, on balaye, on compile. Les gros recueils commencent avec je ne sais combien de mauvais livres de classe. Dans ces catacombes de l'ennui, l'on recueille religieusement tout l'inutile, le *detritus* et le *caput mortuum*. A côté, fourmille, frétille la fausse vie plus morte encore, les épigrammes galantes, la dévotion en madrigal, etc. Pour écarter les sottises honteuses et ne parler que des choses fades, qui peut lire sans nausée une seule page du livre capital et triomphant de la Société, si somptueusement édité, l'*Imago primi sæculi Societatis Jesu*, 1640? — Mariana confesse que son ordre est très corrompu. Eh bien, la corruption morale se réfléchit dans celle du goût. Leurs doctrines et leurs mœurs firent leur littérature, et celle-ci, qui subsiste, témoigne contre leur enseignement. M. Caillet a tort de suivre ici, les yeux fermés, M. Émond, dans son *Histoire du Collège Louis-le-Grand*. Il a tort aussi (p. 412) de révoquer en doute l'assertion de l'Université : « que les Jésuites *traitaient mal les boursiers, les écoliers pauvres* (*Mss. de la Bibl. Mazarine*). Cela paraît bien vraisemblable quand on lit dans Ranke (*Papauté*) l'expresse recommandation du légat *de mieux traiter les écoliers nobles et riches*.

Chap. XXVI, page 423. — *La reine était du complot du comte de Soissons.*

Campion le dit expressément. Le 15 août 1641, il rassure la Chevreuse en lui disant qu'il a brûlé les lettres de la reine. M. Cousin, le défenseur ordinaire de ces dames, nous apprend pourtant, et dans sa *Hautefort*, et dans sa *Chevreuse*, toute la gravité du complot et la part qu'y prenait la reine. La Hautefort, par l'ordre d'Anne, y était entrée. La Chevreuse, à Londres, avait formé l'association des *émigrés français et des royalistes d'Angleterre* (Holland, général de Charles I*er*, Montaigu, conseiller d'Henriette, ardent papiste), et la ligue des uns et des autres *avec l'Espagne et le pape*. A Bruxelles, elle y associa encore le duc de Lorraine et le comte de Soissons. Complot trop vaste, trop mêlé d'éléments nombreux et complexes, qui devaient marcher mal ensemble. Cette grande politique, la Chevreuse, était un esprit romanesque, nullement positif. Ceci rappelle les complots fous et visionnaires des Jésuites avant l'Armada. On échoua. Puis on reprit la chose plus follement encore par le petit Cinq-Mars. Le sérieux de l'échafaud a trop relevé ce favori ridicule, si outrecuidant, si absurde. Il voulait, lui, ce garçon de vingt ans, que le roi le laissât *tuteur du dauphin*. Cela fit connaître le personnage comme mannequin de la cabale, et dégoûta entièrement Louis XIII.

Chap. XXVII, page 425. — *La reine, dit Fontrailles, désirait un complot.*

Et on peut dire que, pour son compte, elle en tramait un elle-même. Son plan était d'enlever ses enfants, à la mort de Louis XIII. Elle chargea De Thou de demander au duc de Bouillon de la mener à Sedan (Cousin, *Chevreuse*, p. 101). Bouillon, comme on le voit dans toute la Fronde, appartenait essentiellement aux Espagnols. La reine ne voulait pas moins que mettre le roi de France entre les mains du roi d'Espagne. Quoi de plus criminel ? — De Thou fut très coupable. Richelieu venait de lui pardonner déjà sa participation à un complot de la Chevreuse. — M. Cousin se trompe (avec bien d'autres, il est vrai), en disant, p. 105 de sa *Chevreuse*, que Richelieu eut le traité le 11 juin. Les notes écrites à Tarascon par Richelieu même établissent que, le 7 juillet, il n'avait pas encore cette pièce essentielle.

Chap. XXIX, page 451. — *Bataille de Rocroy.*
Condé n'est pas sans droit à cette gloire ; car, sans lui, Gassion et les autres officiers inférieurs eussent été paralysés par L'Hospital. Il y a droit encore par son allégresse héroïque qui anima les troupes, et par la part qu'il prit à la vigoureuse exécution. L'excellent historien militaire Montglat, mestre de camp du régiment de Navarre, contemporain (mort en 1675) très capable et très informé, explique parfaitement que la bataille fut *gagnée par Gassion*, qui agit et s'arrêta à point dans l'action, *et par Sirot*, qui refusa d'agir à contre-temps et désobéit à un ordre imprudent du prince. — Le récit de Lenet, serviteur des Condé, n'est que ridicule. — La *Vie* de Sirot, fort romanesque en certains points, est fort sérieuse ici, où elle s'accorde avec Montglat. Du reste, elle n'est pas, comme on l'a dit, un roman moderne. Elle est citée par l'abbé Arnauld (fils d'Arnauld d'Andilly), qui fut carabinier sous Louis XIII.

Chap. XXX, page 465. — *Déjà Mazarin avait le pouvoir d'un mari.*
Le mariage secret de la reine et de Mazarin n'est affirmé positivement que par la duchesse d'Orléans, mère du Régent. Cependant il me semble à peu près certain. La reine, déjà fort dévote, et de plus en plus, n'eût pas tellement montré sa passion si elle ne l'eût crue légitime. Elle l'affiche pendant la Fronde avec une assurance extraordinaire. Elle l'avoue dans ses lettres à Mazarin absent avec l'effusion toute charnelle d'une épouse entièrement asservie par l'exigence du tempérament. (Ravenel, *Lettres ;* Walckenaër, *Sévigné*, deuxième partie, p. 471 ; Cousin, *Hautefort*, p. 95, et 471-482. Voir aussi dans les *Appendices de Saint-Simon*, t. XII, édition de M. Chéruel.) — Les *Mémoires* témoignent que Mazarin se conduisait avec elle, nullement avec les égards d'un amant, mais avec la rudesse d'un mari indélicat, brutal. — Reste à expliquer comment Mazarin, cardinal, a pu l'épouser. Mais il y a des exemples de princes

cardinaux que Rome a décardinalisés, lorsqu'une nécessité politique les obligeait de se marier. Il est très possible que l'attachement dévoué et fidèle de Mazarin pour les Barberini tînt au secret de cette dispense qu'ils lui avaient sans doute obtenue de leur oncle. Du reste, il n'est pas nécessaire d'être prêtre pour devenir cardinal. Mazarin, d'abord officier dans l'armée du pape, puis négociateur, était alors un *abbate*. Mais ce titre n'engage à rien en Italie. « Je ne pense pas qu'il y ait preuve que Mazarin ait jamais été prêtre. Je n'en trouve aucune trace. » Cette assertion est grave ; elle est du savant et exact M. Chéruel, l'éditeur de *Saint-Simon*. Combien nous avons à regretter que sa grande publication des *Lettres de Mazarin* n'ait point paru encore !

Chap. XXXI, page 472. — *A Nordlingen, notre gauche resta seule entière sous Turenne.*

Le beau et modeste récit des *Mémoires* de Turenne indique fort bien cependant qu'avec le corps Hessois qu'il commandait, il sauva tout. Dans sa lettre à sa sœur, il lui annonce avec une satisfaction contenue que Condé, dans l'effusion de sa reconnaissance, le remercia solennellement devant l'armée. Condé n'en reste pas moins dans l'histoire « le vainqueur de Nordlingen ».

Chap. XXXI, page 475. — *Mazarin avait retardé la paix générale.*

Quand on n'aurait pas là-dessus le témoignage de Brienne et autres contemporains, on jugerait très bien que les rôles de nos plénipotentiaires avaient été arrangés, que les impertinences du belliqueux Servien, en opposition avec le pacifique d'Avaux, étaient voulues par Mazarin pour gagner temps et attendre quelque bonne circonstance. Celle qui vint, ce fut la paralysie financière, la ruine, la banqueroute, qui le mit hors d'état de profiter des révolutions de Naples et de Sicile. Puis, par-dessus, tomba la Fronde, la révolution de Paris. Mazarin n'avait rien prévu. — La guerre avait duré si longtemps qu'on en avait oublié la cause, la spoliation du Palatin, l'oppression du Rhin (ce paradis devenu un désert. Voy. Turenne, *passim*), l'exécrable extermination de la Bohême. Tout fut approuvé, sanctionné au profit de l'Autriche et de la Bavière. Victoire réelle des catholiques allemands sur nos alliés protestants. Que signifie donc ce sot enthousiasme de quelques-uns sur l'impartialité du traité de Westphalie, sur cette fondation de l'équilibre de l'Europe, sur la gloire de la France, etc.? Il n'y eut aucun équilibre. Le parti catholique resta le plus fort en Europe, jusqu'à ce que l'Angleterre eût fini sa longue trahison, jusqu'à ce que la France, ruinée par Louis XIV, eût cédé l'ascendant aux puissances protestantes.

Chap. XXXI, page 476. — *Traité de Westphalie.*

Mazarin continuait la guerre, mais la reine eût fort désiré s'arranger avec l'Espagne. Cela ressort des lettres inédites et fort amusantes d'un général des capucins, Innocent de Calatagiron, qui se charge de rétablir la paix de l'Europe. Il explique lui-même avec beaucoup d'audace et de forfanterie comment il se glisse partout et fait la leçon aux reines et aux rois. Il s'adresse au duc d'Orléans, à sa fille Mademoiselle, aux dames d'honneur, etc. Il croit les avoir toutes *remplies du saint désir de la vengeance de la religion en Allemagne* et de la nécessité de la paix générale. Les moyens de cette paix sont peu pacifiques. *Il en faut d'extraordinaires et de terribles*, il faut exterminer ce qui n'est pas catholique. La reine Anne d'Autriche lui dit qu'elle ne demanderait pas mieux que de faire la paix et de se rapprocher des Espagnols. « *Alors mon caractère, mon habit, me firent tout oser ; je lui dis qu'il ne suffisait pas de le désirer, qu'il fallait le faire, l'ordonner à ses ministres* », etc. Ailleurs, la reine lui dit qu'elle a donné ses ordres à ses plénipotentiaires : « *Je me mis alors à genoux pour rendre grâce au ciel. Elle s'agenouilla aussi et ne voulut se relever qu'après moi.* » Le capucin croit alors avoir tout fait. Il finit fièrement en disant : « *Ego plantavi... Illustrissimus dominus Nuntius rigabit.* » — Ce capucin infatigable court et va partout, en Bretagne, à Bordeaux, en Espagne. La foule le suit, l'environne comme un messager de paix, l'étouffe presque : « C'est sans doute en punition de mes péchés, mais ils devinent toujours où je vais passer. » Ce concours de monde est chose incroyable, effrayante ; c'est comme une insurrection. « Et il y en aura une, si on fait trop attendre la paix. » (E, 1035). Extraits des *Archives du Vatican*, conservés à nos *Archives de France*, carton L, 386.

Chap. XXXII, page 477.

Ce que je dis ici de Venise c'est un souvenir bien ancien, de ma première jeunesse. Grâce à Dieu, ce peuple héroïque s'est bien relevé. La Venise de Manin n'a guère ressemblé à celle-là.

Chap. XXXII, page 479, etc. — *Le Jansénisme. La Fronde. La Fronde fut la guerre des honnêtes gens contre les malhonnêtes gens.*

Par quelle faiblesse d'esprit, par quelle impuissance de critique, nos contemporains ont-ils été admirateurs exagérés de Port-

Royal, etc., et dénigreurs méprisants de la Fronde? Et qui ne voit que c'est la même chose? Il y eut des deux côtés de bonnes intentions, de l'honnêteté, des vertus (vertus intrigantes, cabaleuses, disputeuses, si l'on veut). Au total, un médiocre génie. La grande fureur d'Arnauld contre les calvinistes est ridicule, avec tant de côtés communs. Le jansénisme, faible résurrection de saint Paul, de saint Augustin, et, en plusieurs points, de Calvin et Luther, a nui beaucoup, en ce qu'il a donné une petite porte à l'esprit de liberté qui s'est fait tout petit pour passer là. Un seul, bizarre et contrefait, mais grand, Pascal, s'est fait écraser au passage. — Du reste, il faut appliquer à toute l'Église du dix-septième siècle ce que j'ai dit en parlant de la guerre, au sujet des petits grands hommes comparés aux vrais géants. Qu'est-ce que c'est que ces prédicateurs illustres, ces éloquents controversistes, devant Newton et Galilée? Gloire, gloire aux inventeurs! Les autres doivent rester bien loin derrière et en grande modestie.

Chap. XXXII, page 484. — *Les parlementaires, qui avaient tout à craindre pour leurs familles et leurs fortunes, n'en défendirent pas moins toute une année le pain du peuple.*

Voilà la moralité de la Fronde parlementaire, et la gloire de nos magistrats. MM. les rieurs peuvent rire à leur aise. Cela est très beau et très sérieux, et cela est incontestable. Il faut seulement bien remarquer les dates. Nos pauvres magistrats ne montrèrent pas beaucoup de génie dans toute l'affaire, mais une incontestable honnêteté. Retz ne montre ni l'un ni l'autre, quand il se moque du bon président Blancménil, qui, admis au conciliabule et voyant sur la table le traité avec l'Espagne, « crut voir l'holocauste du Sabbat ». Le niais, ici, c'est Retz. Comment ne voit-il pas que l'Espagnol se moquait de lui? Si la conscience ne lui dit rien, le bon sens devrait lui dire que le chat emploie sa patte de singe pour tirer les marrons du feu. Il est curieux de voir un homme d'autant d'esprit être le jouet de tous, surtout des femmes. Madame de Bouillon (avec permission de son mari) l'amuse et le captive, lui lie le pouce, lui tire du sang, etc. Madame de Longueville se joue de lui aussi, dans l'intérêt de ses amants. Il n'est pas jusqu'à la *grosse Suissesse* (Anne d'Autriche) qui ne fasse de la coquetterie avec lui, dans leurs nocturnes rendez-vous, au profit de Mazarin. C'est le plus spirituel de tous dont justement rit tout le monde.

Chap. XXXIII, page 492. — *Le peuple fit un ouvrage énorme, douze cents barricades en douze heures.*

Cela est sérieux et suppose une redoutable unanimité. Rien d'analogue jusqu'au grand jour de la prise de la Bastille. Que serait-il arrivé si Retz et le Parlement avaient réellement lâché la Révolution, la presse, non contre le faquin étranger, mais contre la reine, de manière à établir ses trahisons, ses avis donnés à l'ennemi, etc. On tenait à Paris deux femmes qui savaient tout et auraient tout dit, madame de Chevreuse et madame de Guéméné. La reine n'avait aucune idée de la prise qu'on avait sur elle. Tandis que la Fronde mettait des gants pour la combattre, elle montra une violence, une férocité que sa vie antérieure n'eût pas fait deviner. Elle insista plusieurs jours pour faire mourir le premier qu'on fit prisonnier. Elle l'eût fait. Mais les siens avertirent ceux de Paris, qui prièrent la reine d'épargner ce malheureux, en faisant entendre pourtant tout doucement qu'eux aussi ils avaient des prisonniers qu'ils pourraient faire mourir. (Retz, p. 100.) — Elle savait à qui elle avait affaire. Ni Retz, ni le Parlement, ni Condé, ne voulaient d'États généraux, ni de révolution sérieuse. Cromwell, qui avait envoyé à Retz un homme sûr, vit bien vite que toute l'affaire était ridicule. Ce Catilina ecclésiastique, mené par les femmes, avait pour agents des curés et des bedeaux, des habitués de paroisse. Il veut relever les libertés de France ; avec quoi ? avec un clergé et une assemblée du clergé qui, par son obstination à fermer sa bourse, s'est montré et déclaré le véritable ennemi de l'État. — Au moment de l'explosion, Retz ne sait ce qu'il fera, il l'avoue. Il allait écrire à l'Espagne, dit-il ; mais *il attend Condé;* puis, sur quelques coquetteries de madame de Longueville, il se jette de ce côté-là, et croit, contre Condé, pouvoir créer l'automate Conti. Et c'est dans cette indécision pitoyable qu'il fait le fier contre Cromwell, *le méprise*, dit-il. Cromwell avait dit un mot fort et profond, modeste, qui semblait un aveu : « On ne monte jamais si haut que quand on ne sait où l'on va. » Ce mot, dit Retz, à l'horreur que j'avais pour lui ajouta *le mépris*. — Lui, le petit bonhomme, il sait bien où il monte et ce qu'il veut : il veut monter d'abord à devenir *gouverneur de Paris*. Première chute : l'Italien rusé, au premier pas, lui fait donner du nez à terre. Puis, ce profond ambitieux veut être *cardinal de Rome*, et c'est pour cela qu'il fait l'amour à Anne d'Autriche. Seconde chute ; ce chapeau, pour lequel il trahit la Fronde, lui tombe sur la tête et l'écrase définitivement. On le fait cardinal, mais c'est pour le mettre à Vincennes. — Tous ces ridicules de conduite et cette petitesse de nature n'empêchent pas que ses confessions (c'est plus que des *Mémoires*) ne soient le livre capital et primordial de la nouvelle langue française. Ce piètre politique est un admirable écrivain.

Chap. XXXV, page 517. — *Fin de la Fronde*.

Pourquoi ai-je abrégé la Fronde ? Pour l'éclaircir. Jusqu'ici elle reste obscure, parce que l'histoire y est restée l'humble servante des faiseurs de mémoires et des anecdotiers. L'histoire a été éblouie de tant d'esprit, de ce feu d'artifice de bons mots, de saillies ; et moi, j'en levais les épaules. Un fléau me poursuit dans cette Fronde, le vrai fléau de la France, dont elle ne peut se défaire, la race des *sots spirituels*. Dans la très vieille France, il n'y avait que certains terroirs, surtout nos hâbleurs du Midi, qui nous fournissaient des *plaisants* ; mais, depuis Henri IV et l'invasion gasconne, tout pays en abonde. Tout le royaume, dans la Fronde, se met à hâbler. Le plus triste, c'est que, de nos jours, les historiens de la Fronde, de ses héros et de ses héroïnes, admirant, copiant ce torrent de sottises bien dites et bien tournées, égayant ces gaietés ineptes de leurs légèretés assez lourdes, ont réussi à faire croire à l'Europe que la France, plus vieille de deux siècles, et moins amusante, à coup sûr, n'a pas beaucoup plus de cervelle.

Chap. XXXVI, page 533. — *Le coup le plus barbare, le plus sauvage qui se soit fait depuis l'origine de la monarchie*.

J'adopte ce mot de Talon. Il est incontestable. Le massacre de la Saint-Barthélemy s'explique (sans se justifier) par un horrible accès de fanatisme, celui de septembre 93 par la panique de l'invasion et la furie de la peur. Mais celui du 4 juillet 1652 n'est évidemment qu'un acte de scélératesse et de calcul. — Peu importe qu'il y ait eu peu ou beaucoup de morts. Il n'y eut que trente morts considérables, et cent en tout, à ce qu'il paraît, du côté des assiégés. Les assaillants perdirent bien plus de monde par la résistance héroïque des archers de la Ville. — Condé négociait, et c'était pour aider aux négociations, et améliorer son traité en se faisant croire maître de Paris, qu'il organisa le massacre. — Mademoiselle elle-même ne dit pas non ; — Talon et Conrart affirment positivement. Leur récit est confirmé par celui des *Registres de l'Hôtel-de-Ville*, t. III, p. 51-73. Le procureur du roi, Germain Piètre, veut qu'on le rappelle dans Paris. L'assemblée murmure au départ des princes, leurs partisans disent dans la foule qu'il n'y a rien à espérer de l'assemblée, et déchaînent la Grève contre l'Hôtel-de-Ville, etc.

Chap. XXXVII et XXXVIII, pages 554, 562, etc. — *Les rapports cités par M. Feillet sur la détresse publique, les faibles secours que Vincent De Paul tira de la charité des dames*, etc.

M. Feillet a donné dans la *Revue de Paris* (15 août 1856) un très précieux extrait de l'*Histoire du paupérisme*, qu'il prépare. Cet extrait résume les enquêtes et rapports, manuscrits ou imprimés, que firent sur l'effroyable état de la France, pendant la Fronde *et jusqu'à la mort de Mazarin*, les envoyés de Vincent de Paul et autres personnes charitables. — Rien de plus douloureux. On peut juger, par cette lecture, si M. de Saint-Aulaire es excusable d'appeler les plaintes de ce temps de vaines déclamations !

Chap. XXXVII, page 557. — *Mazarin donna à Turenne pour égaux dans le commandement des généraux médiocres ou incapables.*

Turenne le dit, dans ses *Mémoires*, d'une manière indirecte, avec beaucoup de douceur et de finesse. « M. de Turenne *pria* M. de La Ferté... *pria* M. d'Hocquincourt », etc. Il constate ainsi qu'il ne pouvait leur *commander*, et par conséquent qu'il n'est pas responsable de leurs lenteurs, de leurs revers. — Nos *Archives générales* possèdent plusieurs autographes de Turenne (ancienne section M), et plusieurs pièces fort intéressantes pour l'histoire de son frère, le duc de Bouillon, spécialement des lettres éloquentes et touchantes de sa mère, fille de Guillaume-le-Taciturne. Dans l'une, elle le prie de ne pas se perdre par ses intrigues. Dans plusieurs autres, elle rampe aux pieds de Richelieu pour sauver la tête de son fils. — (*Archives*, K, carton 123, n° 29.)

Chap. XXXVIII, page 572. — *L'Allemagne agonisante ne trouva pas là une paix.*

Un génie pénétrant, le sorcier hollandais Rembrandt, qui sut tout deviner, dans son tableau lugubre, daté de la grande joie du traité de Westphalie (1648), a parlé mieux ici que tous les politiques, tous les historiens (le *Christ à Emmaüs*, que nous avons au Louvre). — On oublie la peinture. On entend un soupir. Soupir profond, et tiré de si loin ! Les pleurs de dix millions de veuves y sont entrés, et cette mélodie funèbre flotte et pleure dans l'œil du pauvre homme, qui rompt le pain du peuple. — Il est bien entendu que la tradition du Moyen-âge est finie et oubliée, déjà à cent lieues de ce tableau. Une autre chose déjà est à la place, un océan dans la petite toile. Et quoi?... L'âme moderne. — La merveille, dans cette œuvre profonde d'attendrissement et de pitié, c'est qu'il n'y a rien pour l'espérance. « Seigneur, dit-il, multipliez ce pain !... Ils sont si affamés ! » Mais il ne l'attend guère, et tout indique ici que la faim durera. — Ce misérable poisson sec qu'apporte le fiévreux hôtelier n'y fera pas grand'chose. C'est la maison du jeûne et la table de la famine. Dessous, rit, grince et gronde un affreux dogue, le Diable, si l'on veut, une bête robuste, aussi forte, aussi grasse que ces pauvres gens-là sont maigres. Il a sujet de rire, car le monde lui appartient. — Voy. la description de ce tableau dans *La Foi nouvelle cherchée dans l'Art*, par Alfred Dumesnil.

De cette paix date la guerre qui nous divise et en France et ailleurs. Les deux peuples qui sont en ce peuple conservaient jusque-là un reste d'unité. Mais la dualité éclate. D'une part, un petit peuple français, petit monde de cour, brillant, lettré et parlant à merveille. D'autre part, très bas, plus bas que jamais, la grande masse gauloise des campagnes, noire, hâve, à quatre pattes, conservant les patois. L'écartement augmente, le divorce s'achève par le progrès même de la haute France. Elle se trouve si loin de la basse, qu'elle ne la voit plus, ne la connaît plus, n'y distingue plus rien de vivant, et pas même des ombres, mais quelque chose de vague, comme un zéro en chiffre. Des mots nouveaux commencent, d'abstraction terrible, meurtrière, où disparaît tout sentiment de la vie. — Plus d'hommes, mais des *particuliers*, — tout à l'heure des *individus*.

Chap. XXXVIII et dernier.

J'ajourne au volume suivant les visites de Christine et plusieurs faits des dernières années de Mazarin. Ils ne peuvent être bien éclairés que par ses *Lettres* mêmes. L'excellent éditeur de Saint-Simon, M. Chéruel, promet de les donner au public. J'ai eu recours plusieurs fois à son obligeance, dans le cours de ce travail, pour l'éclaircissement de quelques points obscurs. Pour d'autres, il vaut mieux attendre son importante publication.

FIN DU TOME ONZIÈME.

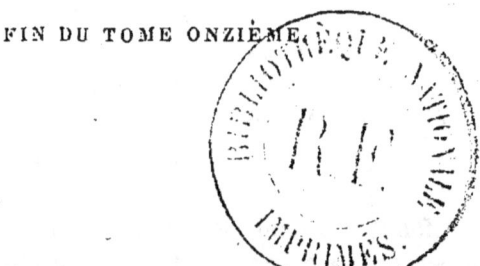

TABLE DES MATIÈRES

	Pages
Chapitre Iᵉʳ. — *Louis XIII. Régence. Ravaillac et la d'Escoman* (1610-1614)	1
Changement complet. Terreur du peuple.	2
Violence de d'Épernon.	4
On précipite le procès de Ravaillac.	7
La curée.	11
On étouffe la voix de la d'Escoman.	14
Mépris et révolte des grands.	16
Chapitre II. — *États généraux* (1614).	17
Les magistrats représentent le Tiers-état.	19
D'Épernon terrorise le Parlement et les États.	26
Noble sacrifice du Tiers.	27
Le roi se déclare contre le Tiers.	32
Comment on cache les vols de la cour.	33
Le roi accable encore le Tiers.	36
Réforme que le Tiers demande dans l'Église.	38
Le Tiers bâtonné et renvoyé.	39
Chapitre III. — *Prison de Condé. Mort de Concini* (1615-1617).	41
Fortune de Luynes. Il est poussé à tuer Concini, mais ménage la reine mère et lui accorde l'emprisonnement de la d'Escoman.	45
Chapitre IV. — *Des mœurs. Stérilité physique, morale et littéraire*.	54
Abaissement des esprits. Casuistique, couvents, sorcellerie.	56
Chapitre V. — *Du sabbat au Moyen-âge et du sabbat au XVIIᵉ siècle. — L'alcool et le tabac*	62
Chapitre VI. — *Géographie de la sorcellerie par nations et provinces. Les sorcières basques*	76
Le livre de M. de Lancre (1610)	81
Chapitre VII — *Les couvents. La sorcellerie dans les couvents. Le Prince des magiciens*.	91
Procès de Gauffridi (1610-1611).	93

TABLE DES MATIÈRES

	Pages
CHAPITRE VIII. — *Luynes et le Père Arnoux. Persécution des protestants* (1618-1620)	118
Statistique des couvents	119
On prépare la révolution territoriale du siècle	127
Catastrophe du Béarn	133
La France trahit les protestants d'Allemagne	135
CHAPITRE IX. — *Richelieu et Bérulle* (1621-1624)	137
Richelieu jusqu'à quarante ans fut dans le parti espagnol	139
Politique nationale de La Vieuville	147
Il élève Richelieu qui le chasse	148
Partialité du pape pour les Espagnols, qu'il couvre en Valteline	151
Richelieu en chasse le pape (décembre 1624)	153
CHAPITRE X. — *L'Europe en décomposition. Richelieu forcé de rétrograder* (1625-1626)	156
La révolution territoriale en Allemagne	157
Révolution de Hollande et d'Angleterre	159
Richelieu essaye de rétablir les finances	164
Mariage d'Angleterre	167
Fermeté de Richelieu contre le légat	168
Il s'appuie sur les notables	171
On le force de traiter avec l'Espagne	175
CHAPITRE XI. — *Ligue des reines contre Richelieu. Complot de Chalais* (1626)	176
On pousse l'Angleterre à rompre avec nous	185
Embarras financiers de Richelieu, irrémédiables	188
CHAPITRE XII. — *Siège de La Rochelle* (1627-1628)	192
L'Espagne nous trahit et appelle l'invasion allemande	193
La Rochelle refuse de recevoir l'Anglais	195
Buckingham échoue dans l'île de Ré (juillet-novembre 1627)	196
Richelieu bloque La Rochelle; sa digue	201
La Rochelle refuse encore de se livrer aux Anglais	204
Elle ouvre ses portes à Richelieu (novembre 1628)	209
Ruine du pays; émigration protestante	210
Richelieu, ayant étouffé la révolution religieuse, ne fera la guerre à la maison d'Autriche qu'à force d'argent	212
Callot et Rembrandt, la France et la Hollande	214
CHAPITRE XIII. — *La Guerre de Trente-Ans. — Les marchés d'hommes. — La bonne aventure*	217
Les marchés d'hommes	ibid.
Waldstein	219
La loterie, le jeu	222

TABLE DES MATIÈRES

	Pages
CHAPITRE XIV. — *La situation de Richelieu* (1629)	225
Il vécut d'expédients.	226
Son allocution au roi	229
Changement de sa politique en 1629.	231
Il rallie le clergé. Sa police de capucins.	235
CHAPITRE XV. — *La France ne peut sauver Mantoue* (1629-1630).	239
Le Pas de Suse (6 mars 1629).	242
Paix des huguenots.	243
Les Impériaux en Italie. Sac de Mantoue (18 juillet 1630).	251
CHAPITRE XVI. — *Lutte de Richelieu contre les deux reines* (1630).	253
Le roi. La maladie du roi.	254
Il est à la mort (1er octobre). Intrigues des reines.	255-259
Joseph traite à Ratisbonne.	265
Mazarin sauve l'armée espagnole.	267
CHAPITRE XVII. — *Journée des Dupes. — Victoire de Richelieu* (1630-1631).	269
Mademoiselle de Hautefort	271
La *Journée des Dupes* ne décida rien (10 novembre), mais Richelieu saisit les lettres des reines (décembre).	275
Fuite de Gaston et de la reine mère (1631).	283
CHAPITRE XVIII. — *Gustave-Adolphe* (1631).	286
Tristesse de Cervantès et de Shakespeare.	287
Joie héroïque de Gustave et de Galilée.	288
Gustave comme juste juge	291
Son maître, Jacques de La Gardie, créateur de la guerre moderne.	292
Richelieu s'entend avec Gustave, peu, tard et mal.	296
24 juin 1631, Gustave débarque en Allemagne.	297
7 septembre, sa victoire à Leipsick ; délivrance de l'Allemagne.	301
CHAPITRE XIX. — *Richelieu profite des victoires de Gustave* (1632).	303
Gustave ne pouvait sauver l'Allemagne qu'en s'y établissant.	307
Richelieu envahit la Lorraine.	309
Richelieu bat et décapite Montmorency.	314
Son amour, sa maladie.	319
CHAPITRE XX. — *Richelieu chef des protestants. — Ses revers. — La France envahie* (1635-1636).	324
Mort de Gustave (16 novembre 1632).	326
Mort de Waldstein (1634).	327
Richelieu eut-il une vraie notion de l'équilibre ?	329
Il est forcé de succéder à Gustave (1633)	331
Il veut rompre avec l'Espagne et renvoyer la reine.	333
Échecs de 1635.	337
La France envahie (1636).	339

TABLE DES MATIÈRES

Pages

Chapitre XXI. — *La trilogie diabolique sous Louis XIII.* —
Les religieuses de Loudun (1633-1634)............ 345
De la direction des mystiques................... 353
Le Diable et les couvents...................... 361
Procès et mort d'Urbain Grandier................ 366

Chapitre XXII. — *Les Carmélites.* — *Succès du Cid* (1636-1637). 369
Le centre de l'intrigue espagnole................ 370
Le *Cid*, glorification de l'Espagne et du duel...... 376
L'Académie.................................. 377

Chapitre XXIII. — *Danger de la reine* (août 1637)......... 380
La Fayette et le Père Caussin................... 383

Chapitre XXIV. — *Conception et naissance de Louis XIV* (1637-1638)................................. 387
Situation désespérée de la reine en décembre 1637.... 388
La Fayette sauve la reine (9 décembre 1637)........ 393
L'accouchement (5 septembre 1638)............... 395

Chapitre XXV. — *Misère.* — *Révoltes.* — *La question des biens du clergé* (1638-1640)...................... 397
Solidarité de ruine........................... 400
Va-nu-pieds et *Croquants*................... 403
Richelieu menace le clergé, n'en tire rien, recule..... 407

Chapitre XXVI. — *Richelieu relevé par les révolutions étrangères.* — *Les favoris, Mazarin, Cinq-Mars* (1639-1641).. 410
Le Portugal et la Catalogne contre l'Espagne........ 412
Influence italienne. Fortune de Mazarin........... 413
Naissance de Monsieur (1639).................. 415
Richelieu donne au roi Cinq-Mars, qui le trahit..... 418
Conspiration de Soissons (1641)................. 422

Chapitre XXVII. — *Conspiration de Cinq-Mars et de De Thou* (1642). 425
La reine et Gaston les trahissent................ 432

Chapitre XXVIII. — *Isolement et mort de Richelieu.* — *Mort de Louis XIII* (1642-1643)...................... 437
Ingratitude des Condé pour Richelieu............. 438
Les deux mourants voudraient lier la future régente... 444

Chapitre XXIX. — *Louis XIV.* — *Enghien.* — *Bataille de Rocroy* (1643).................................. 451
Gassion et Sirot gagnent la bataille............... 456

Chapitre XXX. — *L'avènement de Mazarin* (1643)......... 459
La reine, pour le garder, donne tout à tous, emprisonne ses amis....................................... 463

TABLE DES MATIÈRES

Chapitre XXXI. — *Gloire et victoires.* — *Traité de Westphalie* (1643-1648)........................... 466
    Mazarin vécut de l'éclat d'une victoire annuelle que l'on arrangeait pour Condé........................ 467
    Ses efforts pour empêcher la paix.................. 475

Chapitre XXXII. — *Le Jansénisme.* — *La Fronde* (1648)...... 477
    La Fronde fut une révolution morale, aussi bien que la Fronde religieuse du jansénisme.................... 479
    Le Parlement, quoique menacé, défend le peuple......... ibid.

Chapitre XXXIII. — *Le premier âge de la Fronde.* — *Les Barricades.* — *La Cour, appuyée par la Fronde, arrête Condé*............................... 486
    Le Parlement pose la garantie des personnes et des propriétés. 488
    Gondi (depuis cardinal de Retz)................... 491
    Paris deux fois trahi........................ 494
    Folie de Condé. Sa prison..................... 496

Chapitre XXXIV. — *Second âge de la Fronde.* — *La Cour, appuyée par la Fronde, chasse Condé* (1650-1651)............ 503
    Les héroïnes............................. 504
    Mazarin bat Turenne........................ 507
    Personne ne veut des États généraux................ 511

Chapitre XXXV. — *Fin de la Fronde.* — *Combat du faubourg Saint-Antoine* (1651)....................... 516
    Horreur et plaisanteries...................... 517
    Condé sauvé par la Fronde..................... 521

Chapitre XXXVI. — *Fin de la Fronde.* — *Le terrorisme de Condé.* — *Second massacre (à l'Hôtel-de-Ville)* (1652)......... 531

Chapitre XXXVII. — *Turenne relève Mazarin.* — *Règne de Mazarin* (1652-1657)......................... 547
    Mazarin était perdu sans Turenne................. ibid.
    Froide et infaillible habileté de Turenne............. 551
    La guerre anthropophage...................... 558

Chapitre XXXVIII. — *Paix des Pyrénées.* — *Triomphe et mort de Mazarin* (1658-1661)....................... 560
    La misère et la famine jusqu'à la mort de Mazarin....... 562
    Sa politique contraire à celle de Richelieu............ 565
    L'Espagne ambitionne un second traité de mariage avec la France (1659)........................... 568
    Mort de Mazarin (1661)...................... 572
    Cette paix n'est pas une paix.................... ibid.
    Essor de la nouvelle langue française............... 575

APPENDICE.

	Pages
I. — Le sens du volume.	577
II. — Mes contradictions.	579
III. — Sources de l'histoire d'Henri IV.	580
IV. — Mariage et mort d'Henri IV.	582
V. — Galilée et Gustave-Adolphe.	585

ÉCLAIRCISSEMENTS.

Journal des digestions de Louis XIII.	589
Le roman d'Henri IV, etc.	590
Sabbat, alcool, tabac.	ibid.
Mémoires de Richelieu.	591
Les marchés d'hommes, la loterie.	592
Politique de Richelieu.	593
Waldstein.	594
De quoi vivait Richelieu.	595
La grande ordonnance gallicane.	596
Richelieu et les Reines. — Journée des Dupes.	597
Le Père Joseph.	599
Gustave-Adolphe.	ibid.
Mort de Waldstein.	600
Sublet.	ibid.
Les Carmélites.	601
Le calcul de neuf mois.	602
Misère du peuple.	ibid.
Richelieu et la pédagogie des Jésuites.	603
La reine était du complot du comte de Soissons.	606
Fontrailles.	ibid.
Bataille de Rocroy.	607
Pouvoir de Mazarin.	ibid.
Turenne à Nordlingen.	608
Mazarin et la paix.	ibid.
Traité de Westphalie.	609
Venise.	ibid.
Le Jansénisme. — La Fronde.	ibid.
Les parlementaires.	610
Le Peuple et les Barricades.	ibid.
Fin de la Fronde.	612
Massacres de l'Hôtel-de-Ville.	ibid.
Feillet. — Vincent De Paul.	ibid.
Mazarin et Turenne.	613
L'Allemagne agonisante.	ibid.
Lettres de Mazarin.	614

PARIS. — IMP. E. FLAMMARION, RUE RACINE, 26.

OEUVRES COMPLÈTES

DE

J. MICHELET

ÉDITION DÉFINITIVE, REVUE ET CORRIGÉE

DÉTAIL DE L'ŒUVRE COMPLÈTE

Histoire de France. *Moyen âge*.	6 vol.
— *Temps modernes* (Renaissance. — Réforme. — Guerres de religion. — Henri IV. — Richelieu. — Louis XIV et la Révocation de l'Édit de Nantes. — Louis XIV et le duc de Bourgogne. — La Régence. — Louis XV. — Louis XV et Louis XVI).	10 vol.
— *Révolution*.	7 vol.
— *XIXe Siècle*.	3 vol.
Vico.	1 vol.
Histoire romaine.	1 vol.
L'Oiseau. — La Mer.	1 vol.
Luther (Mémoires).	1 vol.
Le Peuple. — Nos Fils.	1 vol.
Le Prêtre. — Les Jésuites.	1 vol.
La Montagne. — L'Insecte.	1 vol.
L'Amour. — La Femme.	1 vol.
Précis d'histoire moderne. — Introduction à l'Histoire universelle.	1 vol.
La Bible de l'Humanité. — Une année du Collège de France (1848).	1 vol.
Les Origines du Droit. — La Sorcière.	1 vol.
Les Légendes du Nord. — La France devant l'Europe.	1 vol.
Les Femmes de la Révolution. — Les Soldats de la Révolution.	1 vol.
Lettres inédites adressées à Mlle Mialaret (Mme Michelet).	1 vol.
TOTAL.	40 vol.

Prix de chaque volume 7 fr. 50.
(Envoi franco contre mandat ou timbres).

www.ingramcontent.com/pod-product-compliance
Lightning Source LLC
Chambersburg PA
CBHW051329230426
43668CB00010B/1207